Wilhelm Stricker

Neuere Geschichte von Frankfurt am Main

Erstes Buch

Wilhelm Stricker

Neuere Geschichte von Frankfurt am Main
Erstes Buch

ISBN/EAN: 9783743304864

Hergestellt in Europa, USA, Kanada, Australien, Japan

Cover: Foto ©ninafisch / pixelio.de

Manufactured and distributed by brebook publishing software
(www.brebook.com)

Wilhelm Stricker

Neuere Geschichte von Frankfurt am Main

Neuere Geschichte

von

Frankfurt am Main.

Von

Dr. Wilhelm Stricker.

Erstes Buch.

Geschichte von Frankfurt

vom Untergang der Reichsstadt bis zur Beschwörung
der Constitutions-Ergänzungsacte
1806—1816.

Frankfurt a. M.
Verlag von Franz Benjamin Auffarth.

1874.

Geschichte von Frankfurt

unter

Karl von Dalberg

vom Untergang der Reichsstadt bis zur Beschwörung
der Constitutions-Ergänzungsacte
1806—1816.

Von

Dr. Wilhelm Stricker.

Frankfurt a. M.
Verlag von Franz Benjamin Auffarth.
1874.

Die **„Neuere Geschichte von Frankfurt"** erscheint in Heften (Büchern), deren jedes ein für sich abgeschlossenes Ganze bildet und einzeln käuflich ist. Das vorliegende erste Buch reicht von 1806—1816; die Jahre 1830, 1848 und 1866 werden die Grenzpunkte der späteren Hefte bilden. Der Verfasser wird die Bearbeitung nach Möglichkeit fördern, soweit dieß seine übrigen Berufsgeschäfte gestatten.

Der Verfasser: Dr. **Wilhelm Stricker.**

Der Verleger: **F. B. Auffarth.**

Frankfurt a. M., December 1873.

Erstes Kapitel

Am letzten Tage des Jahres 1796 war die Stadt Mainz nebst den auf dem linken Rheinufer liegenden Vogteien und Kellereien an Frankreich übergegangen, dem der Besitz später durch völlige Abtretung von Kaiser und Reich gewährleistet wurde. Endlich durch den Reichsdeputations-Hauptbeschluß von 1803 hörte das Kurfürstenthum Mainz ganz auf. Das untere Erzstift diesseits und jenseits des Mains wurde den Häusern Hessen-Darmstadt und Nassau gegeben; das obere Erzstift links des Mains wurde an mehrere Fürsten und Grafen vertheilt; dessen Theil auf dem rechten Ufer, das Freigericht und Amt Steinheim auf beiden Ufern kam an Hessen-Darmstadt. Erfurt, das Eichsfeld und Blankenhain erhielt der König von Preußen, die vier hessischen Aemter der Kurfürst von Hessen.

Vom alten „Oberen Erzstift" blieb nur das Vicedom-Amt Aschaffenburg übrig, welches zu einem Fürstenthum erhoben und nebst dem kleinen Würzburgischen Amte Aura im Sinngrunde dem früheren Kurfürsten von Mainz, welcher jetzt den Titel Reichs-Kur-Erzkanzler erhielt, zur Dotation gegeben wurde. Da im Reichsschlusse bestimmt worden war, daß der Reichserzkanzler ein jährliches Einkommen von einer Million Gulden haben sollte, das Fürstenthum Aschaffenburg hierzu aber bei weitem nicht hinreichte, so gab man ihm noch die Reichsstädte Wetzlar und Regensburg, mit dem Hochstifte gleichen Namens und den in letzterer Stadt befindlichen drei unmittelbaren Reichsstiften St. Emmeran, Ober- und Niedermünster. Nach Regensburg wurde auch der erzbischöfliche Sitz von Mainz verlegt.

Der ganze erzkanzlerische Staat enthielt auf 28 Geviertmeilen 116,000 Seelen; da die Gebiete verschuldet waren, die Einwohner durch den Krieg gelitten hatten und die dreifache Verwaltung sehr kostspielig war, so wurde das garantirte Einkommen nur zu zwei Drittheilen erreicht; für den Rest sollte das neu creirte Rhein-

.chifffahrts-Octroi aufkommen, welches aber bei dem verminderten Rheinhandel auch nur spärlich einging. Der Cardinal Fesch wurde zum Coadjutor und Nachfolger bestimmt.

Aber schon die Gründung des Rheinbundes (12. Juli 1806) brachte eine wesentliche Veränderung in der Stellung des Fürsten und der Zusammensetzung seines Staates zu Wege. Mit dem 1. August 1806 erloschen alle Beziehungen beider zum Reiche; der Fürst, welcher nun den Titel: Fürst Primas des Rheinischen Bundes erhielt, wurde souverain, nur beschränkt durch die Pflichten gegen den Protector des Bundes, welcher auch das Recht erhielt, den Nachfolger des Fürsten Primas zu ernennen; sein Staat wurde vermehrt durch die Zutheilung der Reichsstadt Frankfurt mit ihrem Gebiet *) und durch Ertheilung der Souveränität über mehrere fürstliche und ritterschaftliche Gebiete, (Löwenstein, Erbach, Ingelheim, Solms rc.) Der ganze Zuwachs wurde auf 64,300 Seelen veranschlagt; noch bedeutender war die Verbesserung der Finanzen durch den Gewinn von Frankfurt.

Für den ganzen Staat bestand nur ein oberster Gerichtshof, das Oberappellationsgericht zu Aschaffenburg, aber keine einheitliche Verwaltung: es gab vier Verwaltungsbehörden in Wetzlar, Regensburg, Aschaffenburg und Frankfurt, dessen Verfassung nur wenig abgeändert wurde.

Aber der Vertrag, welchen der Kaiser Napoleon am 16. Februar 1810 mit dem Fürsten Primas zu Paris abschloß, veränderte abermals den Titel des Fürsten und die Gestalt seines Staates. Karl von Dalberg hieß jetzt Großherzog von Frankfurt, Königliche Hoheit, er trat Regensburg mit den Stiften an den Kaiser ab, und erhielt dafür die Fürstenthümer Hanau und Fulda, von welchen jedoch einzelne Gebietstheile an Hessen-Darmstadt abgetreten wurden. Frankfurt wurde zum Fürstenthum, Wetzlar zur Grafschaft gemacht und so bestand das Großherzogthum aus vier Fürstenthümern und einer Grafschaft, welche am 16. August 1810 eine einheitliche Verfassung erhielten, die am 1. Januar 1811 ins Leben trat. Das Großherzogthum zählte jetzt auf etwa 90 Geviertmeilen 300,000 Seelen, nämlich in dem Departement Frankfurt, womit Wetzlar als Unterpräfectur vereinigt wurde, 52,000,

*) Ueber das Ende der Reichsstadt vergl. A. V, 111.

im Departement Aschaffenburg 90,000, im Departement Fulda 100,000, im Departement Hanau 57,000 Seelen. Von der christlichen Bevölkerung waren etwa zwei Drittel Katholiken und ein Drittel Evangelische; die Lutheraner walteten in Frankfurt und Wetzlar, die Reformirten in Hanau vor.*)

Zweites Kapitel.

Wenden wir uns nun zur Betrachtung des Fürsten, dem die Wohlfahrt dieses Landes anvertraut war.**) Karl Theodor Anton Maria v. Dalberg, einem alten, in der Gegend von Worms und Speier ansässigen reichsritterlichen Geschlechte entsprossen, war am 8. Februar 1744 zu Hernsheim bei Worms geboren. Nach frühreifer, nicht eben gründlicher Gymnasialbildung, nach zweijährigem, eilig durchlaufenem Rechtsstudium zu Göttingen und Heidelberg (1759—61), dem unmittelbar die Doctorpromotion folgte, nach ebenso flüchtig gewonnener Uebersicht über die Disciplinen der Theologie in Worms, Mannheim und Mainz, trat er in den geistlichen Stand, welcher unter den alten Reichsverhältnissen dem Adel im günstigen Falle immer noch die Aussicht auf einen bischöflichen Stuhl und sogar auf Landesherrschaft eröffnete.

In Mainz durch die beiden vertrautesten, in der Schule des Grafen von Stadion gebildeten Räthe des Kurfürsten, Freiherrn v. Breidbach (1763—1774), durch Groschlag und Benzel, in die Geschäfte eingeführt, wurde er 1772 im Alter von 28 Jahren Kurmainzischer Statthalter in Erfurt; diese Stellung, mit der er 1787 die Würde des Coadjutors verband, hat er fast dreißig Jahre bekleidet und ihre Zeit bildete den schönsten Abschnitt seines Lebens, auf den er später mit Sehnsucht zurückblickte. Als am 25. Juli 1802 der greise Kurfürst Karl Friedrich von Erthal starb, succedirte ihm der Coadjutor in dem Reichserzkanzleramte.

*) J. A. Demian, Statistik der Rheinbundsstaaten. Frkft. 1812. II. 113—154

**) Vergl. Dr. Georg Eduard Steitz, der Staatsrath Georg Steitz und der Fürst Primas Karl v. Dalberg. Frkft. 1869, 4⁰.

Der Katholicismus jener Zeit war von den Tendenzen einer aufgeklärten, toleranten Zeit vielfach beeinflußt und fand seinen characteristischen Ausdruck in den Josephinischen Reformversuchen. Auch Dalberg, eine ohnehin mehr reflectirende als geniale, mehr aufnehmende als productive Natur, folgte mit voller Hingebung dem Zuge der Zeit und ihrer Bildung.

Je weniger ihm, als er das Statthalteramt antrat, Erfurt selbst zu bieten vermochte, dessen Universität, längst verkommen und verfallen, soeben durch Wieland's Abgang ihre bedeutendste Kraft einbüßte, — desto größere Anregung bot ihm der Umgang mit dem benachbarten Herzog Ernst II. von Gotha, dessen aufklärende und philanthropische Bestrebungen seiner eigenen Neigung entsprachen. Hier kam er mit Freimaurern und Illuminaten in so lebhafte Beziehungen, daß er selbst Mitglied dieser Gesellschaften wurde und namentlich, gleich vielen Mainzer Domherrn und geistlichen Räthen, einem Zweige des Illuminatenordens sich thätig anschloß, welcher die katholische Kirche in Lehre und Cultus auf ihre ursprüngliche Reinheit zurückführen wollte.

Gleich seinen Brüdern, Wolfgang Heribert und Johann Friedrich hatte auch Karl ein der Kunst und Poesie in hohem Grade zugängliches Gemüth. Darum eröffneten sich ihm die reichsten Quellen des Genusses in Weimar und Jena, und dankbar hat die Literaturgeschichte die werkthätige Freundschaft aufgezeichnet, welche Dalberg Schillern und bis über dessen Grab hinaus seiner Wittwe bewies.

Größeres zu thun, wie er als Kurfürst sich vorgesetzt, verhinderte die Zertrümmerung des Mainzer Staates. Mit den Größen von Weimar knüpfte er, trotz mancher anfänglichen Bedenken gegen den freien ungebundenen Ton des Weimarischen Hoflebens, enge Beziehungen an. Wieland nannte den Tag, an welchem er Dalberg's Ernennung zum Coadjutor erfuhr, den froheſten und glücklichsten seines Lebens. Goethe gedenkt mit Wärme der Stunden, die er mit Dalberg verlebt, der nützlichen und erheiternden Unterhaltungen, die er mit ihm gepflogen. Schiller faßte ein solches Vertrauen zu ihm, daß er die Pläne für seine Arbeiten und seinen Lebensgang ihm offen darlegte und auf ihn die Hoffnung seiner Zukunft baute. Dalberg, der in Schiller den Meister der dichterischen Form und der Geschichtschreibung bewunderte, empfahl ihm 1790 das historische Drama als den Einheitspunkt für die verschiedenen Seiten seiner Begabung und seines Strebens.

Im folgenden Jahre verlebte Schiller den September in Erfurt, die Abende bei dem Coadjutor, und besprach sich mit ihm namentlich über den Wallenstein, mit dessen Idee er sich schon damals trug. Den Wilhelm Tell übersandte Schiller 1804 an Dalberg mit einem Gedicht, das mit den Worten schließt: „Und solch ein Bild darf ich Dir freudig zeigen, Du kennst's, denn alles Große ist dein eigen", und das Epigramm: „Ring und Stab, o seid mir auf Rheinweinflaschen willkommen" u. s. w. ist ebenfalls an Dalberg gerichtet. Auch mit Wilhelm v. Humboldt, G. Forster, Johannes v. Müller, Sömmerring und Körner stand der Coadjutor in literarischem Verkehr. Dem von ihm bewunderten Jean Paul wies Dalberg eine jährliche Pension von 1000 fl. an, zu einer Zeit, wo dessen angegriffene Gesundheit und seine bedrängten Verhältnisse außergewöhnliche Hülfe dringend nothwendig machten. Eine fernere Erleichterung durch Verleihung der Professur der Aesthetik an dem Lyceum zu Aschaffenburg mit einem weiteren Gehalt von 1000 fl. lehnte Jean Paul ab, um sich die Freiheit seiner Feder zu wahren.

Als Gauß 1807 als Director der Sternwarte nach Göttingen berufen und, ehe ihm bei den ungeordneten Regierungsverhältnissen ein Gehalt hatte ausgezahlt werden können, mit einem Antheil von 2000 Franken an der Kriegscontribution besteuert wurde, erhielt er aus Frankfurt anonym eine Sendung von 1000 fl. Erst in späterer Zeit hat Gauß erfahren, daß sie ein Geschenk des Fürsten Primas gewesen. *)

Um sein Wesen zusammenzufassen, sagen wir: Sein für alles Große und Gute reger Geist; sein warmes Herz voll natürlichen Wohlwollens und Milde; der angeborene Adel seines Gefühles und Sinnes; seine persönliche Liebenswürdigkeit, durch weltmännische Feinheit und Gewandtheit, die gleichwohl den Priester nicht verleugnete, gehoben; die anmuthigen Formen seines Umganges und die graciöse Beweglichkeit seines Gespräches, die Leichtigkeit, womit er die Gedanken und Ideen einer reichen Zeit

*) Sartorius von Waltershausen, Gauß zum Gedächtniß. — Leipzig. 1856. Seite 39 und 40.

sich anzueignen und im Verkehre mit andern anregend zu verwerthen wußte; die Freisinnigkeit seiner Ueberzeugungen und Grundsätze und der weite Gesichtskreis, den er mit seinen Anschauungen beherrschte, — das Alles verbunden mit einem zuverlässigen Gedächtniße, großer Belesenheit und vielseitigen Kenntnissen, deren Reichthum an Polyhistorie grenzte und leicht den Mangel an gründlicher Durchbildung und solider Gelehrsamkeit zudeckte, machte ihn zu einer ebenso glänzenden als anziehenden Erscheinung. Es ist nur zu verwundern, daß diese Eigenschaften, die er in sich vereinigte, und diese bildenden Einflüsse, die er fortwährend aufnahm, in seinen zahlreichen Abhandlungen *) nicht entschiedener hervortreten: seine Sprache in ihrer ermüdenden Breite, seine Gedanken ohne Originalität, Schärfe und Tiefe verrathen einen Geschmack, der mit dem großartigen Aufschwunge der Literatur nicht Schritt zu halten vermocht hatte.

Doch hat er sich darin als ein Kind seiner Zeit gezeigt, daß der Kosmopolitismus und Humanitarismus jener glänzenden Literaturepoche ihn ausschließlich beherrschte, daß er für die nationalen Gedanken und Lebenstriebe, die freilich erst der Druck der Fremdherrschaft entfesselte und zu einer weltgeschichtlichen Macht erhob, so gut wie kein Verständniß hatte, daß selbst in seiner besten Zeit der Anflug patriotischer Regung sich bei ihm in die abstracten Ideen des Weltbürger- und Menschenthums verflüchtigte. **) —

War kein d r i t t e r Factor hier im Spiel, so war es leicht vorherzusagen, wie ein so gearteter Fürst in einem so gearteten Staate schalten würde. Er mußte den engherzigen Katholicismus der Mainzer ***) und Fuldaer Gebietstheile ebenso nivelliren wie das starre Lutherthum in Frankfurt und die Ausschließlichkeit der Reformirten in Hanau; er mußte taugliche Beamte, unter Durchbrechung der bisher bestandenen engen Schranken, aus

*) Verzeichniß seiner Schriften bei A. Krämer, Karl Theodor von Dalberg, Regensburg 1817 S. 45 ff.

**) Charakteristisch für den Geist des hohen katholischen Clerus jener Tage ist es gewiß, daß unter Dalberg an dem Lyceum und Gymnasium in Frankfurt der confessionelle Religionsunterricht abgeschafft und an dessen Stelle „Sittenlehre“ eingeführt wurde.

***) Bis 1802 mußten die Protestanten in Mainz ihren Gottesdienst in der nassauischen Residenz Biebrich halten.

einem Landestheile in die andern herüberziehen; er mußte das Schulwesen, Wissenschaft und Kunst fördern, überall an die Stelle des Verrotteten und Verlebten das als gut bewährte Neue setzen.

Aber jener dritter Factor war allerdings vorhanden und griff mit eiserner Hand überall ein, so daß es in allen Zweigen des Staatslebens bei bloßen Anläufen blieb. Der Protector des rheinischen Bundes, ein seinem Primas so vollständig entgegengesetzter Charakter, forderte schwere Leistungen zur Heeresfolge an Geld und Menschen. Sein Geschöpf, der Primas mit seinem zusammengewürfelten Staate, war weniger als ein angestammter deutscher Herrscher geeignet, derartigen Zumuthungen mit Erfolg zu widerstehen. Sodann, da es ja auf allmähliche Ausrottung der deutschen Nationalität im Rheinbund abgesehen war, wurden alle französischen Einrichtungen ohne Unterschied ihres inneren Werthes eingeführt.

Drittes Kapitel.

Am 10. October 1806 erschien (Staatskalender für 1807. S. 58—63) „Erklärung und Verordnung Sr. Hoheit, wie die Neue Verfassung von Frankfurt sein solle“; die wesentlichen Bestimmungen sind folgende:

§ 1. Sämmtlichen frommen, milden und wohlthätigen Stiftungen wird ihr Eigenthumsrecht feierlich zugesichert.

§ 2. Die Verfassung des Consistoriums Augsburg. Conf. wird bestätigt, doch hat es seine bisherigen Rechte im Namen des Fürsten auszuüben.

§ 3. Den Reformirten können auf ihr Verlangen dieselben Rechte verstattet werden, wie den Lutheranern, doch haben sie die hergebrachten Stolgebühren zu entrichten.

§ 4. Die der Stadt Frankfurt durch den Reichsschluß von 1803 zur Entschädigung zugewiesenen geistlichenGüter werden für das katholische Kirchen- und Schulwesen bestimmt.

§ 5. Die Mitglieder der drei christlichen Religionen sind von keinem öffentlichen Amte ausgeschlossen.

§ 6. Die Mitglieder der jüdischen Religion werden gegen Beleidigung und beschimpfende Mißhandlung in Schutz genommen.*)

Was die Justizsachen betrifft, so ist die oberste Justizstelle das Oberappellationsgericht zu Aschaffenburg. Als Appellationsgericht bleibt das Schöffengericht; als erste Instanz in Civilstreitigkeiten wird an Stelle der Stadtämter ein Stadt- und Landgericht neu errichtet. In Bezug auf Bestätigung der Criminalurtheile und auf Begnadigung tritt der Fürst an die Stelle des Senats, dagegen tritt er in Bezug auf Gesetzgebung und Aemterverwaltung an die Stelle der Bürgerlichen Collegien, insofern, als der Senat über Veräußerung und Verpfändung ohne fürstliche Genehmigung nicht disponiren, auch keine neuen Ausgaben eigenmächtig anordnen darf. Bisher waren die erledigten Senatsstellen durch Kugelung zwischen Candidaten, über welche sich Senat und bürgerliche Collegien geeinigt hatten, besetzt worden; jetzt sollte zur Besetzung der erledigten Stellen der Senat drei Personen vorschlagen, aus welchen der Fürst zu wählen hatte. Dagegen hatte sich der Fürst die Ernennung des Stadtschultheißen als erster Magistratsperson vorbehalten und sonach ein Recht sich zugesprochen, welches der Kaiser besessen, aber der Stadt verpfändet hatte.

Die Polizeiaufsicht sollte in bisheriger Weise den beiden Bürgermeistern verbleiben, neben ihnen sollte ein Ober-Polizei-Director besonders die Interessen des Fürsten wahren hinsichtlich der Verwaltung des Holz- und Fruchtmagazins und Salzregals, deren Einnahme und Ausgabe sich der Fürst ausdrücklich vorbehielt. Hinsichtlich des Finanzwesens wurde bestimmt, daß, bis zur Ausscheidung eines speziellen Stadtbüdgets, und bis sämmtliche Staatsschulden bezahlt seien, alle Einnahmen in der Rechnei zusammenfließen sollen. Davon soll $^1/_4$ zu Schuldentilgung, $^1/_4$ für die städtische Verwaltung, $^1/_4$ für die Civilliste und Staatsverwaltung verwandt werden. Das letzte Viertel bildet einen Reservefonds. Hinsichtlich des Schuldentilgungsfonds und

*) Am 30. September 1806 machte die Stadtkanzlei bekannt: „Nachdem hinfüro sowohl der Judenschaft als jeglichem, der sich keines Unfugs zu Schulden kommen läßet, die öffentlichen Promenaden auf dem Glacis und in der Stadt offen stehen, so wird solches andurch nachrichtlich bekannt gemacht.“

der Berechnung der gemeinsamen Stadtabgaben bleiben die 9 Revisoren („Neuner") und der bürgerliche Ausschuß in ihrer bisherigen Wirksamkeit. Die vollstreckende Gewalt ist dem Generalcommissarius, dem Conferenz-Minister Leopold Grafen v. Beust, anvertraut. Endlich besagen die Ausführungs- und Uebergangsbestimmungen:

§ 1. Die Organisation der Behörden kommt mit Anfang des Jahres 1807 zur Ausführung; die Verfügungen in Betreff des Finanz- und Schuldenwesens jedoch sogleich, weil sie mit dem öffentlichen Credit in Verbindung stehen.

§ 2 Für diesesmal wird die Besetzung der Stellen von dem Fürsten übernommen.

§ 3 Bei gleichen Verdiensten und Eigenschaften werden eingeborne Frankfurter Einwohner immer den Vorzug erhalten.

§ 4. Alle bestehenden Verordnungen werden bestätigt, bis über besondere Gegenstände neue Verordnungen auf verfassungsmäßige Weise gebildet werden.

Das Actenstück schließt mit den Worten: „So lange Uns der Allmächtige das Leben schenkt, wird Unser Bestreben auf das wahre Wohl der Stadt Frankfurt, ihrer verdienstvollen Männer, braven Bürger und angehörigen Gebietes gerichtet sein."

Viertes Kapitel.

Die Huldigung war auf den 2. Januar 1807 anberaumt. Eine Verordnung von Burgermeister und Rath von 27. Decbr. 1806 gab der gesammten Bürgerschaft und den Beisassen auf, am 2. Januar frühe nach 8 Uhr, wenn die große Glocke geläutet wird, in ehrbarer Kleidung, ohne alle Waffen und in guter Ordnung und Bescheidenheit, vor dem Römer zu erscheinen, auf dasjenige, was da wird vorgetragen werden, mit schuldiger Ehrerbietung fleißig Acht zu haben, die Huldigungspflicht abzulegen und nach vollbrachter Handlung sich in Stille und Ordnung nach Hause zu verfügen. Wer nicht zu huldigen hat, wie Weibspersonen, fremde Handwerksbursche u. s. w. soll während dieser Zeit sich nicht auf den Straßen befinden lassen.

Am 1. Januar 1807 erließ der Fürst folgende Erklärung: Wir finden uns bewogen, bei der bevorstehenden Frankfurter Huldigung Unsere Gesinnungen aufrichtig und wohlmeinend den hiesigen Inwohnern zu erklären. Die Huldigung knüpft unter Anrufung des Allmächtigen das Band der Vereinigung zwischen Volk und Fürst. Der Endzweck dieser Vereinigung ist das gemeinsame Wohl; die Zufriedenheit Aller wird erzielt durch das Mitwirken eines Jeden Unter den biederen Frankfurtern wohnen aufrichtige Gottesverehrung, milde Wohlthätigkeit, sittliche Tugenden, thätiger Fleiß. So lange sie diese Gottgefälligen Eigenschaften erhalten, auf Kind und Kindeskinder fortpflanzen, wird der Segen des Himmels sie nicht verlassen. Frankfurts Fürst wird in dem ganzen Laufe Seines Lebens Seine Kräfte aufbieten, um alles Ueble von der guten Stadt abzuwenden, um Eigenthum und Sicherheit der Inwohner zu schützen und alles Gute zu befördern. Er erwartet mit Vertrauen, daß der Senat und die Justizstellen mit väterlicher Sorgfalt für das Wohl der Bürgerschaft sorgen, daß die Bürger ihren Vorgesetzten Achtung und Folgsamkeit bezeugen, daß der edelgesinnte reiche Inwohner dem schätzbaren, obgleich ärmeren, keine Lasten zumuthe, die dessen Vermögensverhältnisse übersteigen; daß die Christen der Judenschaft mit menschenfreundlichem Wohlwollen begegnen und daß die Juden sich dieser Achtung durch Rechtschaffenheit im Handeln und durch unermüdeten Fleiß würdig bezeigen. Frankfurts Fürst hofft und wünscht, daß die Inwohner dieser guten Stadt ihm Vertrauen und herzliche Zuneigung schenken; Er selbst und Seine rechtschaffen gesinnten Commissarien meinen es redlich mit Frankfurts Wohl."

Karl Ritter, damals Hauslehrer im Hollweg'schen Hause in Frankfurt *) schreibt am 2. Januar 1807: „Heute war die feierliche Huldigung des Fürsten; durch sein Benehmen hat er sich die Zuneigung aller Frankfurter gewonnen. Er ist im höchsten Grade zuvorkommend, bürgerlich, human in Allem, was er vornimmt. Sehr allmählich hat er die nothwendigsten Veränderungen in der Verfassung der Stadt vorgenommen und mit der größten Schonung. Die regierenden Bürgermeister hat er zu lebenslänglichen gemacht; den ersten Syndicus (Dr. Karl Friedrich Seeger) zu seinem ersten Geheimenrathe, die andern zu Appellationsräthen,

*) Dessen Leben von G. Kramer I. 479.

die besten der Adeligen hat er zu seinen Kammerherren gemacht, das Consistorium ganz bestehen lassen und ihm nur noch ein Mitglied, den Professor Nicolaus Vogt, seinen Bibliothekar, für Schulsachen beigegeben. Es freut sich Jedermann, daß gerade er hier an der Spitze steht."

Die nächsten Regierungsacte betrafen die neue Organisation der Gerichte, des Appellations-, Stadt- und Landgerichtes.

Am 26. Mai bestätigte der Fürst die neu gewählten „Achtundzwanziger." Aus jedem der 14 Stadtquartiere waren zwei Männer gewählt, welche ihre Abstimmungen über diejenigen Gegenstände zu geben hatten, die das allgemeine Wohl der Frankfurter Bürgerschaft betreffen. Sie beriethen unter dem Vorsitz der fürstlichen Commission (v. Beust, Geh. Staatsrath v. Eberstein, Geh. Rath Dr. Seeger) und des Stadtschultheißen Freiherrn v. Günderrode.

An demselben Tage wurde ein Schuldentilgungsplan publicirt, und am 28. Juli eine Feuerversicherungsgesellschaft errichtet.

Der schon so oft durch die Kriegsereignisse verzögerte Abbruch der Festungswerke rückte in diesem Jahre bis zum Eschenheimerthor vor; es soll damals in der Absicht der primatischen Regierung gelegen haben, auch den Eschenheimerthurm abreißen zu lassen, und nur der Fürsprache des französischen Gesandten beim Fürsten Primas, des kunstsinnigen Grafen Hedouville, sei die Erhaltung dieses ausgezeichneten Baudenkmals zu danken. *)

Fünftes Kapitel.

Der Krieg Napoleons gegen Preußen und Rußland mußte den neuen Rheinbundsstaat in seine Betheiligung ziehen. Das Großherzogthum Frankfurt hatte gemäß der Bundesacte sein Contingent dazu zu stellen. Es wurde am 24. October 1806 dazu eine extraordinäre Kriegskasse errichtet, in welche ein Viertel Simplum Kriegssteuer einzuzahlen war. Drei Tage später erging das Verbot, preußische Kriegsgefangene zu verstecken und ihnen zur Flucht behülflich zu sein.

*) A. v. Cohausen, A. N. IV, 29.

Ueber Napoleons Empfang bei seiner Rückkehr nach Abschluß des Tilsiter Friedens am 24. Juli 1807 berichtet die Ober-Postamtszeitung vom 25. Juli. Ihr Leitartikel, vom 24. datirt, beginnt mit folgendem Gedicht:

Er kehrt zurück — Napoleon,
Der Grose, ohne Gleichen,
Fortunens erster Lieblingssohn,
Von keinem zu erreichen!
Er kehrt zurück der grose Held,
Als Ueberwinder aus dem Feld.

Als Friedensgeber kehret Er
Zurück in seine Staaten,
Gleich einem Schutzgeist gros und hehr,
Im Hochgefühl der Thaten,
Wie sie vor Ihm kein Anderer that,
Der je das Erdenrund betrat.

„Seit vier Tagen war Alles in hiesiger Stadt in froher Bewegung, Sr. Maj. dem Kaiser und Könige Napoleon, Europens Friedensstifter, die höchste Ehrfurcht, Bewunderung und den frohesten Dank für das allbeglückende Geschenk — den Frieden — bei der glücklichen Rückkehr nach Frankfurt auf eine würdige Art zu bezeugen. Dieß hohe Glück ward uns heute Nachmittag, 5½ Uhr" u. s. w.

Am Ende der Zeil war ein Triumphbogen errichtet, welcher vorn die Inschrift trug: Napoleoni Imperatori et Regi Augusto Pio Felici Invictissimo Orbis Totius Pacificatori Princeps Primas ac Senatus Populusque Francof. D. D. D., auf der Rückseite aber: A la Gloire de Napoléon le Grand, Empereur des Français — Paix.

An den Nebenseiten stand: links vorn: Tilsit — Immortalité, hinten: Austerlitz — Prudence; rechts vorn: Friedland — Victoire; hinten: Presbourg — Piété.

Abends um 10 Uhr verließ Napoleon die Stadt; er übernachtete in Mainz. Den wahren Vorgang dieses Einzugs schildert Karl Ritter in einem Brief vom 8. August (Ritters Leben I. 481). Es hieß: „Napoleon der Kaiser kommt! Heute Abend! Sogleich wurde alles bereitet, ein Triumphbogen (am Weidenhof auf der Zeil) gebaut, Illuminationen angesagt; die ganze Stadt steckte sich in Uniform, die ganze Heerstraße wurde mit Bürgermilitär geschmückt *). Der Fürst selbst fuhr bis an die Grenze auf das Zollhaus, um seinen Gebieter zu empfangen; aber siehe da, er kam nicht! Nachts um 12 Uhr ging der Zug auseinander und ward um 5 Uhr Morgens wieder bestellt.

In größter Herzensangst, als käme ein fürchterlicher Racheengel angezogen, fuhr ihm der Fürst wieder entgegen und harrte wieder vergeblich von der Frühe bis in die Nacht. Die fürchterlichste Hitze quälte die armen Bürger auf dem heißen Pflaster; überall Lärm, Müßiggang, Plage, Puppenparade, Angst, Freuden-Musik, Mißmuth, vergebliches Hoffen, und selbst der Fürst hatte zitternd vor Angst kein Mittel gefunden, sich bestimmte Nachricht über die Ankunft des Kaisers zu verschaffen. Dieser jammervolle Zustand dauerte volle vier Tage zum Aerger aller Rechtlichgesinnten. Da hörte man plötzlich das Signal der Ankunft. Alles trat unter die Waffen, alles flog an die Fenster und auf die Balkone, die Straßen waren voll von einer gaffenden Menge; da erhob sich eine Staubwolke, sie rollte immer näher; da traten acht Pferde wie im Dämmerlichte heraus, und eine schwarze Kutsche flog wie das Bild einer Ombre chinoise an der Menge vorüber, die kaum sah, ob jemand darin saß, oder nicht. Die ganze Geschichte dauerte wenige Minuten; durch den Triumphbogen, den er vielleicht nicht einmal ansah, jagte der Kaiser in das Schloß des Fürsten."

Sechstes Kapitel.

Nachdem seit dem Aufstand zu Madrid vom 2. Mai 1808 der Beschützer des Rheinbundes des Beistandes der Contingente gegen die Spanier bedürftig geworden war, wurde auch das Frankfurter Bataillon ausgerüstet. 860 Mann in 6 Compagnien stark verließ es am 26. August unter dem Major von Welsch die Stadt, wurde in Mainz gemustert und am 6. Septbr. in Metz mit französischen Gewehren bewaffnet. Es durchzog Frankreich, ging am 19. Octbr. über die Bidassoa und kam am 22. nach Durango ins Hauptquartier des vierten französischen Armee-

*) Jeden Tag hatte die Hälfte des Bürgermilitärs auf Wache zu ziehen; sie bildeten Spalier vom Allerheiligenthor bis zur Ecke der Eschenheimer Gasse; von da bis zum Taxis'schen Palais stand das Linien-Militär.

corps (Victor); sie bildeten mit den hessischen Truppen die dritte Brigade der dritten Division (Leval) dieses Armeecorps. Wir geben im Folgenden eine zusammenhängende Geschichte der Schicksale dieser Truppe.*) Am 31. Octbr. nahm sie Theil an der Schlacht bei Zornosa, welche Lefebre gegen Blake gewann. Seit dem 17. Decbr. bildete das Bataillon einen Theil der Besatzung von Madrid.

Auf dem Wege dahin über Valladolid durch Gebirgsgegenden litten die Truppen viel von Hunger und den Guerillas. Da nach dem Siege Victor's über Blake bei Espinosa (Burgos) am 10. November kein feindliches Heer im nordöstlichen Spanien den Franzosen mehr gegenüber stand, so wurde das Frankfurter Bataillon nebst Nassau und Baden der Heeresabtheilung des Marschalls Soult zugetheilt. In Madrid waren die Frankfurter schlecht genug in der ehemaligen Kaserne der spanischen Wallonengarde einquartirt, elend verpflegt und zu einem beschwerlichen Wachtdienste verwendet. Sie verloren durch Meuchelmord zahlreiche Leute, welche theils auf dem Posten erschossen, theils in abgelegenen Straßen überfallen und niedergestoßen wurden.

Am 8. Januar 1809 zogen die Holländer und Frankfurter, am 13. die Nassauer, Badner und Hessen von Madrid ab nach der Gegend von Talavera. Nassau und Frankfurt bildeten eine Brigade unter dem nassauischen General von Schöffer; sie stand unter dem Oberbefehl des Marschall Victor. Sie blieben dort bis zur ersten Hälfte des März um einen Aufstand der Bevölkerung niederzuhalten. Am 15. März zog das Victor'sche Corps den Tajo abwärts und schon am 17. erstürmten die 4000 Mann der deutschen Division die von 7000 Spaniern vertheidigte Felsenhöhe von Mesa de Ibor, wobei der Ruhm des Tages Nassau zufiel, den dieses Regiment freilich mit ungeheuern Verlusten erkaufte. Am 18. erstürmte der Marschall mit der deutschen Division die feste Stellung von Miravete, wobei das Hauptgewicht auf Baden fiel. Am 21. wurde Truxillo besetzt, am 27. war die Schlacht von Medellin am Tajo (Estremadura),

*) Außer einigen Notizen in den Specialgeschichten anderer Rheinbündischer Truppentheile ist die einzige, freilich höchst ungenügende Quelle: Hptm. A. Klenk, militärisches Tagebuch u. s. w. des Feldzuges in Spanien u. s. w. Frkft. B. Körner 1816. Vergl. auch meine Schrift: Die Deutschen in Spanien und Portugal. S. 64 ff. Leipzig G. Mayer. (Altona, Händtke und Lehmkuhl) 1850.

wo Victor über Cuesta siegte. Das Bataillon Frankfurt indeß nahm an dieser Schlacht nicht Theil. Jedoch durch Dupont's Schicksal bei Baylen geschreckt, wagte Victor nicht, seinen glänzenden Sieg benutzend, in Portugal einzudringen, sondern blieb in Toledo und Estremadura stehen und führte bis zur Schlacht von Talavera de la Reyna (28. Juli) den kleinen Krieg gegen die Aufständischen.

In dieser Schlacht, der ersten, wo sie feindlich den Deutschen in der englischen Legion (King's german legion) entgegen traten, hatten die Rheinbundstruppen ungeheure Verluste, die Frankfurter 30 Todte, darunter ein Officier, und 50—60 Verwundete, davon 5 Officiere. Die deutsche Division, dabei das Frankfurter Contingent, nahm noch an den Schlachten von Almonacid am 11. August und von Ocanna am 10. Novbr. Theil und bezog dann Winterquartiere in Burgos, Valencia und Segovia.

Das Jahr 1810 begann mit Unterwerfung der südlichen Provinzen Spaniens. Am 31. Januar ergab sich Sevilla, am 1. Februar Granada den Franzosen. Die deutsche Division aber hatte bis zur Mitte des März die ruhmlose und schwierige Aufgabe, in einzelne Besatzungen der Provinz Valladolid vertheilt, in einem Lande, wo jeder Knabe ein Späher, jeder Waffenfähige ein Freischärler war, wo jedes Gebäude zur Festung umgestaltet werden mußte und jeder Augenblick Ueberfall und Mord besorgen ließ, das feindliche Volk niederzuhalten. Im März wurde die deutsche Division in Madrid vereinigt und unter den französischen General Lorge gestellt. Baden und Frankfurt unter dem badischen General von Neuenstein bildeten die zweite Brigade. Die deutsche Division hatte die Gebirgspässe der Mancha zu hüten, wo der Guerillaskrieg einen immer scheußlicheren Charakter annahm; sie brachte in diesen Verhältnissen das ganze Jahr 1810 zu.

Mit Anfang 1811 wurde die deutsche Division aufgelöst, die Holländer (erste Brigade) wurden als nunmehrige Franzosen den Regimentern zugetheilt, die Hessen nach Badajoz gesandt; Badner, Nassauer und Frankfurter hatten 1811 auf einer Strecke von 50 Leguas die große Heerstraße zu decken, obgleich ihr Bestand außerordentlich vermindert war. Ende Juli wurde aus den Trümmern der badischen, nassauischen und frankfurter Truppen und aus mehreren französischen Regimentern die Division Armagnac gebildet, welche das aus 3000 Wagen bestehende Gepäck des Heeres unter großen Entbehrungen und bei glühender Hitze zu decken hatte.

Nachdem am 3. November König Joseph wieder in seine Hauptstadt eingezogen war, folgten die deutschen Truppen dem Marschall Soult auf seiner beschwerlichen Verfolgung Wellingtons, und bezogen Ende des Monats die Winterquartiere. Abermals standen die Frankfurter mit den andern Deutschen von der Division Armagnac ihren Landsleuten von der deutschen Legion in englischem Dienste in der Entscheidungsschlacht von Vittoria am 21. Juni 1813 unmittelbar gegenüber und litten, da sie den Rückzug decken mußten, furchtbar von deren Artillerie. Nach mehreren mißlungenen Versuchen gelang es dem nass. Obersten Kruse erst am 10. December auf Befehl seines Fürsten und nach Auflösung des Großherzogthums Frankfurt, die Nassauer und Frankfurter zu der gegenüberstehenden deutschen Legion hinüberzuführen, von wo nur geringe Trümmer nach der Heimat zurückkehrten. (Das Genauere s. Stricker, die Deutschen in Spanien rc. S. 157.)

Siebentes Kapitel.

Wir haben die kriegerischen Thaten des Frankfurter Contingents bis zu seiner Heimkehr im Zusammenhang verfolgt, und müssen jetzt zum friedlichen Jahre 1808 zurückkehren, in welchem der weitere Ausbau des primatischen Staates durchgeführt wurde. Gesetze über Münzwesen, Bau- und Sicherheitspolizei, insbesondere Löschanstalten, über Verbesserung der Justiz und Abgrenzung der Competenz der verschiedenen Behörden, gegen den Straßenbettel, wurden in den Jahren 1808 und 1809 erlassen, welche alle möglichst an das Vorhandene sich anschlossen, insbesondere das Zunftwesen nicht antasteten, und doch dem Fortschritt huldigten. Am 22. October 1808 ließ der Fürst die Thore der Judengasse niederlegen und durch Edict vom 30. Novbr. 1809 erweiterte er das Judenquartier am Compostell und Dominicanerkloster; von dieser Zeit an verbreiteten die Juden sich in der Stadt.

Besondere Erwähnung verdient eine Verordnung des Oberpolizeicommissärs, Geheimen Raths Anton von Itzstein, vom

30. Septbr. 1809:*) „Sämmtliche hiesige Schutzjuden sollen bestimmte deutsche Familien-Namen führen, und die, welche dergleichen noch nicht besitzen, haben solche bis zum 18. Decbr. d. J. anzunehmen und der Polizei-Section anzuzeigen." In der weiteren Ausführung ist verordnet, daß die Namen Abraham, Moses, Elias rc. künftig nur als Vornamen gebraucht werden können, daß Vater und Kinder denselben Familien-Namen zu führen haben, daß insbesondere der einmal angenommene Familien-Name nicht zu wechseln ist, daß er öffentlich bekannt gemacht und in allen Handels- und gerichtlichen Acten allein angewandt werden muß. Wer dieser Auflage nicht Folge leistet, verfällt in eine Strafe von 20 Thlr. Am 28. Decbr. 1811 endlich wurden die Juden gegen Zahlung einer Summe von 440,000 fl. zu Bürgern erklärt und damit fielen alle Beschränkungen der Vorzeit.

Das Jahr 1809 brachte den Krieg zwischen Frankreich und Oesterreich, welcher Anfangs so große Hoffnungen erregte, daß zahlreiche patriotische Elemente aus dem darniedergetretenen Norddeutschland unter die österreichischen Fahnen flüchteten. Den Frankfurter Truppen, welche in Spanien standen, war es zwar erspart, die Oesterreicher zu bekämpfen, aber die kirchliche Feier der Schlacht bei Aspern durfte nicht unterbleiben. Der Senior Hufnagel hob indeß in seiner Rede nur die Seite hervor, daß hoffentlich dieser Sieg zum Frieden führen und weiterem Blutvergießen ein Ende machen werde.

Achtes Kapitel.

Das folgende Jahr 1810 brachte, wie oben bereits kurz erwähnt ist (S. 2), eine tiefgreifende Veränderung der Verhältnisse Vermöge des am 16. Februar 1810 zu Paris geschlossenen Vertrags mit dem Kaiser Napoleon trat der Fürst Primas das (für Baiern bestimmte) Fürstenthum Regensburg an denselben ab, und erhielt dafür die Fürstenthümer Hanau (Besitzergreifung am 16. Mai) und Fulda (19. Mai) und ward Großherzog von Frankfurt. Der neue Staat wurde durch das Organisationspatent vom 16. Aug. 1810 geordnet.

*) Staats-Kalender für 1810 S. 67.

Nach der neuen Verfassung gilt der Code Napoleon (mit einigen Modificationen) als allgemeines Gesetzbuch. Landstände, von den Wahlcollegien der Departements erwählt, üben einen berathenden Einfluß (besonders in Steuerangelegenheiten) auf die Gesetzgebung; der Staatsrath verfaßt auf Anregung des Großherzogs die Gesetzentwürfe, und bildet zugleich das Cassationsgericht, bei welchem jedoch Cassationsgesuche nur gegen Erkenntnisse in letzter Instanz und nur dann stattfinden, wenn das gefaßte Urtheil an unheilbarer Nichtigkeit leidet.

Dem Regenten gebührt die Genehmigung der Gesetze und die ganze vollziehende Gewalt, welche derselbe zunächst durch seine Minister und in weiterer Unterordnung durch die Präfecten, Polizeibehörden, Maires 2c. ausüben läßt. Die drei Minister haben die obere Leitung der Staatsverwaltung im Allgemeinen, so daß dem einen*) die Leitung der Justiz, der Polizei und des Innern, dem anderen**) das Staatssecretariat und die auswärtigen Verhältnisse, die Besorgung der Kriegsverwaltung und die Beschützung des Kultus, und dem dritten***) die Leitung der Finanzen und des Handels übertragen sind. — Die Erhebung der Abgaben concentirt sich nach ihren verschiedenen Zweigen in mehreren Administrationen, die alle dem Finanzministerium untergeordnet sind. — Die Verwaltung der Gerechtigkeit ist von den übrigen Verwaltungszweigen getrennt, und hat eigene unabhängige Gerichtsstellen von mehreren Instanzen, sowohl in bürgerlichen als peinlichen Justizsachen.

Ueber schwere Polizeivergehen erkennen die Polizeigerichte. †) Im Allgemeinen sind die Gleichstellung aller Staatsbürger vor dem Gesetze und die freie Uebung jeder vom Staate anerkannten Religion die Grundlagen dieser Verfassung.

Das ganze Großherzogthum war in vier Departements: 1. Frankfurt mit den Ortschaften Bonames, Bornheim, Dortelweil, Hausen, Ober- und Niederrad, Nieder-Ursel (auch Solmsischen

*) Franz Joseph Freiherr von Albini.

**) Karl Freiherr von Eberstein.

***) Christian Graf von Benzel-Sternau.

†) Rössing, Darstellung der durch den Fürsten Primas begründeten Gerichtsverfassung der Stadt Frankfurt 1810. Bender, Sammlung Frankfurter Verordnungen aus den Jahren 1806—16. Frankfurt 1833.

Antheils), Ober*)- und Niedererlenbach, und die Unterpräfectur Wetzlar; **) 2. Aschaffenburg; 3. Fulda; 4. Hanau, getheilt.

Erbgroßherzog von Frankfurt war der Vicekönig von Italien Eugen Napoleon; Gouverneur der Stadt Frankfurt auch ein Verwandter der kaiserlichen Familie: Graf Louis v. Tascher de la Pagerie.

Der Großherzog war Präsident des Staatsraths; derselbe zählte außer den drei Ministern noch sieben Mitglieder, davon zwei Frankfurter: Dr. K. Seeger und Georg Steitz. General en chef sämmtlicher Großherzoglicher Truppen war Franz Freiherr v. Zweyer Commandant der sämmtlichen Nationalgarde des Großherzogthums Frankfurt: Der Generalmajor und Kammerherr Adolf Karl Freiherr v. Humbracht; Commandant der sämmtlichen Nationalgarden des Departements Frankfurt: Der Oberst und Kammerherr Heinrich Ludwig Freiherr v. Glauburg; Commandant des Pompier-Bataillons: Major Moritz v. Bethmann.

Das Departement Frankfurt hatte zu dem Landtage fünf Deputirte zu senden: drei aus dem Stande der Gutsbesitzer, einen als Gelehrten oder Künstler, einen als Kaufmann oder Fabrikant. Präfect war Fried. Max. Freiherr v. Günderrode, Maire der Stadt: Jacob Guiollett.***) Der Municipalrath bestand aus achtzehn Mitgliedern.

In dem neuen, großentheils aus armen, wenig industriellen und durch den Krieg schon ausgesogenen Landestheilen gebildeten Staate, welcher als Erträgniß der von Napoleon sich vorbehaltenen Hanauer Domänen dem Kaiser jährlich 600,000 Frs. bezahlen †) und die schweren Menschen- und Geldopfer des

---

*) Obererlenbach gehörte bis dahin dem Grafen von Ingelheim.

**) Wetzlar brachte gar keine Einnahmen in die Generalkasse; vielmehr bezog es aus derselben noch 18,000 fl. jährlich, welche zur Unterhaltung des Personals des vormaligen Reichskammergerichts verwendet wurden, für welche das Reich zu sorgen versäumt hatte. (A. Krämer, Karl Th. von Dalberg. Regensburg 1817, Seite 30.)

***) Geboren 25. Februar 1746, folgeweise Gräfl. Ingelheimischer Amtmann, Kurmainzischer Hofkammerrath u. Fürstl. Primatischer Landesdirectionsrath, † 5. September 1815.

†) Im Jahre 1812 kaufte der Großherzog die Domänen und verkaufte sie an eine von dem Finanzminister Benzel-Sternau gegründete Actiengesellschaft. Das Geschäft brachte einen Gewinn von 190,000 Frcs. über die an den Kaiser Napoleon zu zahlende Summe.

rheinischen Bundes tragen mußte, trat bald die Lage der Finanzen, und damit der Staatsrath Georg Steitz in den Vordergrund.

Georg Steitz, aus einer angesehenen, seit 1684 in Frankfurt ansässigen Familie, war 1756 geboren, Juwelier wie sein Vater; er wurde 1792 in den Rath gewählt und war 1796 unter den Männern, welche am 28. Juli 1796 Kleber als Geißeln für die Bezahlung der der Stadt auferlegten Contribution nach Givet schickte, von wo er am 22. Decbr. zurückkehrte. 1801 wurde er zum Senator gewählt und in das Administrationsamt deputirt. Mit dem Eintritt der primatischen Herrschaft erhielt er den Titel eines fürstlichen Geheimen-Finanzraths und Stadtkämmerers und trat in die Geistliche Güteradministration, womit ein weiterer Gehalt von 1000 fl. verbunden war. Seinen Senatorstitel behielt er bei. Durch das Organisationspatent vom 16. August 1810 wurde für Steitz ein weiterer Wirkungskreis eröffnet. Der Fürst verlieh ihm den Charakter eines Staatsrathes und vertraute ihm die Generalkasse an, in welcher alle Einnahmen des Großherzogthums sich concentrirten, und aus der alle Ausgaben für die Civilliste, das Militärbudget, die Besoldungen und die Verwaltungskassen bestritten wurden.

Hier stellte sich Steitz' scharfem Auge auf den ersten Blick der heillose Verfall dar, in welcher unter der Verwaltung des betagten Ministers, Grafen v. Beust, die Finanzen gerathen waren; über die unvermeidlichen Stockungen, welche in der nächsten Zeit zu erwarten standen, konnte er sich nicht täuschen. In Verbindung mit dem Weihbischof Kolborn und dem Minister v. Eberstein suchte er Beust's Entfernung zu bewirken, allein es war nicht leicht, den rücksichtsvollen Fürsten zu einem so entscheidenden Schritt zu bewegen. Endlich am 5. Januar 1811 schreibt der Großherzog aus Aschaffenburg an Steitz: „Dem Herrn Finanz-Minister Grafen v. Beust habe ich mit heutiger Post ausdrücklich erklärt, daß, da derselbe in wichtigen Geschäften nach Paris abgeht, ich die Leitung der Finanz-Gegenstände für das ganze Jahr 1811 übernehme und Herr Staatsrath Steitz hierin mein Referendär sind." Steitz war also factisch Finanzminister, ohne Rang und Gehalt eines solchen.

Steitz war jedoch zu sehr Reichsstädter, um ganz in dieser gesammtstaatlichen Wirksamkeit aufzugehen. Er widersetzte sich der

Einführung des französischen Enregistrement, der mit hoher Besteuerung (5%) verbundenen Registrirung von Urkunden, und versagte zuletzt seine Mitwirkung, so daß der Großherzog sich genöthigt sah, diese Einnahmequelle von dem Finanzministerium zu trennen und unter seine eigene Leitung zu nehmen; er widersetzte sich dem Verkauf des Frankfurter Waldes zum Besten der Schuldentilgung für die Stadt und so wurde am 6. December 1811 der Graf Christian von Benzel-Sternau zum Finanz-Minister ernannt; Steitz blieb als wirklicher Staatsrath mit dem Gehalt von 5000 fl. Finanzreferent und Verwalter der Generalkasse, welche direct unter dem Großherzog stand.

In dieser wichtigen Stellung wußte er dem Finanz-Minister, welcher nicht zart war in der Wahl seiner Mittel, um die leeren Kassen zu füllen, energischen Widerstand zu leisten. Wiederholte Befehle, die in der Realitätenkasse befindlichen städtischen Obligationen im Werthe von 200,000 fl. zu versilbern, ließ er unbefolgt; die Zumuthung, den Beamten und Pensionisten ein Sechstel ihres Gehaltes in Kassenscheinen zu bezahlen, an denen sie die Hälfte des Werthes eingebüßt haben würden, lehnte er ab; Projecten, wie der Veräußerung von Almenden, der Verschmelzung der Hanauer und Frankfurter Stadtlotterien, deren Förderung bei eigenem Vortheil nur das Gemeinwesen geschädigt haben würde, setzte er das volle Gewicht seines persönlichen Einflusses bei dem Fürsten entgegen, und neben der Last der fürstlichen Staatsämter verwaltete er noch die in eine Departementalkasse verwandelte Recheneikasse, um sie nicht in die Hände von Fremdlingen kommen zu lassen.*)

Neuntes Kapitel.

Die eigenmächtigen Eingriffe des Protectors waren ebenso wenig geeignet, die Finanzen wie das Ansehen des Landesfürsten zu heben. Am 28. Oct. 1810 erschien, ohne vorgängige Benachrichtigung der Großherzoglich Frankfurtischen Behörden, eine Abtheilung französischer Truppen, begleitet von Gendarmen und Zollbeamten, besetzte die Thore, die Brücke und die öffentlichen

*) Das Nähere Nj. 1869. S. 23.

Plätze. Alle Großhändler wurden zusammen berufen, ihre Magazine versiegelt und deren Inhalt später theils als englische Waaren verbrannt, theils confiscirt und in Frankfurt und Mainz zum Besten des kaiserlichen Fiscus versteigert.

Den Kaufleuten, welche die Waaren ersteigert hatten, wurden dieselben, als sie ins Herzogthum Berg versandt worden, trotz aller Einwendungen und schriftlichen Beweise, dort zum zweitenmale weggenommen und öffentlich versteigert. Den betroffenen Großhändlern wurde außerdem eine Strafe von einer Million Frcs. auferlegt, so daß damals 12 Millionen Frcs. in die kaiserliche Kasse geflossen sein mögen, während der Schaden der Frankfurter Kaufleute sich natürlich weit höher belief. Cäsar (von) Leonhard (damals großherzogl. Kammerrath) erzählt*), daß der Fürst durch die Maaßregel tief verstimmt war und ihn beauftragte, alles zu thun, um den Gewaltstreich aufzuhalten oder wenigstens illusorisch zu machen.

Zehntes Kapitel.

Das Schulwesen des Großherzogthums, welchem der Staatsrath Th. Pauli als Generaldirector vorstand, wurde vollständig umgestaltet und zwar in seinen obersten Anstalten ganz nach französischem Muster der getrennten Facultäten. Zwar die alte mainzische Universität, welche nach Aschaffenburg verlegt war, bestand fort mit drei Facultäten: a) der theologischen; b) der für Rechts-, Staats-, Finanz- und Polizeiwissenschaften; c) für die allgemeinen Culturwissenschaften; aber daneben wurde die Rechtsschule zu Wetzlar eröffnet und zuletzt die medicinisch-chirurgische Specialschule zu Frankfurt.**)

In der am 4. August 1812 zu Hanau vom Staatsrath Pauli, als Generalcurator des öffentlichen Unterrichtes im Großherzogthum erlassenen „Bekanntmachung der Eröffnung einer medicinisch-chirurgischen Lehranstalt in Frankfurt im November 1812“

*) Lebensbilder I, 840.

**) Der Status von Aschaffenburg und Wetzlar im Staats-Kalender für das Großherzogthum Frkft. f. 1812. S. 331—334; der für Frankfurt im Staats-Kalender der Großherzogl. Stadt und des Depmts. Frkft. f. 1813. S. 46. Das Siegel der Universität beschrieben A. N. V. 190.

heißt es: Die Organisations-Patente des öffentlichen Unterrichts in dem Großherzogthum Frankfurt vom 25. Januar und 1. Februar 1812 verfügen, daß die Großh. Universität als ein allgemeines, für das ganze Land bestimmtes Lehrinstitut, mehrere nach Orten getrennte Specialschulen befassen solle. So wenig man von Seiten der Regierung die Vortheile verkannt habe, welche die Vereinigung aller Lehrstühle an einem Orte darbieten, so haben doch die im Großhrzth. bestehenden Verhältnisse diese einheitliche Gestaltung nicht zugelassen, man habe deßhalb vorhandene Stiftungen und Anstalten benutzt, und mit Rücksicht auf das Senckenbergische Hospital und die einer Vervollständigung zu unterziehenden wissenschaftlichen Anstalten des Senckenbergischen Medicinischen Instituts Frankfurt zum Sitze der medicinischen Facultät erwählt.

Durch Decret vom 4. November 1812 wurden als öffentliche ordentliche Professoren ernannt die Drs. med. K. Wenzel, Geh. Rath K. K. Crève, A. U. F. K. Wagner († 5. März 1814), J. Scherbius († 8. November 1813), J. B. J. Behrends, Th. F. A. Kestner, J. C. Varrentrapp, Ch. E. Neeff, S. Chr. Lucä; dazu kam als Dr. legens (Privatdocent) Chr. F. Bayrhoffer († 12. Mai 1813).*) Director der Spezialschule war der Geheimerath Wenzel, welcher zur feierlichen Eröffnung derselben am 9. November sein Einladungs-Programm: „Ueber Natur und Kunst in der Arzneiwissenschaft" herausgab. In dem Lectionsplan für das Winter-Semester 1812 hat nur Prof. Wagner keine Vorlesung angezeigt.

Durch die Organisationspatente des öffentlichen Unterrichts vom 25. Januar und 1. Februar 1812 war vom November an ein Lyceum errichtet und das Gymnasium zu einer Vorbereitungsanstalt für das Lyceum umgestaltet. Das Lyceum stand unter der großherzogl. Generalcuratel des öffentlichen Unterrichts, das Gymnasium und die übrigen öffentlichen Lehranstalten des Departements Frankfurt unter der „Ober-Schul- und Studieninspection des Departements Frankfurt," deren Director der Geh. Rath und

*) Nach einer ungedruckten Urkunde im Besitze des Herrn K. Milani, in welcher Wagner und Scherbius nicht aufgeführt sind, waren die Gehaltsverhältnisse folgende: Wenzel hatte 3000 fl. und 150 fl. als Director, Creve 2000 fl., Behrends und Kestner je 1000, Varrentrapp 300, Neeff 800, Lucä 300 und 100 als Secretär der Facultät. Der ganze Status der Besoldungen einschließlich des Dienstpersonals war 10120 fl.

Präfect Freiherr von Günderrade, deren Vicedirector der Superintendent und Senior Dr. Hufnagel war und welches noch 8 Mitglieder zählte, darunter je ein Geistlicher der drei christlichen Confessionen. Das Frankfurter Consistorium Augsb. Conf., welches bis dahin dem Gymnasium vorgestanden, wurde aufgehoben; es bestand ein „Allgemeines evangelisch-lutherisches Consistorium“ mit dem Sitz in Hanau; dasselbe bestand aus 3 Hanauer Mitgliedern, darunter der Director desselben, 3 Frankfurter Mitgliedern, und einem Mitglied aus Wetzlar.

Auch das „Allgemeine reformirte Consistorium“ hatte seinen Sitz in Hanau; es bestand aus einem Director und acht Räthen, darunter ein (geistliches) Mitglied aus Frankfurt. Das Gymnasium, bisher städtisch, ward mit dem 1790 gegründeten katholischen Gymnasium ad St. Fridericum vereinigt und zu einer Großherzogl. Anstalt erklärt. An beiden Anstalten lehrten Männer wie Georg Friedrich Grotefend und Friedrich Christoph Schlosser; dennoch ließ die Ungunst der Zeiten alle höheren Lehranstalten zu keiner Blüthe gelangen. Mit der Auflösung des Großherzogthums Frankfurt hörte auch die medizinische Spezialschule auf; das Lyceum wurde Ostern 1814 aufgehoben und das Gymnasium durch Rathsbeschluß vom 29. August 1814 in seiner früheren Weise wieder eingerichtet. Von Elementarschulen wurde nur die Weißfrauenschule neu errichtet.

Am 1. Januar 1811 mußte das Journal de Francfort, das Staatsristretto, das Frankfurter Journal und die Oberpostamtszeitung zu erscheinen aufhören; die letztere wurde in die „Zeitung für das Großherzogthum Frankfurt“ umgewandelt, welche in deutscher und französischer Sprache erschien und bis 1. Januar 1814 dauerte, worauf sie wieder ihren früheren Namen als Oberpostamtszeitung erhielt.

Elftes Kapitel.

Wir haben schon in der Charakteristik Dalbergs sein lebhaftes Interesse für Wissenschaft und Kunst erwähnt (S. 5). Als auch unter seiner Regierung, wie früher und später noch öfter, der Versuch gemacht wurde, die (früher noch stärker als jetzt hervortretende) Trennung der Stände durch Beschäftigung mit den schönen Künsten zu überbrücken, fehlte nicht Dalbergs thatkräftige Unterstützung. Im Spätherbst 1807 entwarfen der Senator Nicolaus *Vogt* († 1836), der Baurath *Heß* († 1845) und der später als Oberbaudirektor in Weimar wirkende Architekt *Coudray* die Grundzüge des *Museums*, so wie die Anstalt später ins Leben trat. Die *erste* Klasse begriff die Gelehrten, ausersehen, belehrende und unterhaltende Vorträge zu halten. Die *zweite* Klasse war der zeichnenden und bildenden Kunst, die *dritte* der Tonkunst gewidmet. Die *vierte* Klasse, die der Kunstfreunde, sollte einen höheren Beitrag als die ersteren bezahlen und so dem Institute die nöthigen Geldmittel beschaffen. Am Freitage sollten die Zusammenkünfte stattfinden, theils *vertrauliche*, der geistigen Mittheilung, dem Austausch der Ideen, der gegenseitigen Annäherung, den Vorschlägen für das Institut, kurz der Geselligkeit und dem belebenden Worte geweihte, theils *öffentliche*, wo Kunstbeschauung, Vorträge, Musik und Gesang mit einander abwechseln. Jede Klasse erwählt ihren Vorsteher, der der vierten besorgt die financiellen Verhältnisse der Gesellschaft. Zwei Secretäre sind dem Vorsteher der ersten Klasse beigeordnet, sie führen Correspondenz und Protocolle und besorgen vorzüglich die literarischen Angelegenheiten. Die Klassen-Vorsteher und Secretäre bilden den Vorstand.

Vogt sandte den Entwurf „dem Alten" nach Aschaffenburg und erhielt nach wenigen Tagen die Genehmigung des Fürsten, welcher die Kunstschätze der aufgehobenen Klöster dem Museum zuwies und Männer wie *Jean Paul* und *Zacharias Werner* durch Honorirung aus seiner Privatkasse zur Theilnahme heranzog. *)

Auf das *Theater* hatte Dalberg's Regierung keinen modificirenden Einfluß. Dieselbe fiel mitten in die zehnjährige Vertragsperiode (1802—1812) einer Aktiengesellschaft, welche

---

*) Vergl. Sammlung einiger in dem Frankfurter Museum vorgetragenen Arbeiten, Ffft. 1810. Eichenberg 4°. Darin u. A.: „dem Andenken Prestels", von Prof. Karl Ritter; „Sedez Aufsätze" von Jean Paul F. Richter; und besonders eine Darlegung der Leistungen des Museums bis Ende 1809, von dem Stadtgerichtsrath Dr. Joh. Friedr. Heinr. Schlosser. S. 147 ff. sind die dem Museum zugehörigen Kunstschätze verzeichnet. 1812 vermachte der Senator Brönner seine Kupferstichsammlung dem Museum.

dessen Leitung übernommen hatte. Der Fürst bezahlte eine Hofloge und erließ auf ein Jahr die Miethe von 4000 fl., welche die Gesellschaft für das Schauspielhaus an die Departementskasse (früher an die Stadt) zu zahlen hatte*); vom 1. Mai 1811 an mußte die Gesellschaft wieder auf 12 Jahre sich zur Entrichtung der jährlichen Miethe von 4000 fl. verpflichten. Dieser Ausgabe entsprechen während der nächsten Jahre nicht die Einnahmen; ein Gleichgewicht, ja ein geringer Ueberschuß trat erst mit dem Sturze Napoleons ein, durch die den Winter 1813/14 hier anwesenden verbündeten Monarchen und deren Hauptquartier. Vom 1. März 1814 bis dahin 1815 wird die Einnahme auf 105,000 fl. angegeben. Uebrigens fällt in die Zeit bis etwa 1810 die größte künstlerische Blüthe des Theaters.

Zwölftes Kapitel.

Ueber das Verhältniß der Dalberg'schen Regierung zu den in Frankfurt so reichen und so unabhängig gestellten Stiftungen sind harte Urtheile gefällt worden. Dr. Joh. Martin Starck schrieb 1810 und 1817 über das hiesige Armenwesen. In der zweiten Schrift**) sagt er, in Bezug auf die erste: „Ich schrieb damals unter einer Regierung, die leichtsinnig niederzureißen gewohnt war; hier mußte jeder das Seinige dazu beitragen, damit Alles beim Alten bleibe. Wer die Geschichte unserer Stiftungen kennt, der weiß, durch welche Meister- und Wagstücke sie gerettet und deren Fond vor dem Hinabsinken in den Alles verzehrenden Schlund bewahrt worden sind."

Auf der andern Seite ist aber nicht zu leugnen, daß die primatische Regierung sowohl längst als nöthig erkannte Stiftungen geschaffen, als die vorhandenen verbessert hat. Die fürstlich primatische Regierung verpflichtete 1812 die 14 jüngsten Aerzte zu Behandlung der kranken Armen in den 14 Stadtquartieren unter Aufsicht einer der Stadtphysici. Was das Armen- und Waisenhaus betrifft, so bestimmte das primatische Edict von Fulda

*) Ki. A. I. 370. Nj. 1872. S. 45.

**) Weitere Gedanken und Vorschläge über das Armenwesen in Frkft. a. M., Varrentrapp, S. 72. — Stricker, Gesch. der Heilkunde S. 168.

vom 28. Juli 1810: In Erwägung, daß die Vermögenskräfte und Mittel dieser Stiftung nicht hinreichen, um die sämmtlichen ursprünglichen Zwecke derselben, nämlich die Waisenerziehung, Armenunterstützung und Unterhaltung eines Arbeitshauses allzumal zu erfüllen, verordnen und wollen wir, daß die stiftungsgemäße Erziehung und Verpflegung der Waisenkinder und zwar jener von verarmten Beisaßen auf der Stiftung eigene Kosten, jener von verarmten Bürgern aber auf Kosten des Almosenkastens als Hauptzweck der Stiftung des Armen- und Waisenhauses hiefür betrachtet werden sollen." Ein neues Pflegamt wurde eingesetzt und über die Verwaltung wurde eine Untersuchung verhängt, welche die heillosesten Mißbräuche und Unterschleife herausstellte.*)

Zu den ersten gehörte der Gebrauch, alle Leute, die mit dem Waisenhaus etwas zu verhandeln hatten, sowie die Verwandten und Freunde der Angestellten auf Kosten der Armuth zu bewirthen, und die zu große Anzahl des Dienstpersonals von 29 Personen, welche zwei Drittheile von der reinen Einnahme des Stiftungsvermögens in Anspruch nahmen; zu den letzteren eine üppige Besetzung des „Herrentisches" auf Kosten der Kinder. So war, während gleichzeitig die Stadt die für das Waisenhaus errichtete Lotterie seit 1803 für sich selbst zur Deckung der Kriegsschäden verwendete, und da die freiwilligen Beiträge der Bürgerschaft durch die Noth der Zeit sich minderten, ein Deficit entstanden, welches für das Jahr 1811 auf 10,000 fl. angeschlagen ward. Außerdem waren von der vorigen Verwaltung noch Schulden im Betrag von 3370 fl. zu berichtigen, dringende Bedürfnisse erheischten 900 fl. und der baare Kassabestand betrug 130 fl.!

Seit 1807 war das Vermögen der Anstalt fast um 5000 fl. verringert. Mit der größten Thätigkeit wurde das neue Werk angegriffen, 10 überflüssige Dienstboten wurden entlassen; 26 alte schwachsinnige und gebrechliche Pfründner anderweitig untergebracht; die nicht mehr für die Anstalt in ihrer neuen Gestaltung passende Trennung in zwei Gebäude aufgehoben und ein für Knaben und Mädchen gemeinsamer Speise- und Lehrsaal eingerichtet; Nahrung, Kleidung, Erziehung und Unterricht verbessert. Wenn gleich durch diese Reform anfangs die finanziellen Verhältnisse sich nicht bessern

*) Schäffer, Geschichte des Waisenhauses. Frkfrt. 1842. S. 108. 163 bis 169. Stricker, Geschichte der Heilkunde ꝛc. S. 183.

konnten, so gelangte doch durch die geringe Zahl der besser als früher bezahlten Angestellten, durch weise Sparsamkeit und reiche Geschenke und Stiftungen, besonders die des Handelmannes Philipp Heinrich Fleck († 2. Mai 1816) die Anstalt nach einigen Jahren zu einem solchen Wohlstande, daß nicht nur die Verminderung des Vermögens, welches um 10,000 fl. unter den Stand von 1803 herabgelangt war, gedeckt, sondern auch an einen Neubau gedacht werden konnte.

Das Bedürfniß eines eigenen Zucht- und Besserungshauses war schon im 18. Jahrhundert gefühlt worden; 1805 hatte man einen Theil des ehemaligen Karmeliterklosters dazu ausersehen. Am 17. April 1807 forderte die primatische Generalkommission den Senat auf, zu berichten, wie es mit dem beabsichtigten Bau des Zucht- und Arbeitshauses stehe, dessen Mangel Eminentissimus unter die wichtigsten und dringendsten Bedürfnisse des hiesigen gemeinen Wesens zähle. Es folgte die fürstliche Verfügung vom 20. Februar 1809, daß das mit dem Armen- und Waisenhaus dermalen noch in Verbindung stehende Verbesserungshaus von der Verwaltung des Waisenhauses getrennt und für das Bedürfniß hiesiger Stadt zu einem Arbeits- und Zuchthause für 30 Bettler, Vagabunden und wegen Civilvergehen verurtheilte Personen umgebaut werde. Die Anstalt wurde am 5. Juli 1809 eröffnet.

Auch das Hospital zum heil. Geist wurde durch das schon erwähnte primatische Edict von Fulda d. d. 28. Juli 1810 berührt. Dasselbe setzte fest, 1) daß die mit einer solchen Anstalt unverträgliche Austheilung von Geld und Brod einzustellen sei; 2) daß die Aufnahme von Findlingen für die Zukunft aufhören und die noch bestehende Anzahl der Verwaltung abgenommen werden solle; 3) daß der Kapitalstock durch jährliche Ersparnisse zu ergänzen und ein Baufond anzusammeln sei. — Zugleich wurde eine neue Verwaltungskommission eingesetzt, die ihre Thätigkeit mit dem Jahre 1811 begann und welcher das Verdienst gebührt, den finanziellen Bedrängnissen der Anstalt abgeholfen, zahlreiche Uebelstände abgeschafft nnd endlich das bisherige System der Heimlichkeit abgestellt zu haben; denn 1813, über 500 Jahre nach Stiftung des Krankenhauses, erschien die erste Nachricht von dessen Zustand und Fortgange. Es geht aus derselben hervor, daß durch die Kontinentalsperre die Apothekerrechnung des Hospitals, welche 1805 808 fl. betrug, 1810 auf 2485 fl. gestiegen war.

Wie alle diese Stiftungen, so war auch das Medicinalwesen einer Reform dringend bedürftig. Darauf bezügliche Vorschläge habe ich schon früher aus den Acten mitgetheilt.*) Eine neue Medicinal-Ordnung, unterzeichnet vom Großherzog am 20. December 1810, wurde 1811 eingeführt. **) Zu ihrer Ergänzung erschien am 6. September 1811 eine großherzogliche Verordnung zur Beförderung der Impfung,***) welche nicht nur auf dem Wege der Strafandrohung, sondern auch der Belohnung dies Ziel zu erreichen sucht. Durch die Artikel 11—14 werden auf 5 Jahre dem Impfarzt von den ersten 50 Kindern 5 fl., von den zweiten 50 Kindern 10 fl., von den dritten 50 Kindern 15 fl., von jeder fernern 50-Zahl 5 fl. mehr Prämien zugesichert aus den Prämien- und wo solche nicht existiren, aus den Departementskassen. Auf dem flachen Lande wird jedem Ortsmaire, in dessen Gemeinde die meisten Kinder geimpft worden sind, ein Dukaten, und dem Wundarzt, von welchem die meisten Kinder geimpft sind, eine silberne Medaille auf Zeugniß des District-Maire und District-Arztes als Belohnung zuerkannt und der Belohnten Namen in der Landeszeitung bekannt gemacht.

Dreizehntes Kapitel.

Die Frankfurtischen Truppen waren aus Spanien noch nicht zurückgekehrt, als der Protector schon wieder Blutopfer erheischte. Im Februar 1812 marschirten zwei Bataillone der großherzogl. Frankfurtischen Truppen, jedes 900 Mann stark,†) unter Befehl des Obersten Horadam ab zunächst nach der Ost- und Nordseeküste. Im Spätsommer nahm das Regiment Frankfurt seine Richtung über Danzig, Königsberg und Wilna nach Rußland bis in das Städtchen Osmiana, woselbst ein Rasttag gehalten werden sollte. Kaum jedoch hatten sie die Quartiere bezogen, als der

*) Stricker, Geschichte der Heilkunde, S. 42.

**) Ebend. S. 43. 46.

***) Beyerbach, Sammlung Frankfurter Verordnungen 1806—1816 Frankfurt 1833. S. 171.

†) Unter diesen 1800 Mann waren etwa 800 aus Stadt und Gebiet Frankfurt, wovon 1848 noch zwei lebten.

Kaiser Napoleon Nachts 12 Uhr am 6. Decbr. in einem sechsspännigen Reisewagen von der großen Armee zurückkam und in höchster Eile das Städtchen passirte, die Weisung zurücklassend, daß die Division Loison, wozu die Frankfurter Truppen gehörten, alsbald den Rückzug nach Wilna antreten sollte, welches auch noch in derselben Nacht unter Beschwerden und Mühen aller Art bewerkstelligt wurde, wobei jedoch wegen der außerordentlichen Kälte viele Leute erfroren. In Wilna wurde zwei Tage gerastet; die Offiziere erhielten Befehl, das Beste und Nöthigste von Wäsche und Kleidungsstücken aus ihren Mantelsäcken holen zu lassen und anzuziehen.

„Da vermuthet wurde", so berichtete mir als Theilnehmer dieses Feldzuges der verstorbene Frankfurtische Oberst Hoffmann, „daß die Gepäckwagen wegen des hohen Schnee's nicht mit den Truppen fortkommen könnten, so wurde bestimmt, daß dieselben den Abend vor unserem Abzug aus Wilna abzugehen hätten. Als wir den folgenden Morgen (9. Dec.) zum Thor hinaus marschirten, hatten die Russen bereits eine Batterie von leichten Kanonen auf Schlitten aufgefahren, sowie auch einige Schwadronen und Kosaken aufgestellt. Kaum war die französische Division außerhalb der Stadt und in Kolonnen aufmarschirt, so begann die russische Artillerie ein lebhaftes Feuer auf uns, welches wir nicht erwiedern konnten, da wir keine Geschütze mit uns führten Im Vorüberziehen sahen wir das von den Russen in Brand gesteckte sämmtliche Gepäck in hellen Flammen brennen; alles Eigenthum der Offiziere, die Regimentskasse, sowie sämmtliche Compagniebücher gingen auf diese Weise zu Grunde. Später wurden regimentweise Vierecke gebildet, und mit solchen bis gegen Abend zurückgegangen; an diesem Tage verloren wir sehr viele Leute, welche theils vor dem Feinde blieben, theils erfroren. Die Nacht hindurch lagerten die Truppen im Freien.

Da es an den nöthigen Transportmitteln fehlte, so mußte den andern Morgen ein großer Theil der Mannschaft krank, verwundet oder mit erfrorenen Gliedern zurückbleiben, welche in russische Gefangenschaft geriethen. Die noch übrige marschfähige Mannschaft setzte nun ihren Weg nach Königsberg fort, welches uns als Sammelplatz angewiesen war. Dort verweilten wir einige Tage und erhielten dann den Befehl, uns nach Danzig zu begeben. Es war den Abend um 6 Uhr am 5. Januar 1813, als wir Königsberg mit dem Rest des Regimentes verließen, worauf unmittelbar der russische Vortrab in die Stadt einrückte, weßhalb auch schon, während wir durch die Straßen marschirten, die Häuser erleuchtet waren. Auf dem Zuge von Königsberg bis Danzig stellte sich uns kein weiteres Hinderniß in den Weg, und und so wurden wir, daselbst angekommen, alsbald zum Festungs- und Vorpostendienst verwendet. Die Belagerung Danzig's dauerte fast ein Jahr; die Festung wurde durch Vertrag vom 18. Novbr. 1813 am 1. Jan. 1814 übergeben, wobei den deutschen Truppen ein ehrenvoller Abzug mit klingendem Spiel bewilligt wurde. Von den 1800 Mann, welche von Frankfurt ausmarschirt waren, kamen nicht mehr als 60 Mann zurück!"

Mittlerweile war mit dem verunglückten Feldzug nach Rußland Napoleons Stern niedergegangen; am 25. März 1813 war der Aufruf von Kalisch an das deutsche Volk ergangen; der französische Kaiser mähte immer weiter in die unreife Volkssaat seines Landes hinein, um die in Rußland geopferten bewährten Krieger zu ersetzen. Die Bürger von Frankfurt sahen die schwächlichen Knaben, welche zur Armee nach Sachsen getrieben wurden, mit wunden Füßen und erschöpft vom Marsche in ihren Straßen lagern, und dem werkthätigen Mitleid gesellte sich die Ueberzeugung, daß die Mittel des gewaltigen Zwingherrn erschöpft seien.

Noch aber sollten schwere Opfer von der Stadt getragen werden.*) Vom 19. August 1806 bis Ende 1810 betrugen die Zahlungen des Approvisionirungsamtes für französische Truppen an Verpflegungs- und Hospitalkosten, Hauptquartierfuhren ꝛc. 823,578 fl. 38 kr., an Kriegskosten 342,828 fl. 2 kr., zusammen 1,166,406 fl., 40 kr. Im Jahr 1812 zahlte die Stadt für Lazarethe, Fuhrwesen und Fourage 100,600 fl. Im Februar 1813 wurden von der Stadt 200 Pferde im Kostenbetrag von 55,000 fl. requirirt; die andern Lieferungen und Leistungen fallen theils mit den Departementallasten von Frankfurt, Hanau und Fulda zusammen, theils sind sie nicht aus hiesigen Akten zu entnehmen, da die Bücher und Literalien der Rechnungskommission auf Beschluß des

*) Mitth. IV., 353.

Senats und der gesetzgebenden Versammlung 1818 öffentlich verbrannt wurden. Jedoch steht so viel fest, daß am 10. Juli 1813 die Stadt als Beitrag zum Landes-Kriegsanlehen ein Zwangsanlehen von 836,400 fl. aufnehmen mußte. Seit Ende 1812 waren Hospitäler für das Militär hier errichtet worden.*) In Folge theils des Krieges, theils des Verbots des Kaisers Napoleon die Opfer des russischen Feldzuges über den Rhein zu bringen, um die ganze schreckliche Wahrheit den Franzosen zu verheimlichen, häuften die Kranken sich so sehr an, daß die Hospitäler trotz ihrer großen Zahl dem Bedürfniß nicht genügten und die am Kriegstyphus Erkrankten in Bürgerhäuser gelegt wurden. Nachdem schon im Sommer 1813 die ländliche Bevölkerung der Umgegend angesteckt worden, weßhalb die Stadt den Frankfurtischen Dörfern bedeutende Darlehen bewilligen mußte, wurde im Oktober 1813 auch die Stadt inficirt. Während die Zahl der Verstorbenen im Jahr 1812 sich nur auf 1206, im Jahre 1815 auf 1112 belief, erreichte sie 1813 den hohen Stand von 1556 Todesfällen, davon im I. Quartal 230, im II. Quartal 323, also im I. Semester 553; im III. Quartal 271, im IV. 742, im II. Semester also 1913; im ersten Halbjahr 1814 starben 1094 Menschen, davon im I. Quartal 752.

Für die letzte Periode des Großherzogthums haben wir genaue statistische Angaben.**)

Name d. Depart.	Obrtm.	Städte.	Distr. Mair.	Mairien	Feuerst.	Seelen.
Frankfurt	4	2	1	10	5806	52575
Aschaffenburg	30	10	21	175	16078	93056
Fulda	38	3	15	305	13785	100090
Hanau	18	5	8	83	9127	59854
Großherzogthum	90	20	45	537	44246	305575

Für das Departement Frankfurt insbesondere:

a) Stadt: 3475 Feuerstellen, 40,485 Einwohner ohne Militär, davon 10,176 Bürger und 994 Beisaßen.

---

*) Außer dem großen Barakenlazareth auf der Pfingstweide, wo jede Barake für 150 Mann 4700 fl kostete, waren Hospitäler in der Stadt: im Deutschen Haus, der Wellenscheuer, Reitbahn und dem Leinwandhause; vor der Stadt: auf dem Sandhof, im Schlößchen zu Bockenheim, auf dem Fischerfeld und der Günthersburg bei Bornheim. (Vergl. zweite Nachr. v. Hosp. zum heil. Geist 1815. Stricker Heilkde. S. 29.)

**) Staatskalender f. Stadt u. Depart Frkfrt. 1813 S. 3.

b) Ortschaften: 1097 Häuser, 7813 Einwohner, nämlich:

Bonames	61	Häuser	428	Einwohner
Bornheim	229	"	1881	"
Dortelweil	85	"	448	"
Hausen	72	"	451	"
Nd.-Erlenbach	101	"	489	"
Niederrad	98	"	1208	"
Niederursel	115	"	731	"
Ob.-Erlenbach	143	"	799	"
Oberrad	193	"	1378	"

c) Unterpräfektur Wetzlar: 742 Häuser, 4278 Einwohner.

Nach den Niederlagen von Kulm (30. August) und Dennewitz (15. Septbr.) sandte der Minister Albini den Geh. Rath Leonhard nach Aschaffenburg. Albini sah den Sturz Napoleons voraus und wollte den Großherzog bewegen, daß er ihn (Albini) zu den verbündeten Monarchen schicke, um mit ihnen seinen Frieden zu machen. Dieser Plan scheiterte an Dalberg's fatalistischer Zuversicht auf Napoleons Stern. Aber schon am 29. Sept. verließ er Aschaffenburg und zog sich nach vorübergehendem Aufenthalt am Bodensee und in der Schweiz auf seinen erzbischöflichen Stuhl nach Regensburg zurück.

Vierzehntes Kapitel.

Bis zum 27. October war es den französischen und primatischen Behörden gelungen, die Unfälle der großen Armee den Bürgern von Frankfurt zu verheimlichen. Höchst interessant ist die (offizielle) „Zeitung des Großherzogthums Frankfurt" dieser Tage. Am 28. Oktober erschien darin eine lange Mittheilung über die Ausgrabungen in Pompeji; am 29. Nachrichten von der französischen Armee bei Leipzig, welche bis zum 15. reichten; am 30. gar keine Nachrichten; das Blatt vom 31. brachte auf einmal die Kapitulation von Würzburg, das Einrücken russischer und preußischer Truppen im Großherzogthum Frankfurt (Fulda) und am Schluß die Besetzung von Frankfurt durch die Bayern; am 1. November keine politischen Nachrichten. Am 2. erschien kein Blatt; die Nummer vom 3. brachte die Ereignisse in und bei Frankfurt vom 30. Octbr. bis 2. Novbr.

Erst am 27. October, wie gesagt, erlebte man eine offizielle Aeußerung der Furcht vor einem Angriff, indem der General Préval, welcher mit 3—4000 Mann die Stadt besetzt hielt, die beiden mit Balken belegten Lücken auf der Mainbrücke abdecken ließ, wodurch der Verkehr zwischen Frankfurt und Sachsenhausen nur für Fußgänger möglich blieb.

Der nächste Feind war die auf dem linken Mainufer stehende Heeresabtheilung des bayerischen Generallieutenant Grafen Rechberg, unter welchem Prinz Karl als Generalmajor stand. Am 29. October Abends 9 Uhr war sein Vortrab in Offenbach eingerückt, um halb 11 Uhr folgte das Gros. Graf Rechberg stieg in dem Hause des fürstlich Isenburgischen Hofagenten Speyer ab, dessen Sohn, der noch lebende Componist Wilhelm Speyer, interessante Mittheilungen über diese Epoche gemacht hat.*)

Noch in der Nacht kam der primatische Staatsrath Molitor in Begleitung von Frankfurter Geleitsreitern nach Rechberg's Hauptquartier, um wegen der Uebergabe von Frankfurt zu verhandeln.

Am 30. October Morgens räumte Préval die Stadt und Vormittags um 10 Uhr zogen, über einer Nothbrücke die Oeffnungen der Steinbrücke überschreitend, von Sachsenhausen her, unter lärmendem Jubel der Bevölkerung, die Bayern in Frankfurt ein, zunächst zwei Reiterschwadronen und ein leichtes Bataillon, welchen am Nachmittag zwei Fußregimenter und eine Batterie folgten. Sie führten eine Anzahl französische Gefangene mit sich und zogen durch die Stadt auf das Galgenfeld, während um 5 Uhr Kosaken durch das Friedbergerthor in die Stadt eindrangen.

Die französische Hauptarmee war wie verschollen; man wußte weder, welche Richtung sie von Eisenach eingeschlagen, ob sie nicht durch Westfalen (Kurhessen) und Nassau nach Koblenz sich gewandt habe, noch in welchem Zustande des Zusammenhaltes sie sich befand. Durch den Jubel in der Stadt überhörte man die gleichzeitigen Ereignisse bei dem nahen Hanau und war am Morgen des 31. Oct. sehr überrascht durch die Wahrnehmung, daß die besser unterrichteten Bayern sich während der Nacht nach Sachsenhausen zurückgezogen hatten.

*) Didaskalia. 1866. N. 300.

Um 11 Uhr Vormittags Sonntag den 31. October erschienen die ersten Franzosen am Allerheiligenthor; der französische Vortrab, meist Reiter, durchzog die Stadt, um die Straße nach Mainz zu sichern. Eine am Bockenheimer Thore vergessene bayerische Abtheilung unter Rechberg's Adjutanten, dem Oberlieutenant von der Marck, (später Chef des bayerischen Generalstabs) wurde von Bewohnern der Stadt nach dem Unter-Mainthor gewiesen, und dort den dicht nachdrängenden Verfolgern durch Ueberfahrt über den Main entzogen, welche die Färcher unter den Kugeln des Feindes vollbrachten.

Der Oberstlieutenant des zweiten Bataillons der Frankfurter Nationalgarde, J. Bernhard Aubin, ritt dem französischen Kaiser entgegen; er erreichte ihn auf der Hanauer Landstraße an den Riederhöfen.

Napoleon wollte nach der vor dem Friedbergerthor gelegenen Villa des k. russischen Generalkonsuls, Simon Moriz v. Bethmann, geführt sein, welche er sich zum Nachtquartier ausersehen hatte; Aubin wählte den Weg über die Pfingstweide, wo er Gelegenheit fand, den Kaiser auf die von der Stadt für die französischen Kranken und Verwundeten aufgeführten Lazarethbauten aufmerksam zu machen. Napoleon soll dabei geäußert haben: „Ich bin Euer Schuldner!"

Um seine geschlagenen und verfolgten Truppen in der Hand zu behalten, ließ der Kaiser nicht zu, daß sie sich in der Stadt zerstreuten. Es kamen mit Ausnahme der Marschälle, Generäle, der Kranken und Verwundeten nur die Equipagen des Kaisers, ein Bataillon Infanterie und die Elitegendarmerie in die Stadt; die übrigen mußten im Kothe vor den verschlossenen Thoren übernachten, wo sie ihre Wachtfeuer mit dem Holz der Gartenhäuser nährten. Eine französische Batterie wurde nach dem Ober-Mainthor beordert. Die Bayern hatten nämlich nicht nur auf dem Mühlberg eine Batterie aufgefahren, welche ihre Granaten bis in die Gegend des Allerheiligenthores warf, sondern auch die Brücke mit Schützen und Kanonen besetzt, und beherrschten so den Eingang zur Fahrgasse. Die Franzosen beschossen seitwärts die Brücke und steckten mit Granaten die östlich an die Brücke angebaute, zunächst nach der Frankfurter Seite liegende Brücken-Mühle in Brand. Es gelang Bethmann, von Napoleon die Einstellung des für die Stadt verderblichen, für die Sicherheit des französischen Heeres zwecklosen Kanonenfeuers zu erlangen; die Bayern hatten sich nach Sachsenhausen zurückgezogen, wo sie sich auch gegen einen nächtlichen Sturmangriff der Franzosen behaupteten.*)

Am 1. Novbr. Morgens begann der Abzug der französischen Truppen; um Mittag folgte Napoleon, welcher dem Dank an seinen Wirth die drohenden Worte: Mais conduisez vous bien! beifügte; er schlug am Abend dieses Tages sein Hauptquartier in Höchst auf.

Die Nachhut des französischen Heeres unter dem Marschall Mortier, Herzog von Treviso, kam 1. Nov. Abends an, zog um die Stadt, lagerte vor derselben im Freien und setzte am 2. Morgens ihren Marsch nach Mainz fort. Am 2. Nov. Morgens 8 Uhr zogen Kosaken, österreichische und bayerische leichte Truppen durch die Stadt gegen Mainz zu und ereilten vor dem Bockenheimer Thore die Nachhut der französischen Artillerie, welcher sie mehrere Kanonen abnahmen. Den Tag über dauerten die Durchzüge bayerischer und österreichischer Heerestheile fort; zuerst kam das Heer, welches bei Hanau gefochten, dann am Abend der Vortrab des böhmischen Heeres unter Fürst Schwarzenberg. Die ganze Truppenmasse von 70—80,000 Mann lagerte auf dem Galgenfeld. Am 3. Nov. kam das Gros der Oesterreicher heran, auch preußische Regimenter, und diese wurden bei den Bürgern einquartiert. An einzelnen Tagen belief sich die Einquartierung auf 50,000 Mann, also mehr denn die Bevölkerung der Stadt.

Einen Begriff von den Zuständen in der Stadt gibt der Bericht des Oberlehrers der Musterschule, Dr. Wilh. Heinrich Seel, vom Jahre 1814. Während der primatischen Zeit war das Gebäude der Musterschule nie mit militärischer Einquartierung belegt worden. Selbst als im Sommer 1813 die im Schulgebäude wohnenden Lehrer nicht länger mit Einquartierung verschont werden konnten, wurde ihnen gestattet, ihre Mannschaft gegen Bezahlung in Kosthäuser zu verlegen.

Beim Einrücken der verbündeten Heere wurde aber das Verlegen der Einquartierung in Kosthäuser untersagt. Dr. Seel erzählt: „Gleich anfangs erhielt ich Gardekosaken mit ihren

*) Ueber die Einzelheiten vergl.: Ki. A. I. 167. A. N. III, 513. Mi. III, 96. Kr. G. 525.

Pferden zur Einquartierung, und da ich diesen für ihre Pferde das Thor öffnen mußte, so führten sogleich sechs ihrer Kameraden, die in den Häusern meiner Nachbarn, wo sich nirgends Stallung befand, einquartiert waren, auch ihre Pferde auf den Schulhof. Außer 6 Mann russischer Gardegrenadiere und 2 Mann ungarischer Grenadiere, die einige Tage später zu jenen theils mir, theils Herrn Sänger, theils dem todtkrank darniederliegenden Herrn Preusser († 6. März 1814) zur Einquartierung zugewiesen waren, wurden nun erst 8 Pferde, dann 20, gleich darauf 23 und wieder 20 Pferde mittels Billet in den Garten der Musterschule einquartiert. Da der Schulhof aber der Mannschaft einen näheren und schicklicheren Platz für ihre Pferde darbot, so wurden alle diese Pferde nicht in den Garten, sondern zum Theil in den Holzschoppen, aus dem man zu dem Behufe das Holz herauswarf, theils in den Thorweg, theils in den Hof dicht unter mein Fenster gestellt. Mit jeder Abtheilung Pferde erschien jedesmal eine fast gleich starke Zahl von Mannschaft, die mir ankündigte, daß sie bei den Pferden bleiben müßten, und deßwegen eine heizbare Stube zu ihrem Aufenthalt für Tag und Nacht verlangten. Drei Schulzimmer wurden ohne Weiteres von dieser, bloß zu den Pferden gehörigen, ungefähr 36 Köpfe starken Mannschaft in Besitz genommen. Unser Andachtssaal mußte zum Heu- und Strohmagazin und zum Stalle für einige Koppel Jagdhunde, und unser Bibliothekszimmer zu einem Stroh- und Hafermagazin dienen. Die Pferde liefen nackt und los im Hofe herum und zum Thor aus und ein. Ein bei mir einquartierter Feldwebel der russischen Grenadiere benutzte unseren Schulhof, um seine Compagnie jeden Morgen zur Musterung darin zu versammeln Das Geschrei dieser Leute während ihres allmählichen Zusammenkommens, das fortdauernde Rufen und Gewehrklingeln während der Musterung und der Lärm bei ihrem Auseinandergehen konnte wohl nirgends unpassender sein, als auf unserem Schulhofe, wo die aufgestellten Soldaten noch dazu den Kindern den Eingang in die Schule versperrten."

Eine Deputation des ökonomischen Vorstandes der Schule in Begleitung eines Mitgliedes der Ober-Schul- und Studien-Inspection begab sich zum Generalgouverneur, welcher sogleich dem Stadtkommandanten den Befehl ertheilte zur Ausquartierung sämmtlicher Pferde und Mannschaften, aber auch dieser Befehl blieb ohne Beachtung, und erst nach 5 Wochen, beim Aufbruch des großen Hauptquartiers, wurde der Schulhof von dieser Belästigung befreit.

Fünfzehntes Kapitel.

Am 4. November Nachmittags traf Fürst Schwarzenberg ein und nahm sein Hauptquartier im Belli'schen Hause gegenüber der Hauptwache. Am 5. gegen Mittag hielt Kaiser Alexander von Rußland seinen Einzug hinter seinen Gardekosaken; ihm nach führte Großfürst Constantin die russischen und preußischen Gardereiter; der Kaiser nahm sein Hauptquartier im v. Schweitzer'schen Hause (russischen Hof), Constantin im englischen Hof. Abends war die Stadt erleuchtet (Kriegk, S. 551—553).

Am 6. November, einem Samstag, bildeten früh die preußischen und russischen Garden und die österreichischen Grenadierbataillone vom Allerheiligenthor über die Allerheiligenstraße, die Katharinenpforte, Bleidenstraße, Neue Kräme, den Markt bis zum Dom ein Spalier; die Geleitsreiter rückten in Gala aus und von der Brücke bis zum Recheneigraben waren 64 österreichische, 32 russische und 8 Frankfurter Kanonen aufgefahren. Es galt den Einzug des Kaisers Franz zu feiern.

Gegen 11 Uhr ritten Kaiser Alexander und sein Bruder, gefolgt von einer glänzenden Generalität, dem österreichischen Kaiser entgegen, welchen sie an den Niederhöfen antrafen. Der prunkende Zug der beiden Kaiser wurde auf der Rückkehr am Allerheiligenthore, wo ein Zelt aufgeschlagen war, von einer Deputation des Rathes empfangen. Es waren Männer dabei, welche 1792 über demselben Mann als deutschen Kaiser den Baldachin getragen, dem sie jetzt als österreichischen Kaiser die Schlüssel der Stadt überreichten. Welcher Wechsel der Dinge lag zwischen den beiden Jahren! Noch stand an den Thoren: „Großherzogthum Frankfurt" angeschrieben, als eindringliche Mahnung, wie ungewiß die Zukunft der Stadt sei!

Der Empfang des Kaisers Franz war enthusiastisch; die Kanonen donnerten, die Trommeln und die Feldmusik wurde gerührt, und darüber brausten die Vivatrufe und klangen die

Töne sämmtlicher Glocken. Kaiser Franz wohnte zuerst einem Tedeum im Dome bei, besuchte dann den Kaiser Alexander im Schweitzer'schen Hause und begab sich schließlich in den Taxis'schen Palast, wo an demselben Tage große Tafel stattfand. Aber noch vorher, unmittelbar nach dem Einzug des Kaisers, um 4 Uhr, wurde der erste Versuch gemacht, etwas Licht über die dunkle Zukunft der Stadt zu verbreiten. Bei der Audienz, welche den Vorständen der 14 Stadtquartiere, den Bürgercapitänen, gewährt wurde, trug deren Sprecher, der Advocat Dr. Friedr. Sigismund Feyerlein eine schwülstige schmeichlerische Rede vor,*) welche die Wiederherstellung des römisch-deutschen Kaiserthums herbeisehnte.

Kaiser Franz konnte darauf nur einige gnädige nichtssagende Worte erwiedern, denn er hatte durch einen geheimen Artikel des Vertrags von Ried vom 8. October das Großherzogthum Frankfurt an Bayern zugesagt.

Am Abend war Festoper: Titus; sie wurde zu patriotischen Kundgebungen für die beiden anwesenden Kaiser benutzt, indem Publius den verbündeten Monarchen ein Hoch ausbrachte und Titus selbst das Lied: Gott erhalte Franz den Kaiser! anstimmte. Am Abend war die Stadt auf's Glänzendste erleuchtet.

Am 6. November wurde der österr. Feldmarschall-Lieutenant Prinz Philipp von Hessen-Homburg zum General-Statthalter für das Großherzogthum Frankfurt und die fürstlich Isenburgischen Länder eingesetzt; unter ihm führte der Minister Albini die Civilverwaltung. Der Prinz von Homburg stand unter der Centralcommission für die Verwaltung des von den Verbündeten besetzten rheinbündischen Gebiets, deren Chef der Minister Karl v. Stein war. Dieser wohnte in dem Lokal des „Bürgervereins" auf der großen Eschenheimergaße. Sonach ist von diesem Hause bis zur Zeit, wo bei der Abreise Steins zum Wiener Congreß die Centralbehörde aufgelöst wurde, ein großer Theil Deutschlands provisorisch regiert worden, wie später noch einmal 1848/49, wo Erzherzog Johann als Reichsverweser hier residirte.

Am 8. November 1813 traf der Kronprinz von Preußen mit dem Staatskanzler Hardenberg ein und stieg im Darmstädter Hof ab; am 11. November kam der Großherzog Ferdinand von

*) Deren Wortlaut bei Kr., S. 539.

Würzburg an, am 13. die Großherzoge Karl Friedrich von Baden und Ludwig von Hessen, und spät am Abend die Könige Friedrich Wilhelm III. und Max Joseph. Am 15. traf der Herzog von Nassau und der Fürst Blücher und am 19. der König von Württemberg ein, welcher am 2. November eine Allianz mit den Verbündeten abgeschlossen hatte.

Bei dem Fürstencongreß, welcher 50 Jahre später in Frankfurt abgehalten wurde, waren in den Beherrschern von Oesterreich, Bayern, Hessen-Darmstadt und Nassau und dem Kronprinzen von Württemberg fünf Enkel der Monarchen von 1813 hier anwesend. Besonders populär unter diesen fürstlichen Personen wurde durch seine Einfachheit Friedrich Wilhelm III., welchen man täglich mit seinem Sohne, in einfache Uniformsüberröcke gekleidet, an der Mütze das Landwehrkreuz, nach der Parade durch die Schlimme Mauer in die Anlagen vor dem Eschenheimer Thor, gehen sah. Am 14. November, einem Sonntag, fand unter Leitung des Großfürsten Constantin die große Parade auf der Zeil statt, wobei die Truppen vom Allerheiligenthor bis zum Theaterplatz reichten. Am 16. November veranstaltete die Casinogesellschaft den verbündeten Monarchen einen großen Ball im Theater.

Karl Jügel*), damals in der Brönner'schen Buchhandlung im großen Goldstein auf dem großen Kornmarkt, berichtet:

„Unsere ansehnlichen Vorräthe von Karten des neuen Kriegsschauplatzes verschaffte mir die Gelegenheit, mit vielen der ausgezeichnetsten Männern der damaligen Zeit in persönliche Berührung zu kommen; mit Czerniczeff, Fürst Schwarzenberg, Blücher, Gneisenau, Bülow, York, Wolkonsky ꝛc. Arndt war in unserem Hause einquartirt, Jahn kam täglich ins Geschäft, Franzosenhaß zu predigen und Lord Castlereagh konnte ich durch Besorgung einer seltenen, ihm unentbehrlichen Karte, mir verpflichten."

Ein sehr anschauliches Bild des Treibens in Frankfurt zu jener Zeit gewähren auch die Mittheilungen über die Thätigkeit, welche der Bürgermeister Dr. Smidt zu Gunsten der Unabhängigkeit von Bremen seit dem 10. Decbr. entwickelte, in der Weserzeitung vom 30. October 1873.

Da die Mission Smidts, seiner Vaterstadt die Unabhängig-

*) Frankfurter Museum 1857, S. 258.

keit zu sichern, unserm Thema fern liegt, so können wir aus seinen Mittheilungen nur das hervorheben, was die allgemeine Lage zeichnet. Am 8. December kam Smidt mit seinem Secretär, Dr. Gildemeister, in Frankfurt an. Die Stadt war ungeheuer überfüllt; mancher Reisende mußte 24 Stunden auf der Straße halten, ehe er ein Unterkommen fand; Lohnbediente, Miethkutschen rc. waren kaum zu bekommen. Erhöht wurde diese Unruhe noch durch die Vorbereitungen zum Aufbruch des großen Hauptquartiers. Irgend eine der maßgebenden Persönlichkeiten zu sprechen, kostete die größte Anstrengung; ganze Tage konnten unter vergeblichen Versuchen der Art verstreichen. Inzwischen ließ sich doch aus Mittheilungen sekundärer Persönlichkeiten ein allgemeines Bild der Sachlage gewinnen. Von Plänen für die künftige Neugestaltung Deutschlands war nirgends die Rede; höchstens beobachtete man, daß Kaiser Franz sich mit einigem Wohlgefallen wieder „deutscher Kaiser“ nennen höre, wovon er früher nie etwas hatte wissen wollen.

Nachdem Smidt durch eine Reihe von Glücksfällen am 10. December fünf Minuten bei Stein vorgelassen und bei Metternich eingeführt worden, erhielt er eine Privataudienz bei Kaiser Franz, der leider so stark wienerisch sprach, daß Smidt seine tröstlichen Zusicherungen, die der Kaiser mit „väterlicher Freundlichkeit“ gab und die dem Bremer Senator „tiefe Rührung“ abnöthigten, nicht ganz verstehen konnte. Metternich gab seinem Herrn an Liebenswürdigkeit nichts nach; sein gefälliges Aeußere schon flößte Zutrauen ein. Bei Hardenberg konnte Smidt eine Audienz nicht erlangen, bekam aber dafür eine Einladung zum Diner auf den 11. Decbr. Unter den Tischgästen war W. von Humboldt der bedeutendste. Die erbetene Audienz bei König Friedrich Wilhelm III. wurde in Aussicht gestellt. Wirklich traf schon am andern Tage, 10 Minuten vor 10 Uhr, ein Bote des Staatskanzlers ein, der Monarch wolle Smidt um 10 Uhr empfangen. Nun also in vollster Hast Toilette gemacht und in die Wohnung des Königs geeilt. Hier dauerte es allerdings noch zwei Stunden, bis die Reihe an Smidt kam, aber das Warten war nicht unangenehm, da Humboldt, Graf Stadion, der Kosakenhetmann Platow, Graf Langeron, eine Schweizerdeputation und viele andere interessante Personen zugegen waren, und die Zeit sich deßhalb belehrend genug verwerthen ließ. Die Audienz war denn ziemlich rasch abgemacht. Den Kaiser Alexander zu sprechen, glückte Smidt nicht, und da Friedrich Wilhelm und Stein noch in Frankfurt blieben, mit welch' Letzterem noch manches zu verhandeln war, so blieb Smidt auch nach Kaiser Alexanders Abreise noch in Frankfurt zurück und folgte erst später dem großen Hauptquartier nach Süden.

Betrachten wir aber auch die Rückseite der Zustände! Die Zahl der Einquartierten stieg in der Stadt auf 30—40,000 Mann, daneben wurden einzelne Heeresabtheilungen aus den Vorräthen der Stadt verpflegt und bedeutende Lieferungen für die Zukunft ausgeschrieben. Alle nur immer entbehrlichen Gebäude, selbst Kirchen*) und Schulen, waren Vorraths- und Siechenhäuser geworden. Daneben bestanden die für die französischen Truppen errichteten Hospitäler fort.

In dem Hospital, welches auf dem Sandhof in der Art eingerichtet war, daß nicht nur der große Saal, sondern aus Mangel an Platz auch die Musiktribüne belegt war, nahm die Sterblichkeit solche Dimensionen an, daß der behandelnde Arzt, Dr. Neeff, trotz des rauhen Wetters, die Kranken auf Leiterwagen ins Freie fahren ließ und damit gute Resultate erzielte.**) Im Deutschen Hause in Sachsenhausen war ein russisches Spital. Unten in den hochgewölbten, mit Stuckatur verzierten, mit gebohnten Fußböden versehenen Sälen, wohin der Kaiser kam, lagen in reinlichen Betten die Kranken der russischen Garden; oben in den Dachkammern, wohin der Kaiser nicht kam, auf Stroh die Kranken der Feldregimenter. Die eisernen Oefen waren bis zum Rothglühen geheizt, während durch die zerbrochenen Scheiben der Wind und der Schnee seinen Weg fand.***)

In der Nacht vom 16. auf den 17. Februar 1814 brannte das Barakenlazareth auf der Pfingstweide nieder. 1009 kranke und verwundete Oesterreicher wurden zum Theil auf den Rücken der Bürger, in die Stadt geschleppt und verbreiteten schneller den

*) Peterskirche, Nikolaikirche.

**) Es war dies in derselben Zeit, als Ernst Horn in den Sälen seiner Typhuskranken in der Berliner Charité eigenhändig die Fenster einschlug, weil er in der reinen Luft das Hauptmittel der Genesung erkannte und sich doch nicht auf die Folgsamkeit seiner von Vorurtheilen befangenen Untergebenen verlassen konnte.

***) A. N. III, 518.

tödlichen Typhus. Keine Furcht vor dem naheliegenden Pulver- und Patronenvorrath konnte die wackeren Pompiers und Schützen der Bürgerwehr vom Löschen abhalten. Aber ein starker Nordwind, bei furchtbarer Kälte vereitelte ihr Bestreben. Dies beschränkte sich zuletzt nur auf Menschenrettung, auch ist nicht ein einziger von den Kranken im Feuer umgekommen.*)

Karl Jügel**) berichtet: „Als ich in meiner Wohnung am Pfarreisen vom Feuerruf des Domthürmers erwachte, war mein Zimmer vom Wiederschein des doch so weit entfernten Brandes so erhellt, daß jede Schriftart dabei zu lesen gewesen wäre, und schon fürchtete ich für unsere Stadt das Schicksal von Moskau."

Sechszehntes Kapitel.

Inzwischen war das General-Gouvernement nicht unthätig gewesen; am 15. November wurde das Verbot der englischen Colonial- und Fabrikwaaren, am 9. December das Enregistrement aufgehoben. Noch wichtiger war eine Audienz, welche die Bürgercapitäne mit ihrem Sprecher Dr. Feyerlein am 8. December bei Kaiser Franz erlangten und wobei sie eine Bittschrift überreichten***), in welcher Feyerlein, vielleicht ohne Kenntniß der geheimen Clausel des Rieder Vertrags, den Nagel dadurch auf den Kopf traf, daß er daran erinnerte, wie am 2. December die Grafschaft Hanau ihrem früheren Herrn wiedergegeben worden sei. Die Zusicherung, das ganze Großherzogthum Frankfurt an Bayern zu geben, war ja dadurch schon aufgehoben! Dagegen hat Feyerlein wohl dem Gedankengange der Bürgercapitäne nachgegeben, als die Bittschrift die Forderung der Aufhebung der Judenemancipation und des Ausschlußes aller Nichtfrankfurter von Aemtern und Anstellungen formulirte.

Feyerlein bemühte sich besonders, die Zweifel des Kaisers, ob Frankfurt auch zu selbständiger Existenz noch die Mittel besäße, zu widerlegen, Zweifel, welche von Seiten der Deputation durch Darstellung der Bedrückungen, die Frankfurt von der primatischen und großherzogl. Regierung erfahren habe, selbst genährt

*) Ki. A. I., 168.
**) Frkftr. Museum 1857, S. 258.
***) Deren Wortlaut bei Kr. G., 543.

worden waren.*) Der Kaiser gab keine entscheidende Antwort, dagegen äußerte der Generalgouverneur, zu welchem die Frankfurter Deputation sich zunächst begab, daß an Frankfurts Blüthe und Freiheit der ganzen umliegenden Gegend ebensoviel gelegen sein müsse, als der Stadt selbst.

Es mag dahin gestellt bleiben, wie viel diese Bemühungen bei der bald erfolgenden Entscheidung des Schicksals der Stadt ins Gewicht fielen. Jedenfalls war es Feyerlein zu gönnen, daß er die Erfüllung seines sehnlichsten Wunsches erlebte. Ihm, der in leichter Hofkleidung bei beiden Audienzen sich warm gesprochen, zog die Erkältung bei rauher Herbstluft eine Krankheit zu, welcher er am ersten Weihnachtstage erlag.**)

Am 14. December machte der Generalgouverneur bekannt, daß die verbündeten Mächte folgende Entschließungen gefaßt: die Stadt Frankfurt mit ihrem vormaligen Gebiet (also ohne Obererlenbach und Solmsisch-Niederursel) von dem Großherzogthum zu trennen und in ihre vormalige Municipalverfassung zurücktreten zu lassen, wobei sie indeß in ihren seitherigen Verhältnissen zu den verbündeten Mächten, der Centralverwaltung und dem Generalgouverneur verbleibe; F. M. von Günderrode wurde zum Stadtschultheiß, K. Adf. von Humbracht zum älteren, Geh. Justizrath Dr. jur. Metzler zum jüngeren Bürgermeister ernannt, Senator Guiollett hatte bis zum Schluß des Jahres die Geschäfte fortzuführen.***)

Inzwischen hatten die seit 8. November durch St. Aignan geführten Friedensverhandlungen †) mit Napoleon die Wendung genommen, daß die Fortsetzung des Krieges unvermeidlich war. Am 1. December erschien das Manifest, die sogen. „Declaration de Francfort," welche erklärte, 1. daß die verbündeten Mächte den Krieg gegen Napoleon, nicht gegen Frankreich führen; 2. daß Frankreich ein größeres Territorium behalten soll, als es je unter seinen Königen hatte; 3. daß ein mächtiges Frankreich

*) Kr. G., S. 545, 547.

**) Vergl. das Gedicht von Karl Jügel, im Gedenkbuch zur vierten Jubelfeier der Erfindung der Buchdruckerkunst, Frkfrt. 1840, S. 199.

***) Kr. G. 515.

†) Das Nähere darüber: Schlosser's Gesch. des 18. Jahrhunderts 2. Aufl. Heidelberg 1843. VII. 1050 — 1055. 1098 — 99. Auf S. 1099 steht der Wortlaut des Manifestes.

eine Hauptbedingung des europäischen Staatensystems ist, — ein Actenstück, welches bekanntlich bis ins Jahr 1870 seine Wirkung geübt hat, denn ohne diesen Vorgang konnten die Worte des Königs Wilhelm in seiner Proclamation vom 11. August 1870 „Ich führe Krieg mit den französischen Soldaten, nicht mit Frankreichs Bürgern" nicht so gedeutet werden, wie es geschehen ist. — Bei den neuen Rüstungen konnte das Großherzogthum nicht übergangen werden.

Am 8. December erschien ein Generalpardon, welcher indeß erst am 17. veröffentlicht wurde, der jedem Deserteur und Refractär aus den Departements Frankfurt, Fulda und Aschaffenburg des Großherzogthums, sowie aus dem Fürstenthum Isenburg Straflosigkeit zusicherte, wenn er sich bei einer Militär- oder Civilbehörde des Landes, aus welchem er entwichen ist, bis zum 1. Januar 1814 stellt. Am 11. erließ der Prinz von Homburg einen Aufruf der Freiwilligen, worin es heißt: „Habt ihr die alte Treue und den deutschen Sinn bewahrt, bei welchem der ausländische Schwindelgeist seine Grenzen fand — so eilt und schließt euch willig den Schaaren an, welche für das einst so heilig von euch geachtete Gut: vaterländische Freiheit, Sitte und Verfassung, muthig in den Kampf eilen und nie die Uebermacht wollen zurückkehren lassen, welche das alte Volk der Deutschen mit schimpflicher Knechtschaft und völligem Untergang bedrohte. Ein großer Waffenplatz ist ganz Deutschland; für alle Deutschen sind die Schranken geöffnet, zu ernten Ruhm und unsterbliches Verdienst um das Vaterland."

Es sollten vier Schaaren gebildet werden: die 1. von Frankfurt; 2. vom Spessart (Aschaffenburg); 3. von Fulda; 4. von Isenburg (Offenbach). Allen in die Schaar eintretenden kommt der Rang eines Gefreiten, die Befreiung von körperlichen Strafen und das Prädicat Sie zu. Bei der Stiftung werden die Officiere vom Generalgouvernement, später von den Freiwilligen gewählt. Die Gehalte der Staatsdiener, welche eintreten, gehen fort und die Stellen werden ihnen vorbehalten; die Zurückbleibenden müssen ihre Geschäfte ohne Entgeld mitverrichten. Die Freiwilligen werden vor solchen, welche hätten eintreten können und nicht gewollt haben, beim Vorrücken befördert. Erlangte Ehrenzeichen geben dem Beamten Anrecht auf Erhöhung seiner

Pension um die Hälfte. Guter Leumund ist für jeden Freiwilligen erforderlich; die Equipirung geschieht auf eigene Kosten, doch sollen freiwillige Beiträge für die Ausrüstung Unbemittelter gesammelt werden. Die Freiwilligen zerfallen in reitende und Fußjäger. Sie sollen zum inneren Garnisonsdienst, zu Polizeischildwachen, Arbeits-, Transport- und Bagagencommandos nicht verwendet werden und werden besoldet wie das stehende Heer. Sie müssen sich binnen 8 Tagen in Frankfurt, Fulda, Aschaffenburg oder Offenbach melden; die später kommenden werden der Landwehr eingereiht.

Am 17. December forderte ein „Organisationsbureau" der Freiwilligen im „Generalgouvernement" Frankfurt die bemittelten Glieder der „Communen" auf, Beiträge zur Ausrüstung der Freiwilligen zu sammeln. Man sieht, es war noch nicht die Zeit des Purismus; die sogen. altdeutsche Tracht, die „Banner" und „Fähnlein" tauchen erst später hier auf.*)

Siebenzehntes Kapitel.

Der Beschluß der verbündeten Mächte, daß die Stadt zu ihrer früheren Verfassung zurückkehren solle, konnte nicht ohne Weiteres ausgeführt werden, theils weil dieselbe den Bedürfnissen und Anschauungen der Neuzeit nicht mehr entsprach, theils weil sie auf das Vorhandensein des Kaisers und Reichshofrathes berechnet war, welche beseitigt und an deren Stelle definitiv noch nichts anderes getreten war. Am 20. December wurde daher durch das Generalgouvernement jener Beschluß vom 14. dahin modificirt: es sollte von dem Senat und den bürgerlichen Collegien eine Commission von 21 (welche Zahl kurz nachher auf 13 herabgesetzt wurde) Mitgliedern gewählt werden, welche prüfen sollte, welchen Veränderungen die alte Verfassung unterworfen werden müßte.

Von dem Senat wurden jedoch auf ausdrückliche Bestimmung des Generalgouvernements die Mitglieder der dritten Bank nicht

*) Frankfurter Museum 1857. S. 258. In einem Bericht der Oberpostamtszeitung vom 5. November 1313 aus Wien wird grande parure mit „vorzüglich geputzter Kleidung" übersetzt.

eingeladen, und wir gehen wohl nicht irre, wenn wir diesen Schritt, der jedenfalls nicht aus der Initiative des Prinzen von Homburg hervorging, der Ueberzeugung zuschreiben, daß, wie schon aus der Eingabe der Bürgercapitäne (S. 43) hervorging, diese Kreise des engen Nativismus den nöthigen Reformen nur Schwierigkeiten bereiten würden.

Die Schritte, welche sogleich geschahen, waren die Auflösung des großherzoglichen Ministeriums und Staatsrathes und die Entlassung des Polizeipräfecten Frhrn. von der Tann, dessen Geschäfte an die Bürgermeister übergingen; die Gerichte und Verwaltungsstellen bestanden fort.

Endlich am letzten Tage des ereignißvollen Jahres fand eine Sitzung der Mitglieder der ersten beiden Rathsbänke und der Syndici statt, welche mit einer Rede des älteren Bürgermeisters eröffnet wurde, die eine historische Darstellung der Wirksamkeit des Generalgouvernements enthielt; es wurden die Aemter vertheilt, der Beschluß gefaßt, die bürgerlichen Collegien zur Wahl der Verfassungskommission aufzufordern und folgende Bekanntmachung an die Bürgerschaft zu erlassen:

„Wenn wir am 19. August 1806 unseren Mitbürgern die traurige Eröffnung machen mußten, daß ein mächtiger Wille über die freie Verfassung der hiesigen Stadt entschieden habe, so mußten wir uns mit dem Gedanken aufrichten, daß kein Verschulden dieß unaufhaltbare Ereigniß herbeiführe und daß vielleicht das gütige Geschick, welches menschliche Dinge mit wohlthätiger Hand weise lenkt, früher oder später ein Ziel setzen werde. Dieser gewünschte Zustand ist jetzt erschienen. Die Allerhöchsten Verbündeten Mächte haben beschlossen, daß die hiesige Stadt mit ihrem ehemaligen Gebiete in ihre eigene städtische Verfassung vorläufig wieder zurücktrete. Heute halten wir die erste Sitzung."

Bürgermeister und Rath der freien Stadt Frankfurt.

Während der Neujahrsnacht strahlten die Straßen von Frankfurt im Scheine einer glänzenden Beleuchtung; es war dieselbe Nacht als Blücher über den Rhein ging und den Verhandlungen, welche den Rhein als Deutschlands Grenze und jenseits ein übermächtiges Frankreich wollten, ein thatsächliches Ende bereitete. Am ersten Tage des Jahres 1814 traten an die Stelle des zum activen Heere abgehenden Prinzen von Homburg als Generalgouverneur Fürst Heinrich XIII. von Reuß-Greitz; als Civilcommissär war der in österr. Diensten stehende Freiherr von Hügel ihm untergeben. Am 4. Januar 1814 wurde die zweite Rathssitzung gehalten, in welcher bereits laufende Verwaltungsgegenstände vorkamen; im Januar wurde die Verfassungscommission ernannt.

Am 2. Februar constituirte sich förmlich der schon seit Monaten nach dem Muster des Berliner gebildete Frauenverein, dessen Zweck war: „Linderung der Leiden, die im Gefolge dieses Krieges hereinbrachen, soweit solche in den Wirkungskreis der Frauen einschlagen“ und der noch jetzt in segensreicher, wenn gleich anders gearteter Thätigkeit fortbesteht. In Folge des Aufrufs der Freiwilligen hatten sich in Frankfurt 373 Mann gemeldet, aus welchen 2 Compagnien Fußjäger und 72 Mann Reiter gebildet wurden. Die Beiträge zum Sticken einer Fahne für dieselben hatten 263 fl. Ueberschuß geliefert. Die Fahne wurde am 14. Januar eingeweiht. Am 16. Januar faßte die Meisterversammlung des Bäckerhandwerks den einmüthigen Beschluß, von 10 silbernen mit dem Zunftwappen geschmückten Pocalen acht dem Vaterlande zu widmen. Dieselben wurden am 28. Januar dem Landwehr-Ausschuß überliefert, jedoch am 30. gegen ein baares Geschenk von 440 fl. zurückgegeben.*) Am 8. Februar schrieb der K. K. Hauptmann Meyer, welcher an den Feldmarschall-Lieutenant Radetzky**) über das Freiwilligenwesen im Bezirk des ehemaligen Großherzogthums Frankfurt berichtete und nicht viel Rühmliches zu melden hatte, aus Frankfurt***): „In Frankfurt wird mit dieser Woche die Verschmelzung der bestehenden Bürgercorps in die allgemeine Bewaffnung, die Abtheilung aller Wehrbaren in die drei Klassen der verschiedenen Taugsamkeit, die Bildung freiwilliger Bataillone vor sich gehen und eine dadurch mögliche Schule entstehen, aus welcher allgemeiner Geist und gebildete Anführer über alle Uebrigen ausgehen mögen. Hier

*) Gedenkbuch der 4. Jubelfeier der Erfindung der Buchdruckerkunst. Frankfurt 1840. S. 251.

**) Radetzky war mit Schwarzenberg, Stein, Wolkonsky, Wolzogen und Gneisenau Mitglied der zu Frankfurt am 24. Nov. 1813 niedergesetzten Commission für die Vertheidigung von Deutschland.

***) Pertz, Leben Steins III. 520.

gibt es Vermögen und Mittel militärischer Bildung.“ Am 15. März wurde das Frankfurter Contingent dem unter dem Prinzen Philipp von Homburg stehenden sechsten deutschen Armeecorps, und zwar dessen Division Meczery zugetheilt, am 30. März die französische Grenze überschritten. Die Frankfurter Freiwilligen zogen nach Lyon und blieben dort in Cantonnirung vom 8. Mai bis 6. Juni. Auf dem Rückmarsch sollten sie durch die übertriebene Gewissenhaftigkeit eines Unterbefehlshabers noch bittere Leiden erdulden. Um das Land zu der im Friedensschluß festgesetzten Zeit räumen zu können, ließ derselbe am 17. Juni Nachts 10½ Uhr das Bataillon von Toulaine aufbrechen, die ganze Nacht und den ganzen folgenden Tag, bei nur einmaliger halbstündiger Rast und troß der fürchterlichen Hitze mit Sack und Pack, durchmarschiren, bis es Abends 6 Uhr vor Beaume les Dames ankam. Viele der Jäger stürzten ohnmächtig nieder, sie mußten zurückgelassen werden und wurden so von dem Prinzen Philipp von Hessen-Homburg gefunden. Von Beaume sollten sie noch zwei Stunden weiter marschiren, allein auf des Prinzen Befehl wurden sie daselbst einquartirt und den Jägern für die Folge die Erlaubniß gegeben, Wagen zu requiriren, auf denen die Tornister gefahren wurden. Dennoch halfen die Jäger troß ihrer Müdigkeit löschen, als in der Nacht zu Beaume ein Feuer ausbrach.

Am 8. Juli langten sie in Frankfurt an, nachdem das Infanterieregiment, 3 Bataillons stark, schon am 7. eingerückt war. Die Freiwilligen wurden feierlich empfangen*) und der Beschluß gefaßt, ihnen eine silberne Denkmünze zu vertheilen, was im November geschah.**)

---

*) Die Frankfurter Oberpostamtszeitung vom 9. Juli berichtet darüber unter dem 8.: „Heute sind die hiesigen freiwilligen Jäger zu Fuß und zu Pferde aus dem Felde der Ehre hier wieder eingerückt. J. J. D. D. der Fürst Reuß und der Prinz Philipp von Hessen-Homburg waren denselben entgegengezogen; auch wurden sie von dem hiesigen uniformirten Landsturm zu Pferd und zu Fuß, dem Scharfschützencorps und den Scharfschützen des uniformirten Landsturmes der benachbarten Ortschaften an der Grenze des Stadtgebiets eingeholt und in feierlichem Zuge in die Stadt begleitet. Knaben und Mädchen, festlich gekleidet, zogen ihnen entgegen, sangen Volkslieder und streuten Blumen auf ihren Pfad. Beim Eintritt in die Stadt begrüßte sie ein allgemeines Vivat! Die schöne Haltung der Gekommenen stimmte mit dem Jubel der sie Empfangenden vollkommen überein.“

**) Abgebildet A. N. IV. Tafel II. Fig. 14.

In demselben Monat wurde Syndicus Dr. Danz zum Deputirten von Frankfurt auf den bevorstehenden (am 1. Nov. eröffneten) Wiener Congreß ernannt und ihm im September der Einundfünfziger Gottfried Scharff beigegeben. Frankfurt hatte sich zu gemeinsamer Wahrung der Interessen der Freistädte mit den drei Hansestädten verständigt; die Arbeiten des Congresses rückten aber in Wien so wenig voran, als daheim die des Frankfurter Verfassungsausschusses.*)

Am 18. October wurde die erste Wiederkehr der Leipziger Schlacht unter großer Feierlichkeit zu Stadt und Land, mit Freudenfeuern auf allen Bergen, als militärisch-kirchliches Volksfest begangen. Goethe, welcher um diese Zeit**) in der Vaterstadt verweilte, wohnte der Feier bei.***) Aber die Festlichkeiten, welche ihm bei dieser Angelegenheit angeblich bereitet wurden und die noch in der neuesten Ausgabe von Lewes' Leben Goethe's†) beschrieben stehen, beruhen, wie Prof. Creizenach††) nachgewiesen hat, nur auf einer Mystification Willemer's, welcher seine Mitbürger dadurch wegen ihrer Gleichgültigkeit tadeln wollte. Auch im folgenden Jahre wiederholte Goethe den Besuch seiner Vaterstadt.

Am 12. März 1815 kam nach Frankfurt die Nachricht von Napoleons Landung in Frankreich. Nachdem die verbündeten Mächte ihm den Krieg erklärt, erließ der Senat am 22. April einen Aufruf zur abermaligen Bildung einer Freiwilligenschaar.†††) Ehe diese am 25. Juli auszog, war das Frankfurter Linienbataillon schon auf dem Marsche nach Frankreich begriffen und hatte am 26. Juni das Treffen bei Selz §) bestanden. Die Freiwilligen wurden mit dem Linienbataillon unter Oberst von Schiller vom 6. bis 17. September bei der Belagerung von

---

*) Kr. G. S 559–562. 571.

**) Die Oberpostamtszeitung vom 14. September schreibt aus Frankfurt vom 13.: „S. Exc. der herzoglich-sächsisch-weimarische Geheimrath Hr. v. Goethe, der größte und noch lebende älteste Heros unserer Literatur, ist gestern, von Wiesbaden kommend, hier in seiner Vaterstadt eingetroffen, die zwanzig Jahre lang dessen erfreulicher Gegenwart beraubt war."

***) Sechsbändige Ausgabe von Goethe's Werken von 1860, IV. 560. Oberpostamtszeitung, 20. Oktober.

†) Uebersetzt von Frese. 8. Aufl. Berlin, 1873. II. 494.

††) Allg. Ztg. 1872. Nr. 186, Beilage.

†††) Wortlaut bei B. X, 53.

§) Das Nähere darüber bei Ki. A I. 175.

Straßburg verwendet und kehrten am 14. October zurück. Auch dießmal wurden Linie und Freiwillige durch eine Denkmünze ausgezeichnet.

Achtzehntes Kapitel.

Mittlerweile war am 8. Juni zu Wien die deutsche Bundesacte, am 9. die Wiener Congreßacte unterzeichnet und in beiden die Stadt Frankfurt für ein selbstständiges Glied des deutschen Bundes erklärt worden. Am 19. erhielt der Senat von seinen Abgeordneten in Wien ein an diese gerichtetes Schreiben des Fürsten Metternich, welches dies anzeigte.

Da nun inzwischen Senat und Bürgercolleg sich über die Grundzüge einer Verfassung geeinigt hatten, so constituirte der Senat sich noch an demselben Tage, den Vorschriften der Verfassung gemäß und bestellte die Gerichte neu; auch das Bürgercolleg constituirte sich *)

Am 20. Juni brachte eine Bekanntmachung des Senats zur Kenntniß der Bürgerschaft, „daß von heute an der provisorische Zustand aufhört, die Verfassung an dessen Stelle tritt; daß das Generalgouvernement aufgehoben ist und Frankfurts Staat frei und unabhängig dasteht." **)

Am 9. Juli fand denn auch im Kaisersaale der Act ***) der Uebergabe der Regierungsgewalt von Seiten des Fürsten von Reuß an den Senat statt, welcher von ähnlichen Feierlichkeiten begleitet war, wie das Fest des 18. Octobers.

Der Verfassungskampf zog sich noch in das folgende Jahr hinein; erst am 17. und 18. Juli 1816 wurde die Verfassung mit 2733 gegen 47 Stimmen angenommen, am 19. trotz der Proteste publicirt, und am 18. Octbr. beschworen. †) Das Doppelfest der Leipziger Sieges- und der Frankfurter Verfassungsfeier wurde in hergebrachter Weise bis 1847 begangen.

---

*) Kr. G. S. 568.

**) Wortlaut H. Gb. S. 20

***) Kr. G. S. 569.

†) Die „Constitutionsergänzungsacte", wie die Verfassung hieß, ist abgedruckt in „Gesetz- und Statutensammlung der fr. Stadt Frankfurt", I Bd. Frkfrt. 1817, S. 1—70 und im „Regierungskalender der fr. Stadt Frankfurt" (1817, b. Jäger) wo auch die 49 darüber erschienenen Schriften (bei den anonymen mit Namhaftmachung der Verfasser) aufgeführt sind.

An dieser Stelle, welche das Großherzogthum Frankfurt auch formell abschließt und zur alten Zeit zurückkehrt, — doch mit der Beschränkung, daß vieles Gute, welches der weitere Gesichtskreis des Großherzogs und seiner Diener eingeführt hatte, auch in die neue Verfassung der Stadt überging, — an dieser Stelle muß noch der letzten Schicksale des Großherzogs von Frankfurt gedacht werden.

Durch den 45. Artikel der Wiener Congreßacte war ihm eine jährliche Pension von 100,000 fl. ausgesetzt worden; die Frankfurter Quote daran betrug 34,331 fl. 22 kr., welche er vom 1. Januar 1816 an bezog. Carl von Dalberg lebte in Regensburg noch der Erfüllung seiner erzbischöflichen Pflichten und fühlte sich nach seinem eigenen Bekenntniß nie so glücklich, als jetzt; er verbesserte die Gehalte der Land-Pfarreien, er sorgte für die Bildung des Klerus und unterstützte aus seinen Privatmitteln in großartigster Weise die Priesterseminare.

Der Wissenschaft und Kunst blieb er mit regem Interesse zugethan. Wie er als Regent einfach gelebt und sich oft sogar eingeschränkt hat, um die Wunden der Zeit und seiner eigenen Regierung zu heilen, so überließ er sich auch jetzt noch ganz dem Wohlthätigkeitstrieb seines gütigen Herzens. Einen beträchtlichen Theil seiner von Frankfurt bezogenen Substentationsquote verwandte er zur Erleichterung solcher, die sich durch persönliche Dienste ihm werth gemacht und zur Unterstützung der hiesigen Bedrängten.*) Mitten in seiner Thätigkeit zur Erleichterung des Looses der Armen in Folge der Mißernte von 1816 ereilte ihn der Tod; er starb am 10. Februar 1817 im Alter von 73 Jahren.

Noch im Jahre 1816, am 5. November, wurde die deutsche Bundesversammlung eröffnet, welcher Act schon am 1. September 1815 hatte stattfinden sollen. Die Bundesversammlung behielt auch das Großherzogl. Frankfurtische Archiv; erst bei der Räumung des fürstl. Thurn- und Taxis'schen Palastes 1867 ist dasselbe aufgefunden und dem Frankfurt. Stadt-Archiv einverleibt worden.

*) Noch am 29. Janr. 1817 schreibt er an Staatsrath Steitz (Nj. 1869 S. 33): „Von jeder Quartaleinnahme behalten Ew. Hchwgbrn. ein Dritttheil zurück. Davon verwenden Sie die Hälfte nach Ihrem eigenen Gutdünken zum Besten der Frankfurter Armen. Die andere Hälfte erhalten folgende Frankfurter Pensionisten." (Folgt nähere Bestimmung.)

Die Originalurkunde der Rheinbundsacte wird auf dem Römer zu Frankfurt aufbewahrt.

Von 624 Freiwilligen der Jahre 1814 und 1815 lebten im Jahre 1839 noch 388, gegen Ende 1873 noch 27.

Für die Behörden und die Bürger der Stadt Frankfurt boten sich nun zahlreiche Ziele der Thätigkeit dar. Nicht nur, daß eine Periode dreiundzwanzigjähriger Kriege, nur durch kurze Zeiten unsicheren Friedens unterbrochen, definitiv abgeschlossen war, — auch eine neue Zeit war angebrochen, welche auf jedem Gebiete höhere Forderungen stellte.

Erklärung der abgekürzten Büchertitel.

A. Archiv für Frankfurts Geschichte und Kunst. 2 Bände in 8 Heften. Mit Abbild. Frkft., S. Schmerber und H Keller, 1839—1858.

AN. Archiv für Frankfurts Geschichte und Kunst. Neue Folge, herausgegeben von dem Vereine für Geschichte und Alterthumskunde. Mit Abbild. Frkfrt., H. Keller, Band 1—5, 1860—1872.

B. Leben in Frankfurt a. M. Auszüge der Frag- und Anzeigungsnachrichten (des Intelligenzblattes.) 1722—1821, gesammelt und herausgegeben von Maria Belli geb. Gontard, 10 Bändchen, Frkfrt. 1850.

H Gb. Kleines Gedenkbuch für Frankfurts große und kleine Kinder, von Dr. C. Heyner. Frkfrt., H. Keller 1868.

Ki. A. Ansichten von Frankfurt a M., der umliegenden Gegend und der benachbarten Heilquellen, von Anton Kirchner. 2 Theile mit 25 Kupfern und einem Plane. Frkfrt., Gebr. Wilmans 1818.

Kr. G. Geschichte von Frankfurt a. M. in ausgewählten Darstellungen. Nach Urkunden und Acten von Dr. G. L. Kriegk, Professor u. Stadtarchivar. Frkfrt., Heyder und Zimmer. 1871.

Mi. Mittheilungen an die Mitglieder des Vereins für Geschichte und Alterthumskunde in Frkfrt. Verlag des Vereins. Bd. 1—4, 1858—1873.

Nj. Neujahrsblätter, den Mitgliedern des Vereins für Geschichte und Alterthumskunde zu Frankfurt a. M. dargebracht. Selbstverlag des Vereins. 1859—73. 15 Hefte in 4°, meist reich illustrirt.

Stricker Heilkunde, Heilkde. Die Geschichte der Heilkunde und der verwandten Wissenschaften in der Stadt Frkfrt. a. M. Nach den Quellen bearbeitet von Wilh. Stricker, Dr. med. Verlag v. Hermann Joh. Keßler, 1847.

Stricker, Deutsche in Spanien. Die Deutschen in Spanien und Portugal und den spanischen und portugiesischen Ländern von America. Ein Beitrag zur Geschichte der Deutschen außer Deutschland. Von Wilh. Stricker, Dr. med. Leipzig, Verlag von Gust. Mayer, 1850. (Altona, Händtle und Lehmkuhl.)

Berichtigung:

Seite 28 Zeile 14 von unten lies f e ſt statt feſt.

„ 32 „ 19 und 20 von oben müſſen heißen:

„313, alſo im I. Semeſter 543; im III. Quartal 271, im IV. 742, im II. Semeſter alſo 1013."

Druck von Theodor Wentz in Frankfurt a. M.

Neuere Geschichte

von

Frankfurt am Main.

Von

Dr. Wilhelm Stricker.

Zweites Buch.

Geschichte von Frankfurt

von der Beschwörung der Constitutions-Ergänzungsacte
bis zum Ausbruch der französischen Julirevolution
1816—1830.

Frankfurt a. M.
Verlag von Franz Benjamin Auffarth.

1874.

Neuere Geschichte

von

Frankfurt am Main.

Von

Dr. Wilhelm Stricker.

Zweites Buch.

Geschichte von Frankfurt

von der Beschwörung der Constitutions-Ergänzungsacte
bis zum Ausbruch der französischen Julirevolution
1816—1830.

Frankfurt a. M.

Verlag von Franz Benjamin Auffarth.

1874.

Geschichte von Frankfurt

von

der Beschwörung der Constitutions-Ergänzungsacte bis
zum Ausbruch der französischen Julirevolution
1816—1830.

Von

Dr. Wilhelm Stricker.

Frankfurt a. M.
Verlag von Franz Benjamin Auffarth.
1874.

Erstes (einleitendes) Kapitel.

Frankfurt trat den in Rede stehenden Zeitraum in voller Souveränität an; zum ersten Mal seit Ursprung der Stadt hatte Senat und Bürgerschaft — abgesehen von den geringen Beschränkungen, welche die Bundesacte festsetzte — die freie Wahl des Entschlusses. Aber groß waren auch die Aufgaben, welche zu lösen diesen entfesselten Kräften oblag. Wie im Vaterlande, so war auch in der Vaterstadt alles von vorn anzufangen: die Finanzen von der Zerrüttung der Kriegszeit zu befreien; das Staatswesen, die Verwaltung und Justizpflege neu, den neuen Verhältnissen gemäß, zu ordnen; die Religionsgemeinden auf eine neue Basis zu stellen, das längst als reformbedürftig erkannte Volksschulwesen endlich zu heben; die Handelsverhältnisse gegenüber den sich erhebenden Zollschranken im Innern Deutschlands zu sichern. Bei der Gesetzgebung galt es bald an die Reichsstadt, bald an die primatischen Einrichtungen anzuknüpfen. Eine große Partei in der Bürgerschaft strebte zurück nach der guten alten Zeit der Ausschließlichkeit, während andrerseits ein ganz neues Element sich regte: die früher unbekannte Vereinsthätigkeit in wohlthätiger, wissenschaftlicher und gemeinnütziger Richtung.

Die praktisch-politischen Bestrebungen litten, wie in ganz Deutschland, unter der Unklarheit der letzten Ziele und mehr noch unter dem Bestreben, erst einmal die Wunden des Krieges zu heilen. Die Hoffnungen auf eine Reform der deutschen Verhältnisse aus der Initiative der Bundesversammlung waren seit 1819 und 1820 zu Grabe getragen; so erlosch der Patriotismus der ersten Jahre dieses Zeitraums und wieder wandte der Blick der Deutschen sich auf's Ausland. Die beständige Aufmerksamkeit auf die politischen Kämpfe in Frankreich erklärt die Erschütterung, welche die Julirevolution in Deutschland hervorbrachte, während die Humanität dem deutschen Volke ein reges Interesse für den Befreiungskrieg der Griechen einflößte, welches auch in Frankfurt durch reiche Gaben sich kund that. In ihren Ansprüchen war jene Zeit im Ganzen genügsam und freute sich des endlich erkämpften Genusses friedlicher Bestrebungen. Ein lebhafter Sinn für Naturgenuß, soweit die unvollkommenen Verkehrsmittel reichten, und eine rege literarische Empfänglichkeit gewährten bescheidene Genüsse. Vor der öffentlichen Meinung hegte man große Scheu; die Stadt betrachtete sich immer noch als eine Familie, deren Angelegenheiten außer ihrem Kreise nicht offen besprochen werden sollen.

Was die Bearbeitung des vorliegenden Heftes betrifft, so hat der Verfasser sich etwas mehr ausdehnen zu sollen geglaubt, als im ersten Buche.

Herrn Professor Kriegk's Geschichte von Frankfurt reicht bis 1816 und war bei Behandlung der Epoche von 1806—16 häufig zu citiren, während die Periode von 1816—1830 noch niemals im Zusammenhang dargestellt worden ist. Dieser gänzliche Mangel an Vorarbeiten hat es dem Verfasser auch öfters unmöglich gemacht, eine Notiz aufzufinden, weil das Durchblättern dicker Zeitungsbände ohne genügende Register ihm einen unverhältnißmäßigen Zeitaufwand gekostet hätte.

Zum näheren Verständniß des Nachfolgenden geben wir eine Uebersicht der höchsten Magistratspersonen während des Zeitraums*)

Älterer Bürgermeister.	Jüngerer Bürgermeister.	Amtsdauer.
Adolf Karl v. Humbracht.	Dr. Joh. Wilh. Metzler.	Am 31. Decbr. 1813 durch d. alliirt. Mächte ernannt, funktionirten beide bis 19. Jun. 1815.
Adolf Karl v. Humbracht.	Dr. Philipp Karl Diehl.	funkt. bis 3. Sept. 1816.
Dr. Joh. Wilh. Metzler.	Friedrich Joseph Cleynmann.	funkt. v. " bis Ende " 1817.
Georg Steitz.	F. Ph. W. Frh. v. Malapert gen. Neufville.	1818
Dr. Joh. Wilhelm Metzler.	Dr. Friedrich Max. Starck.	1819
Karl Wilh. Freiherr v. Günderrode.	Dr. J. P. Hier. Hoch.	1820
Dr. Joh. Büchner.	Dr. Friedrich Max. Starck.	1821
Georg Friedrich v. Guaita.	Gottfried Scharff.	1822
Dr. Joh. Wilhelm Metzler.	Dr. J. P. Hier. Hoch.	1823
Georg Friedrich v. Guaita.	Dr. J. G. Ch. Thomas.	1824
Dr. Joh. Frdrch. v. Meyer.	Johann Georg Sarasin.	1825
Georg Friedrich v. Guaita.	Gottfried Scharff.	1826
F. Ph. W. Frh. v. Malapert gen. Neufville.	Dr. K. Brnhrd. Fl. Franz Miltenberg.	1827
Dr. F. M. Starck.	Johann Georg Sarasin.	1828
Dr. J. P. Hier. Hoch.	Dr. J. G. Ch. Thomas.	1829
F. Ph. W. Frh. v. Malapert gen. Neufville.	Gottfried Scharff.	1830

*) Kriegk, Deutsches Bürgerthum im Mittelalter. 1868, S 504. Kr. G. 556, 568, 569.

Zweites Kapitel.

Eine der wichtigsten Aufgaben der neuen Organisation war die Umbildung des Polizeiwesens. Unter der Reichsstadt*) stand dem Magistrat als oberster Polizeibehörde die Ausübung der hohen Polizei ausschließlich zu und nur in seinem Auftrag handelten die Polizeiämter: 1) das jüngere Bürgermeisteramt (für die Sicherheitspolizei); 2) das Ackergericht (für die landwirthschaftliche Polizei in der Stadt-Gemarkung und auf den Landstraßen); 3) das Bauamt; 4) das Feueramt; 5) das Fuhramt; 6) das Landamt (für die Dorfpolizei); 7) das Recheneiamt (für die Marktpolizei, Lebensmitteltaxe, Münz-, Maaß- und Gewichtswesen, Mercantilpolizei); 8) das Holzamt; 9) das Sanitätsamt; 10) das Consistorium (für die Sittenpolizei); 11) das Inquisitionsamt (Fremdenpolizei) und 12) das Criminalamt.

Schon unter der Reichsstadt hatte man die Nachtheile dieser Zersplitterung gefühlt; die Constitutions-Ergänzungsacte (Art. 24) schrieb vor, daß das ganze Polizeiwesen unter dem jüngeren Bürgermeister, unter Mitwirkung eines Senators und zweier Rathsverwandten, centralisirt werde. Einen Gesetzentwurf zur Ausführung dieser Bestimmung legte der Senat am 30. Januar 1817 der gesetzgebenden Versammlung vor, und ging dabei von folgenden Prinzipien aus:

Was in der Polizeiverwaltung die Natur einer Justizsache annimmt, darf nur von rechtsgelehrten Richtern und nach den Vorschriften des gerichtlichen Verfahrens behandelt werden. Es wird deßhalb das Polizeiamt in zwei Sectionen, eine administrative und eine gerichtliche, getheilt und jeder ein besonderes Verfahren vorgezeichnet. Der Senat macht zugleich darauf aufmerksam, daß er Alles fern gehalten habe, was an geheime Polizei und an die Störung der öffentlichen Meinung und der Preßfreifreiheit erinnern könne, wodurch vorzüglich die Primatische Polizeidirection und nachherige Polizeipräfectur so verhaßt geworden sei. Am 12. und 14. Juli genehmigte die Versammlung mit unwesentlichen Modificationen diesen Gesetzentwurf.**)

---

*) Bender 74. Moritz Stadtverfassung von Frankfurt, II. 165.

**) Abgedruckt: Gesetz- und Statutensammlung I. 173.

Das Minimum der Stadtpolizeidiener wurde festgesetzt auf: 1 Wachtmeister, 4 Rottmeister und 18 Polizeidiener; das der Landjäger auf 10 Oberjäger, 2 Führer und 15 Landjäger, wovon 3 beritten.

Das „Bürgercolleg", für welches die Benennung „ständige Bürgerrepräsentation" immer allgemeiner wurde, erklärte am 29. Januar 1817*), daß der Fall des Art. 45 der Constitutions-Ergänzungsacte, Vermehrung seines Personals betreffend, dermalen eingetreten sei, zumal da das Neunercolleg ihm durch die Constitutions-Ergänzungsacte incorporirt sei, weßhalb eine Vermehrung auf 61 Mitglieder beantragt wurde, welche die gesetzgebende Versammlung am 15. und 19. März genehmigte.

Durch Art. 12. der Bundesacte war den freien Städten anheimgestellt, statt der weggefallenen obersten Reichsgerichte ein Gericht dritter Instanz zu errichten**). Es wurden deßhalb Verhandlungen mit den andern Städten eingeleitet, wobei Lübeck sich bereit erklärte, die erforderlichen Lokale für die Sitzungen, Canzlei und Archiv unentgeltlich herzugeben.

Man schwankte jedoch zwischen dieser Neubildung und dem Anschluß an das Ober-Appellationsgericht zu Jena, wofür auch Goethe in einem an ein Mitglied der gesetzgebenden Versammlung (GR. v. Gerning) aus Weimar gerichteten Schreiben vom 31. December 1816 sich aussprach. Dies Schreiben***) lautete:

„Die an mich gebrachte gütige Anfrage kann zwar von mir nicht direct zur Sprache gebracht werden, aber ihr Gegenstand ist für beide Theile wichtig und sehr bedeutend. Daß das auf den 7. Januar 1817. zu eröffnende Jenaische Oberappellationsgericht der Sachsen-Ernestinischen und der Fürstl. Reuß'schen Häuser durch Erweiterung seines Sprengels und durch Anstellung noch eines oder mehrerer trefflichen Rechtsgelehrten in Ansehen und Zutrauen, und selbst die Universität Jena an Celebrität und Zugang gewinnen werde, ist nicht zu bezweifeln. Es wird daher über die Aufnahme mehrerer deutscher Bundesstaaten in dieses Gericht vorzüglich bei dem Großherzogl. Weimar'schen Hofe kein

*) Bender, 72.

**) Bender, 6–36.

***) F. Jb. 12. März 1834 abgedruckt.

Bedenken vorwalten können. Von der andern Seite würde eine solche Combination gewiß ein sehr weiser Entschluß seyn. Die freien Städte Deutschlands haben immerfort bei den Jena'schen Dikasterien Rechtssprüche einholen lassen und dadurch ihr Zutrauen beurkundet. Dieses würde dadurch noch erhöht werden, wenn die freien Städte eigene Beisitzer zu diesem Gericht anstellen dürften, ja nicht ohne Aussicht bleiben, in der Folge vielleicht selbst die Präsidentenstelle zu besetzen.

Vornehmlich würden die vaterländischen liberalen Gesinnungen des Großherzogs einem Gericht, was er hauptsächlich errichtet und beschützt, das verdienteste Zutrauen zuziehen können. Ja, es wird gleichsam ein Mittelpunkt für Recht und Gerechtigkeit dadurch in Deutschland entstehen und benutzt werden können."

Der Senat aber war gegen jeden Anschluß an ein fürstliches Obergericht, da die Institutionen in Monarchieen die unangenehmsten Weiterungen für eine Republik erzeugen würden, da nur bei einem solchen eigenen Gericht Festigkeit der Rechtsprechung unter Privaten zu erwarten sei, gleichwie rasche Justiz in eilenden Fällen, die besonders für eine Handelsstadt unentbehrlich erscheine. Am 26. März 1817 erklärte die gesetzgebende Versammlung ihre Bereitwilligkeit, mit den Schwesterstädten ein gemeinsames Gericht zu gründen; am 31. März zeigte der Senat den Eingang eines Organisations-Entwurfes an, es bedurfte aber längerer Berathungen, bis diese Angelegenheit zum Abschluß gelangte. Auf den Antrag der Mehrheit der Commission der gesetzgebenden Versammlung „Beschränkung der Fähigkeit zu denjenigen Rathsstellen des Oberappellations-Gerichts, wozu der Senat ernennt, auf hiesige Eingeborene oder bereits 10 Jahre im Bürgerverband stehende Rechtsgelehrte" erwiederte der Senat, ein völliger Ausschluß der Fremden gehe nicht an und zwar aus folgenden Gründen:

1) Man werde sich dadurch im Auslande lächerlich machen, indem nicht einmal die Handwerksinnungen den Kastengeist soweit trieben, während die Erforderniſſe zu hohen Richterstellen als Gelehrsamkeit, Fleiß, Wahrheits- und Gerechtigkeitsliebe, solche Eigenschaften der Seele und des Geistes seien, die sich in privilegirten Handwerkszwang nicht einschließen ließen;

2) Eine solche gesetzliche Ausschließung fremder Gelehrten werde dahin führen, daß kein geborener Frankfurter in auswärtigen Staatsdiensten Anstellung erhielte, gleichwie man aus jenen Schweizerkantonen, die keine Fremden zu Bürgern annähmen, selbst hier auch keine Schweizer zum Bürgerrecht zulasse u. s. w.

Am 13. November 1820 wurde das Oberappellations-Gericht zu Lübeck feierlich eröffnet und trat in Wirksamkeit.

Drittes Kapitel.

Eine Hauptaufgabe der neuen Behörden war die Regulirung des Finanzwesens,*) wobei dieselben in sofern eine günstige Stellung hatten, als sie der Bevormundung der früheren Reichsbehörden entzogen waren. Zur Orientirung mag ein kurzer Rückblick auf das frühere Finanzsystem geworfen werden.

In der Vorzeit hielt man hier das System fest, die ordentlichen und außerordentlichen Bedürfnisse des Staates durch Kapitalsteuern, nämlich durch sogenannte Simpla zu decken; der Reichshofrath ging auch häufig genug darauf ein, jedoch wie viele Resolutionen beweisen, nur in sofern, als ein Maximum dabei angenommen wurde. In 1798 kam der Rath nebst den bürgerlichen Collegien bei dem Kaiser um Autorisation ein, zur Tilgung der französischen Kriegsschulden eine Kapitalsteuer ohne Maximum einführen zu dürfen; sie wurde gestattet, aber auf die Schuld von 1792 und 1796 ausdrücklich beschränkt und dem Rath aufgegeben, blos zu diesem Zwecke den Ertrag zu verwenden und nicht länger sie zu erheben, als bis gedachte Requisitions- und Contributionssummen getilgt seyen, was freilich nicht so geschah, indem seit 1798 zahlreiche Simpla erhoben und zur Deckung späterer Kriegsbedürfnisse verwendet wurden. Von 1798—1804 flossen acht halbe Simpla, und von 1806—1814 sieben halbe und ein viertel Simplum in die Kasse der Rechnungskommission, wozu noch zur Deckung einiger außerordentlichen Ausgaben in den Jahren 1806, 12 und 13 ein viertel und ein Achtel Simplum kamen.

*) Bender, S. 84. 150.

Im November 1814 erstattete die Finanzcommission, um den jährlichen Zinsenbedarf und Tilgungsfond der Capitalschulden zu decken, ein Gutachten dahin, daß von den Simpeln abzugehen und an ihre Stelle eine Miethsteuer, ein Wechselstempel und eine Abgabe von Meßgütern einzuführen sei. Das Bürgercolleg erklärte sich im Januar 1815 gegen die Miethsteuer, an deren Stelle es andere Abgaben vorschlug, im Uebrigen für die Vorschläge der Finanzcommission.

Nach längeren Verhandlungen einigte man sich über ein Finanzproject, in Folge dessen im Juni 1817 die gesetzgebende Versammlung beschloß: 1) einen Wechselstempel von ½ pr. Mille; 2) eine Einkommensteuer mit dem Maximum von 4% auf drei Jahre (1817—19). Da diese neuen Steuern mit den beibehaltenen alten Auflagen zur Deckung der Staatsbedürfnisse nicht genügten, so tauchte bereits 1820 von Seiten der Centralfinanzcommission wieder das Project einer Miethsteuer*) auf, fand aber so lebhafte Opposition, daß diese Steuer in dem hier behandelten Zeitraum nicht mehr zur Einführung gelangte, obgleich man einsah, daß andere vorgeschlagene Steuern (Gewerb- und Personensteuer, Bürgergeld für Ausbürger, Gesindesteuer, Collateralsteuer, Grundsteuer) theils wegen der Kleinheit des Gebietes, theils weil man ein Eindringen in die Privatverhältnisse der Bürger scheute, unzweckmäßig seien. Man half sich mit Forterhebung der Additionalaccise und mit Verbesserung der Einkommensteuer, welche immer auf drei Jahre weiter bewilligt wurde.

Schon 1820 hatte man eine Reform des ganzen Steuersystems ins Auge gefaßt, welche aber bis 1830 nicht zu Stande kam.

Besonders belästigt wurden die Finanzen durch die Theuerung der Jahre 1816 und 1817. Das Frühjahr und der Sommer des Jahres 1816 waren beständig kühl und regnerisch gewesen. Im Mai regnete es 20, im Juni 15, im Juli 24, im August 19, im September 17 Tage, zusammen 95. Der Brodpreis, welcher 16 kr. für den 6pfündigen Laib gemischten Roggenbrodes betragen hatte, stieg auf 42 kr. (Juni 1817), dem entsprechend das Rindfleisch auf 19 kr. das Pfund. Die Stadt ließ das Brod

*) Bender, S. 84, 144, 148, 152. Die Heidelberger Jahrbücher der Literatur 1817, No. 30 u. 31 enthalten die Besprechung von 5 Schriften über Steuern und Abgaben in Frankfurt.

für 15 kr. den 3pfündigen Laib an Unbemittelte ab. 1817 war aber die Ernte gut gerathen und nach und nach stellte sich das Gleichgewicht her; am 31. Juli kosteten 6 Pfund Brod wieder 20 kr.; das Pfund Rindfleisch 13 kr. Für das Jahr 1817 war der Bedarf wegen Uebernahme vieler Pensionen und temporärer Vermehrung der Rathsglieder, auch Verbesserung der Gehalte des Senats und der lutherischen Geistlichen und besserer Organisation des Gymnasiums, um 70,000 fl. höher veranschlagt, als in den Jahren 1805 und 1806; das Jahr schloß mit einem Deficit von 83,620 1/3 fl. ab; insbesondere waren die für unvorhergesehene Ausgaben ins Büdget eingestellten 15,000 fl. durch den Verlust beim Korneinkauf bedeutend überschritten worden.*)

Aber man war nicht damit zufrieden, die Calamität überwunden zu haben; man dachte auch daran, der Wiederkehr der nachtheiligen Folgen solcher traurigen Mißernte, wie sie 1816 statt hatte, vorzubeugen und die Versorgung der Stadt bei dem Sperrsystem der dieselbe umgebenden Staaten zeitig sicher zu stellen. Der Senat beantragte allmähliche Anschaffung von 10—1200 Mltr. Korn und 3000 Mltr. Mehl. Die Sache wurde etwas lau betrieben, am 7. August 1819 war der Senatsantrag erfolgt; am 12. Februar 1820 beschloß die gesetzgebende Versammlung, mit einstweiliger Aussetzung der Beschlußnahme wegen Errichtung dieser Magazine, den Senat um baldigste Rückäußerung wegen des Antrags zu ersuchen, den am 24. März 1819 um Aufhebung der Verordnung vom 12. August und 5. December 1805, welche die Freiheit des Fruchthandels beschränkten, Hr. Dominicus Behrends gestellt hatte.**)

Am 11. April 1821 wurde von der gesetzgebenden Versammlung die Verordnung genehmigt, wodurch der Senat die genannten Hemmnisse des Getreidehandels aufhob.***) Es kommen darin die goldnen Worte vor: „Daß eine gänzliche Freigebung des Fruchthandels dem wahren Besten der Staaten selbst im Falle kärglicher Ernten am gewissesten zusagt." Der gesunde Sinn des Handelsstandes hatte schon früh diese Wahrheit gefunden,

*) Bender, S. 53, 97, 121, 127.

**) Beyerbach, Sammlung der Verordg. der Reichsst. Frkft. S. 5176.

***) Gesetz- und Statutensammlung III, 29.

während z. B. Kurhessen noch in den vierziger Jahren beim Herrschen der Kartoffelkrankheit durch vexatorische, den Zollvereinsgrundsätzen widersprechende Ausfuhrverbote deren Preis zu mindern vergeblich bemüht war.

Gleichzeitig wurde das Mehlmagazin genehmigt, das Kornmagazin aber abgelehnt und der Senat ersucht, auf möglichste Förderung des Kornhandels in Frankfurt bedacht zu sein.

Zur Ausgleichung der Centrallasten des vormaligen Großherzogthums Frankfurt wurde von den Regierungen von Preußen, Baiern, Kurhessen und Frankfurt eine Commission eingesetzt, welche am 2. Juli 1828 mit einem Hauptvertrage fertig wurde, wonach Frankfurt 183,371 fl. 29 kr. zu leisten hatte und 175,171 fl. 4 kr. zu seiner Verfügung erhielt. Am 27. August wurde dieser Vertrag von der gesetzgebenden Versammlung genehmigt.

Die Kriegsschulden*), welche Ende 1816: 8,856463 fl. 46 kr. betrugen, waren 1822 bereits auf 7,969,115 fl. reducirt, also um 887,348 fl. 46 kr. vermindert; damals wurden die städtischen Schulden in eine einheitliche 4%ige convertirt.

Viertes Kapitel.

Die ersten Anordnungen hinsichtlich der Militärverfassung trugen noch den Stempel der Zeit und konnten kein organisches Gepräge haben, da über die Wehranstalten des Bundes noch nichts festgestellt war.

In Folge Beschlusses der gesetzgebenden Versammlung vom 26. Juni 1816 wurde die Landsturm-Ordnung publicirt.**)

*) Mi. IV, 375.

**) Gesetz- und Statutensammlung I. 391., Pdr. 51. Im Januar 1816 hatte man noch von Fähnlein und Banner gesprochen (B. X, 66), in dem Landwehrgesetz vom 14. August 1817 werden in Art. 119 die „Oberführer der Fähnlein“ zu Feldwebeln bei den Compagnien, die „Oberführer der Waibelschaften“ als Sergeanten, die „Führer“ aber bloß als Unterofficiers angestellt. Die Abschaffung der altdeutschen Namen 1817 wurde motivirt (F. Jb. IV. N. 21 ff.) durch das Beispiel Preußens, welches diese Namen 1813 und 1814 zuerst angenommen, jetzt aber wieder abgeschafft habe. Kein andrer Staat in Deutschland habe sie angenommen, Frankfurt würde also allein stehen. Diese Namen hätten 1814 und 1815 schon zu Mißverständnißen Anlaß geboten und würden es auch ferner thun. Wir ersehen ferner aus der angegebenen Stelle, daß Heerbann statt Regiment, Banner statt Bataillon, Fähnlein statt Division (= 2 Compagnien) und Waibelschaft statt Compagnie gebraucht wurde.

Dieser erhielt darin den Namen Landwehr, und wurde zu Waffenübungen und zum Wachtdienst (doch unter Befreiung von der Bewachung verurtheilter Verbrecher bei ihren Strafarbeiten) verpflichtet. Nach Art. 2 und 6 sollte die Landwehr auch gegen äußere Feinde verwendet werden können.

Aber schon im Juli wurde, in Erwägung daß anhaltende Verwendung der Landwehr im Frieden unpassend, die Bewachung der Stadt durch eigene Lohnwächter-Compagnien aber nicht hinreichend, nicht anständig und dennoch kostspieliger sei, wie durch geregeltes besoldetes Militär, die Errichtung dreier Compagnien von 228 Mann nebst Chargen beschlossen. Als diese Zahl sich als unzulänglich erwies, beantragte der Senat am 19. Decbr. die Errichtung einer vierten Compagnie, die Erhöhung des Standes auf 400 Mann und die Errichtung einer Artillerieabtheilung. Man hatte aber Bedenken, die geworbene Mannschaft, welche nach der Erfahrung häufig desertirte, so sehr zu vermehren, und so wurde am 12. Febr. 1817 von der Versammlung beschlossen, nur 3 Compagnien, von 90 Mann jede, zu errichten und die Ergänzungsmannschaft für die Wachtdienste aus Lohnwächtern zu bilden. Dieser bewaffneten Macht wurde Oberst Schiller und Major Jäger vorgesetzt.

Durch die Bundesbeschlüsse vom 20. August 1818 und 4. Februar 1819 wurde festgesetzt, daß das Bundescontingent aus einem Procent der Bevölkerung und die Reserve aus einem halben Procent bestehen solle. Nach der Matrikel hatte Frankfurt 47,850 Bewohner, wonach die Stadt 479 Mann zum achten Armeecorps zu stellen hatte. Eigenthümliche Schwierigkeiten entstanden sogleich aus der Bestimmung, daß das geringste Cavallerie-Contingent auf 300 Mann, das geringste Artillerie-Contingent auf eine Batterie von 6—8 Geschützen festgesetzt und die Vertretung nur innerhalb desselben Armee-Corps gestattet war. Da nun das von Frankfurt zu stellende Contingent an Specialwaffen diesen Betrag bei weitem nicht erreichte,*) so wurden Unterhandlungen mit dem Großherzogthum Hessen eingeleitet, gegen eine Geldvergütung die Vertretung von Frankfurt hinsichtlich der Specialwaffen zu übernehmen. Jahre lang konnte

*) Nach Bender 166 nur 68 Reiter und 1 Stück Geschütz.

man, obgleich seit 1822 selbst eine Bundescommission für die Vermittelung thätig war, unter beiden Regierungen sich nicht über die unbedeutende Differenz zwischen Forderung und Angebot einigen. Am 27. Januar 1824 stellte Frankfurt den Antrag, das Contingent nach der Seelenzahl ganz in Infanterie stellen zu dürfen und jährlich 6000 fl. für das Vertheidigungswesen des Bundes zu bezahlen. Bei dem langsamen Tempo, in welchem während der Herrschaft der älteren Burbonenlinie in Frankreich alle Vertheidigungs-Anstalten des deutschen Bundes betrieben wurden, ist dieser Antrag während des hier betrachteten Zeitraums unerledigt geblieben. Aber auch schon die Aufbringung des einfachen Infanterie-Contingents hatte ihre Schwierigkeiten. Da die zur Zeit der Reichsstadt sehr ergiebige Werbung jetzt, wo die Eingeborenen aller deutschen Länder von dem eigenen Staate als Kriegsdienstpflichtige in Anspruch genommen wurden, nicht genügte, so wurde vom Senat am 12. März 1822 der Entwurf eines Conscriptionsgesetzes vorgelegt und in mehreren Sitzungen des Juli und August mit einigen Modificationen von der gesetzgebenden Versammlung angenommen und am 27. September vom Senat publicirt.*)

Eine revidirte Verordnung über die Organisation der Stadt- und Landwehr wurde, zufolge Beschluß der gesetzgebenden Versammlung vom 17. Mai 1823, am 30. Juni d. J. publicirt.**) Die von einem Ausschuß am 21. October 1823 entworfenen „Statuten der zweiten Abtheilung der freiwilligen Infanterie der Stadtwehr der freien Stadt Frankfurt" wurden vom Senat am 16. März 1824 bestätigt und erschienen im Druck in demselben Jahre (gedruckt bei H. Wilmans und Naumann. 29 S. 8.)

Fünftes Kapitel.

Zur Befolgung der Vorschrift in Art. 26 B. der Constitutions-Ergänzungsacte legte der Senat am 4. März 1817 den Entwurf zur Organisation einer Handelskammer der gesetzgebenden Versammlung zur Entscheidung vor. Der Entwurf wurde

*) Bender, S. 163. Gesetz- und Statutensammlung III. 129.

**) ebenda III. 165.

mit einigen Modificationen am 30. April genehmigt.*) Danach besteht die Handelskammer aus 20 christlichen, über 30 Jahre alten, wenigstens seit 6 Jahren hier im eigenen Geschäfte thätigen Mitgliedern, und tritt an die Stelle des bisherigen Handelsvorstandes. Zwei Mitglieder der Handelskammer bilden mit zwei Mitgliedern des Recheneiamtes die Handelsdeputation, welche sich periodisch versammelt, um das Wohl des Handels wahrzunehmen. Ferner wurde festgesetzt, daß bei Handels- und Wechselsachen zu allen hiesigen Gerichten auf Verlangen einer Partei zwei Handlungs-Assessoren aus dem Handelsstande zur Entscheidung mit berathender Stimme zugezogen werden müssen.

Art. 19 der Bundesacte hatte festgesetzt, daß die Bundesversammlung bei ihrer ersten Zusammenkunft wegen des Handels und Verkehrs zwischen den verschiedenen Bundesstaaten in Berathung treten solle. Da dies aber jahrelang nicht geschah, dagegen das preuß. Gesetz vom 26. Mai 1818 die nichtpreußischen Fabrikanten auf ein kleines Absatzgebiet beschränkte**), so traten auf der Ostermesse 1819 zu Frankfurt mehrere tausend Fabrikanten und Kaufleute zusammen und bildeten einen Verein, welcher die Stiftung eines allgemeinen deutschen Zollsystems mit Aufhebung aller inneren Linien bezweckte. Der Verein hielt jährlich auf der Frankfurter Ostermesse seine Generalversammlung und unterhielt eine lebhafte Agitation durch Eingaben an die Regierungen und in der Presse. Frankfurt selbst verhandelte wegen seines Beitritts zum sog. „Mitteldeutschen Zollverein", welcher durch den Vertrag zwischen Preußen und Hessen-Darmstadt vom 14. Februar 1828 gesprengt wurde.

In dem Handelsvertrag mehrerer deutscher Staaten vom 29. September 1828, Art. 3, war für den 1. Juni 1829 eine erneuerte Zusammenkunft der Abgeordneten in Cassel verabredet, wobei ein Zusatzvertrag abgeschlossen und der Handelsvertrag statt bis 1834, bis Ende 1841 festgesetzt wurde. Am 5. December 1829 legte der Senat diese Additionalakte der gesetzgebenden Versammlung vor; die Commission erstattete am 9. Januar 1830 Bericht, worauf der Zusatzvertrag genehmigt wurde. Dieser um-

*) Gesetzsammlung I, 113, 122.

**) Gegenwart XI., 108.

fangreiche Bericht, welcher in den Frankfurter Jahrbüchern (1832 No. 15 u. 16) abgedruckt wurde, liefert willkommenes Material zur Beurtheilung der Frankfurter Handelsverhältnisse jener Zeit. Wir geben im Folgenden einen kurzen Auszug daraus.

Frankfurt bildet den Zwischenplatz in dem Handel mit folgenden Waaren: englische baumwollene Manufacturwaaren aller Art; französische, italienische und schweizer Seiden- und Halbseidenwaaren; Flor; Krepp; wollene Tücher; Casimir; feine wollene Stoffe; Shawls, Merinos von Belgien, Frankreich, England, Sachsen, Oesterreich; ordinäre Tücher und wollene Stoffe von Kurhessen, Sachsen, Böhmen, Nassau, Homburg; Mode und Luxuswaaren von England, Frankreich; Quincaillerie; feinere Stahl- und Eisenwaaren von Belgien, England, Frankreich; ordinäre Eisenwaaren aus Steiermark, Kurhessen (Schmalkalden), auch aus den sächsischen Herzogthümern; baumwollene glatte und broschirte Waaren; Mousselins aus Sachsen, der Schweiz, England; gedruckte Waaren (Callicos) aus Sachsen, England, der Schweiz, Baden (Lörrach); gemischte Stoffe (Halbseide, Halbwolle, Halbbaumwolle) aus Sachsen und den reußischen Landen; Leinwand, Damast und leinene Waaren aus Sachsen, Böhmen, Irland und in den geringeren Gattungen aus Kurhessen; baumwollene und wollene Strumpfwaaren aus England, Sachsen, Weimar (Apolda); Strick- und Nähgarn, weiß und gefärbt aus England; Linon, Gaze, Battiste, Spitzen von Frankreich, England, Belgien, Sachsen und der Schweiz; Glas- und Crystallwaaren aller Art aus Frankreich und Böhmen. (Mit letzterem findet ein bedeutender überseeischer Handel statt.)

Sohlleder aus Belgien, welches bisher die Hälfte des von diesem Artikel nach Frankfurt gekommenen Quantums bildete; feinere Weine aus dem Nassauischen; französische, spanische Weine, Rum, Arrac, Spiritus; Bijouterie aus dem Badischen (Pforzheim,) Kurhessen, (Hanau), Frankreich; Uhren aus Frankreich, Genf, Wien; halbgahres Pelzwerk und Rauchwaaren aus Rußland, Oesterreich; ordinäre Holzwaaren, (Sonneberger Artikel) aus dem Coburgischen, Porzellan und Steingut aus England, Frankreich.

Dagegen würde der Verkehr, welchen Frankfurt im Austausch preußisch-darmstädtischer Erzeugnisse gegen bairischwürttembergische und dem Vertrieb solcher in fremde Länder entwickeln könnte, nicht sehr bedeutend sein und sich auf Barchent, Baumwollenwaaren und Garn, Leinenwaaren, Eisenwaaren, Glas, Holzwaaren, Hopfen, Oele, Papier, Porcellan, Wein erstrecken, worunter viele Artikel sind, deren Geldwerth gering ist. Außerdem befolgten die deutschen und namentlich preußischen Fabrikanten das System, selbst Verkäufer an die letzte Hand zu sein, so daß von einem gewinnreichen Zwischenhandel für Frankfurt nicht die Rede sein könnte. Dagegen seien alle die obgenannten Artikel, für welche Frankfurt den Zwischenplatz bildete, in Preußen-Darmstadt und Baiern-Württemberg mit hohen Eingangszöllen belegt, auch beständen für sie als fremde Waaren, zwischen beiden Mauthvereinen keine Erleichterung bei dem Eingang aus einem in den andern.

A. Kirchner*) hat den Meßhandel beim Beginn dieses Zeitraums ausführlich dargelegt; anschauliche Schilderungen der Messe finden sich in der „Iris“, 1825 No. 69 ff., No. 185 ff. und 1826 No. 186 ff.

Eine Hauptrolle spielte damals der Basar im Hause Braunfels, welcher in der Ostermesse 1796 im ersten Stock eröffnet worden war. Schon die breite Treppe war an den Wänden mit dem Aushang der Bilderhändler bekleidet; oben aber verlief ein breiter Gang zwischen zwei Reihen offner Läden, in welchen Putzgegenstände, Parfümerien, künstliche Blumen, Goldwaaren, Musikinstrumente, Waffen u. dgl. ausgestellt waren. Es war hier der einzige, vor den Unbilden der Witterung geschützte Verkaufsplatz der Messe, welcher aber dennoch der Laune der Mode erlag, noch lange ehe der Braunfels aus dem Besitz des Hauses Frauenstein (1859) in andere Hände überging.

Was insbesondere den Frankfurter Buchhandel betrifft, so schildert der Hofkammerrath P. A. Winkopp**) für seine Zeit den Verfall desselben, mit lebhaften Farben:

„Der Frankfurter Buchhandel war ehemals für das ganze westliche und südliche Deutschland von der höchsten Bedeutung,

*) Ki. A. II., Note zu 30—34.

**) Topographisch-statistische Beschreibung des Großherzogthums Frankfurt, Weimar 1812, S. 75.

ist aber seit dem allgemeinen Verfall des Buchhandels überhaupt und insbesondere durch die Vereinigung des linken Rheinufers und des nördlichen Deutschlands mit Frankreich, sowie durch die erschwerte Einfuhr deutscher Bücher u. dgl. so außerordentlich gesunken, daß derselbe wohl kaum den zwanzigsten Theil von dem Buchhandel im letzten Viertel des vorigen Jahrhunderts ausmacht. Im ganzen westlichen und in einem großen Theile des südlichen Deutschlands gab es nur wenige Buchhandlungen, die auf eigenen, in die sächsischen Gegenden gehenden Verlag bedacht waren und über Leipzig Geschäfte machten. Sie begnügten sich mit kleinerem oder größerem, bloß in diese Gegend Absatz-findenden Verlage und ließen sich von Frankfurter Buchhändlern mit den nöthigen neuen Büchern versehen. Mainz, Trier, Coblenz, Köln hatten keine Buchhändler, welche direct mit Leipzig Geschäfte machten. Die große Zahl von Fürsten, Grafen und Herren auf der linken Rheinseite, die Domcapitel, Stifter, Abteien und Klöster hatten insgesammt ansehnliche Bibliotheken, für welche die Bücher theils mittel-, theils unmittelbar von Frankfurt herbeigeschafft wurden. Diese große Quelle für Frankfurter Buchhändler ist nun ganz versiegt, da die noch bestehenden deutschen Buchhandlungen in jenen Gegenden unmittelbar Geschäfte mit und über Leipzig machen und die deutsche Literatur über dem Rheine von Tag zu Tag mehr sinkt und bald zu Null werden wird. Indessen trifft man bei einigen, große Geschäfte machenden Buchhandlungen in Frankfurt noch wohl assortirte Lager an."

Von diesem Verfall hat nach dem Sturze Napoleons der Frankfurter Buchhandel sich rasch erholt, wie folgende Briefe aus der Brönner'schen Geschäftscorrespondenz beweisen. Gentz ließ sich von der Brönner'schen Buchhandlung in Frankfurt seinen Bücherbedarf nach Wien kommen. Er schreibt aus Wien am 26. Februar 1819:

„Ich habe gestern das mir vorlängst angekündigte Packet erhalten, darin aber einen der Artikel, um welche ich ausdrücklich gebeten hatte, nämlich das Journal über America, nicht gefunden. Verschiedene der mir übersandten Schriften waren mir bereits früher zugekommen; einige sind von keinem Interesse für mich. Ob ich gleich sehr wünsche, daß es Ihnen gefällig sein möge, die Sendungen fortzusetzen, so glaube ich doch, daß es für die Zukunft zweckmäßiger sein wird, wenn Sie mir von Zeit zu Zeit kleine Noten von den zu Ihrer Kenntniß gelangenden interessantesten Neuigkeiten mittheilen und ich nach diesen Noten erst meine Wahl treffe und Ihnen meine bestimmten Aufträge zukommen lasse. Der Zeitverlust wird nicht sehr in Anschlag kommen, da ohnehin die Expedition der Packete nicht gar zu prompt sein kann, und während der nächsten Monate, wo die Couriere in der Regel den Weg nach Italien nehmen werden, sich noch mehr verzögern möchte. Da es aber eine Menge Broschüren geben wird, die ich mir auf anderem Wege nicht leicht zu verschaffen weiß, so werde ich Ihnen immer für Ihre Communicationen sehr verbunden sein, und verharre unterdessen mit besonderer Hochachtung Ew. Wohlgeboren ganz ergebener Diener Gentz."

Auch der Freiherr v. Stein bezog, gleich seinem Antipoden Gentz, seine Bücher von der Brönner'schen Buchhandlung. In einem Brief aus Nassau vom 18. Mai 1825 verlangt er u. A.: Hammer, Geschichte der Osmanen, Menzel, Geschichte der Reformation, Wersebe, über die niederländischen Colonien (in Deutschland), J. Paul's und Tieck's sämmtliche Werke und die Baseler Missionsberichte. Es dürfte interessant sein, die Bücherbedürfnisse auch anderer, in Frankfurt selbst wohnender berühmter Männer kennen zu lernen. So bestellt Wilhelm v. Humboldt, d. d. Frankfurt 4. November 1816, sich Eschenmayer's „Versuch, die scheinbare Magie des thierischen Magnetismus aus physiologischen und psychischen Gründen zu erklären" und der ehemalige Tübingische Stiftler, der französische Gesandte Graf Reinhard, componirt (mit einer Verläugnung seiner Nationalität, wie sie nur ein Deutscher zu leisten fähig ist) folgendes zweisprachige Billet:

„Je prie M. Brönner de m'envoyer 1. Leben Kotzebues. 2. Gentz, Schreiben an den König von Preußen 16. November 1819. 3. Ueber den Geist des deutschen Volks von Zschokke, et d'en faire une note séparée, où il ajoutera Resultate der Sittengeschichte. 4. Theil von Gagern. Mr. Brönner m'obligerait s'il pouvait me procurer un ou deux exemplaires du Katechismus für's Landvolk von Schulz dont je le prierais de mettre également un exemplaire sur cette note et l'autre sur mon compte général. Je lui demande en outre pour moi: Jacobi's Schriften. 4. Theil in drei Abtheilungen und Schilderung Jacobi's von Schlichtegroll, Thiersch rc.

Ce 31. Janvier 1820. Reinhard."

Sechstes Kapitel.

Am 2. Juni 1817 trug Hr. Joh. Chr. Hermann auf Errichtung eines lutherischen Gemeindevorstandes an, indem nur die lutherische Gemeinde, obwohl deßhalb bei der Commission der Dreizehn viele Monita eingelaufen seien, bis jetzt noch keinen Kirchenvorstand habe. Auf Mittheilung von Seiten der Versammlung äußerte der Senat unter dem 7. August 1819 sich dahin, er habe, da schon am 28. December 1816 das lutherische Consistorium bei ihm darauf angetragen und am 21. März und 3. Juni 1817 das Prediger-Ministerium diesen Vorstand für ein wahres Bedürfniß der Gemeinde erklärt, einen Gemeinde-Ausschuß veranlaßt, damit dieser, im Vereine mit dem Consistorium, Vorschläge mache. Diese Vorschläge genehmige man nun mit dem Zusatz, daß Mitglieder des Senats und Consistoriums und ebenso die Prediger, welche alle verfassungsmäßig in andrer Hinsicht schon wirksam seien, dazu nicht wählbar sein dürften, wogegen man im Uebrigen streng bei dem in Art. 40. der Constitutions-Ergänzungs-Akte vorgeschriebenen Wirkungskreis dieses Vorstandes stehen bleibe.*)

Die Commission der gesetzgebenden Versammlung trat dem vorgelegten Entwurf mit einiger Abänderung des Wahlsystems bei und so wurde derselbe auch am 5. Januar 1820 von der Versammlung genehmigt. Danach war der evangelisch-lutherische kirchliche Gemeindevorstand aus 36 Mitgliedern (18 Aeltesten und 18 Diaconen) zusammengesetzt, welche ohne Rücksicht auf Quartier und Kirchen aus der Gesammtheit der evangelisch-lutherischen Bürgerschaft gewählt wurden. Nicht wahlfähig waren Mitglieder des Senats und Consistorii, peinlich Bestrafte, Falliten,

*) Bdr. 91. Gesetzsammlung II. 173.

in besoldeten Diensten eines Privaten stehende, auch konnten Vater und Sohn, Bruder und Bruder nicht zugleich Mitglieder sein. Die Wahl erfolgt zum erstenmal auf zwei Jahre, später nur auf ein Jahr. Die Gewählten werden auf die Kirchen und Betsäle vertheilt; die Zahl der Deputirten richtet sich nach der Wichtigkeit der Geschäfte. Dieselben haben nicht das Recht eigenmächtiger Anordnung in ihren Kirchen, sondern sie haben an den Gemeindevorstand zu berichten, der in pleno über die Anträge der Deputirten entscheidet.

Sobald die in Art. 40 der Constitutions-Ergänzungs-Acte in Aussicht genommenen Gemeindevorstände für die lutherische und katholische Kirchengemeinde gebildet waren, ließ es sich der Senat angelegen sein, auch dem Art. 39 hinsichtlich der Dotation beider Kirchen Vollzug zu geben. Bei den am 25. April 1825 bei der gesetzgebenden Versammlung angebrachten Anträgen ging der Senat von dem Grundsatz aus, daß die Erhaltung der Kirchengebäude durch das Aerar oder die bisher dazu verbunden gewesenen Stiftungen der eigenthümlichen Ueberlassung sämmtlicher Kirchen an die lutherische Gemeinde vorzuziehen sei, wobei jedoch die Besorgung kleiner Reparaturen dem Gemeindevorstand zu überlassen sei. Das für die Kirchen und Geistlichen nöthige Brennholz möchte in der bisherigen Weise fortgeliefert, dagegen das Korndeputat abgeschafft werden. An baarem Geld waren jährlich 34,000 fl. vom Senat beantragt, die Commission der gesetzgebenden Versammlung erhöhte diese Summe auf 36,050 fl. Die gesetzgebende Versammlung aber beschloß am 26. November 1825, die Kirchendotationen nur zugleich mit der Schuldotation zu erledigen.

Auf erneuerte Vorlage des Senats vom 3. Februar 1829, worin auf eine Kirchendotation von 31,600 fl. angetragen war, bewilligte die Versammlung auf Antrag ihrer Commission, welche die Frage von Dotation der Schulen für noch nicht spruchreif erklärte, am 19. December 1829 unter Aufhebung ihres früheren Beschlusses, die Summe von 28500 fl. für Dotation der Kirchen, Diesen Beschlüssen trat der Senat am 2. Februar 1830 bei.*)

---

*) Gesetzsammlung IV. 193.

Die beiden reformirten Gemeinden gaben am 19. Mai 1817 den Wunsch zu erkennen, daß nach Artikel 37 der Constitutions-Ergänzungsacte ein reformirtes Consistorium errichtet werden möchte. Am 5. Mai 1818 und am 7. August 1819 legte der Senat der gesetzgebenden Versammlung darauf bezügliche Gesetzentwürfe vor, welche am 5. Januar 1820 sanctionirt wurden.*) Danach wurde das Consistorium gebildet: aus zwei reformirten Senatoren; den beiden ältesten Pfarrern beider, der deutschen und französischen, Gemeinden; zwei Assessoren und einem rechtsgelehrten Actuar. Die in dem Gesetze ausgesprochenen Befugnisse des Consistorii entsprachen der autonomen Stellung, welche die reformirten Gemeinden von jeher in Frankfurt einnahmen, und waren so lange in ihrer Geltung verbürgt, als die evangelisch-reformirten Gemeinden alle Kosten ihres Religionscultus ohne Concurrenz des Stadt-Aerarii aus eigenen Mitteln bestreiten und so lange als eine gänzliche Vereinigung der evangelisch-lutherischen mit der evangelisch-reformirten nicht zu Stande gebracht sein wird.

1817 wurde das Reformationsfest von beiden Gemeinden gemeinsam begangen. Ueber den erfreulichen Umschwung der Zeiten sagt F. Scharff**):

„Lersner berichtet, daß 1617 den 2. November (a. St.) zu Frankfurt wie in allen zur Stadt gehörigen Ortschaften das erste Jubeljahr hochfeierlich begangen, und dabei Morgens und Nachmittags in allen Kirchen mit starken Gründen der Unterschied der Religion, und daß die heut zu Tage in den reinen lutherischen Kirchen gepredigte evangelische Lehre, die rechte seligmachende Lehre sei, bewiesen worden ist. Bei Gelegenheit des zweiten Reformationsfestes am 31. October 1717 ist ein Rathsdecretum***) von allen Kanzeln publicirt worden, und dasselbe auch, wie gewöhnlich, gleichfalls der aus dieser Stadt zu Bockenheim versammelten reformirten Gemeinde communicirt worden, welche mit uns dieses Jubelfest gefeiert haben. Hundert Jahre später beim dritten Jubelfeste standen lutherische und reformirte Prediger an einem und demselben Altar und reichten gemeinsam das Abendmahl!" †)

*) Gesetzsammlung II., 183.

) A. N. II. 317. — *) Abgedruckt in F. Jb. 13. Oct. 1836.

†) Der auf das Jubiläum geprägte Ducat ist abgebildet A. IV, Tfl. 4. Fig. 42.

Die Oberpostamtszeitung vom 3. November 1817 berichtet über die am 31. October stattgehabte Feier: In der lutherischen Hauptkirche (z. St. Katharinen) administrirte ein reformirter und in den beiden reformirten Kirchen ein lutherischer Geistlicher das Abendmahl mit, an welchem mehrere Senatsmitglieder, namentlich die beiden Herren Bürgermeister, und viele andre Personen nicht nur in ihren eigenen Kirchen, sondern auch wechselsweise in den Kirchen der andern Confession Theil nahmen. Von Seite des lutherischen Consistoriums empfing es dessen Vicedirector in der deutsch-reformirten Kirche, während eine Deputation der reformirten Aeltesten zu diesem Zwecke die lutherische Hauptkirche besuchte. Am Nachmittag predigte in letzterer ein reformirter Geistlicher (Pfarrer Spieß) und in der deutsch-reformirten ein lutherischer. Am 1. November fand ein Schulfest in der St. Katharinenkirche statt.*)

Anhang zum sechsten Kapitel.

Wilhelm Friedrich Hufnagel.

Ein Lebensbild.

Die Hufnagel'sche Familie stammt aus Eger. Stephan und Veronika Hufnagel haben die Synagoge zu Eger in eine christliche Kirche (zu Unsrer lieben Frau) verwandelt und liegen in derselben begraben. 1627 ist die Familie wegen der Religion ausgewandert, theils in's Voigtland, theils nach der Oberpfalz. Von Ansbach zogen sie zu Anfang des 18. Jahrhunderts nach Hall am Kocher, jener wegen der Salzquellen mitten im Gebirg gegründeten schwäbischen Reichsstadt, um welche ringsum das deutsche Reich sein Prinzip der endlosen Individualisirung so recht ausgelebt hat. Das Städtebild von Hall thürmt sich am Berg hinauf und gestaltet sich zu einem der am meisten malerischen, welche Deutschland besitzt. Trotz der Kleinheit der Stadt liegt das Portal des Rathhauses 56 Fuß über dem Kocher, welcher seinen Namen von dem durch den eiligen Lauf schäumenden

---

*) Ankündigung des Secularfestes der Reformation am 31. October 1817. Frankfurt, Sauerländer. 22 S. 8°.

Wasser führt, das Portal der dem Rathhaus gegenüber liegenden St. Michaeliskirche, zu welcher eine breite Treppe von 54 Stufen hinaufführt, wieder 32 pariser Fuß höher. Noch höher aber ragt, abermals auf einer Treppe erreichbar, der Kornkasten, ehemals Zeughaus, ein gewaltiger, fester Bau mit hohem Dach hervor, und so bildet dieses Gebäude, dann der 147 Fuß hohe Thurm der Michaeliskirche, das Rathhausthürmchen und einzelne hervorragende Häuser eine scharf zum Kocher abfallende Linie, hinter der aus dem Kocherthal auf einem isolirten Hügel von 1043 Fuß Höhe die stattliche Klosterkirche von Comburg mit ihren drei zierlichen Thürmen hervorragt, während der Berg mit den Ruinen von Limburg (1110 Fuß) und der Einkorn (1570 Fuß) abschließt. Wo sich die Stadt zum Kocher hinabsenkt, war sie zwischen wenig entfernten festen Thoren eingeschlossen, denn das Dorf Unter-Limburg (jetzt Vorstadt) gehörte dem gleichnamigen Grafen, Steinbach dem Kloster Comburg. Die Stadt hatte nach anderen Richtungen großes Landgebiet, sie besitzt gute Lehranstalten, reiche Stiftungen und eine große historische Vergangenheit (1610 wurde hier die protestantische Union gestiftet) und so bildete sich bei ihren Angehörigen das reichsstädtische Selbstbewußtsein in hohem Grade aus.

In dieser Stadt finden wir Johann David Hufnagel (1721—1791) als ältesten Stättmeister (Bürgermeister), Director des Consistoriums, Scholarchats und Lehnrathes. Er hatte drei Söhne und vier Töchter; die Söhne waren Johann Lorenz Sophon, Senator seiner Vaterstadt, 1752—1813, Wilhelm Friedrich, und Johann Karl, Stadtschreiber seiner Vaterstadt, 1758 bis 1840, dessen Sohn, Karl Friedrich, Kreisgerichtshofs-Director zu Tübingen, 1785—1848, als juristischer Schriftsteller geschätzt war und den tüchtigen juristischen Stamm in seinen beiden Söhnen in Württemberg fortgesetzt hat. Der zweite Sohn Joh. David's, Friedrich Wilhelm, mit welchem wir uns hier zu beschäftigen haben, war am 15. Juni 1754 zu Hall geboren. Auf dem Gymnasium seiner Vaterstadt gebildet, wobei er ein besonderes Talent für Erlernung der alten Sprachen kund gab, bezog er 1773 die Universität Altdorf, um Theologie zu studiren. Die dort herrschende orthodoxe Richtung stieß ihn ab, so daß er nur dem Professor Joh. Christoph Döderlein (1745—1792) näher trat.

Im Spätherbst 1775 siedelte Hufnagel nach Erlangen über, wo er am 28. November immatrikulirt wurde. 1778 wurde er Magister und Privatdocent, 1779 außerordentlicher Professor der Theologie und erhielt als solcher 1780 fünfundsiebzig Gulden jährlichen Gehalt! Nach Rosenmüller's Abgang nach Gießen erhielt er 1783 die vierte ordentliche Professur der Theologie, weckte aber durch übertriebene Arbeiten seine Nervenaufregung und Hypochondrie, woran er schon seit dem 5. Lebensjahre gelitten hatte und die ihn durch sein langes Leben nicht wieder ganz verlassen sollte.

Hufnagel entwickelte in Erlangen eine sehr bedeutende literarische Thätigkeit*). Wir erwähnen aus derselben nur seine beide zu Erlangen erschienenen Uebersetzungen des Buches Hiob (1781) und des Hohen Liedes (1784), welche ihm Briefe von Joh. Peter Uz und von Herder einbrachten. Aus dem letzteren (Weimar 20. Decbr. 1784) mögen hier einige Stellen stehen: „Die ferneren Nachforschungen Ew. Hochwürden über den Segen Jakob's und das erhabene Buch Hiob sind mir wie Tritte eines freundschaftlichen Reisenden erfreulich, der mit mir oder vor mir wandelt. Fahren Ew. Hochwürden fort, in dieser Gegend heiliger Reste nach Schätzen zu graben; der wärmste Antheil wird in Augenblicken, die mir mein mit ganz andern Verrichtungen beschwertes Amt übrig läßt, im Stillen Ihr Glück begleiten. In Ansehung des Luther'schen Katechismus bin ich ein partheiischer Richter. So wahr im Ganzen manche Ausstellungen Ew. Hochwürden sein mögen, so sehe ich noch immer nicht, was in unserem Zeitalter wir an die Stelle setzen mögen und vielleicht sind's Eindrücke der Jugend oder meiner langen Amtsführung, daß ich auch bei allen Fehlern, die Psychologie oder erweiterte Cultur uns darin bemerken machen, dem Altvater getreu bleibe und ihn so gut anwende, als er sich anwenden läßt".

Ueber Hufnagel's Verhältniß zu seinen Schülern berichtet Prof. H. E. G. Paulus, welcher ihn 1787 kennen lernte (a. a. O. S. 40) folgendes: „Wie oft erfreute ich mich, Theilnehmer zu

*) Seine Schriften sind verzeichnet in der von mir 1851 zu Frankfurt, im Sauerländer'schen Verlag herausgegebenen Schrift: Blätter der Erinnerung an W. H., S. 100—128. Die Briefe, auf welche im Folgenden Bezug genommen ist, sind in der genannten Schrift S. 46—99 abgedruckt.

sein, wie Hufnagel, der sich deßwegen große Eckzimmer Parterre am Markte gemiethet hatte, für die frei ab- und zugehenden Studirenden sich als Freund und Berather erwies", und weiter sagt Paulus zu seiner Charakteristik: „In Hufnagel zeigte sich, was frei fortlebende Gelehrsamkeit mit Geschmack und Rednertalent verbunden, vermöge. Ohne das Gewöhnliche und Vorgeschriebene zurückzusetzen, überließ er sich bei jeder schicklichen Gelegenheit und wie es der Geist wollte, dem unmittelbaren Eindruck und sprach aus dem Herzen zu Herzen."

Bekanntlich war damals die „Erlangische Zeitung", welche sich im Vergleiche zu den geistlichen Staaten Frankens, zu Baiern und der Reichsstadt Nürnberg einer großen Freiheit der Bewegung erfreute, ein einflußreiches und verbreitetes Blatt. Auch Hufnagel war bei der Redaction betheiligt und dies brachte ihn in Beziehungen zu dem bekannten Ritter Zimmermann (seit 1784 vgl. Blätter der Erinnerung S. 53—67). Zimmermann spielt in diesen Briefen — der Leser verzeihe das Cynische des Gleichnisses — die Rolle des Hundes, der den Herrn mit dem Stock kommen sieht und doch die leckere Wurst nicht mag fahren lassen. Die Welt mußte doch erfahren, daß die Kaiserin Katharina II. in vertrautem Briefwechsel mit Zimmermann stand und ihm Artigkeiten über seine Bücher schrieb, aber gleichzeitig fürchtete er die übeln Folgen einer Indiscretion. „Ach", schreibt der schon ganz zum Hofmann gewordene Schweizer Arzt am 29. April 1785 aus Hannover, „Sie wissen nicht als ein Gelehrter, mein theuerster Herr Professor, wie behutsam man sein muß, wenn man mit gekrönten Häuptern in Verbindung ist! Was Ihnen ganz unbedeutend scheint, hat da die größte Bedeutung; durch einen einzigen Mißgriff bringt man sich um alles Glück, das man hat." Aber das damalige Erlangen war nicht nur Fabrikstadt und Universität, sondern auch eine Art Residenz. Hier hielt seit dem 25. Januar 1764 ihren Hof die verwittwete Markgräfin v. Baireuth, Sophie Caroline (geb. 1737 als Tochter des Herzogs Karl v. Braunschweig-Wolfenbüttel, vermählt 1759 mit dem Markgrafen Friedrich, welcher am 26. Februar 1763 ohne männliche Nachkommen starb, † 1817) eine Dame von französischer Bildung*)

*) Von den zahlreich vorhandenen Briefen der Markgräfin an Hufnagel habe ich a. a. O. S. 71 einen mitgetheilt, zur Probe davon, welches

und Lebensanschauung, welche lebhaft mit den Professorenkreisen verkehrte. Durch alle diese Beziehungen war Erlangen weit entfernt von der Stagnation anderer kleiner deutscher Universitätsstädte jener Zeit, und in der That schreibt Heeren, welcher 1783 auf seiner Reise nach Wien in Erlangen und Nürnberg verweilte, an Hufnagel: „In Nürnberg hatte ich es in vier Tagen satt; es ist wirklich ein auffallender Contrast, wenn man aus dem freien Erlangen in das ängstliche Nürnberg kommt.“ — 1786 bekleidete H. die Prorectorwürde, 1788 wurde er Pastor an der Kirche und Inspector des (1773 gestifteten) fürstlichen Prediger-Seminars. In den Jahren 1788 und 1789 kam Hufnagel in Beziehungen zu Goethe, welcher im Interesse seines späteren Schwagers Christian August Vulpius, der sich damals, um eine Stelle zu suchen, in Erlangen aufhielt, folgende zwei ganz von eigener Hand geschriebene Briefe an Hufnagel gerichtet hat.

Wohlgeborner Hochgeehrtester Herr Professor.

Bey Ew. Wohlgeb. Aufenthalte in Weimar habe ich das Vergnügen entbehren müssen Ihre Bekanntschaft zu machen, welches mir doppelt unangenehm war da ich mich zugleich einer angenehmen und nützlichen Unterhaltung und der Gelegenheit beraubt sah Ew. Wohlgeb. einen jungen Mann zu empfehlen der sich gegenwärtig in Erlangen aufhält. Er heißt Vulpius und ich nehme mir die Freyheit einen Brief an denselben, mit einigem Gelde beschwert, hier bey zu schließen. Ew. Wohlgeb. werden ihn, wenn Sie ihn einer Unterhaltung und Prüfung würdigen leicht selbst beurtheilen. Er hat Fähigkeiten, ist fleißig gewesen, und nur ein Zusammenfluß von Umständen hat verursacht daß er weder in seinem Vaterlande noch auswärts bisher hat sein Glück finden können.

Ew. Wohlgeb. mir bekannte menschenfreundliche Gesinnungen flößen mir das Vertrauen ein Ihnen diesen jungen Menschen zu empfehlen. Er ist bescheiden genug um nicht überlästig zu sein, könnten Sie aber bei Ihren mannigfaltigen Connexionen irgend

Deutsch sie schrieb. Auf einen Brief, in welchem sie Hufnagel um Verwendung für Seckendorff (s. später) ersucht zu haben scheint, antwortet sie: „Was alle die veränderungen vor eine Bedeutung haben, weiß ich nicht und frage und freibe keinen Menschen. — — Ich beklage allezeit unsern guten Margr. daß seine Gesundheit leid bei alle die Aerger“ ꝛc. (1790.)

etwas für ihn würcken, das ihm auf eine Zeitlang oder gar auf sein ganzes künftiges Leben Vortheil brächte; so würden Sie gewiß keinen Undankbaren verbinden und mich zu angenehmen Gegendiensten dadurch auffordern. Gönnen Sie ihm indessen einigen Zutritt, stehen Sie ihm mit gutem Rath bei und lassen mich von seiner Aufführung einige Nachricht hören. Der ich mit besonderer Hochachtung unterzeichne Ew. Wohlgeb. ergebenster

Weimar, d. 26. Nov. 88. J. W. v. Goethe.

Ew. Wohlg. gefälliges Schreiben mit dem beygefügten Kupfer, habe zu seiner Zeit wohl erhalten. Es thut mir leid daß Ihre gütigen Bemühungen für den jungen Vulpius, sowie die meinigen bißher fruchtloß gewesen sind. Wie er mir schreibt, will er Erlangen verlaßen und sich nach Leipzig wenden. Wolten Sie die Güte haben, da er es wahrscheinl. bedarf, ihm zwey Carolin bey seinem Abschiede reichen, ich werde nicht verfehlen Ew. Wohlgeb. sogleich zu remboursiren.

In der Hoffnung daß Sie mir die neue Beschwerde, welche ich verursache, verzeihen werden, unterzeichne ich mit aller

Hochachtung Ew. Wohlgeb. ergebenster Diener

Weimar, d. 15. Apr. 1789. J. W. v. Goethe.

T. s. V. p.

N. S. Ich werde gehindert Hrn. V. selbst zu schreiben und ihm einen Empfehlungsbrief nach Leipzig zu schicken. Wenn er dort anlangt; so soll er sich bei Herrn Göschen melden dort soll er Briefe finden.

Seit 1787 hatte Hufnagel seiner Thätigkeit als theologischer Schriftsteller eine weitere Ausdehnung gegeben. Es erschien das erste Heft seiner Zeitschrift: „Für Christenthum, Aufklärung und Menschenwohl", welches solchen Beifall fand, daß schon in demselben Jahre eine zweite Auflage nöthig war (Erlangen, J. J. Palm.) Diese zwanglose Zeitschrift, welche Hufnagel bis 1800 fortsetzte, ist nicht nur freisinnig theologischer, sondern allgemein humaner Tendenz. Die Aufhebung des Lotto in Ansbach, die Verbesserungen des Schulwesens (Schnepfenthal), die Gründung des Krankenhauses in Bamberg, die österreichischen Gesetze zur Verbesserung der Lage der Juden ꝛc. fanden hier in bunter Reihe warme Empfehlung und eingehende Besprechung.

Eine große Annehmlichkeit der Stellung Hufnagels in Erlangen war seine freundschaftliche Beziehung zum Minister und Curator der Universität Friedrich Carl v. Seckendorff (geb. 1736, Minister 1769). In Folge einer Hofintrigue wurde am 13. Juni 1790 Seckendorff plötzlich vom Markgrafen entlassen, aber schon am 5. September desselben Jahres in Mainz als Finanzminister wieder angestellt. Nach der Einnahme von Mainz durch die Franzosen 1792 zog er sich auf sein Gut Weingartsgreuth zurück, wo er 1796 gestorben ist. Aus den Jahren 1781—1795 sind 108 Briefe Seckendorff's an Hufnagel vorhanden, welche theilweise für die Geschichte der Universität Erlangen sehr wichtig sind.*) Man sieht mit Bewunderung, wie unermüdlich Seckendorff bemüht war, ausgezeichnete Lehrer an die Hochschule zu ziehen oder sie daran festzuhalten, mit welchen Schwierigkeiten er aus dem Gewirre eines verschwenderischen Hofes und zerrütteter Finanzen die Mittel zur Unterhaltung der Hochschule retten mußte. Der Verlust dieses Freundes und damit der Aussicht auf Förderung verleidete Hufnagel seine bisherige Stellung und machte ihn geneigter, auswärtigen Rufen zu folgen. Zugleich gab er durch seine Entfernung seinem Schüler und späteren Schwager Christoph Friedrich Ammon († als königl. sächsischer Oberhofprediger 1850) Raum zum Vorrücken. Der Ruf, welchen wahrscheinlich Seckendorff bei dem Schöffen Friedrich Max von Günderrode vermittelt hatte, kam von Frankfurt, wo der Senior Mosche am 8. Februar 1791 gestorben war. Am schwersten fiel Hufnagel die Trennung von der Familie Breyer.

Joh. Friedr. Breyer, wie Hufnagel der Nachkomme evangelischer Religionsflüchtlinge (aus dem Elsaß, eigentlich Bräuer,) war sein schwäbischer Landsmann, geboren 1738 zu Stuttgart, Prediger der englischen Kapelle zu Livorno, wo ihn Winckelmann 1768 sah, vielseitig gebildet durch Reisen in Deutschland und Italien, ein feinsinniger Kenner älterer und neuerer Sprachen, seit 1770 Professor der Philosophie, seit 1776 auch Prof. der deutschen Literatur in Erlangen, wohin er durch den Ruf seines Namens viele Ausländer, besonders Engländer und Russen zog, † 1826 als Geh. Hofrath in Erlangen. Goethe's „Lili", Frau v. Türck-

*) Gegenwärtig auf der Universitätsbibliothek zu Erlangen.

heim, welche, gleich vielen französischen Emigranten in der billigen, seit 1791 preußischen Stadt Erlangen, wo sie in der französisch-reformirten Colonie Landsleute fanden, ihren Wohnsitz genommen hatte, schreibt an ihren Bruder J. F. Schönemann am 30. August 1795 aus Erlangen: „Diesen Brief wird Dir der Hofrath Breyer übergeben, welcher mit seiner liebenswürdigen Gattin nach Frankfurt reist, um Herrn Senior Hufnagel zu besuchen. Mein Herz erachtet es als eine Pflicht, Dir diese verehrungswürdige Familie als die Perle von Erlangen vorzustellen. Er, ein Mann von erhabenstem Geiste und den tiefsten Kenntnissen, vereinigt damit die zuvorkommendste Bereitwilligkeit eines Freundes, sowie das Angenehme eines gebildeten Gesellschafters, und ist von so ächter Gesinnung, daß er mit jedem Tage, wo man ihn näher kennen lernt, zu größeren Ansprüchen auf Achtung und Freundschaft berechtigt erscheint" 2c.

Mit dieser Familie sollte Hufnagel bald in ein näheres Verhältniß treten. Am 18. September 1791 hielt er seine Abschiedspredigt in Erlangen und wurde am folgenden Tage mit der zweiten, erst 16jährigen Tochter des Professors und Hofrath Breyer getraut. Noch an demselben Tage reiste das junge Paar zum Besuch der Verwandten in Hall und Stuttgart nach der gemeinsamen Heimat ab, am Abend des 30. September langten sie über Heidelberg in Frankfurt an.

Ueber die Bedeutung dieser Verpflanzung haben wir namhafte Gewährsmänner aus den verschiedensten Zeiten. Schubart (in seiner Chronik 1791 S. 490) wünscht Frankfurt Glück zu dieser Wahl, denn Hufnagel „hat viel theologischen Forschgeist, große Sprachkenntnisse und herrliche Predigeranlagen." Da die lutherische Kirche die Staatskirche war, so konnte Schubart mit einigem Recht Hufnagel den Oberpriester nennen. Es schrieb Paulus: „Die weit verbreitete gerechte Achtung der lebendigen Vereinigung gelehrter geistreicher Kenntnisse mit einer Rednergabe und herzerhebenden Erbauungskraft rief Hufnagel als Senior nach Frankfurt;" auch Spalding, mit welchem Hufnagel schon seit 1790 in Briefwechsel stand, — wie er denn auch mit den übrigen, dem Wöllner'schen System widerstrebenden Berliner Geistlichen verkehrte,*) — auch Spalding begrüßte diese Wahl

*) Vergleiche die Briefe von Spalding und Lübecke in den Mittheilungen des Frankfurter Vereins für Geschichte III. 410.

als einen Beweis für die Geneigtheit des Rathes, kirchlichen Verbesserungen förderlich zu sein. Pfarrer Dr. theol. Eduard Steitz (in Herzog's Realencyklopädie für protestantische Theologie 1855 IV) sagt: „Mit Hufnagel drang zugleich der Rationalismus in das in strenger Orthodoxie am Lutherthum festhaltende Ministerium ein, und verbreitete sich, durch eine so hervorragende Persönlichkeit mit Geist, Gelehrsamkeit, Geschmack und gesellschaftlicher Gewandtheit vertreten, rasch in den höheren und mittleren Schichten der Gemeinde."

Der Titel Senior paßte eigentlich nicht für Hufnagel; während seine Vorgänger meist in höherem Alter und aus kleinen Universitätsstädten nach Frankfurt in Verhältnisse gekommen waren, welchen sie fremd und verlegen entgegenstanden, war Hufnagel, erst im 38. Lebensjahre stehend, ein schöner Mann von weltmännischer Bildung, zugleich wie J. L. Ewald (Fantasieen auf der Reise und bei der Flucht vor den Franken, Berlin 1797) hervorhebt, herzlich und zwanglos in seinem Benehmen und ohne jede Affectation steifer Würde. Ein solche Persönlichkeit mußte die an sich bedeutende Stellung noch bedeutender machen, da er den reichen Kaufleuten mit geselliger Gewandtheit auf dem Fuße der Gleichheit entgegentrat. Die größte Blüthe des Frankfurter Gemeinwesens und der Einzelnen fiel in die Zeit von 1763—92. Ueber die Ostermesse 1792 schreibt Hufnagel an Breyer am 21. April: „Ueber die Messe von Frankfurt hörte ich schon viel, aber es ist doch mehr, was ich sehe. Das Streben der Menschen, reich zu werden, und die Anstrengung der Reichen, Reichthümer zu häufen, belebt alles. Der alte Bethmann, ein Mann von 75 bis 76 Jahren, hat allein drei Millionen Zahlungen geleistet, und ein einziger Artikel bei weitem nicht der stärkste: Cattun und Zitze, machen ein Geschäft von 4—5 Millionen. Das sind keine Sagen, sondern Nachrichten aus der ersten Hand. Offenbar ist Frankfurt jetzt in seinem höchsten Flor."

Die Stellung Hufnagel's war glänzend, der Gehalt lief vom Datum des Decrets, 1. Juli 1791, Holz- und Korndeputat war sehr reichlich bemessen. Das neu hergerichtete Pfarrhaus an der Paulskirche (damals Barfüßerkirche) war geräumig und freundlich. Für Dedication der am 12. October gehaltenen Antrittspredigt spendete der Rath 60 Dukaten; eine Trauung in guten Häusern trug Hufnagel halb soviel ein, als sein erster Jahresgehalt als außerordentlicher Professor in Erlangen betragen hatte, und der gute Schwiegervater in Erlangen konnte nicht umhin, den Goldregen, welcher Hufnagel mühelos zufiel, mit dem dürftigen Ertrag seiner eignen philologischen Collegien zu vergleichen. Am 30. October 1791 schreibt Breyer: „Mit genauer Noth habe ich ein einziges Collegium in der für mich unbequemsten Stunde des Wintertages. um 8 Uhr Morgens, und 13 Zuhörer!“ Aber die reichliche Einnahme war eine Nothwendigkeit, denn schon im nächsten Sommer (1792) kehrte das alte hypochondrische Uebel wieder und machte eine Cur in Schwalbach nöthig, wie denn Hufnagel noch viele Jahre die böhmischen Bäder, Soden, Pyrmont ꝛc. besuchen mußte. Aber nicht nur reiche Einnahme auch reiche Anregung gewährte Frankfurt mit seiner centralen Lage.

Als Hufnagel im März 1792 den Dr. Th. Sömmerring mit Elisabeth Grunelius traute, lernte er dessen Freund, den „Weltumsegler“ Georg Forster kennen, welchen er als den interessantesten und liebenswürdigsten Menschen schildert. Nach Forsters traurigem Untergang war Hufnagel bemüht, Forsters vom Staate mit Beschlag belegtes Vermögen für seine Familie zu retten. Es existiren noch verschiedene Briefe, welche Forster's Schwiegervater Heyne in dieser Angelegenheit an Hufnagel geschrieben hat. (Vrgl. Erinnerungsblätter. S. 86). Das genannte Jahr 1792 brachte schwere Heimsuchung über die neue Heimat. Am 21. October war Mainz an Cüstine übergeben, am folgenden Tage ließ derselbe durch Neuwinger Frankfurt besetzen und brandschatzen. Am 2. December, am ersten Adventsonntag Morgens, während Hufnagel in der Katharinen-Kirche auf der Kanzel stand, stürmten die Hessen die Stadt. Er hat es oft erzählt, wie er in der vom Schauplatz des Kampfes entfernten Kirche gerade das Thema der Predigten des neuen Kirchenjahres verkündigt hatte, als die Thüren sich öffneten und die Gemeinde hinaus strömte, bis auch dem Prediger eine über das Kirchendach hinrasselnde Granate den Ernst des Augenblickes klar machte. Als auch er die Kirche verließ, begegneten ihm bereits die eingedrungenen hessischen Dragoner. Später hatte Hufnagel in derselben Kirche den König Friedrich Wilhelm II. zum Zuhörer und mit dem General von Manstein — wie denn preußische Generale oft eine theologische Ader hatten — im Kirchenstübchen eine Discussion über die Disposition seiner Predigt.

Das königliche Hauptquartier verließ bald Frankfurt; die Belagerung von Mainz begann. Die deutschen Bomben beschädigten schwer die Stadt; Kastel, Kostheim und Weißenau wurden theilweise bei den Kämpfen zerstört. Hufnagel veranstaltete für die Opfer des Krieges Sammlungen, die reichen Ertrag lieferten; am 31. März 1793 schrieb Karl von Dalberg, damals Coadjutor von Mainz, an Hufnagel einen Dankbrief von Erfurt aus; keiner der beiden Männer konnte damals denken, daß sie sich noch im Verhältniß von Souverain und Unterthan begegnen würden. Als Fürst wußte Dalberg seine Dankbarkeit zu beweisen, denn als Hufnagel's Sohn Eduard (geb. 1794) in's conscriptionspflichtige Alter getreten, während der Vater durch Melancholie theilnahmlos geworden war, stellte im April 1812 aus eigenem Antrieb der Primas einen Mann für denselben.

Nach wenigen Jahren wälzten die Wogen des Krieges sich abermals nach Frankfurt. Jourdan hatte im Anfang des Juli 1796 die Oesterreicher durch eine Reihe von Gefechten von der Lahn nach Frankfurt gedrängt, am 12. gingen die letzten über den Main, nur die Stadt blieb besetzt, und die Aufforderung, dieselbe zu räumen, wurde von dem Feldzeugmeister, Grafen Wartensleben, welcher sein Hauptquartier in Offenbach genommen hatte, zurückgewiesen, obgleich die durch Gartenhäuser maskirten Wälle gar keinen Schutz gegen einen regelmäßigen Angriff gewährten. Eine um 2 Uhr Morgens am 13. Juli beginnende Beschießung — von den Franzosen ganz vergessen bei ihren Declamationen über die Beschießung der wirklichen, seit lange aufgeforderten Festung Straßburg — übte den Druck auf die Bürgerschaft, daß Deputationen sich zu Kleber, dem Befehlshaber des französischen Belagerungsheeres, und zu Wartensleben begaben. Von dem ersteren erlangten sie den Aufschub des Bombardements bis 10 Uhr Abends, der letzte blieb unerbittlich, bis endlich einer Deputation, bei welcher Hufnagel sich befand, es gelang der Vernunft Eingang zu verschaffen.

Um 9 Uhr Abends hatte Wartensleben seinen Starrsinn gebeugt, aber was dieser verschuldet, sollte ein weiterer Unsinn vollenden. Der landfremde Oberst Brady, welcher in dunkler

Nacht die dringende Botschaft überbringen sollte, verlangte keinen ortskundigen Begleiter; er verirrte sich, ritt nach Hanau statt nach Bornheim, wo Klebers Hauptquartier war, und mittlerweile hatte dieser den Termin zwar verlängert, aber um 11 Uhr die Beschießung begonnen, welche rasch zündend Millionen an Eigenthum hinraffte; ohne die vollkommene Windstille würden die Flammen, welche in der Judengasse erst am 15. bewältigt werden konnten, die ganze Stadt verzehrt haben.*) Am 14. Morgens wurde die Capitulation beschlossen, am 15. zogen sich die Oesterreicher aufs linke Mainufer zurück. Wunderbarer Weise ist bei der österreichischen Partei in Frankfurt Wartenlebens Freundschaftsdienst vollständig in Vergessenheit gerathen. Im folgenden Jahre erhielt Hegel durch Hufnagel's Empfehlung eine Hauslehrerstellung in Frankfurt, welche er bis 1800 inne hatte; einen interessanten Brief Hegels, aus Jena 30. December 1801 geschrieben, habe ich in den Erinnerungsblättern (S. 98) mitgetheilt. Auch Georg Friedrich Creuzer sucht in einem Briefe aus Marburg, wo er damals Privatlehrer war, vom 4. November 1798 Hufnagel's Verwendung nach, um eine Anstellung am Gymnasium zu erhalten. „Ich bin jetzt", schreibt Creuzer, „weil ich lutherischer Confession bin, in meinem Vaterland im Hessen-Kasselischen eo ipso von allen solchen Aemtern ausgeschlossen."

Nachdem der Friede geschlossen war und der Reichsdeputationshauptschluß die Verhältnisse der Stadt geordnet hatte, drängte sich das Bedürfniß auf, das Schulwesen zu verbessern. Die reiche Stadt war gegen die kleinern monarchisch-protestantischen Staaten Deutschlands in dieser Hinsicht weit zurückgeblieben. Man hatte dies schon lange gefühlt, aber die Leiden und Sorgen des Krieges hatten frühere Besserung verhindert, und auch jetzt waren die Schwierigkeiten nicht gering, denn es handelte sich um den Kampf gegen eine Zunft. Die freie Reichsstadt besaß damals nur eine städtische Schule, das Gymnasium. Neben diesem aber und einigen katholischen Schulen war aller öffentliche Schulunterricht der Speculation einer Schulmeisterzunft überlassen, die in den sogenannten Quartierschulen ihr dürftiges Geschäft betrieb. Die Concession zu einem solchen Geschäftsbetrieb mußte der Unter-

*) Im neuen Reich 1872. I. 619.

nehmer vom Staat erkaufen, und einmal erkauft, war die Concession erblich von Vater auf Sohn, oder von Mann auf Frau und verkäuflich von Hand zu Hand. Die Schulhalter hatten, wie jede andre Innung, ihre Versammlungen, eine gemeinsame Kasse und selbstgewählte Vorsteher. Die Quartierschulen sollten gemäß der „Schulordnung" von „Scholarchen und Prädicanten" oder von „Rathsverordneten zu den Schulen" beaufsichtigt und alljährlich visitirt werden, was aber oft Jahrzehnte hindurch nicht geschah. In den Quartierschulen wurden Knaben und Mädchen jeden Alters vereint, oft 200 und mehr in eine dumpfe Stube zusammengedrängt, vom Morgen bis Abend in Lehre und Zucht gehalten, im Katechismus, Lesen und Schreiben geübt, wohl auch noch im Rechnen unterrichtet, wofür die Schulordnungen, „für die, so wohlhabend sind," zwei Gulden quartaliter ansetzte, und endlich wenig „Auserlesenen in der Privat" auch noch etwas Französisch beigebracht. Neben diesen Quartierschulen gab es noch zahlreiche „Winkelschulen" und „an die 200 Schulstöhrer und Herumläufer" ertheilten Privatunterricht. Diesen Zunftverhältnissen gegenüber konnte von einer durchgreifenden Reform der Schule nicht die Rede sein. Unter Günderrode's und Hufnagel's Einfluß hatte schon 1799 der Rath beschlossen, einen weiteren Verkauf der Schulgerechtigkeit, (deren Preis auf 300 fl. normirt war) nicht eintreten zu lassen, vielmehr dieselbe in geeigneten Fällen für die Stadt zurückzukaufen. Es wurde ferner das Vermögen des Schöffen von Uffenbach († 1799) von 25,000 fl., welches derselbe 1798 der Stadt zum Besten des Gemeinen Wesens vermacht, für eine Schulstiftung bestimmt und den deutschen Schulmeistern 1802 jede Unterstützung daraus verweigert.

Als endlich am 25. März 1803 eine solche Concession durch Tod des Inhabers erlosch, kaufte die Stadt sie an und errichtete als Eigenthümerin dieser Concession eine Schule, welche im Gegensatz zu den übrigen die „Musterschule" (seit 6. October 1804) genannt wurde. Das Schulcapital hat Hufnagel direct und indirect durch Beiträge aus eigenem Vermögen, durch den Ertrag seiner für die Musterschule gehaltenen Predigten und durch Sammlungen bei der Bürgerschaft ansehnlich vermehrt.*)

*) K. Kühner, Beiträge zur Geschichte der Musterschule; in der Einladungsschrift zu den Prüfungen derselben 1865.

Am 25. Mai 1804 verlor Hufnagel seine Gattin durch den Tod; sie hatte ihm zwei Kinder geboren, 1792 eine Tochter Sophie Wilhelmine, meine Mutter; 1794 einen Sohn Eduard, welcher als Professor der Geschichte am Frankfurter Gymnasium bereits 1825 starb, und nebst mehreren theologischen Schriften auch ein Handbuch der alten Geschichte (I. Theil 1824) verfaßte, welches sich durch eine geistreiche Behandlung der Culturgeschichte auszeichnet, aber in Folge von Eduard Hufnagel's frühem Tode unvollendet blieb. Mein Vater war Buchhalter in der großen Weinhandlung Manskopf-Sarasin, welche unter derselben Firma noch fortbesteht. Im Senioratshause bin ich 1816 geboren und im Schatten der Paulskirche aufgewachsen. Der Bau dieser Hauptkirche war 1786 begonnen, aber in Folge der Kriege bald unterbrochen, da die Kirche erst 3 Jahre nach Hufnagel's Tode (9. Juni 1833) eröffnet wurde, so hat er also die Kanzel seiner eigentlichen Pfarrkirche nie betreten. Die Kirche war als Lagerhaus vermiethet, der Thurm stand, sogar ohne Nothdach, als künstliche Ruine nur zwei Stockwerke hoch, ohne Fenster; Eulen nisteten darin und Bäume wuchsen aus den Fensterhöhlen. 1830 wurde erst wieder mit dem Bau der Kirche fortgefahren und dabei mein Geburtshaus mit dem hübschen Hausgärtchen der Erde gleich gemacht.

Nachdem diese Kirche welthistorische Bedeutung erlangt hatte, habe ich ihre Geschichte verfaßt,*) welche das weitergehende Interesse hat, die Art zu zeigen, wie bei dem Zwiespalt zwischen Rath und bürgerlichen Collegien die einfachsten Dinge in die Länge gezogen wurden und man nie sicher sein konnte, daß ein gefaßter Beschluß auch ausgeführt werde. Wir sind bei zusammenfassender Betrachtung von Hufnagels Familienbeziehungen der Zeit etwas vorgeeilt, und müssen zum Jahr 1806 zurückkehren, wo Frankfurt Hufnagels freundschaftlichen Correspondenten Karl von Dalberg als Fürsten Primas zum Souverain erhielt. Schon seit 1807 waren die Schulen nicht mehr dem Consistorium, sondern einer eigenen Behörde, der „Fürstlich Primatischen Obercuratel des Erziehungs- und Studienwesens" unterstellt. An der Spitze des Frankfurter Schulwesens standen später (seit 1810) der „Geheimrath" von Günderrode und der „Superintendent" Hufnagel.

*) Die Baugeschichte der Paulskirche (Barfüßerkirche). Mit 1 Lithographie und 10 Holzschnitten. Frankfurt a. M., Alt. 1870. 4⁰.

Hufnagel war ein deutscher Patriot, Friedrich's des Großen Verehrer, den er bis an sein Lebensende schlechtweg „den König" zu nennen pflegte; in seinem Nachlaß fanden sich Briefe von Hertzberg, Altenstein und besonders zahlreich von Hardenberg vor. In den Briefen an Hufnagel legten deutsche Patrioten den Schmerz über den Uebermuth nieder, welcher zum Untergang Preußens führen mußte. In dieser Beziehung sind interessant zwei Briefe des Generalsuperintenden Löffler in Gotha, der selbst früher in preußischen Staatsdiensten stand. Die Briefe sind vom 18. April und 18. Oct. 1806, und ließen sich tendenziös nicht wirksamer gruppiren, als sie wirklich auf einander gefolgt sind. In dem ersten erzählt Löffler die auch aus Jacobs' Memorabilien bekannte Scene, wie der in der Superintendentur einquartirte General Rüchel in diesem kirchlichen Hause Soldaten prügeln läßt und auf deshalb in höflicher Form gemachte Vorstellung so grob erwidert, daß Löffler Haus und Stadt verläßt. Im zweiten Brief (18. October 1806) heißt es: „Mit Thränen im Auge habe ich die preußische gefangene Garde und die schönen Grenadiere unter meinem Fenster versammelt und in unsre Kirche einsperren sehen, bis sie am folgenden Tage weiter nach Frankreich gebracht worden."

Aus dieser patriotischen Tendenz sowie aus dem Umstand, daß Palm in Erlangen sein Gevatter und der Verleger seiner Schriften war, ist auch die Sage hervorgegangen, welche in Frankfurt, trotz aller Widerlegungen, unverwüstlich fortbesteht, Hufnagel sei der Verfasser des Buches „Deutschland in seiner tiefsten Erniedrigung," während doch längst erwiesen ist, daß der Verfasser jener für Palm verhängnißvollen Schrift der Gräflich Rechtern'sche Consistorialrath Yelin war, der nach Palm's Erschießung flüchtig wurde und verschollen ist. (Vergl. Didasc. 9. Januar 1874). Hufnagel als keinem geborenen Frankfurter konnte nicht entgehen, wie viel gesunde Luft in die dumpfigen Räume der alten Reichsstadt durch die Zugehörigkeit zu einem größeren Staate eindrang, wie das heillose Gevatterwesen vermindert wurde. Besonders erfreulich war ihm die Gleichstellung der Reformirten mit den Lutheranern. Erst kurz vor seiner Berufung hatten sie nach jahrhundertlangem Proceß das Recht erlangt, zwei Bethäuser in der

Stadt zu erbauen, aber bis 1806 waren sie von allen Stadtstellen und gewissen Handwerken ausgeschlossen.*)

Wollte ein Reformirter in dieselben eintreten, so mußte nicht nur der Mann, sondern auch die Frau zur lutherischen Kirche übertreten, dies konnte aber nur in Folge eines eigenen lutherischen Unterrichts und einer besonderen Prüfung vor dem ganzen Predigerministerium geschehen. Schon 1800 hatte er (im 4. Heft dritten Bandes der „Blätter für Christenthum, Aufklärung und Menschenwohl") für Abschaffung dieses Unterrichtes, zunächst wenigstens des öffentlichen Actes gesprochen und ebenda einen Aufsatz für die Abendmahlsvereinigung der Protestanten aufgenommen.

Trat auch nach Wiederherstellung der reichsstädtischen Verfassung vieles Alte in Form und Wesen wieder ins Leben, wurde auch Günderrode wieder Schöff und Präsident des Appellations-Gerichts, und Hufnagel wieder Senior und das Consistorium wieder Schulbehörde, so ist in der Verfassung von 1816 doch die Gleichberechtigung der christlichen Confessionen beibehalten worden und die Vereinigung beider protestantischen Bekenntnisse nur aus äußeren Gründen unterblieben.

Die Schilderung von Hufnagel's letzten Lebensjahren hat kein allgemeineres Interesse. Wie bei solchen hypochondrischen Kranken gewöhnlich, schwankte sein Zustand zwischen Exaltation und Depression. Am 7. November 1822 wurde er pensionirt und verließ in den letzten Jahren das Haus nicht mehr. Seine Zimmer, zumal die reiche Bibliothek und der Garten mit dem Hühnerhof waren seine Welt. Abendlicher Gesang zum Clavier gehörte zur Tagesordnung. Seine letzten Schriften, welche nach langer Pause seit 1821 wieder erschienen, (s. Erinnerungsblätter S. 128), waren schon durch etymologische und stylistische Sonderbarkeiten ungenießbar; später blieb es bei schriftstellerischen Entwürfen, welche nicht über Titel und Einleitung hinaus gelangten. Beständiges Mediciniren war ihm, wie seinen Leidensgenossen überhaupt, Bedürfniß; dennoch erreichte er das Alter von mehr als 75 Jahren und starb am 7. Februar 1830 nach kurzer Krankheit.

Hufnagel war eine Natur der That, oder richtiger gesagt: der Anregung; von seinen schriftstellerischen Leistungen hat nichts

*) Historisches Taschenbuch 5. Folge 2. Jahrgang. S. 201. Leipzig 1872. Archiv für Frankfurts Geschichte und Kunst. Neue Folge. II. 255.

dauernden Werth, aber noch heute kann historisch von dem höheren Schulwesen in Frankfurt nicht die Rede sein, ohne daß dankbar seines Namens gedacht werde.

Siebentes Kapitel.

Der katholische Gemeindevorstand*) hatte bei der Bundesversammlung eine Reclamation gegen einige Bestimmungen der hiesigen Verfassung im Jahre 1817 überreicht. Am 2. Juli 1822 trug der Senat vor, daß er diese Angelegenheit ohne Einmischung der Bürger-Versammlung zu ordnen gedenke. Durch die Erklärung an den katholischen Gemeinde-Vorstand: 1) daß die in Art. 46. der Wiener Congreß-Acte und in der Constitutions-Ergänzungsacte zugesicherten Rechte der Katholiken denselben unwiderruflich für alle Zeiten gewährt seien; 2) daß der Gemeindevorstand zwar die Gemeinde zu vertreten, jedoch im Falle wirklicher Differenzen sich mit einer besonderen Ermächtigung der Gemeinde mittelst Stimmenmehrheit von zwei Drittel zu versehen habe; 3) daß der Senat dem Wahl-Colleg zur gesetzgebenden Versammlung jedesmal die verfassungsmäßige Berücksichtigung aller Confessionen empfehlen, auch dafür sorgen wolle, daß in die neue Stiftungsordnung eine Bestimmung darüber aufgenommen werde, wie jederzeit Männer aus allen Confessionen unter den Mitgliedern der Verwaltungen sein sollten; 4) daß bei dem Gymnasium, wenn man es wünsche, alsbald ein eigener katholischer Geschichtslehrer auf Vorschlag der katholischen Kirchen- und Schulcommission, vom Senat wählbar, anzustellen sei; obwohl es, wenn das Gymnasium nicht unter die Aufsicht der gemischten Kirchen- und Schulcommission kommen sollte, der Gemeinde frei stehe, auf alsbaldige Errichtung eines eigenen katholischen Gymnasii anzutragen; 5) daß die Kirchen- und Schuldotation unverzüglich vorgenommen und dabei dem Vorstand Mitwirkung und Verwaltung der Dotation unbenommen bleiben; auch 6) dafür gesorgt werden solle, daß der katholische Cultus in allen Stücken

---

*) Die Angriffe einiger Mitglieder der catholischen Gemeinde zu Frankfurt auf die dasige Stadtverfassung vor dem hohen Bundestage, 1817 XII. und 280 S. (mit den Aktenstücken).

*) Bender, S. 83, 89, 132, 203—219.

die gehörige Achtung erhalte und jede Störung der Processionen am Frohnleichnamsfest unterbleibe. Damit erklärte sich die gesetzgebende Versammlung auf Antrag ihrer Commission, am 24. Juli 1822 einverstanden und nun zog der katholische Gemeindevorstand seine Reclamation bei der Bundes-Versammlung zurück.

Der nach der so zu Stande gekommenen Verordnung*) gewählte Gemeindevorstand bestand aus 25 Mitgliedern. Wahlart, Erneuerung, Ausschließungsgründe und dgl. waren wie beim lutherischen Gemeindevorstand. Ferner bedurften die Diöcesan-Verhältnisse der hiesigen katholischen Gemeinde einer Neugestaltung.

Durch den Reichsdeputationsschluß von 1803 war der erzbischöfliche Stuhl von Mainz nach Regensburg verlegt. Bis zu seinem am 10. Februar 1817 erfolgten Tode betrachtete Karl von Dalberg Frankfurt als zu seiner Diöcese gehörig, und noch am 12. November 1816 brachte das erzbischöfliche Generalvicariat zu Aschaffenburg die Einrichtung des katholischen Cultus in hiesiger Stadt in Anregung und beauftragte den geistlichen Rath Kopp mit dem Senat darüber in Unterhandlung zu treten.

Nach dem Tode des Erzbischofs und dem Bekanntwerden des baierischen Concordarts, welches die Metropolitan-Eigenschaft der Kirche von Regensburg aufhob und das Kirchenwesen überhaupt den politischen Grenzen des Königreichs Baiern gemäß ordnete, mußte eine andere Einrichtung getroffen werden. Am 24. März 1818 traten zu Frankfurt Abgeordnete deutscher Mittel- und Kleinstaaten, unter denen auch der Frankfurter Senat vertreten war, zusammen, und in Folge von Verhandlungen, deren Einzelheiten nicht hierher gehören, kam bis 1827 das von Nassau und Frankfurt gemeinsam dotirte Bisthum Limburg zu Stande, welches einen Theil der oberrheinischen Kirchenprovinz bildete.**)

Die Dotation der katholischen Gemeinde wurde gleichzeitig mit der der evangelisch-lutherischen geordnet und publicirt. Der Senat beantragte am 25. April 1825 die jährliche Summe von 18,500 fl., die Commisson der gesetzgebenden Versammlung erhöhte dieselbe auf 19,350 fl.

---

*) Gesetzsammlung III. 147.
**) " IV. 184, 193.

Gegen den Seite 72 erwähnten Beschluß der gesetzgebenden Versammlung erhob die katholische Gemeinde Beschwerde beim Bundestag, worauf am 3. Februar 1829 der Senat einen neuen Entwurf vorlegte. Am 19. December bewilligte die gesetzgebende Versammlung die jährliche Summe von 16,300 fl.

Achtes Kapitel.

Am 8. Juni 1816 erließ die Stadtkanzlei im Auftrag des Senats folgende Bekanntmachung. *)

Nach wörtlicher Anführung von Art. 46 der Wiener Congreß-Akte und von Art. 16 der Deutschen Bundes-Akte heißt es: „Die zu Grunde liegende Absicht spricht sich unverkennbar dahin aus, daß zwar auf die bürgerliche Verbesserung der Bekenner des jüdischen Glaubens der Bedacht genommen, jedoch aber, bis dahin, daß hierunter in den sämmtlichen Bundesstaaten eine allgemeine Verfügung eintreten werde, der eingeräumte Besitzstand erhalten, — mithin weder zum Besten noch zum Nachtheil der jüdischen Glaubensbekenner verändert werde. Wenn nun ein Hochedler Rath zu bürgerlicher Verbesserung der jüdischen Glaubensgenossen in den Bundesstaaten mit Bereitwilligkeit mitwürken und sonach auch diese Gesinnungen dahin ebenso bereitwillig bethätigen wird, als solches bisher in hiesiger Stadt unverrückt geschehen ist; so findet er sich jedoch auch verpflichtet, jene vorzügliche bürgerliche Rechte aufrecht zu erhalten, welche in hiesiger Verfassung zum Besten der christlichen Religionsparteien die Grundlage bilden sollen. Da aber bis jetzt zu beobachten gewesen, daß die dahier wohnenden Bekenner des jüdischen Glaubens jenes bestimmt ausgesprochenen Unterschiedes der bereits habenden und noch (zu) erhaltenden Rechten unangesehen, bei Erhaltung des vorhinigen nachgesehenen Besitzstandes sich keineswegs begnügen, vielmehr aller der Rechte anmaßen zu können glauben, welche den christlichen Religionsparteien zustehen — und in dieser versuchten Gleichstellung mit den christlichen Bürgern, besonders in

*) Belli X, 68. 78.

neueren Zeiten, sich des Ankaufs der Häuser und Läden in allen Quartieren allhiesiger Stadt, zu offenbarem Nachtheil des christlichen Handelsstandes und Gewerbes bestreben, somit bemüht sind, mit gänzlicher Umwandlung des früheren Besitzstandes, jene erlangten Rechte zu untergraben, welche den christlichen Einwohnern und besonders dem hiesigen Handelsstand aus rechtlichen Erkenntnissen des vorhinigen Kays. Reichshofraths zustehen — u. s. w. — so siehet sich Ein hochedler Rath bewogen, einstweilen und provisorisch jene älteren Verfügungen zu erneuern, nach welchen den Bekennern des jüdischen Glaubens keineswegs verstattet ist, Häuser und Immobilien in hiesiger Stadt, außer denen in der vorhinigen Reichsstädtischen Verfassung angewiesenen und unter der fürstlichen Regierung 1810 sehr erweiterten Distrikten miethweise, mithin noch viel weniger käuflich an sich zu bringen, daher auch alle bis dato auf dem Bauamt nicht angezeigten und notirten Kaufbriefe über fragliche Immobilien für ungültig und der Kauf für nichtig geachtet, auch in der Canzley auf solche Immobilien ferner keine Währschaft geleistet noch Hypotheken eingeschrieben werden sollen." —

Vom Jahre 1817 wurden im Amtsblatt die Familienakte der Juden wieder von denen der Christen getrennt publizirt und die früher nach der Zeit der Aufnahme zwischen den christlichen aufgezählten Advocaten und Aerzte am Schluß der Liste aufgeführt. als Advocaten und Aerzte zuerst „jüdischer Nation", dann „mosaischer Religion".

Die israelitische Gemeinde überreichte am 16. Nov. 1816 eine Denkschrift, ihre bürgerlichen Rechte und Verfassungsverhältnisse betreffend, bei der Bundesversammlung, wovon diese am 4. Dezbr. Mittheilung an den Senat machte, um sich innerhalb einer Frist von zwei Monaten darüber hinlänglich zu äußern, damit diese Beschwerde gütlich beseitigt, oder zur gehörigen rechtlichen Entscheidung des Bundestags gebracht werden könne. Der Senat gab diesen Beschluß an die wegen Festsetzung der Verhältnisse der jüdischen Glaubensgenossen in hiesiger Stadt bestehende Commission (Art. 7 der Const.-Erg.-Akte), um sowohl dessen Beantwortung, als auch das in erwähntem Artikel 7 bemerkte Regulativ zu begutachten. Mit Vortrag vom 7. April 1817 legte der Senat der gesetzgebenden Versammlung das von einer Commission entworfene Regulativ zur Berathung vor.*)

Inzwischen hatte die Bundesversammlung am 27. März einen neuen Termin von 6 Wochen festgesetzt. Die gesetzgebende Versammlung ernannte am 26. April eine Commission zur Prüfung dieses Regulativs und bat den Senat um Mittheilung seiner eigenen Ansicht. Am 2. Mai erklärte der Senat: „Die Lage dieser für hiesige Stadt äußerst wichtigen Sache, an der selbst die höchsten Alliirten vielen Antheil genommen, mache es ebenso räthlich, als es seinen Gesinnungen angemessen sey, bei Festsetzung der Verhältnisse der jüdischen Gemeinde alle mit dem Wohl der Bürger und des Staates nur verträgliche Liberalität zu bethätigen, sonach alles zu vermeiden, was besonderer Gehässigkeit zugeschrieben werden könnte, und nur diejenigen Beschränkungen eintreten zu lassen, welche von der Sorge für die Wohlfahrt hiesiger Stadt und deren Bürger der Staatsgesetzgebung zur unerläßlichen Pflicht gemacht würden.“ Der Senat erklärte sich hiernach mit jenem Regulativ einverstanden.

Da wir später eine Uebersicht der Hauptbestimmungen des Judengesetzes zu geben gedenken, so wollen wir auf die Wandlungen, welche dasselbe während seiner Verhandlung erfuhr, nicht näher eingehen, sondern nur einzelne kulturhistorisch interessante Züge hervorheben.

Am 20. Mai 1817 wurde das Votum des Geheimen Raths von Gerning verlesen. Hr. v. G. war der Meinung, die Bestimmung der hiesigen Judenverhältnisse könne für ganz Deutschland, ja für Europa den wichtigsten Einfluß und die bedenklichsten Folgen haben, da in keinem Staate die Zahl der Juden den Christen gegenüber so stark sei, wie hier, wo sie den 7ten oder wenigstens 8ten Theil der Einwohner ausmachten. Man dürfe dem Bundestage darum in der für alle deutschen Staaten festzustellenden gesetzlichen Norm nicht vorgreifen, und könnte es weder bei dem gesammten Vaterlande, noch besonders bei den Mitbürgern verantworten, einem unchristlichen Volke mehr einzuräumen, als gut sey. Sähen wir uns jetzt nicht vor, so könnten in

---

*) Dr. J. H. Bender, der frühere und jetzige Zustand der Israeliten zu Frankfurt a. M. Frkfrt. a. M. 1833. (Im Auszug in FJb. 1833 Nr. 20). Verhandl. 1816—31. F.1834. S. 55.

10—20 Jahren unsere Kleinhändler meist verarmen, in 30 Jahren die Großhändler und Wechsler fast alle gelähmt, und in 40 bis 50 Jahren die freie Bundesstadt in eine Judenstadt, in ein neues Jerusalem, verwandelt seyn. Man solle die Juden in ihrem alten Quartier lassen, nie mehr als 500 Familien dulden, jüdische Handwerker nur für Juden arbeiten lassen, christliches Gesinde anzunehmen ihnen verbieten, da die Christen nicht geschaffen seyen, Sabbaths- und Hausgesinde der Juden zu werden.

Die am 30. Dezbr. 1818 erwählte Commission*) der gesetzgebenden Versammlung wollte von dem den Juden anzuweisenden Bezirk**) die **Eckhäuser**, welche auf die Fahrgasse, Allerheiligengasse und Schöne Aussicht gingen, wie zum Hohn, ausgenommen wissen.

Pfarrer **Kirchner** dagegen fand jede Beschränkung oder Veränderung des von den Juden unter dem Großherzog und unter dem Provisorio auf rechtlichem Wege erworbenen Eigenthums durch rückwirkende Maaßregeln rechtswidrig und außer der Competenz der Versammlung liegend, auch höchst gefährlich, weil dieser an sich nicht bedeutende Gegenstand die Brücke werden könne, um fremden Autoritäten Veranlassung zu geben, sich in das Innere unserer Angelegenheiten zu mischen.

Bei so verschiedenen Ansichten rückte diese Angelegenheit nur langsam vorwärts. Es bedurfte einer Note des Bundespräsidial-Gesandten vom 18. Dezbr. 1819, um endlich die letzten Hindernisse zu beseitigen, unter welchen die Benennung „Israelitische Bürger“ keines der geringsten war.

Man sah zwar von der einen Seite ein, daß diese Angelegenheit im Jahre 1820 einen ganz andern Anschein gewonnen habe, als 1817, denn jetzt handle es sich eben dem Bundestage gegenüber nur noch darum, ob man das Vergleichsprojekt annehmen wolle oder nicht. Doch sei nochmals zu versuchen, ob den Juden nicht der Commissions- und Speditionshandel unter-

---

*) Ihre Zusammensetzung, s. Bender, 1834. S. 64.

**) Dieser den Judenfamilien anzuweisende Bezirk ist verschieden festgestellt worden. Nach dem ersten Entwurf sollte der südöstliche Stadttheil, begrenzt von Allerheiligengasse und Fahrgasse, jedoch ohne die Schöne Aussicht, zum Wohnen, der östliche Theil der Schnurgasse und Töngesgasse für Geschäftslokale ihnen zugestanden werden. Vergl. Bender, 1834. S 55, 56, 60, 61, 63, 64, 65.

sagt werden könne; der Name „israelitische Bürger“ enthalte freilich keine reellen Rechte, allein er sei ein Ehrenpunkt, bezüglich dessen man sich nicht berechtigt halte, der auf den Namen eines Frankfurter Bürgers stolzen Bürgerschaft etwas zu vergeben. Dr. Goll dagegen fand: Die Streitfrage ist jetzt nur folgende: ob wir uns durch Sanctionirung dieses Vergleichs die Nase selbst abschneiden, oder es darauf ankommen lassen wollen, ob eine dritte Behörde sie uns abschneide?

Der nun, von der zur Begutachtung des Senatsvortrags vom 13. Januar 1820 aus der gesetzgebenden Versammlung erwählten Commission*) am 1. März 1820 mitgetheilte Gesetzentwurf wurde, wie er aus den Berathungen der gesetzgebenden Versammlung, welche sich in 14 Sitzungen, vom 18. März bis 31. Mai 1820, damit beschäftigte, hervorging, durch die Senatscommission der Bundesversammlung mitgetheilt. Am 21. Dezbr. 1821 zeigte der Rath an, es sey seiner Commission auf ihre Erklärung ein Ultimatum zugekommen. Die gesetzgebende Versamm- nahm diese Erklärung zu den Akten und ließ den Gegenstand weiter beruhen. Am 31. Juli 1824 richtete die Bundestagscommission eine Note an den Senat, worin eine letzte Erklärung der Frankfurter Behörden als unerläßlich gefordert wurde. Darauf genehmigte am 1. Septbr. 1824 die Versammlung das Gesetz in der Fassung, wie sie die Note vom 31. Juli 1821 verlangt hatte, einschließlich der Benennung „israelitische Bürger“.

Das Gesetz**) hatte folgende Hauptbestimmungen, indem sowohl die hartnäckig verfochtene Beschränkung der Familienzahl, als des Judenbezirks wegfiel.

Art. 3. Es sollen jährlich nicht mehr als 15 israelitische Ehen geschlossen werden, jedoch darunter zwei sich befinden dürfen, bei welchen die Frau oder der Mann fremd ist.

Art. 7. In den Fabriken der israelitischen Handelsleute dürfen — nach Ablauf der ersten zehn Jahre — künftig christliche Arbeiter nur nach vorheriger Dispensation des Senats gebraucht werden.

Art. 8. Den israelitischen Handelsleuten ist der Handel mit

*) Ihre Zusammensetzung. s. Bender, 1834, S. 66. Note.

**) Gesetzsammlung III. 223.

Frucht, Futter, Brennholz, und der Großhandel mit Mehl untersagt.

Art. 9. Die jetzt vorhandene Zahl der israelitischen Waaren- und Kleinhändler soll von einem Jahr zum andern nicht über das Verhältniß ihrer gegenwärtigen Population zur künftigen vermehrt werden können.

Art. 10b. Ein jüdischer Handwerkslehrling, welcher bei einem christlichen Meister in die Lehre gegangen ist, und nicht erweislich am jüdischen Sabbath, gleich den christlichen Lehrlingen gearbeitet hat, muß ein Jahr länger als christliche Lehrlinge in der Lehre stehen. c. Eben dieser Unterschied findet statt hinsichtlich der Zahl der Wanderjahre.

Art. 11. Ein israelitischer Handwerksmeister darf, bei Verlust seines Meisterrechts, nicht in eine Societät mit einem christlichen Meister treten, auch künftig — mit Ablauf der nächsten 6 Jahre — sein Handwerk nur mit jüdischen Gehülfen treiben.

Art. 12. Für ein und dasselbe Handwerk können zu gleicher Zeit nie mehr israelitische Handwerksmeister aufgenommen werden, als dem Verhältniß der für das nämliche Handwerk vorhandenen christlichen Meisterstellen, mit Berücksichtigung der israelitischen Population zu der christlichen angemessen ist.

Art. 15. Ein jeder israelitische Bürger darf nur Ein Haus und Einen Garten besitzen: er darf sich in jedem Theile der Stadt eine Wohnung, jedoch nur zum Behufe der eigenen Bewohnung derselben, miethen. —

Mit dem fingirten Verlagsort: Kanaan 1816, erschien: „Jacobs Kriegsthaten und Hochzeit“, Fastnachtsposse in 3 Acten. Auch als Fortsetzung von „Unser Verkehr“ 86 S. In 4 Wochen war die erste starke Auflage vergriffen. Die dritte Auflage erschien, 94 Seiten stark, 1817 bei Boselli in Frankfurt. Erst später ist bekannt geworden, daß der Dichter der Pfarrer Gerhard Friederich war.

Am 3. und 4. August 1819 hatten in Würzburg heftige Unruhen stattgefunden, welche sich gegen die Juden richteten und mit Waffengewalt unterdrückt werden mußten. *) Am 10. wie-

*) Vergl. Frankfurter Journal vom 7. August und besonders das daselbst abgedruckte, die Exzesse fast billigende Schreiben aus Würzburg.

derholten sich, jedoch in geringerem Maaße, diese Auftritte in hiesiger Stadt. Nach einem officiellen Artikel, welcher der Proclamation des Senats an die Bürgerschaft vorhergeht, *) hatten nur eine Anzahl meist fremder, junger Leute am Abend auf kurze Zeit die Ruhe gestört und an einigen jüdischen Häusern die Fenster eingeworfen. Es hatte nicht des Gebrauchs von Gewalt bedurft, um der Bewegung Herr zu werden. Der Vortrag des Senats, welcher am 14. für die noch fortdauernden aus Vorsicht getroffenen Sicherheitsmaaßregeln einen besonderen Credit von der gesetzg. Vers. verlangte, führt noch an, **) daß nicht allein über den Anschlag eines zur Verfolgung der Juden auffordernden Zettels ein Mensch ergriffen, sondern auch ein Aufruf an die Bürgerschaft zur Versagung des Gehorsams und des Landwehrdienstes am Dom angeheftet gefunden wurde Besonders wegen der bevorstehenden Bornheimer Kirchweihe hielt man Fortsetzung der Sicherheitsmaaßregeln für erforderlich, wozu namentlich der vermehrte Wachtdienst des Linienmilitärs gehörte.

So die Darstellung in der Frankfurter Presse; mehr Aufklärung über den Ernst der Lage geben Artikel verschiedener Correspondenten aus Frankfurt in der „Allgemeinen Zeitung" vom 16., 17. und 18. August und besonders ein aus dem „Nürnberger Correspondenten" in die Allgemeine Zeitung vom 20. August übergegangener Artikel. Danach begannen am Sonntag den 8. die Unruhen mit Verdrängung der am Schalter im Posthause den Platz versperrenden Juden. Am 10. Abends wurden u. A. bei v. Rothschild die Fenster eingeworfen; statt die bedrohten Häuser abzusperren, schritt das Militär mit gefälltem Bajonnet und Kolbenstößen ein. Der Tumult war nur partiell; in entfernteren Stadttheilen bemerkte man nichts davon. Viele Juden flüchteten ihre Familien nach Hanau und Offenbach; Wagen dorthin wurden bis 4 Louisd'or bezahlt. Nach dem N. C. nahmen die Gesandten in ihre Wohnungen die Fonds auf, welche sich für Rechnung fremder Mächte in den Wohnungen der Bedrohten befanden. Das Gold stieg rasch im Werth. Noch am Abend des 10. traten die Gesandten zusammen, und noch vor Mitter-

*) Beides gleichlautend abgedruckt im Frankf. Journal am 12. und in der Ober-Post-Amts-Zeitung am 13. August.

**) Bender, 1834. S. 119.

nacht übergab der österreichische Resident bei der Stadt, v. Handel, dem Senat eine Note, worin ihm, wenn er sich nicht stark genug fühle, Hülfe von der Mainzer Besatzung angeboten wurde. Der Senat sandte den Senator v. Guaita an den Bundespräsidial-Gesandten, Graf Buol, und lehnte die Unterstützung des Bundes ab, da er mit Hülfe der Bürgerwehr fertig zu werden vertraue.

Literatur zum achten Kapitel.

1. Actenmäßige Darstellung des Bürgerrechts der Israeliten zu Frankfurt a. M. Gedruckt bei W. Heidenheim in Rödelheim, 1816.
2. Denkschrift der Frankfurter Juden, die bürgerlichen Rechte und Verfassungsverhältnisse derselben betreffend. (Der Bundesversammlung eingereicht.)
3. Rechtliches Gutachten der hochlöblichen Juristen-Facultät auf der Großh. hess. Universität zu Gießen, die bürgerrechtlichen Verhältnisse der israelitischen Gemeinde, in der freien Stadt Frankfurt betreffend, 1816. Gedruckt bei W. Heidenheim in Rödelheim, 1816, 56 S. 8°. (Gießen 1. Juli 1816.) Erneuerter Abdruck desselben mit berichtigenden Noten zum Text, 1817, 87 S. gr. 8°.
4. Gutachten der kurhessischen Juristen-Facultät zu Marburg, über die Ansprüche der Israelitischen Gemeinde zu Frankfurt am Main, auf das Bürgerrecht dieser freien Stadt, 1817. IV. und 148 S. gr. 8°. (April 1817.)
5. Abdruck der Gegen-Erklärung des Senats der freien Stadt Frankfurt a. M. an die Hohe Deutsche Bundesversammlung. Mit Anlage 1, 2, 3, die Widerlegung der von der Frankfurter Judenschaft an den Hohen Bundestag gebrachten Ansprüche betreffend. Frankfurt a. M., gedruckt bei Joh. Friedr. Wenner, 1817, 6 S. Anlage 1: Darstellung der Rechts- und Gemeinde-Verhältnisse der hiesigen Judenschaft, 75 S. (S. 40 ff. Geschichte des Reluitionsvertrags vom 16. December 1811.) Anlage 2: Gutachten der Königl. Preuß. Juristen-Facultät zu Berlin (April 1817, S. 77—134.) Anlage 3: Ueber die Ansprüche der Judenschaft zu Frankfurt a. M. auf das volle Bürgerrecht dieser Stadt, 1817, S. 1—78.

6. Versuch einer rechtlichen Prüfung der sogenannten Bürgerlichen Rechte und Verfassungsverhältnisse der Frankfurter Judengemeinde, besonders in Beziehung auf die von derselben bei der Hohen Bundesversammlung überreichte Denkschrift. Von Georg Aquilin Rapp, beider Rechte Doktor und hiesigem ordentlichen Advokaten. Frankfurt a. M. 1817, 29 S. 8⁰.
7. Die Judenschaft von Frankfurt und ihre Rechte, 1817, IV. und 52 S. 8⁰.
8. Historisch-juridische Entwickelung der unveränderten Unterthanenpflicht jüdischer Gemeinde zu Frankfurt a. M. und des Rechtsbestandes aller eigenthümlichen Judengefälle dieser freien Stadt 1817, 168 S. 8⁰.

Neuntes Kapitel.

Das evangelisch-lutherische Volksschulwesen*) war unter der primatischen Regierung nicht über die Anfänge der Reform hinausgelangt. Neben der Muster- und der Weißfrauenschule bestanden noch für 1800 Kinder Quartierschulen. Der Senat forderte daher das evangelisch-lutherische Consistorium auf, Mittel zur Abhülfe vorzuschlagen.

Am 19. December 1818 genehmigte die gesetzgebende Versammlung den Antrag des Senats auf Einziehung der acht in Frankfurt und Sachsenhausen bestehenden Quartierschulen und genehmigte im Princip die Errichtung von drei Volksschulen, zweier in Frankfurt, einer in Sachsenhausen. Am 28. October 1819 erstattete das Consistorium seinen Bericht. Nach einiger, durch die Platz- und Finanzfrage veranlaßten Verzögerung, waren 1824 drei Schulhäuser eröffnet: eins am Pfandhaus (Katharinen- oder Mittelschule), eins auf der Allerheiligengasse (Allerheiligenschule), eins zu Sachsenhausen (Dreikönigschule). Sie kosteten einschließlich des Mobiliars 118,256 fl. Mit Einrechnung der Weißfrauenschule faßten diese vier Volksschulen 1824: 2230 Kinder. Die Einnahme dieser vier Schulen betrug an Schulgeld 32,747 fl. 33 kr.; die Lehrgehalte betrugen 23,314 fl.; 4 Pedellen kosteten 1600 fl.; Hülfslehrer 1200 fl.; Heizung 3200 fl.; Beleuch-

*) Bender 1834, S. 136, 137.

tung 600 fl.; Lehrmittel 450 fl. Die Schulkasse wurde von einer oeconomischen Deputation verwaltet.

Auch das katholische Schulwesen*) erschien der Regulirung bedürftig. Es war unter der Reichsstadt selbständig und nur mit der Kirchen- und bischöflichen Einrichtung verbunden gewesen. Unter der fürstlichen Regierung ward es vielfach verändert und erlitt mit deren Aufhören neue Veränderungen. So waren schwankende Verhältnisse entstanden, deren Aufklärung großen Schwierigkeiten unterlag. Erst 1822 wurde die Aufstellung haltbarer Grundsätze möglich, d. h. die der völligen Gleichstellung dieser Schulen mit den übrigen. Es bestand eigentlich kein festes Schulgeld in denselben, da sie größtentheils als bischöfliche oder geistliche Einrichtungen in Bezug auf die Klöster Freischulen waren, später eine Art Beiträge als Schulgeld und in neuerer Zeit verschiedene Ansätze nach dem Bedarf der Schulen und den Mitteln der Eltern erhoben, wobei mehrere Kinder fortwährend freien Unterricht erhielten. Die Gemeinde gab einen freiwilligen Beitrag, zu dem sie sich aber später nicht mehr verstehen wollte, und so konnte zu keiner Zeit auf eine ganz feste Einnahme gezählt oder vorausgesehen werden, was am Ende des Jahres das Aerar als fehlend beizutragen habe. Es wurde also vom Senat vorgeschlagen, das Schulgeld der Selektenschule und der Schule der englischen Fräulein, wovon jene als Knaben-, diese als Mädchenschule der Musterschule entsprach, auf 30 fl., bei der Knabenschule und der Rosenberger-Einigungs-Mädchenschule, als den übrigen Volksschulen entsprechend, auf 10 fl. jährlich zu setzen, und die Schulbefreiungen für katholische Armenkinder an die bereits für die übrigen Confessionen competente „Verwaltungscommission des Armen- und Waisenhauses,“ welche darüber in pleno zu entscheiden hätte, zu verweisen.

Das Jahr 1822 wurde als Probejahr bestimmt und nachdem dasselbe eine Zahl von 330 armen Kindern in den beiden katholischen Volksschulen ergeben, wonach das Aerar 3300 fl. zu zahlen hatte, wurde nach Ordnung dieser Verhältnisse eine jährliche Pauschsumme festgesetzt.

*) Bender 160.

Das Gymnasium trat wieder in seine alten Verhältnisse als Staatsanstalt.*) Director war seit 1803 Christian Matthiä, † 1822. Ihm folgte Johann Theodor Vömel.

Die Professur der Geschichte bekleidete Friedrich Christoph Schlosser, welcher 1817 sich vorbereitete, 41 Jahre alt, eine neue Laufbahn, die academische, in Heidelberg anzutreten.**)

Als sein Nachfolger wurde Karl Ritter berufen***), welcher als Erzieher im Holweg'schen Hause alte Beziehungen zu Frankfurt hatte, und am 31. December 1818 mit den Professoren Vömel und Thilo verpflichtet. Am 24. April 1819 langte Ritter in Frankfurt an, wo sein jüngerer Bruder längst eingebürgert war; am 3. Mai trat er sein Amt an. Er hatte 1600 fl. Gehalt und 15 Stunden wöchentlich Geschichte und Geographie zu lehren; in manchen Classen waren bis 70 Schüler! Zwar machte ihm diese Stellung die Heirath mit seiner Braut, einer Tochter des Medicinal-Raths Kramer aus Halberstadt, möglich, mit welcher er am 9. September getraut wurde; zwar hatte er eine schöne Wohnung am Main und fand viel Liebe bei alten Freunden, aber er schlug in Frankfurt keine Wurzeln. Ritter hat seine Beschwerden selbst in Briefen niedergelegt (I., 430 a. a. O.) Der Kern seines Mißbehagens war wohl die Empfindung, daß das Lehramt, welchem er bei seiner Gewissenhaftigkeit seine volle Kraft und Zeit widmete, die Vollendung seines großen Werkes: „die Erdkunde" hinderte, und daß die Unruhe der Handelsstadt dem an ruhige Arbeit gewöhnten widerstrebte. Schreibt er doch aus dem Jahre 1819, wo das deutsche Leben so ruhig pulsirte und die deutschen Verkehrsanstalten so überaus unvollkommen waren: „Frankfurt ist wirklich, wie ein alter Antiquarius schreibt, die Kreuz-, Post- und Querstraße von Mitteleuropa und Mercurii beliebter Transito-Mittelpunkt. Zur Meßzeit kann sich ein hier Wohnender daher kaum vor all' dem Andrang retten und bei einer so zeitbeschränkten Lage, wie die meinige war, würde ich dadurch auf die Länge ganz unglücklich geworden sein." So begannen fast mit Ritter's Eintritt in seine Frankfurter Stellung

*) Vergl. S. 24.

**) Victor Cousin's philosophische Reise durch Deutschland, 1817, in kritische Blätter z. Frkftr. Museum, 10 Octbr. 1857.

***) G. Kramer, Karl Ritter, ein Lebensbild, Halle, 2 Theile 1864, 1870. Mi. IV. 296.

Unterhandlungen mit Berlin, welche bald zum Ziele führten; er verließ am 12. Juli 1820 Frankfurt.*)

Der dritte namhafte Gelehrte, welchen das Gymnasium damals zu den Seinigen zählte, war Georg Friedrich Grotefend geb. 1775, welcher 1803 nach Frankfurt als Professor und 1821 nach Hannover als Gymnasialdirector berufen wurde. Er stiftete 1817 den Gelehrtenverein für deutsche Sprache.

Unter den Privaterziehungs-Anstalten verdient besonders Erwähnung die im Geiste Pestalozzi's errichtete des Georg Bunsen, welcher 1794 in Frankfurt geboren war, 1812 die Universität Berlin bezog, wo er F. A. Wolf und Fichte hörte, 1813 als Freiwilliger gegen die Franzosen eintrat und, nachdem er weiter in Berlin studirte und sich in Charlottenburg zum Lehrer praktisch ausgebildet hatte, am 1. Januar 1820 eine Erziehungsanstalt in Frankfurt eröffnete.**) Ihr Lokal war das heutige Militärspital an der Pfingstweide; die Anstalt bestand unter Bunsens Leitung, bis er am 2. März 1834 nach Amerika auswanderte, wo er 1872 zu Belleville (Illinois) gestorben ist. Bunsen war das Vorbild des teutonischen „Spätturners" in Börne's deutscher Postschnecke.

Zehntes Kapitel.

A Jove principium! Die Betrachtung der literarischen und wissenschaftlichen Verhältnisse von Frankfurt während dieses Zeitraums eröffnen wir billig mit der Darlegung der in dieser Zeit stattfindenden Beziehungen Goethe's zu seiner Vaterstadt.***)

Goethe's „lebhafte Tante", Johanna Maria Textor, (geb. 1734, † 1823) wurde 1751 mit dem Frankfurter Handelsmann

---

*) Sein Abschiedsgruß, X. B. 141.

**) Der Bunsen'schen Erziehungsanstalt zu Frankfurt a. M. kurze Darstellung einiger Gesichtspunkte für ihren Unterricht in der deutschen Muttersprache (v. Chr. Hildebrand) mit einem Anhange über die Form des Lebens in der Anstalt (v. Georg Bunsen), 1823, 40 S. 8°. — Die Bunsen'sche Erziehungsanstalt zu Frankfurt a. M. Dargestellt von Georg Bunsen, 1823. 60 S. 8°.

***) Für Goethe's Jugend ist zu vergleichen die 1862 in demselben Verlage erschienene Schrift: „Goethes Beziehungen zu seiner Vaterstadt."

Georg Adolf Melber (1725—1780) getraut. Ein Sprößling dieser Ehe war Johann Georg David Melber, geb. 1773, welcher 1789—92 Apotheker in Darmstadt war, 1792—94 in Jena studirte, 1794 daselbst promovirte, dann 1794 in Pavia, 1795 in Wien sich praktisch ausbildete und 1796 unter die Aerzte seiner Vaterstadt aufgenommen wurde. 1801—2 redigirte er gegen ein monatliches Honorar von 33 fl. das „Frankfurter Journal", 1804 ward er zum Stadtaccoucheur ernannt; er starb 1824. Er war der Arzt der Frau Rath und nach ihrem Tode richtete Goethe folgendes Schreiben an seinen Vetter:

„Für den gütigen Beistand, den Sie meiner lieben Mutter bis an das Ende geleistet, bin ich Ihnen den lebhaftesten Dank schuldig, indem wir uns nun desto eher beruhigen können so weit entfernt von ihr gewesen zu sein. Wir wünschen diese Freundschaft auch gegen uns fortgesetzt zu sehen; weßhalb sich meine Frau, welche Frankfurt bald besuchen wird, bestens empfielt. Gedenken Sie unser bei Ihrer lieben Mutter und behalten uns in einem geneigten Andenken.

Ew. Wohlgeb. ganz ergebenster Diener

Weimar, den 19. Septbr. 1808. J. W. von Goethe.

Wir wissen aus den „Tages= und Jahresheften", daß Goethe seinen 70. Geburtstag auf der Reise zwischen Hof und Karlsbad zubrachte, um in gewohnter Weise der Feier desselben auszuweichen. Daselbst erwähnt er ohne weitere Einzelheiten des in Frankfurt am 28. August 1819 gefeierten „schönen und bedeutenden Festes."

Ueber den Hergang dieses Festes ergeben „Iris" (1819, 1825 No. 171 u. 172 v. 27. u. 28. Aug.) und „Oberpostamts=Zeitung" jener Tage folgendes:

Am Freitag den 27. August fand eine Vorfeier im Museum statt. Dieselbe ward mit einer Ouverture von Spohr unter dessen Leitung eröffnet, sodann wurden Declamationen aus Goethe's Werken gehalten, und die beiden Secretäre des Museums, Dr. phil. Göntgen und Dr. med. Clemens hielten Vorträge*) der erste über „Goethe aus seinem Leben", der zweite über „Goethe aus seinen Schriften." Am Samstag den 28. war ein Festmahl

*) Abgedruckt in A. Clemens, Vorträge vermischten Inhalts, gehalten im Museum. Frankfurt 1837, S. 43.

im Saale des „Weidenbusches“, an welchem 200 Personen, darunter mehrere Bundestagsgesandte, Theil nahmen. Orchestermusik wechselte ab mit dem Gesang dramatischer Künstler, denen theils Goethe's Werke, theils eigene, für diesen Tag gedichtete Lieder den Stoff liehen.*) In der Mitte des Saales stand Goethe's Büste mit einem mit Smaragden geschmückten goldenen Lorbeerkranze geziert, welcher die Inschrift trug: „Dem Liebling der Musen Johann Wolfgang von Goethe, von Bürgern seiner Vaterstadt geweiht.“ Dieses Geschenk wurde am Schlusse des Mahles sogleich eingepackt und an einen sicheren Freund in Weimar gesandt, um im Namen der dankbaren Frankfurter dem Dichter übergeben zu werden. Am Abend war Festvorstellung im Theater; es wurde Torquato Tasso gegeben mit einem vom Schauspieler Weidner gesprochenen Prolog. An Dr. med. David Melber, welcher einer der Urheber der Feier gewesen war, richtete Goethe folgenden Brief:

An Dr. med. David Melber.

Daß Sie, mein werthester Vetter und Freund, die Veranstaltung jenes, mir zu hohen Ehren gereichenden Festes, mit andern Wohlwollenden, gefällig übernommen, ist mir umständlich bekannt geworden. Ich statte dafür den herzlichsten Dank ab, indem ich zugleich geziemend bitte anliegendes den vielverehrten Gliedern des Museums bescheidentlich zu überreichen, dabei auch die Entschuldigung vorzubringen: daß meinen wohlgefühlten Gesinnungen nicht eine äußere schicklich-zierliche Form gegeben werden konnte. Von Schreibtisch und Kanzlei entfernt bleiben mir nur zufällige Materialien, welche wie ich hoffe, meine Aufrichtigkeit dankbarer Zeilen nicht entstellen werden. Erhalten Sie mir eine freundschaftliche Theilname und empfangen wiederholte Anerkennung der, von meinem Sohne indessen in Empfang genommenen Sendung.

Treulich ergeben und verbunden

Carlsbad, am 22. Sept. 1819. J. W. v. Goethe.

Das Schreiben, wozu vorstehender Brief das Begleitschreiben bildet lautet folgendermaßen:

Da mit meiner lieben Vaterstadt, ungeachtet aufgehobner

*) Gesungen wurde Goethes „Tischlied“ und „Bundeslied“, sodann Gedichte von Pfarrer Friederich und Ungenannten.

bürgerlichen Verhältnisse mich noch auf das Innigste verbunden fühle, konnte mir nichts erfreuliches begegnen als daß daselbst wahre Sinnesverwandte einen Tag feyerten, an welchem der wohldenkende Mensch Aufmunterung von Außen bedarf, weil er sich gewiß nicht enthält innerlich sowohl rückwärts als vorwärts zu blicken; jenes mit vollem Ernst, dieses mit einiger Bedenklichkeit. — Was aber sollte uns über alles Vergangne mehr beruhigen als ein öffentliches, liebevolles Zeugniß, daß man nicht umsonst gelebt, daß eine gütige Vorsehung uns von Schritt zu Schritt vergönnte etwas zu leisten, welches wir so lange scheu als das Unsrige betrachten, bis uns andere versichern daß es auch für sie bleibenden Werth habe. Mit Freuden will ich daher die mir bis jetzt verliehenen Kräfte fernerhin anzuwenden trachten, daß meinen lieben Landsleuten etwas angenehmes und nützliches entspriesen könne Und in solchen Sinne darf ich jenen herrlichen Kranz gar wohl mit bescheidnem Vergnügen anblicken, als ob er noch zu verdienen wäre. —

Dieser mir bevorstehende unschätzbare Genuß reitzt mich früher nach Hause; und mit welchem Gefühl werde ich, in der Stunde der Rückkehr den doppelten Gruß der Meinigen, wie ich sie näh und fern benennen darf, noch immer überraschend, empfangen und mir zueignen. Möge allen Wohlwollenden die beste Vergeltung werden!

Neu belebt und verbunden

Carlsbad, am 22. Sept. 1819. J. W. v. Goethe.

Die Geburtstagsfeier Goethe's in Frankfurt sollte nicht ohne Folgen bleiben. Sulpiz Boisserée war dazu nach Frankfurt gekommen; er hatte den 28. August 1819 bei Bürgermeister Thomas mit Thorwaldsen zugebracht*), in Stuttgart, wo Boisserée seinen Wohnsitz genommen, war er mit Dannecker befreundet; kein Wunder, daß im Kreise der Verehrer Goethe's der Plan eines plastischen Denkmals für denselben auftauchte und bald greifbare Gestalt annahm. Am 9. Dec. 1819 schreibt Bürgermeister Thomas: Lieber Sulpiz! Gestern war die erste Versammlung bei Bethmanns wegen

*) Sulpiz Boisserée. 2 Bände Stuttgart, Cotta 1862. I. 370. II. 251. I. 373. II. 265. 69. 71. 73. 75. 79. 80. 85. I. 374. 375. II. 286. 87. I. 375. II. 288. 89. 90. 91. 93. 94. 95. 99. 300. 303. 305. 6. 7. 8. 9. 10. 12. 13. 14. 18. 35. 47. 56. 74. 77. 78. 80. 89. 97.

des Monuments für Goethe. Man vereinigte sich allgemein und lobend für deinen Plan und bildete das Comité folgendermaßen:

1. Präsident: Herr Sulpiz Boisserée. Mitglieder: von Guaita; von Bethmann; Dr. Neuburg, Vater und Sohn; Dr. Kestner (der Sohn der Lotte in Werther); Dr. Melber; Baumeister Heß und Rumpf und ich.*)

Platz: auf der Mühlschanze am ehemaligen Schneidwall. Diese Insel wird zur Promenade eingerichtet, eine schöne Brücke wird dazu führen. Mir scheint dieser Platz vortrefflich auch liegt er gegen Abend. Guaita und ich werden die Erlaubniß erbitten, daß von Senats wegen kein Anstand zum Bau dorten ist.

2. Die Büste bitten wir Dich sogleich zu bestellen. Bethmann behält sie allein, wenn nichts aus der Sache wird. Darüber erhältst Du, sobald der Platz verwilligt ist, ein officielles Schreiben. Du kannst übrigens mit Dannecker alles fest machen. Die Subscription geht gleichzeitig an alle deutschen Höfe und an das Publikum. In seiner aus Stuttgart datirten Antwort spricht Sulpiz Boisserée seine Freude über den guten Fortgang dieser Angelegenheit aus, lehnt aber das Präsidium dankend ab, da der Präsident in Frankfurt seinen Sitz haben müsse. Dagegen übernahm er, Goethe selbst von dem Plan in Kenntniß zu setzen und schrieb am 28. December 1819 aus Stuttgart an denselben, (II, 265): Ich befinde mich in einer seltsamen Lage; ich muß dem Freunde verrathen, daß ich etwas für den Dichter auf dem Herzen trage. Es ist die Rede von einem Bildniß und Denkmal. Als ich zu Ihrem Geburtsfeste nach Frankfurt geladen wurde, fiel mir Wunsch und Gedanke auf einmal in die Seele, und somit entwickelte sich auch wie von selbst ein vollständiger Entwurf. In Frankfurt bemerkte ich dann zu meiner größten Freude, was ich erwartet, daß derselbe Wunsch bei mehreren bedeutenden Männern und Freunden rege war. Der Vorschlag wurde nun zur Prüfung, und wenn er gefiel und ausführbar schien, zur stillen Vorbereitung anvertraut. Und jetzt ist es damit so weit gediehen, daß sich ein Verein gebildet, der bereits durch Bestellung einer colossalen Marmorbüste den ersten Grund gelegt hat. Weil aber das Ganze

*) Am 24. Aug. 1820. (Boisserée II. 290) noch Bankier Metzler-Heyder, Senator Franz Brentano, Pfarrer Kirchner, auswärtige Mitglieder: Minister Wangenheim in Stuttgart, Oberbaurath Moller in Darmstadt ꝛc.

auf die Theilnahme des gesammten Vaterlandes berechnet ist, damit es, so wie uns allen zur erhebenden Anschauung, so dem Dichter zum Zeichen allgemeiner Verehrung errichtet werde, darum bleibt noch einiges zu berathen und vorzuarbeiten, ehe man öffentlich auftreten kann. Vorläufig versichere ich nur, daß in Frankfurt mit aller der Würde des Gegenstandes gebührenden Rücksicht verfahren wird, und daß bei dem Entwurf des Denkmals immer der Wunsch vorgeschwebt hat, es höchst mäßig und einfach, aber auch höchst gediegen, und edel, und so einigermaaßen in dem Sinn zu halten, den der Dichter als Kunstfreund stets an den Tag gelegt hat. Indem ich diese nicht länger zu verschweigenden Dinge Ihnen anvertraue, in deren Gedeihen ich das Walten eines freundlichen vaterländischen Genius erkenne, hoffe ich, Sie werden mir noch ehe wir uns förmlich an Sie wenden, die Bitte gewähren Danneckern zur Büste zu sitzen. Ob er nach Weimar kommen soll, oder ob Sie ihm anderwärts, vielleicht gar bei einer frühen Badreise hier (in Stuttgart) Gelegenheit geben wollen, hängt von Ihnen ab. Die Wünsche, die ich und die Meinigen hierbei hegen, wage ich nicht auszusprechen, gerade, weil sie die entschiedensten sind."

Goethe erwidert aus Weimar 14. Januar 1820: „Nach meinem Bedünken wäre die Theilnahme meiner lieben Vaterstadt und des übrigen guten Deutschlands an meinem Geburtstage wohl hinreichend gewesen, den Verdientesten zu begnügen und eine bescheidene Betrachtung der Resultate seines Lebens zu erleichtern, Gedenkt man aber, wie Sie mir vermelden, noch weiter zu gehen, so ist es räthlich, mit bescheidener Sorgfalt, damit Nemesis nicht ausgerufen werde, dabei zu Werke zu verfahren. Mein Alter und meine Gesundheit leiden keine Wagstücke mehr; wenn man ja noch leben soll, so gilt es Herkommen und Gewohnheit. Karlsbad hat sich das vorige Jahr abermals dergestalt günstig erwiesen daß ich entschlossen bin, im ersten Frühjahr wieder hin zu gehen.

Sollte es nicht etwas bedenklich sein, meine Freunde, einen Bildhauer dahin zu senden, wo er keiue Formen mehr findet? wo die Natur nach ihrem Rückzuge sich nur mit dem Nothwendigen begnügt, was zum Dasein allenfalls unentbehrlich sein möchte; wie kann dem Marmor ein Bild günstig sein, aus dem die Fülle des Lebens verschwunden ist? Schon Jahre sind es, daß wir uns nicht gesehen haben; ich wünsche, daß unser werther Künstler sich nach einer langen Wallfahrt nicht allzusehr getäuscht fühle". — Trotz dieser Bedenken verspricht Goethe, den April hindurch Dannecker in Weimar zu erwarten. Aber, wie Boisserée am 24. Februar aus Stuttgart schreibt, Dannecker ist durch Krankheit seiner Frau an der Reise verhindert.

Goethe's am 27. Februar gemachter Vorschlag, eine vor Jahren, dem Dr. Gall zu Liebe abgeformte Gesichtsmaske hinzuschicken, wird von Dannecker nicht angenommen; man beschließt die Angelegenheit bis zu Goethe's Rückkehr von Karlsbad ruhen zu lassen. Günstiger ist der Verlauf in Frankfurt, von wo am 31. März Boisserée die Nachricht erhält, daß der Magistrat und sämmtliche Behörden die Ueberlassung des Platzes zu dem Denkmal genehmigt haben. Aber auch nach Vollendung von Goethe's Kur dauert, wie Boisserée am 1. Juli aus Stuttgart schreibt, Danneckers Verhinderung noch fort. Am 16. Juli erkundigt sich Goethe, von Jena aus, mit einer gewissen Ungeduld nach dem Stand der Vorbereitungen wegen des Frankfurter Monuments; er glaubt nicht mehr an Danneckers Reise nach Weimar, und schlägt, so erwünscht es ihm gewesen wäre, von demselben Mann wie Schiller modellirt zu werden, Rauch in Berlin als den Schöpfer seiner Büste vor. „Ich würde über diese Angelegenheit, wie bisher geschwiegen haben, träte nicht ein Stillstand ein, dem Sie selber keinen Rath wissen; die Schnepfe des Lebens schwirrt vorbei; ein guter Schütze muß sie eilig fassen." Anfang August geht Boisserée von Wiesbaden nach Frankfurt, um mit dem Comité über diesen Vorschlag Rücksprache zu treffen.

Am 24. August 1820 schreibt Boisserée aus Stuttgart: „Der Verein hat an Dannecker eine förmliche Aufforderung, sich zu erklären, erlassen, und dieser hat aus den bekannten traurigen Gründen die Unmöglichkeit dargethan, dem Auftrag in der nächsten Zeit zu entsprechen, bei welcher Gelegenheit ich ihn dann bewogen habe selbst den Bildhauer Rauch an seine Stelle vorzuschlagen. Ich habe diese Antwort nebst gehöriger Unterstützung des Vorschlags gestern nach Frankfurt gesandt, wo am 28. alles dem Verein vorgelegt und ein neuer Beschluß gefaßt werden wird. Zu diesem Tag haben mir auch die Architekten die Zeichnung zu dem Gebäude, über welches ich mit ihnen mündlich berathen, zu liefern versprochen und Thorwaldsen hat mich durch einen vor kurzem angelangten Brief in Stand gesetzt, dem Verein bekannt zu machen, daß er die ihm zugedachten Basreliefs ausführen will. Was hierauf weiter geschieht, theile ich Ihnen seiner Zeit mit. —

Ich habe nun auch den für das Denkmal bewilligten Platz gesehen, es ist die am südwestlichen Ende der Stadt gelegene Mühlinsel, deren obere Fläche bei den größten Ueberschwemungen frei bleibt, also in der Hinsicht zur Anlage eines Gebäudes und Gartens ganz geeignet ist. Durch die Niederlegung des Schneid-Walls und Thurms hat die Insel eine sehr schöne Uferseite gegenüber gewonnen, auf welcher sich nur prächtige Gebäude erheben; von der andern Seite gewährt der Fluß mit der Stadt und Umgegend die herrlichsten Ansichten, freilich fehlt die Aussicht auf das Gebirge. Den Entwurf zum Monument lege ich hierbei mit der Bitte, ihn geheim zu halten, denn ich habe die Mitglieder des Vereins gebeten, vorläufig über den Entwurf und die Verhandlungen nichts bekannt werden zu lassen. Zugleich ersuche ich Sie um Mittheilung Ihres Urtheils über das Vorgeschlagene, weil rücksichtlich der für die Basreliefs in Aussicht genommenen Gegenstände Meinungsverschiedenheit obwaltet.

Einige Freunde glaubten, statt dem einen Bilderkreis aus Hermann und Dorothea solle man lieber Vorstellungen aus mehreren Werken wählen, und nun wünscht auch Thorwaldsen diese Abänderung. Wollte man die Mannichfaltigkeit vorziehen, so würde ich geneigt sein, sechs Bilder vorzuschlagen. Ueber der Thüre: Werther zu Füßen der Lotte, die ihn verläßt, und auf dem zweiten Grunde, in Bezug auf die mit ihr gelesene Stelle aus dem Ossian, ein entseelter Leichnam an einem Fels am Strom, ein alter Barde auf dem Felsen sitzend, am Himmel Mond und Sterne; sodann Berlichingen mit Georg zum Kampfe sich rüstend gegen die heranrückenden Feinde, und gegenüber Faust und Mephistopheles zu Pferde, fliehend vor der Erscheinung des von Furien verfolgten Mädchens; ferner folgt Orest und Iphigenie von Pylades zur Einschiffung aufgefordert, die Krönung des Tasso, und Hermann, der die Dorothea von den Auswandrern heimführt. Nehmen Sie diese neue Aufgabe, als ein soeben ersonnenes, noch nicht weiter geprüftes, mit doppelter Nachsicht auf, und sagen Sie mir, was Sie davon denken."

Auf dies ausführlichste Aktenstück erwiedert Goethe aus Jena am 1. September zunächst factisch, daß Rauch am 15. August in Jena eingetroffen ist und die Büste Goethe's zu allgemeiner Zufriedenheit verfertigt hat. „Die Behandlung der Büste ist wirklich grandios und wird sich daher in jeder Größe stattlich ausnehmen."

Sodann wegen der Reliefs spricht sich auch Goethe für mannigfaltige Gegenstände aus mehreren Gedichten aus und räth, dem Bildhauer die Wahl zu überlassen. — Der folgende Brief Goethe's aus Jena vom 11. September macht das interessante Geständniß: „Unter den plastischen Zierden jenes Monuments gedenken Sie einer Lampe, welche als herkömmliches Zeichen eines geistigen Fleißes allerdings zu billigen ist. Nun mache ich aber die Bemerkung, daß ich weder Abends noch in der Nacht jemals gearbeitet habe, sondern bloß des Morgens, wo ich den Rahm des Tages abschöpfte, da denn die übrige Zeit zu Käse gerinnen mochte." —

Am 22. September, zwei Tage vor seiner Abreise nach Paris, schreibt Boisserée aus Stuttgart, daß am 28. August in Frankfurt beschlossen worden ist, das Bild von Rauch fertigen zu lassen. Gleich nach seiner Rückkehr von Paris schreibt Boisserée wieder aus Stuttgart am 23. Dezember 1820: „Der Frankfurter Verein hat mir den Auftrag gegeben, die Büste bei Rauch zu bestellen. Ich werde ihn bitten, mir einen Abguß des im Sommer verfertigten Modells zu senden, um ihm für die Uebertragung ins Kolossale Bemerkungen machen zu können. Haben Sie die Güte, mir zu dem Behuf Ihre Gedanken über jenes Modell ausführlicher mitzutheilen. — Der Baumeister des Denkmals wird Heß sein unter der Mitwirkung eines geschickten jungen Frankfurters, Rumpf.

Erst am 14. April 1821 schreibt Boisserée wieder über das Denkmal: „Die Angelegenheit des Monuments war durch die kriegerischen Verhältnisse etwas ins Stocken gerathen; jetzt, da dieselben glücklich gelöst, schreiben mir die Frankfurter Freunde, daß sie mit Ernst ans Werk gehen wollen, darum wäre es mir sehr lieb, wenn Sie mir über die Basreliefs die versprochene Mittheilung machen wollten."

Vielleicht waren die „kriegerischen Verhältnisse" nur eine Ausrede für die Lässigkeit des Comites, denn es ist kaum abzusehen, wie der isolirte Militäraufstand in Piemont und der kurze neapolitanische Feldzug der Oesterreicher auf diese Angelegenheit hemmend einwirken sollten. Vielleicht hat es auch der alte Herr so aufgefaßt, denn er bringt plötzlich mit unverkennbarer Empfindlichkeit ein Bedenken herbei, welches dem ganzen Plan verderblich werden mußte: „Daß die Ausführung meines Denkmals einigermaßen gestockt hat, ist mir angenehm, denn ich kann noch eine Haupt- und Präjudicial-Frage anbringen, die nämlich: ob man nicht besser thue, das mir zugedachte Denkmal mit der Bibliothek zu verbinden, die, wie man hört, so eben gegründet wird? Die Sache kam bei uns bald zur Sprache, als ein Abdruck des Auf- und Grundrisses bei uns eintraf, und man über die ungeheuren Vorkosten erschrack, die eine solche Moles erfordern würde.

Zurückhalten will ich nicht, daß ich von Anfang her dasselbe Bedenken trug und mir der abgelegene feuchte Ort keineswegs gefallen wollte; ich schwieg aber, um in die gute Absicht keine Störung zu bringen. Soweit sei kürzlich gesagt: Die Argumente für und wider ergeben sich bei einiger näheren Betrachtung; ich deute daher nur an, was ich jedoch auf Verlangen sehr gerne ausführlich, wie es hier besprochen worden, mitzutheilen bereit bin. Verzeihen Sie! aber die Sache ist von großer einziger Wichtigkeit, und da ich noch erlebe, was nicht leicht jemand erlebt, so seh' ich mich an als einen Theilnehmer, der seine Stimme gar wohl zu einer solchen Angelegenheit geben darf.

Indem ich dieses Blatt abzusenden im Begriff bin, so überdenke ich noch einmal, ob ich es thun soll, und finde daß ich Ihnen und den edlen Freunden diese Offenheit schuldig bin, da ich voraussehe, daß, sobald die Frankfurter Freunde mit ihrem Vorschlag auftreten, das, was ich hier melde, gewiß zur Sprache kommen wird. Wenigstens ist es gut, auf Widerspruch vorbereitet zu sein."

Darauf erwiedert Boisserée aus Stuttgart am 7. Mai: Für ihre vertrauliche Eröffnung über das Denkmal bin ich Ihnen sehr dankbar. Ich kann nicht leugnen, daß ich selbst einige Bedenklichkeit wegen der architektonischen Erweiterung meines Vorschlags geäußert habe, indessen wollen die Frankfurter Freunde die hierbei gefaßte Rücksicht auf die Verschönerung ihrer Stadt nicht gern fahren lassen. Der Platz ist freilich hierzu sehr geeignet und keineswegs so unvortheilhaft, als Sie glauben; denn seit der Schneid=Wall niedergerissen ist, hat man ein schönes Ufer mit einer Reihe prächtiger Häuser gegenüber der Mühlau erbaut, und von dem Gallenthor her bildet sich auch bereits eine herrliche Straße, die geradezu auf die Insel führt, so daß man in derselben das Denkmal stets im Auge haben wird.*)" Im Folgenden spricht Boisserée aus, daß man mit Gewißheit darauf zählen könne, das Denkmal werde auf eine würdige Weise zu Stande kommen; in Frankfurt sei bereits eine bedeutende Summe gezeichnet. — Goethe theilt seines Freundes Zuversicht durchaus nicht; sein Brief aus Weimar (24. Mai) meldet, daß die „voraus gesehenen und Ihnen verkündigten Contestationen wegen des unmäßigen Bauplans wirklich eingetreten sind"; und weiter (7 Juni): „Die Ausführung wird sich schon modificiren; wirken Sie nur darauf, daß das Bildniß zu Stande kommt, das übrige findet sich. Mir ist bei der Sache wunderlich zu Muthe, daß ich eine doppelte Person spiele: den Mitwirkenden=Abgeschiedenen." Wegen des „Bildnisses" kann Boisserée (30 Juni) melden, daß er an Rauch geschrieben, dagegen (5. Juli) sind die von Weimar aus mitgetheilten Betrachtungen in Frankfurt nicht gut aufgenommen worden. Minister von Wangenheim und Pfarrer Kirchner haben es übernommen, darüber an Kanzler v. Müller zu schreiben.

Am 23. Juli wiederholt Goethe, „daß ich mich hochgeehrt und beglückt finde, wenn man Ihren ersten, reinen unschuldigen Gedanken in den Bereich des Bibliothek = Gebäudes versetzen wollte." Rauch ließ trotz wiederholten Vertröstungen bis zum Sommer 1824 auf sich warten, ehe er Goethe's Bildniß modellirte. Im März 1825 sandte er die Büste und eine Skizze der Statue an Boisserée, der sich im Ganzen sehr lobend darüber aussprach.

---

*) Wenn in der projectirten Stellung des Denkmals nicht eine Änderung vorgekommen ist, so hat sich Boisserée mit obiger Angabe geirrt, denn das dem römischen Vestatempel ähnliche Denkmal, wie es im „Rheinischen Taschenbuch" 1822 nach der Zeichnung von Radl abgebildet ist, liegt am Ende der Insel, also weit unter der Mündung der Neuen Mainzerstraße, sogar noch unterhalb des Untermainthors.

Er fügt hinzu (S. 378): „die frühere Skizze, die schon recht lobenswerth war, an der mich aber die Stellung der Beine nicht befriedigte, habe ich vorigen Herbst in Frankfurt gesehen wo ich auch mit dem Project der Bettina bin geplagt worden, da sich dieses wunderliche Wesen gerade zum Besuch bei der Familie befand."

Am 4. April erklärt Goethe auch das kleine sitzende Modell von Rauch für eine glückliche Skizze, dann aber tritt die Ausgabe seiner Werke für den Dichter in den Vordergrund; am 13. August 1825 erklärt er statt des stockenden projectirten Marmorbildes diese Ausgabe für ein bleibendes Denkmal. Als letzten Nachklang dieser Angelegenheit meldet Boisserée am 15. October: „Ich habe mit Herrn v. Bethmann wegen der Statue gesprochen; er versichert mich, das Zögern sei bloß Rauchs Schuld, er habe noch kürzlich die bestimmtesten Aufträge an Prof. Ritter gegeben, einen förmlichen Vertrag über das Werk abzuschließen, und sobald dieser anerkannt, werde er ihn Ihnen vorlegen. Sie sehen also, daß die Sache keineswegs ins Stocken gerathen ist."

Trotz dieser letzten Versicherung ist jedoch aus dieser langjährigen Thätigkeit nur die Büste und Statuette von Rauch hervorgegangen; das Marmor-Denkmal von Marchesi in Mailand, dessen Stifter die Herrn H. Mylius, M. Seufferheld und Ed. Rüppell waren (1840), hat wenigstens darin Goethe's Wunsch erfüllt, daß es in der Stadtbibliothek aufgestellt wurde. Wie gänzlich die Angelegenheit gegen das Ende von Goethe's Leben in Vergessenheit gerathen war, geht aus folgender Stelle einer auf's Jahr 1829 bezüglichen Rede hervor, welche Herr Dr. Spieß 1837 gehalten hat.*)

„Erst vor acht Jahren, als viele Freunde und Verehrer Goethe's den Wunsch laut ausgesprochen, den herannahenden 80. Geburtstag des großen Dichters feierlich zu begehen und zur Anordnung dieser Feier ein Comité zusammengetreten war, glaubte einer unserer Mitbürger die Gelegenheit benützen zu müssen, um die fast vergessene Idee eines Goethe'schen Denkmals von Neuem in Anregung zu bringen, allein leider war damals durch höchst geringfügige, jetzt Gottlob! längst vergessene Mißver-

*) Frankfurter Jahrbücher 1837. No. 20 S. 128.

ständnisse eine heftige Opposition gegen Alles, was auf unsern Dichter und Mitbürger sich bezog, entstanden, und so fand die Sache in dem wenig zahlreichen Comité selbst nur geringen Anklang.“

Es ist hier nicht der Ort, eine Biographie und Charakteristik Ludwig Börne's zu geben, nur wenige Mittheilungen, welche sich auf seine Frankfurter Zeit beziehen, mögen hier Platz finden.*)

Börne's Großvater, Baruch Simon, war in Oedheim bei Heilbronn geboren und Geschäftsagent bei der Ordenscommenthurei zu Neckar-Sulm. Er siedelte später nach Mergentheim, dem Regierungssitz des Deutschordens und der Residenz des Hochmeisters, über und folgte diesem, dem Erzherzog Maximilian Franz Xaver, als derselbe 1784 den erzbischöflichen Stuhl von Köln bestieg, nach Bonn. Dessen Sohn Jacob Baruch, verheirathete sich nach Frankfurt. Er reiste als Vorstand der Frankfurter Jüdischen Gemeinde zum Wiener Congreß und übergab die Denkschrift zu Gunsten von deren Ansprüchen auf das volle Bürgerrecht.**)

Ludwig Börne wurde zu Frankfurt nicht am 22. Mai, wie nach Gutzkows falscher Angabe (a. a. O. S. 19) auf der Denktafel an seinem Geburtshause, Judengasse 118 steht, sondern am 6. Mai 1786 in Frankfurt geboren.***)

In dem „Staatskalender der Großherzoglichen Stadt und des Departements Frankfurt“ für 1813 wird (S. 63) Ludwig Baruch als letzter der fünf Polizeiactuarien aufgeführt.

Am 17. April 1818 erschien im Intelligenzblatt †) folgende Anzeige: Dr. Baruch macht seinen Freunden und Allen, mit denen er die Ehre hat, in Verbindung zu stehen, die Aenderung seines Namens bekannt. Von jetzt an nennt und unterzeichnet er sich

Frankfurt a. M., den 14. April 1818.

Dr. Ludwig Börne.

*) Mi. IV. 347. Nach Gutzkow's „Leben Börne's“ (Hamburg 1840 S. 27) hätte Baruch Simon auch die Mehrzahl der Wahlstimmen am kölnischen Domcapitel dem Erzherzog „zugewandt“

**) Nach Gutzkow (a. a. O. S. 97. 98) war deren Verfasser der Rath Schlosser, natürlich nicht „der Schwager Goethe's“ (der schon 1799 gestorben war), sondern der Neffe des Schwagers Goethe's.

***) Mi. III. 288. L. Börne's gesammelte Schriften. Hamburg 1840. IV. 42.

†) Belli X, 82. 94.

Am 15. Juni desselben Jahres trat Börne zu Rödelheim zur evangelisch-lutherischen Kirche über.

Am 26. Mai zeigte Börne das Erscheinen seiner „Waage" an, „Zeitschrift für Bürgerleben, Wissenschaft und Kunst." Dieselbe erschien bekanntlich vom Juli 1818 bis Ende 1821. Dadurch, daß der größte Theil des Inhalts dieser ephemeren Zeitschrift in die Gesammelten Schriften von Börne überging, ist uns ein werthvolles Material zur Kenntniß des damaligen wissenschaftlichen, literarischen und künstlerischen Treibens in Frankfurt erhalten. Neben der Redaction der Waage übernahm Börne vom 1. Januar 1819 noch die Redaction des „Staatsristretto", welches den Name „Zeitung der freien Stadt Frankfurt" annahm und hielt es vier Monate aus gegen die Censur seines früheren Collegen von der fürstlichen Oberpolizeidirection, des ehemaligen Generalsecretärs Johann Joseph Severus, anzukämpfen. Er hat ihm in den Gesammelten Schriften (IV, 182) ein Denkmal gesetzt.

Noch in demselben Jahre folgte die Herausgabe der in Offenbach gedruckten „Zeitschwingen", einer Wochenschrift (Gesammelte Schriften IV, 33. 41.) Dieser Zeitschrift machte die (nicht auf Großherzoglich Hessische, wie Gutzkow [a. a. O. S. 148] angibt, sondern auf Preußische Requisition [Börne's nachgelassene Schriften, Mannheim 1844. II, 267] erfolgte) Verhaftung Börne's am 22. März 1820 ein Ende.

Wir wollen diese Beiträge zu Börne's Lebensgeschichte beschließen mit der Mittheilung eines wichtigen Documents, welches wenig bekannt geworden zu sein scheint in Folge der Stelle, wo es erschienen ist. Alte Taschenbücher pflegen wenig gelesen zu werden; nun hat aber Professor Adrian in Gießen in dem von ihm redigirten „Rheinischen Taschenbuch" für 1840 (S. 200) Erinnerungen an Börne niedergelegt, welche manchen psychologischen Schlüssel zu seiner Charakteristik bieten.

„Ich habe Börne im Jahre 1818 zu Frankfurt kennen, 1822 zu Stuttgart achten und lieben gelernt. Ich habe ihn stets redlich und stets kränklich gefunden. Er hatte nie einen Freund im eigentlichen Sinne des Worts. — Die nimmer zu billigende Richtung, welche sein herrlicher Geist in einer stürmisch bewegten Zeit genommen, war in seinem fast immer leidenden Zustande, in seinem gekränkten Stolze und in dem Mangel an ernster und dauernder Beschäftigung gegründet. Er fühlte, daß sein Erdendasein nicht von langer Dauer sein könne, und man durfte ihn, besonders in Stunden der Aufregung, nur ansehen, um sich zu überzeugen, daß ein früher Tod sein Loos sein müsse. Es empörte seinen Stolz, daß man in ihm den Juden nicht über den Menschen vergessen könne; seine Reizbarkeit steigerte seinen Stolz und seine bittere Laune bis ins Unendliche. Jeder regelmäßigen Beschäftigung entfremdet, überließ er sich Stunden, ja Tage lang, unfruchtbaren Grübeleien über seine Stellung zu Welt und Menschen und Zukunft; sanguinischen Temperaments und aller jener Leiden und Freuden bar, welche geselliges Leben und Familienvereinigungen in ihrem Gefolge haben, mühete er sich ab, sich in den Mittelpunkt des ausgedehntesten Gesellschaftskreises zu stellen, und Welt und Menschen eine seinen Ideen conforme Richtung zu geben, — er, der von Welt und Menschen so wenig wußte, so wenig wissen mochte! — —

Ich lernte Börne zu einer Zeit in Frankfurt kennen, wo er im Kampf mit all' den kleinlichen Hudeleien und Plackereien begriffen war, welche von der Redaction einer politischen Zeitung unzertrennlich sind.

Er war für dergleichen nicht geschaffen. Strich der Censor eine pikante Stelle, so lächelte sein Mund, aber sein Herz blutete, und er warf dem Mann die bittersten Sarkasmen an den Kopf, und knirschte, daß es nur Sarkasmen waren. Remonstrirte der Verleger gegen einen zu starken Ein- oder Ausfall, so wollte er augenblicklich Contrakt und Alles über den Haufen geworfen wissen und jedes Opfer bringen, um seine Freiheit wieder zu erobern. Es ist begreiflich, daß er unter solchen Umständen das Geschäft eines Zeitungsredakteurs nicht lange übte."

Wilhelm Hauff hat sich um Pfingsten 1826 in Frankfurt aufgehalten und im zweiten Theil der „Mittheilungen aus den Memoiren des Satan"*) Skizzen über Frankfurter Leben, zumal das Börsentreiben und die kirchlichen Streitigkeiten in der evangelisch-lutherischen Gemeinde, geliefert, welche wohl ohne Schaden

*) Sämmtliche Werke herausgegeben v. G. Schwab, Stuttgart 1840. II. 287. Pfarrer Münster ist Pf. Kirchner.

der Vergessenheit anheimgefallen wären. Sie sind ein gar dürftiges Literatenprodukt in affectirtem Styl, halb E. Th. A. Hoffmann, halb Clauren. —

Elise Bürger brachte bekanntlich das Ende ihres Lebens in Frankfurt zu und starb hier am 24. November 1833. Am 19. April 1808 zeigte sie auf den folgenden Tag eine „musikalisch-declamatorische Akademie" an*), welche in dem Saale des rothen Hauses zu 2 fl. und 1 fl. 22 kr. Eintrittspreis stattfinden sollte, und wobei sie Gedichte von Schiller, Bürger, A. W. Schlegel und Tiedge vortragen wollte. Sie berief sich dabei auf ihre in Wien, München, Dresden, Prag 2c. gegebenen Vorstellungen. — Später verfaßte sie u. A. den Prolog zum neuen Jahre, welcher 1823 im Museum vorgetragen wurde.**)

Clemens Brentano, dessen erst 1846 gedruckt erschienene Mährchen damals handschriftlich umliefen, ließ zu, daß in der Iris vom 31. Dezember 1826 der Anfang des „Rheinmährchens" und in der Iris von 1827, N. 12—14 das „Myrthenfräulein" veröffentlicht wurde.

Das von 1810—21 bei C. W. Leske in Darmstadt erschienene „Rheinische Taschenbuch" ging 1822 in den Sauerländerschen Verlag in Frankfurt über und erschien noch über die hier betrachtete Periode. Es hat immer den literarischen und artistischen Vorgängen in Frankfurt die gebührende Theilnahme gewidmet. Noch mehr specifisch frankfurtisch war die öfter citirte Zeitschrift Iris, eine unentbehrliche Quelle für diese Periode. Sie erschien zuerst 1817 jeden Sonntag als Beilage zum „Staats-ristretto" im Verlag der Gebrüder Sauerländer, unter Redaktion von Georg Döring; seit 1819 unter dem Nebentitel: „Unterhaltungsblatt für Kunst, Literatur und Poesie" und der Redaktion von Berly wöchentlich zweimal als Beiblatt der „Zeitung der freien Stadt Frankfurt" (in welche das Staatsristretto sich umgewandelt hatte) im Verlag von Joh. Friedr. Wenner; seit 1825 fünfmal wöchentlich als „Unterhaltungsblatt für Freunde des Schönen und Nützlichen"; ging 1827 in den Verlag von H. L. Brönner und 1829 in den Commissionsverlag von Wil-

*) Belli IX. 87.

**) Iris 5. Januar 1823. Bürger's Aeußerungen über seine Frau: Archiv für Literaturgeschichte 1873. III. 447.

mans über. 1838 hörte das Blatt auf. (Die mit Ll. bezeichneten Beiträge sind von Prof. Konrad Schwenck).*)

Die Freunde der Literatur fanden ihren Vereinigungspunkt in der Lesegesellschaft**), welche der Buchhändler Friedrich Eßlinger 1788 gegründet hatte, die dann 1793 von der Mehrzahl der bisherigen Mitglieder als Gesellschafts-Unternehmen fortgesetzt wurde und 1803 ins Rumpf'sche Haus auf dem Roßmarkt übergesiedelt war, wo sie noch während des nächsten Zeitraums blieb. Die Statuten vom 11. Januar 1793 besagen im §. 6. „Auch Damen, wenn sie die Gesellschaft mit ihrem Besuche beehren wollen, haben zu jeder Zeit Anspruch auf unbeschränktes Gastrecht." Von diesem Rechte haben aber nur um 1823 zwei ältliche Engländerinnen Gebrauch gemacht. Nach diesen Statuten sollten jährlich Vorsteher gewählt werden, dieß unterblieb jedoch während der Kriegsunruhen, und von 1793—1800 war der Fortbestand der Gesellschaft allein der Sorgfalt des Dr. med. Riese und des Kastenschreibers Riese zu verdanken.

Der am 24. Juli 1804 verstorbene Mecklenburg-Strelitzische Ministerresident, Leg.-Rath Karl August von Schönitz, vermachte der Lesegesellschaft 1500 fl., von deren Zinsen literarische Hülfsmittel angeschafft wurden. Waren die Damen zugelassen, so waren dagegen die Juden von der Mitgliedschaft ausgeschlossen.

Hinsichtlich der Auswahl der zu haltenden Zeitschriften herrschte die einer solchen Anstalt unentbehrliche politische Toleranz. Diese erfuhr nur eine einzige Erschütterung, als im Februar 1818 Kotzebue durch den anmaaßenden, antinationalen Ton seines „literarischen Wochenblattes" und andre Vorfälle sich den allgemeinen Unwillen zugezogen hatte, und nun eine nicht geringe Anzahl von Mitgliedern an die Direktion das schriftliche Gesuch stellten, daß: „Kotzebues literarisches Wochenblatt, obwohl zur beliebigen Einsicht für die Mitglieder des Lesevereins als Merkwürdigkeit schriftstellerischen Unwesens fortgehalten, jedoch als verächtliches Erzeugniß undeutschen Sinnes und Wortes nicht ferner unter den übrigen Zeitschriften öffentlich aufgelegt werden möge." Besonnene Behandlung dieser Sache beschwichtigte bald wieder den Sturm aufgeregter Gefühle. —

*) Vergl. Frankfurter Museum 22. November 1856.
**) F. Jb. 25. Oktober 1833. Bd. III. N. 11. S. 82.

Wenn wir in Darlegung der literarischen Thätigkeit in Frankfurt, soweit sie sich an allbekannte Namen knüpft, ausführlicher waren, weil wir hier auch nach auswärts einem lebhafteren Interesse zu begegnen hoffen, so müssen wir uns um so mehr kürzer fassen bei den nur local wichtigen wissenschaftlichen Bestrebungen des Zeitraums, da wir schon in der „Geschichte der Heilkunde in Frankfurt" dieselben ausführlicher dargestellt haben. Wie bereits in der Einleitung (S. 55) angedeutet ist, keimte lebhaft die Vereinsthätigkeit nach Wiederherstellung des Friedens und wählte immer engere Ziele. Am weitesten dehnte dieselben aus die auch der Zeitfolge nach älteste „Polytechnische Gesellschaft" (Gesellschaft zur Beförderung nützlicher Künste und deren Hülfswissenschaften, gegründet 24. November 1816),*) welche eigentlich die Keime zu allen wissenschaftlichen und gemeinnützigen Bestrebungen enthielt.

Schon enger war der Wirkungskreis der am 22. November 1817 gestifteten „Senckenbergischen Naturforschenden Gesellschaft" abgegrenzt, und dennoch erwies er sich als zu weit, denn noch 1822 führte sie Sectionen auf für Physik und Chemie, und schon am 24. October 1824 räumten diese der beschreibenden Naturgeschichte das Feld, und constituirten sich, entsprechend den Riesenschritten, welche Physik und Chemie inzwischen gemacht hatten, als „Physikalischer Verein."

Die Hauptmomente der Geschichte der Naturforschenden Gesellschaft, welche in den hier zu betrachtenden Zeitraum fallen, waren die Eröffnung des naturhistorischen Museum (22. November 1821)**) und die Erweiterung desselben***), die Versammlung deutscher Naturforscher und Ärzte am 18.—23. September 1825†) und das 50jährige Doktorjubiläum Samuel Thomas Sömmering's am 7. April 1828.††)

Die Senckenbergische Gesellschaft hat sich dadurch vor andern

*) Stricker, Heilkunde. S. 243.

**) Verzeichniß der stiftenden Mitglieder am Schluß von Nj. 1867. Stricker, Heilkunde S. 214.

***) Stricker, Heilkunde. S. 219. Mappes Festreden, Frankfurt 1842. S. 106.

†) Stricker, Heilkunde. S. 201. Iris 1825. N. 188. 190. 204. 1826. N. 11. Oken's Isis 1825. S. 1245.

††) Stricker, Heilkunde. S. 222. Nj. 1862 S. 21. Iris 1828. N. 71. 80.

naturforschenden Gesellschaften, welche selbst in Residenzen jahrelang ihre Klagen wegen geduldeter, provisorischer, ärmlicher Unterkunft ihrer Sammlungen ausstoßen, hervorgethan, daß die Municenz der Reichen ihr einen eigenen Raum für ihre Zwecke gewährt und zu dessen nöthiger Erweiterung nie die Hand verschlossen hat. Eine solche Erweiterung war dadurch so rasch nöthig, weil Rüppell durch seine Reisen die Vorräthe an Naturalien weit über das Maaß dessen steigerte, was solchen localen Vereinen damals zuzugehen pflegte.

Die Versammlung deutscher Naturforscher und Ärzte, welche hier zusammentrat, war die vierte in der Reihe, die erste, welche nach außen hin beachtet wurde. Während noch bei der ersten (in Leipzig 1822) die österreichischen Naturforscher ihre Namen nicht in die Liste der Theilnehmer einschrieben, um trotz des engen privaten Charakters der Zusammenkunft nicht den Argwohn ihrer Regierung zu erregen, zeigten sich in Frankfurt schon die Ansätze jener Festlichkeiten, welche später in ihrer Ausartung fast den Hauptzweck der Vereinigung in den Hintergrund drängen sollten. Das Sömmerring'sche Doktorjubiläum endlich führte zu dem „Sömmerring'schen Preis", welcher weithin den Namen der Gesellschaft verbreitete, während die Studien zu seiner Vertheilung den wissenschaftlichen Charakter der Gesellschaft erhöhten.

Physikalische Versuche waren schon 1754 in der Ostermesse mit der kurz vorher erfundenen Elektrisirmaschine angestellt worden; am 7. Januar 1757 zeigte Jacob Bianchi an, daß er seine vorjährigen Vorlesungen über Experimentalphysik, in einem Cursus von zwei Stunden täglich während einer Woche, wiederholen werde, wenn wenigstens 15 Zuhörer sich fänden.

Am 27. September und 3. Oktober 1785 ließ Blanchard (verunglückt auf seiner 60. Luftfahrt) Ballons hier steigen, seine Wittwe am 16. September 1810 (sie verunglückte 1819 auf ihrer 67. Luftfahrt.) Einen eigentlich wissenschaftlichen Charakter trugen schon die von Chladni im April 1818 angekündigten Vorlesungen über Akustik und Meteorsteine.*)

Der Verein konnte Anfangs noch in mehr dilettantischer Weise durch gegenseitige Belehrung seinen Zwecken genügen; später

*) B. IV. 44. 101. VII. 44. 45. IX. 117. X. 91.

wurde der Fortschritt der Wissenschaft so rasch, daß (1833) die Anstellung eines eigenen Docenten nothwendig wurde.*)

Ein weiteres Eingehen auf die Entwickelung der naturhistorischen und medicinischen Wissenschaften würde hier wenig am Platze sein; nur auf zwei interessante Documente sei hier verwiesen, welche beweisen, wie auch hier die Mode des „thierischen Magnetismus“ nicht spurlos vorüberging. Die gemeinten Mittheilungen rühren von Dr. S. F. Stiebel her; das eine sind die zwei magnetischen Beobachtungen in seinen „Kleinen Beiträgen zur Heilwissenschaft“ (1823); die andre, auf Dr. Schilling (1775—1864) bezüglich, findet sich in seiner Recension von Kerner's „Geschichte zweier Somnambülen,“ Rust's Repertorium 1824. III. 1—35.

Elftes Kapitel.

Den Uebergang von Literatur und Wissenschaft zur Kunst bildet billig das Museum, welches in dieser Periode immer mehr zur musikalischen Unterhaltung sich ausbildete, da die Vorträge zurücktraten und die Pflege der bildenden Kunst an das Städel'sche Institut überging. Die Periode begann mit einer Stagnation der Thätigkeit des Museums**), bis 1817 Pf. A. Kirchner an die Spitze der literarischen Classe, 1818 Spohr an die der musikalischen trat, welchem 1820 Guhr folgte; 1821 übernahm Eduard Hufnagel das Secretariat. Man richtete große und kleine Museen ein; bei den letzteren blieben große musikalische Aufführungen weg.

Störend wirkte mehrfacher Localwechsel. Am 5. November 1829 fand die erste Sitzung im „Rothen Hause“ (jetzt Postgebäude) statt und die Gesellschaft hegte die Hoffnung, sich hier häuslich einrichten und ihre Sammlungen aufstellen zu können, aber 1832 wurde das Gebäude an die Gräfin Reichenbach verkauft und nun siedelte die Gesellschaft nach dem „Weidenbusch“ über, wo die erste Sitzung am 5. Oktober 1832 gehalten wurde.

*) Stricker, Heilkunde. S. 231. J. Wallach im Jahresbericht des physik Vereins für 1869/70.

**) Vergl. S. 25. Die Einleitung zu Dr. Clemens Vorträge gemischten Inhalts gehalten im Museum, Frankfurt 1837. Die Programme der einzelnen Sitzungen, Börne's Rede auf Jean Paul ꝛc in der Iris.

In der Geschichte der bildenden Kunst steht voran die Stiftung des Städel'schen Kunstinstituts*). Der Handelsmann Johann Friedrich Städel, geb. 1. November 1728, ein reicher, unverheiratheter Kunstfreund, vermachte durch Testament vom 18. März 1815 der Stadt Frankfurt seine Kunstsammlungen nebst seinem Vermögen zur Stiftung eines seinen Namen führenden Kunstinstituts, welches zugleich unentgeldlichen Zeichnungs-Unterricht an hiesige Bürgersöhne ertheilen lassen sollte. Zu Vorstehern und Administratoren ernannte er fünf seiner Freunde, welche in voller Unabhängigkeit die Stiftung verwalten und sich nach eigener Wahl ergänzen sollten. Nur eine Rechnungsablage sollen sie jährlich leisten, wozu Städel fünf Revisoren aus den obersten Staatsbehörden bestellte.

Städel starb am 2. December 1816. Bald nach seinem Tode entstand ein Rechtsstreit, indem seine Straßburger Verwandten Klage erhoben und das Testament als nichtig anfochten. Sie stützten sich dabei auf den Formfehler, daß Städel das noch nicht gestiftete, also nicht existirende Institut zu seinem Erben eingesetzt hatte.**) Nach elfjähriger Dauer wurde dieser Prozeß durch einen Vergleich geendet, in welchem alle Ersparniße während dieser Zeit geopfert wurden. Insbesondere ist es auch wesentlich diesem Rechtsstreit zuzuschreiben, daß der 1824 projectirte Ankauf der Boisserée'schen Sammlung für Frankfurt nicht zu Stande kam.***) Indeß wurde 1817 die in Städels Haus (Roßmarkt 18) aufgestellte Sammlung dem Publikum zugänglich gemacht und gleichzeitig ein Inspektor angestellt (Karl Friedrich Wendelstadt†), geb. 1786 in Neuwied.)

Dem Willen des Stifters gemäß wurden Künstler und Bauhandwerker auf Kosten des Instituts im Zeichnen unterrichtet

*) Stiftungsbrief F. Jb. 26. März 1836. Bd. 7, S. 75. Gwinner K. und K., S. 556. Geschichte: ebenda S. 561. F. Jb. 19. August 1836. Band 8. S. 18. Frankfurter Museum 11. April 1857. (von Schöff Dr. Ph. F. Gwinner). Erwiederung von Dr. med. Gustav Spieß. Extrabeilage vom Frankfurter Museum 25. April 1857.

**) §. 1. „Meine Sammlung von Gemählden, Handzeichnungen, Kupferstichen 2c. soll die Grundlage eines .... hiermit von mir gestiftet werdenden Kunst-Instituts sein. Dieses Städel'sche-Kunstinstitut setze ich zu meinem Universalerben" u. s. w.

***) Sulpiz Boisserée I. 371. 418. 438. 440. 442.

†) Gwinner K. & K. S. 433.

und durch Stipendien unterstützt. Die Sammlungen wurden vermehrt durch Ankauf der de Neufville'schen Gemäldesammlung, der Gypsabgüsse der besten antiken Statuen, Büsten und der Basreliefs des Parthenon und des Tempels von Phigalia, sowie durch die aus der Hohwiesner'schen Sammlung erstandenen vortrefflichen Exemplare der A. Dürer'schen radirten Blätter und Holzschnitte. Endlich wurde mit Dr. Grambs, einem Freund Städel's und Mitgliede der Verwaltung des Instituts, einem sehr eifrigen und sachverständigen Kunstfreunde, ein Vertrag wegen Ueberlassung seiner an Gemälden und besonders Kupferstichen und Handzeichnungen reichen Sammlung gegen eine Leibrente von 5000 fl. abgeschlossen. Grambs hat aber diese Rente nur ein einziges Mal bezogen, da er schon im Dezember 1817 starb. Durch Uebereinkunft mit dem Vorstande des Museums wurden die im Jahre 1807 von dem Fürsten Primas dieser Anstalt verehrten, aus den aufgehobenen Kirchen und Klöstern stammenden altdeutschen Gemälde seit 1824 in den Sälen des Instituts aufgestellt.

Auch der 1829*) gegründete Frankfurter Kunstverein fand seine Heimstätte im Gebäude des Städel'schen Instituts und wurde von demselben durch Zeichnung von 50 Aktien unterstützt, von welchen bei den Verloosungen nur eine Nummer mitspielte.

Gwinner (K. & K. S. 562) berichtet: „Es ist kaum glaublich, aber dennoch wahr, daß die Eröffnung des Städel'schen Kunstinstituts, in deren Folge sich viele fremde Künstler in der Hoffnung auf ein frisch aufblühendes Künstlerleben hatten bestimmen lassen, hier zeitweise ihren Wohnsitz zu nehmen, den unschuldigen Anlaß zu einer von Brodneid dictirten Beschwerde der zünftigen Maler-Innung gegeben hat. Am 7. Dezember 1816 beantragten die Vorsteher derselben, auf ein altes Recht sich berufend, wonach der hiesige Aufenthalt fremder Maler auf höchstens drei Monate zu beschränken sei — die Ausweisung von 15 namhaften Künstlern. Die Behörde ging zwar auf eine so weite Ausdehnung des Zunftzwanges nicht ein, aber dennoch war derselbe noch so mächtig, daß, nachdem man sich eine Art Censur über die Befähigung jedes einzelnen der hier weilenden fremden Maler verschafft hatte, neun Malern die Aufenthaltserlaubniß von dem Polizeiamt gekündigt wurde."

*) F. Jb. 26. Oktober 1832.

Werthvolle Mittheilungen über das künstlerische Treiben in Frankfurt zu dieser Zeit in Verbindung mit einer Darstellung der romantischen Kreise und ihrer Vertiefung in Alterthum und Geschichte der Nation (Senator Thomas, F. Böhmer, Rath Schlosser, Dr. med. K. Passavant) finden sich in J. D. Passavants Leben von Dr. Cornill*).

Das Hauptwerk aber bleibt Gwinner (K. & K.), auf welches wir verweisen, und dem wir nur einige biographische Berichtigungen beifügen. Gwinner hat (S. 436) die beiden Dilettanten; Christiane und Philipp Stricker, meine Tante und meinen Vater, besprochen. Er läßt beide erst 1810 nach Frankfurt kommen, während ihr Vater, Heinrich Stricker, schon 1778 durch Verheirathung mit der Tochter Philippine des Münzmeisters Bunsen ins frankfurter Bürgerrecht getreten, und nur von 1778—1793, wo er ein Lehramt am Gymnasium zu Weilburg bekleidete, von Frankfurt abwesend war. — Die Stelle, wo Goethe Christiane Stricker erwähnt, steht Werke, sechsbändige Ausgabe von 1860, IV. 587.

Den Stadtbaumeister J. A. Liebhardt läßt Gwinner (K. & K. 301) um 1725 geboren sein, da jener aber in einer Eingabe**) aus dem Jahre 1787 sein Alter auf 74 Jahre angibt, so kann er nur 1712 oder 1713 geboren sein.

Was die äußere Geschichte des Theaters in diesem Zeitraum betrifft, so können wir auf die aktenmäßige Darstellung des Herrn Senators Dr. v. Oven***), was die innere betrifft, auf die bereits oben (S. 116, erwähnten Kritiken Börne's und auf Hassel's Schrift†) verweisen. Senator Dr. von Oven sagt mit Recht (a. a. O. S. 48): „Die Theilnahme des gebildeten Publikums war in diesem, wie in dem folgenden Zeitabschnitte eine sehr lebhafte, den Darstellungen und den Personen der Schauspieler gleich lebhaftes Interesse widmende.“ Wir wollen nur einige der Fälle erwähnen, wo Theaterscenen zur Haupt- und Staatsaction für Frankfurt wurden.

*) Nj. 1864, 1865.

**) Nj. 1870. S. 18.

***) Nj. 1872.

†) Die Frankfurter Lokalstücke auf dem Theater der freien Stadt 1821—1866. Skizzen aus meinem Schauspieler-Leben. Von Samuel Friedrich Hassel. Frankfurt a. M. Auffarth. 1867 VIII. und 215 S. 8⁰. H. spricht wiederholt von „einem Stündchen im Tivoli,“ diese zweite Localposse von K. Malß heißt aber „das Stelldichein im Tivoli,“ und gehörte im Volkstheater v. K. Malß (2. Aufl. Frkft., Sauerl. 1850) an die zweite, nicht an die achte Stelle.

1817 trat der Schauspieler Wurm in der Posse „Unser Verkehr" auf. Die Rolle des „Jakob" von ihm „con amore" gespielt, rief bei der damaligen feindseligen Stimmung gegen die Juden die widerstrebendsten Bewegungen hervor. Börne*) deutete mit den Worten: „man wisse von Herrn Wurm, daß er auch die ungewöhnlichsten Gegenstände mit Liebe zu umfassen verstehe", eine Beschuldigung an, gegen welche Wurm sich in den Mai-Nummern der „Iris" (Extrablatt zum Staatsristretto v. 1817) vertheidigte.

Heiterer war der zweite Fall, wo zum erstenmale gewagt wurde, die geheiligten Gebräuche der Vaterstadt auf's Theater zu bringen, wie manche meinten: der Entweihung Preis zu geben. Der „Bürgerkapitän" von Karl Malß sollte aus der beschränkten Oeffentlichkeit des Druckes in die größere Oeffentlichkeit der Bühne treten, die wirklichen Uniformen von Capitän und Leibschütz, wie sie noch vor sieben Jahren gegolten, sollten der Profanation unterliegen. Mit großer Spannung sah die Stadt dem Experiment entgegen; düstere Gerüchte bedrohten die Frevler mit Auspfeifen. „Endlich**) rollte am 13. August 1821 der Vorhang auf vor der wogenden Menge, welche in dichten Reihen bis vorn an die Rampe, Kopf an Kopf, gedrängt stand, da das Orchester hatte geräumt werden müssen. Todesstille herrschte im ganzen Haus, unheildrohende Stille! auch nicht durch ein Atom von Beifall unterbrochen, selbst nicht um den Liebling Aller, Caroline Lindner (Lieschen) zu begrüßen, die, den Blick auf ihre Handarbeit gesenkt, fast befangen zu sein schien, während die in Jugend und Schönheit strahlende Betty Urspruch (Gretchen) munter den Dingen, die da kommen sollten, entgegen sah. — Der Dialog begann, spann sich weiter und weiter, — und noch immer Grabesstille. Aber mit einem Male fiel der zündende Blitz! als Caroline Lindner mit unnachahmlicher Naivetät die Worte sprach: „Gredelche, geb emol der Schawwell en Stumper!" da brach der Jubel los! Ein Beifallsturm, der von diesem Augenblicke an von Scene zu Scene wuchs und nicht mehr nachließ, überfluthete die gefeierte Künstlerin, und zog dann alle andern Darsteller der Reihe nach in seine Kreisel. Der Vorhang senkte sich unter Jubel und Hervorruf.

Die zweite Vorstellung fand, ein bisher kaum dagewesener

*) Gesammelte Schriften II. 87.

**) Hassel, Localstücke S. 16. — Iris 19. August 1821.

Fall, bereits am darauf folgenden Abend statt, und zwar unter gleichem Andrang des Publikums, Ausräumung des Orchesters und schrankenlosem Beifall." — Bei der damaligen Stabilität der Bühnenverhältnisse sollte mehr als eine Generation des Genusses sich erfreuen, die drei Hauptspieler: Hassel Bürgerkapitän, Becker Leibschütz, Lindner Lieschen, in ihren Rollen wie bei der ersten Aufführung zu bewundern, wie denn Hassel den Bürgerkapitän zum letzten male am 26. März des verhängnißvollen Jahres 1866 gespielt hat.

Auch auf dem Gebiete der Musik entwickelte sich eine lebhafte Vereinsthätigkeit; dieser Periode gehört die Stiftung des Cäcilien-Vereins (1818), des Vocal- und Instrumental-Vereins für Kirchenmusik (1827), der Liedertafel (1827) und des Liederkranzes (1828).

Zwölftes Kapitel.

Die Verkehrsverhältnisse der Zeit beschränkten die Vergnügungsausflüge auf einen engen Raum und die einfachen Sitten waren mit geringen Genüssen zufrieden. Wer nicht über einen eigenen Wagen verfügte oder einen theuren Zweispänner beim Lohnkutscher miethen wollte, der konnte, zu Fuß oder mit den gewöhnlichen Fahrgelegenheiten, seine eintägigen Ausflüge nicht über Mainz und den vorderen Taunus ausdehnen. Im Uebrigen waren, wie Kirchner in den „Ansichten" (II. 151)*) schildert und wie theilweise noch der Fall ist, der Wald und die nahegelegenen Ortschaften das Ziel kleiner Erholungsgänge. Außer den jetzt noch besuchten Orten werden damals auch genannt: in größerer Entfernung von der Stadt die Mainkur; nahe bei ihren Ringmauern das Tivoli (später „Neue Anlage" genannt, jetzt zur „Rückertstraße" verbaut) und der Rosenbach'sche Garten (jetzt v. Erlanger'sche Villa, Bockenheimer Anlage 15); innerhalb der Stadtgrenze der Brucker'sche Garten (an der Ecke der Neuen Mainzer- und der Drei-Froschgasse [Neuen Rothhofstraße], jetzt verbaut.) Den bescheidenen Kreis von Vergnügungen, welche hier

*) Vergl. auch Börne, Gesammelte Schriften VII, 53.

geboten wurden, zu erweitern, wurde zuerst 1825 der Versuch gemacht.

Um die Mitte des achtzehnten Jahrhunderts waren in London an einem Orte Namens Vauxhall die anmuthigen Gärten in einen Platz für anständige Vergnügungen während der Frühlings- und Sommermonate umgewandelt worden.*) Ein Orchester mit Orgel, umgeben von ausgemalten Logen, künstliche Durchblicke durch das Grün, mit Triumphbogen und Statuen verziert, Ball- und Speisesäle, Beleuchtungen des Gartens und gemalter Hintergründe und künstliche Wasserwerke bildeten eine Reihe von Annehmlichkeiten, deren Complex selber den Namen Vauxhall erhielt. Ueber Paris wurde 1777 das Vauxhall in Frankfurt eingeführt und nachweislich etwa ein Jahrzehnt während der Messen im „Rothen Hause" auf der Zeil gehalten. Mit der Herbstmesse 1825 eröffnete Heinrich Justus Pflüger das Vauxhall „hinter der Rose." Es war in der Messe täglich, im Sommer jeden Mittwoch eröffnet. Der Eintrittspreis betrug 20 kr. für die Illumination, die Billete wurden für Erfrischungen an Zahlung genommen. Der Schauplatz desselben war ein Grundstück, welches seinen Eingang neben D. 10 (Brönnerstraße 5) hatte und bis zur Bleichstraße, zwischen dem Kirchhof und den Bleichgärten hin sich erstreckte. Von der Zeil kommend, betrat man zuerst den Hof, dessen ganze Breite der Saal einnahm; hinter dem Saal dehnte der Garten sich aus. Während eines Festes waren die geöffneten Flügelthüren dieses Saales nach den Linien des Portals illuminirt und die entgegengesetzten Thüren nach der Gartenseite standen gleichfalls offen. Hierdurch sah man nun auf einen, mit 40 großen, dichtverwachsenen Platanen und Lindenbäumen besetzten Platz. Sechszehn dieser Bäume waren zu einem offenen Tanzplatz abgetheilt, der mit einem Fußboden belegt und mit einem Geländer umfaßt war; nach drei Seiten waren offene Ausgänge und an der vierten rechts war das Orchester. Dieser Baumsaal ward in der Mitte von 5 großen Lampen erleuchtet und die säulenbildenden Bäume waren durch Guirlanden von weißen und farbigen Lampen zu einem Ganzen verbunden. Am Ende der Baumgruppe, in einer perspektivischen Linie mit

---

*) London and its environs, L. 1761, IV. 214. Didaskalia 25. Mai 21. August 1825, 22. März 1873. Mi. IV, 559.

dem Eingang am Hof und dem des Baumsaales, stand ein großer beleuchteter Porticus, dessen beide Säulen mit einer Guirlande von farbigen Lampen umwunden waren. In bedeutender Entfernung erblickte man durch diesen Bogen auf einem mit Baumgruppen umschlossenen Rasenplatz eine große beleuchtete Urne und darüber eine große Sonne von gleichgeschliffenen Krystallgläsern. Noch in demselben Sommer vermehrte das Vauxhall sein Inventar um einen theatralisch aufgestellten Wasserfall und kam sonach seinem Londoner Vorbild immer näher. Die in Frankfurt versammelten Naturforscher und Aerzte hielten am 18. September 1825 ihr Festmahl im Vauxhall.

Im folgenden Jahre wurden die Reize des Vauxhall durch einen Elephanten vermehrt. Dieser Elephant bildete einen Theil der einer Wittwe Le Cerf geb. Padovani aus Lyon gehörigen Menagerie, welche in der Herbstmesse 1826 hier zur Schau gestellt war. Der Aufenthalt derselben in hiesiger Stadt verlängerte sich in ungewöhnlicher Weise, weil wegen einer Forderung an Frau Le Cerf die Effecten derselben mit Beschlag belegt waren. Als im November endlich der Abreise nichts mehr im Wege stand, weigerte sich angeblich der Elephant, in den für ihn bestimmten Transportwagen zu gehen. Dr. Cretzschmar kaufte ihn, ohne die Mittel zu haben, ihn zu bezahlen; er that dieß aus wissenschaftlichem Interesse und hat wohl gehofft, bei den Mitgliedern der Senckenbergischen Naturforschenden Gesellschaft auch dafür die Mittel aufzubringen. Gegen Ende des Jahres 1826 wurde der Elephant in einem von Dr. Cretzschmar gelieferten Stall im Vauxhall, wohl gegen besondres Eintrittsgeld, ausgestellt; die Bestreitung der Fütterung lag der Frau Le Cerf ob. Fortan spielt in den Anzeigen des Vauxhall der Elephant eine Hauptrolle*) Indeß scheint auf die Dauer der Elephant das Publikum nicht genügend angezogen zu haben; gleichzeitig erhob, die Nachbarschaft Klage wegen des Geruches und Schreien des Thieres und der Gefahr seines Ausbruchs, und so drang bereits 1828 Pflüger auf Entfernung desselben, welche aber nach langen Verhandlungen erst im Sommer 1829 erfolgte, nachdem vorher im Wege des Vergleiches das Kaufgeschäft mit Dr. Cretzschmar aufgehoben worden war.

*) Iris 20. Mai 1827. Didaskalia 4. Juli 1827.

Wann das Vauxhall aufhörte, habe ich noch nicht ermitteln können; am 29. November 1832 wurde Herr J. H. Pflüger zum Zöllner ernannt.

Dreizehntes Kapitel.

Am 8. November 1806 war eine fürstlich primatische Verfügung ergangen: dem Kurfürsten von Hessen-Cassel, dem Großherzog von Hessen-Darmstadt und dem Herzog von Sachsen-Weimar zu erklären, daß die von ihnen abhängigen fremden Postanstalten in dieser Eigenschaft nicht mehr bestehen bleiben könnten und dürften. So fand beim Anfang dieser Periode das Haus Thurn und Taxis sich allein auf dem Platz.

Im Frühjahr 1816 sah sich der Senat veranlaßt, wegen Festsetzung der Verhältnisse zum Fürstlichen Hause Thurn und Taxis in Absicht auf das hiesige Postwesen durch eigens ernannte Commissarien in Unterhandlung zu treten, worauf zwei Verträge über das hiesige Oberpostamt und über die Verhältnisse der sich hier aufhaltenden General-Postdirection abgeschlossen wurden. Jedoch verweigerte das Bürgercolleg am 12. Mai 1817 und die gesetzgebende Versammlung am 7. Februar 1818 ihren Zutritt zu den Verträgen*), welche sie als finanziell nachtheilig für die Stadt und ihren Hoheitsrechten derogirend erachtete.

In Folge neuer Unterhandlungen legte der Senat am 4. Januar 1821 einen andern Entwurf vor, welcher am 12. Mai 1821 die Genehmigung der Versammlung erhielt. Danach zahlte der Fürst an die Stadt einen jährlichen Canon (Recognitions-quantum) von 10,000 fl. im 20 fl.-Fuß und leistete für die Jahre seit Juli 1815 eine Nach-Zahlung von 66,000 fl. im 24. fl.-Fuß. Indeß fehlte dem Hauptvertrag jede Bestimmung über Kündigung, so daß später die Stadt keine Handhabe hatte, die Erhöhung des beim wachsenden Verkehr mit den Einnahmen der Post ins größte Mißverhältniß gediehenen Canon zu erzwingen. Der Nebenvertrag, die Verhältnisse des fürstlichen Hauses und seiner Beamten zu den frankfurtischen Behörden betreffend, war auf je 25 Jahr geschlossen, mit einer Kündigungsfrist von zwei Jahren vor dem

---

*) Bender 94.

Ablauf. Die Verträge traten mit Anfang 1822 in Kraft.*) Seltsam bei den heutigen Verkehrsverhältnissen erscheint uns jetzt die damals ganz gewöhnliche Bestimmung des §. 13. des Hauptvertrags (Gesetzsammlung S. 65): den Hauderern, Fuhrleuten, Wirthen und Andern soll untersagt sein, Reisende, welche mit Extrapost kommen, gegen Bezahlung weiter zu fahren, wenn sich dieselben nicht 24 Stunden in der Stadt aufgehalten haben. Charakteristisch für die geringe Entwickelung des Nationalgefühles in jener Epoche ist, daß die Post die französischen Stempel der napoleonschen Zeit beibehielt. Die Briefe aus Mainz trugen den Stempel Mayence, die aus Frankfurt zwar die deutsche Form Frankfurt, darunter aber die Zeitbestimmung Juillet, Août 2c.

Ueber die Zustände des Personen-Verkehrs entnehme ich den Aufzeichnungen meines Vaters vom 6. Mai 1822 folgende Mittheilung:

„Ich stand sehr früh auf und war vor 6 Uhr in der Sonne auf der Zeil, wo die Eilkutschen abgehen. Eine in der Gaststube kehrende Magd sagt mir: „Heute geht keine Eilkutsche, es ist nichts bestellt.“ „So“ sage ich, „gestern nehme ich einen Platz für heute für zwei Gulden, und heute fährt keine.“ „Nun, ich will den Herrn rufen, verziehen Sie nur einen Augenblick.“ Der Herr kommt, beruhigt mich, geht fort und bringt die Nachricht, daß soeben eingespannt wird. Zwanzig Minuten über sechs Uhr sitze ich allein in der alten Kasteler Retour und fahre im Schritt bis zum Bockenheimerthor, wo es kurzen Trab geht bis an die Galgenwarte. Als der Kutscher da seinen Thorzettel abgibt, frage ich ihn, wann wir in Mainz sein werden? — „Bis 12¼ Uhr!“ — So, das sind mir schöne Eilkutschen! — Ich denke nun nach, wie ich den Kutscher zur Abkürzung einer sechsstündigen Fahrt bewegen soll, ob durch Drohungen oder Versprechungen, bis wir am Nieder Schlagbaum halten. Hier fragt er nach der Zeit, — er hatte keine Uhr bei sich — und ist sehr erstaunt zu hören, daß es noch nicht 7½ Uhr ist. — „Ja, dann kommen wir wohl um 10 Uhr hinunter.“ — Nun, wie viel Uhr glaubt er denn, daß es war, als wir von Frankfurt wegfuhren? — „Ei, halb Neun.“ — In Hattersheim wurde gefrühstückt und die Zeche

*) Gesetzsammlung III. 57.

des Kutschers berichtigt. Wir sind kaum vor Hattersheim herausgefahren, als ich auf dem Nebenweg ein junges Bürschchen bemerkte, so eine Art Studentchen, welcher auf die Frage des Kutschers, ob er mitfahren wollte, antwortete: Nein, ich habe kein Geld mehr. Dieser fährt wieder zu, und ich frage ihn: Was bekommt Er von so Einem, den Er mitnimmt? — „Nun 1 fl. oder 48 Kr.“ — Die will ich an den Menschen wenden, halte Er still. — Ich winkte dem müden Wandrer, der mein Anerbieten dankbar annahm, und fand in ihm einen recht artigen jungen Mann, einen Lyceisten aus Fuld, der seine in Mainz wohnende Mutter besuchen wollte. Ich unterhielt mich gut mit ihm und setzte ihn als „Blinden“ vor Kastel ab. — Die Rückreise wurde in vier Stunden zurückgelegt und in Hattersheim wieder eingekehrt.

Wie freudig jene Zeit jede Verbesserung dieser traurigen Verkehrsverhältnisse begrüßte, geht auch daraus hervor, daß August Wilhelm Schlegel die erste Vorüberfahrt des Dampfers Friedrich Wilhelm vor Bonn, am 14. September 1825 durch ein lateinisches Gedicht feierte, wovon die Iris (1825 N. 234) eine deutsche Uebersetzung brachte.

Vierzehntes Kapitel.*)

In Erwägung des Art. 7 der Constitutions-Ergänzungsacte (Emancipation der Landbewohner, Regulirung ihrer künftigen Verhältnisse und deren Vertretung in der gesetzgebenden Versammlung betreffend) forderte der Senat am 16. November 1816 das Landamt zu gutächtlichem Antrag darüber auf, unter Erörterung der besonderen Verhältnisse jedes Ortes. Nachdem dessen Bericht am 28. September 1817 eingelangt war, setzte der Senat eine besondere Commission nieder, um zu prüfen wie die Leistungen der Dorfschaften zu vereinfachen, in welchem Verhältniß die auf hiesigen Dorfschaften mit liegenden Gütern angesessenen hiesigen Bürger und Forensen beizuziehen seien; ferner um die gemeinheitlichen Ausgaben und Einnahmen und die Beitragspflicht der oben genannten Personen zu ordnen, auch zu prüfen, wie der Schuldenstand einer jeden Gemeinde festzustellen, und sowohl der Bedarf

*) Bender, 106.

an jährlichen Zinsen zu decken, als auch ein allmählicher Tilgungsfond zu bilden sei. Ueber die Frage, wie die Landbewohner bei den ihr Interesse betreffenden Gegenständen in der gesetzgebenden Versammlung zu vertreten seien, wurden von der Senatsdeputation, unter Zuziehung der Syndici, Gutachten erfordert, um alsdann über alle diese Gegenstände an die nächste Versammlung einen eingehenden Vortrag erlassen zu können.

Unabhängig hiervon erschien die auf den hiesigen Dorfschaften, mehr dem Namen als der That nach, noch bestehende Leibeigenschaft, und da diese dem Zeitgeist anstößig war, so beantragte der Senat am 8. Januar 1818 deren sofortige Aufhebung nebst Cassirung aller nach ihr bisher erhobenen Manumissionsgelder, Besthaupt, Leib- und Rauchhühner sammt den hergebrachten Erhebungsgebühren (nach einem zehnjährigen Durchschnitte zusammen 914 fl. jährlich) ohne alle Entschädigung. Wegen Niederrad beantragte der Senat, daß man ihm überlassen möge, wegen des daselbst bestehenden Condominatsverhältnisses mit dem Kaiser von Oesterreich in Unterhandlung zu treten, um dessen Zustimmung zu erwirken.*) Die Versammlung genehmigte den Senatsantrag.

Ueber die Vertretung der Landgemeinden legte der Senat am 18. Februar 1823 einen Gesetzentwurf vor, nach welchem die Dörfer Bornheim und Oberrad jedes zwei, Bonames, Niedererlenbach, Niederursel, Dortelweil und Hausen jedes einen Abgeordneten auf ein Jahr zur Vertretung bei den ihr Interesse betreffenden Gegenstände zu schicken haben solle. Die gesetzgebende Versammlung genehmigte den Entwurf am 31. Mai. Die Abgeordneten der Landgemeinden wurden (nach §. 1.) in jedem einzelnen Falle, nach vorgängigem Rathschlusse, durch den älteren Bürgermeister einberufen, um an der Berathung und Beschlußnahme des gesetzgebenden Körpers Theil zu nehmen.

Mit Feststellung der inneren Verhältnisse der Landgemeinden, vorzüglich mit besserer Einrichtung ihres Gemeinde-

*) Niederrad wurde durch Tausch gegen die Ansprüche an Rödelheim zu drei Theilen im Jahr 1569 von der Stadt Frankfurt erworben; der vierte Theil gehörte dem Deutschen Orden, als dessen Rechtsnachfolger seit 1803 Oesterreich eintrat.

**) Gesetzsammlung III. 158. Bender 172.

haushaltes hatten sich schon Berichte des Landamts vom 6. Dezember 1816, vom 10. und 21. Sept. 1817 beschäftigt.*) Diese Berichte wurden an eine besondere Commission verwiesen, welche am 6. Januar 1821 ihre Vorschläge an den Senat gelangen ließ. Dort jedoch wurde deren Prüfung beanstandet, weil inzwischen die Verhandlungen in den Ständeversammlungen zu Stuttgart und Darmstadt Belehrungen über diesen schwierigen Gegenstand ertheilten. Vorzüglich zeigte sich die Darmstädter Gemeindeordnung von 1821 den hiesigen Verhältnissen als angemessen und diese legte daher das Landamt einem Bericht vom 22. October 1821 zu Grunde.

Der Entwurf einer Gemeindeordnung, welchen das Landamt nach dem Darmstädter Vorbild mit Rücksicht auf hiesige Verhältnisse umgearbeitet hatte, wurde am 22. Januar 1824 an die gesetzgebende Versammlung gebracht und mit einigen Modificationen am 10. und 17. Juli d. J. von der Versammlung genehmigt. Der Senat trat diesen Abänderungen bei und publicirte die Gemeindeordnung am 12. August 1824**) —

Die verwickelten Verhältnisse des theils der Stadt Frankfurt, theils dem gräflichen Hause Solms-Rödelheim unter großherzoglich hessischer Hoheit zugehörigen Ortes Niederursel, welche früher zu vielen Irrungen und Streitigkeiten geführt hatten, wurden geordnet durch einen zwischen dem hessischen und frankfurtischen Commissar am 12. Juni zu Darmstadt abgeschlossenen, und am 14. Juli von der gesetzgebenden Versammlung genehmigten Staatsvertrag, welcher am 22. Juli vom Großherzog ratificirt und am 14. Juli von dem Senat publicirt wurde.***).

Schließlich ist an dieser Stelle noch die „Du Fay'sche Armenstiftung für die Frankfurtischen Landgemeinden" zu erwähnen.†) Herr Alexander du Fay und seine Schwestern, die Frau Charlotte Cornelie Ries und Sophia Johanna Schlosser, setzten am 1. Januar 1825 die Summe von 16,000 fl. aus als einen Fond zur Bildung eines Armenwesens auf den zu hiesiger Stadt gehörigen Dörfern, welcher unter die acht Dörfer

---

*) Bender, 177.
**) Gesetzsammlung III. 263.
***) Bender, 182 Gesetzsammlung III. 234.
†) F. Jb. III, 268.

gleich vertheilt und aus dessen Zinsenertrag die armen Ortsangehörigen ohne Unterschied der Confession unterstützt werden sollen. — Dieser Fond soll jedoch einen Impuls geben zur eigenen Thätigkeit der Prediger und Ortsvorstände sowie der Bemittelten Einwohner für die Armenpflege, deßhalb ist die Bildung einer Krankenkasse auf jedem Ort die Vorbedingung zur Verabfolgung der auf diesen fallenden Rate. Das Landamt wird ersucht, über die Ausführung dieser Bestimmung zu wachen und alsdann die jedem Dorf zukommende Rate in Empfang zu nehmen und der Armenbehörde zur vorschriftsmäßigen Verwendung auszuhändigen, jedoch die Obligationen in Natura zu behalten. Bis dahin wird von den Stiftern das Kapital von 16,000 fl. dem Kastenamt zur Verwaltung übergeben.

Fünfzehntes Kapitel.

Was die Medicinalangelegenheiten und das Stiftungswesen betrifft, so wurde am 4. September 1817 eine neue Medicinalordnung publicirt*), nebst angefügten Medicinal- und Apothekertaxen. Die Medicinalverfassung von 1817 unterschied sich von der des Jahres 1811 fast nur formell. Die politische Veränderung machte es nöthig, die primatischen Namen der Behörden durch die republikanischen zu ersetzen; sodann werden die „Wundärzte" und „Barbier-Meister" von 1811 im Jahre 1817 als „Wundärzte erster Classe" und „Wundärzte zweiter Classe" bezeichnet.

Indeß machte sich schon 1823 das Bedürfniß nach einer neuen Medicinal-Ordnung geltend und 1833 wurde eine eigne Commission zu ihrer Bearbeitung eingesetzt; es dauerte aber bis 1841, ehe die neue Medicinal-Ordnung veröffentlicht werden konnte.**)

Für das Hospital zum heiligen Geist***) hatte sich schon 1616 die Ueberzeugung herausgestellt, daß dasselbe für seine Be-

*) Gesetzsammlung I. 390. Stricker, Heilkunde S. 44, 46. Bdr. 76.

**) F. Jb. IV. 235, VI. 208.

***) Vergl. oben S. 28.; ferner: Stricker, Heilkunde S. 137. S. 139. Bender 1816, S. 246.

stimmung und Bedürfnisse nicht mehr genüge, man konnte sich aber über einen neuen Hospitalbau nicht vereinigen, besonders nicht über einen dazu geeigneten Platz. Nach der großen Ueberschwemmung von 1784*), welche das ganze Hospital unter Wasser setzte, griff, besonders 1787, der Gedanke eines Neubaues wieder Platz, ohne im Drange der Zeitereignisse zur That zu führen. Abermals 1814, als das Hospital mit Kranken überfüllt war, mußte man die Furcht hegen, großes Wasser möchte den Raum noch mehr beengen, während bei der Ueberfüllung der Stadt mit verwundeten und kranken Soldaten an Miethung eines Lokals nicht zu denken war.

Zwar wurde, nachdem mit dem Aufhören der fürstlichen Regierung das Hospital in seine statutarischen Rechte zurückgekehrt war, durch die Aufhebung der mit dem Hospital in keiner Verbindung stehenden allgemeinen Armenversorgung und andre zweckmäßige Reformen (wie die Urbarmachung eines Walddistricts) das Hospital bald wieder in Wohlstand zurückgeführt, so daß es bei hohen Fruchtpreisen und dem richtigen Eingang seiner Pächte nicht nur alle seine Obliegenheiten erfüllen, sondern auch vom Jahre 1819 an jährlich 4000 fl. an die allgemeine Armenversorgung entrichten konnte, aber damit war nur der eine Faktor des bisherigen Stillstandes beseitigt; der andre, die Collision der Interessen, der übertriebene Abscheu des Laienpublikums vor der Nähe eines Hospitals, dauerte noch fort, und noch 25 Jahre mußte man sich mit einzelnen Verbesserungen begnügen; die Eröffnung des Neubaues fällt erst in die folgende Periode. 1822 wurden zwei hinter dem Krankenhause gelegene Häuser gekauft und 1824 niedergerissen, um den Hof zu erweitern; zu demselben Zwecke wurden die alten Gefängnisse im Hof niedergerissen und zwei Archivstuben dazu eingerichtet; die alte Krankentrösterwohnung, die zwischen den Krankenstuben lag, war schon 1822 zu einem Raum für acht Genesende hergerichtet worden. 1824 wurde auf der Waschküche im Hofe ein neues Reconvalescentenzimmer von vier Betten erbaut. 1823 wurden die längst

---

*) Belli VII. 43. Sie fand Ende Februar statt. Der Main reichte bis zur Schwanenapotheke auf dem Römerberg. Am 5. März stürzten in Sachsenhausen zwei Häuser ein.

nicht mehr gebrauchten Backöfen abgetragen und die Todtenkammer verlegt, so daß man Raum für ein Badegebäude gewann.*)

Durch die Güte seines verehrten Collegen, des langjährigen ärztlichen Mitgliedes des Pflegamtes des Hospitals z. heil. Geist, Herrn Dr. med. Alexander Knoblauch, sieht sich der Verfasser in den Stand gesetzt, aus dessen am 15. Juli 1874 gehaltenen „Festrede beim Jubelfeste des Seniors des Pflegamtes des Hospitals z. heil. Geist, des Herrn Major Michael v. Lukacsich", (Manuscript) neues Material für die Zeit von 1824—1835 zu benutzen. Am 6. Juli 1824 und abermals am 3. Mai 1827 hatte der Senat die Hauseigenthümer der Nachbarschaft (in der Langen-, Rechenei- und Fischerfeldstraße und an der „schönen Aussicht"), welche behaupteten, bei dem Kauf ihrer Bauplätze die Versicherung erhalten zu haben, daß der Platz zwischen Stadtbibliothek und Recheneigraben nie bebaut werden sollte, mit ihrem Begehren abgewiesen, worauf diese den Rechtsweg betraten. Am 30. Juni 1827 hatte die gesetzgebende Versammlung den vom Senat gestellten Antrag wegen unentgeldlicher Ueberlassung des städtischen Platzes an der Langenstraße hinter der Stadtbibliothek an das Hospital z. h. Geist zum Behuf eines neuen Hospitalbaus genehmigt. Am 25. Februar 1828 gingen der Verwaltungs-Commission des Hospitals durch die Stiftungsdeputation die im Auftrag der Behörden durch den Architekten Burnitz gefertigten Baupläne zu. Die im Auftrag der Verwaltungs-Commission durch den Architekten Rumpf entworfenen Pläne veranlaßten eine erhebliche Meinungsverschiedenheit zwischen den Behörden und der Verwaltungs-Commission. Die letztere sollte auf Grund eines Senatsbeschlusses vom 11. Juni 1829 zur Annahme der vom Bauamt und dem Stadtbaumeister Heß genehmigten Pläne oder wenigstens zur Ausschreibung einer Concurrenz genöthigt werden. Aber der Herr Major v. Lukacsich machte am 19. September 1829 seinen Collegen von der Verwaltungs-Commission, um den

*) Vergl. außer der in meiner „Heilkunde" S. 128 angeführten Literatur noch: 1. Dr. Varrentrapp, auch ein Wort über Erbauung eines neuen Hospitals. 1823, 26. Februar — 16 S. 8⁰.

2. Mehrere Gutachten, die Salubrität des von einem H. Senate zum Bau des neuen Hospitals geschenkten Platzes betr., am 28. August 1827 einem Hochlöbl. Sanitätsamte zur Prüfung vorgelegt von der Verwaltungscommission des Hosp. z. h. Geist. 1827. 74 S. mit einem Plan 8⁰.

beständigen Verzögerungen ein Ende zu setzen, den Vorschlag, die Baurisse von Rumpf und Burnitz Sachverständigen in Wien zur Begutachtung vorzulegen und deren Entscheidung als für die Verwaltungs-Commission bindend anzunehmen. Am 24. September erbot sich v. Lukasich, die Pläne persönlich in Wien vorlegen zu wollen, und dieser seiner Bemühung war es zu danken, daß der am 26. Mai 1831 von der Bauacademie als der beste erkannte Riß des Architekten Rumpf am 8. December desselben Jahres dem Senat vorgelegt werden konnte. Am 17. Mai 1832 lief durch die Stiftungs-Deputation die Genehmigung der Risse von Seiten des Senats ein, während die Ermächtigung zum Bau erst nach Beendigung des mit den Angrenzern des Bauplatzes schwebenden Prozesses in Aussicht gestellt wurde.

Am 21. Februar 1833 drang die Verwaltungscommission in einer energischen Eingabe an den Senat von Neuem auf die Ermächtigung den Neubau beginnen zu dürfen, welche am 3. Juni gewährt wurde.

Am 25. Mai 1835 konnte zum Neubau der Grundstein gelegt werden. Der Senior des Verwaltungsamtes, M. v. Lukasich, welcher um die Förderung des Baues sich so hohe Verdienste erworben, sprach, als er die Urkunden in den Stein legte, folgende Worte:

Dem Grundstein wird auf pergamentnen Rollen
Durch klare Schrift die Absicht anvertraut,
In der wir hier das Haus errichten wollen.
Damit sie noch die späte Nachwelt schaut,
Steht auf dem Pergamente hier geschrieben:
Den Leidenden sei ein Asyl gebaut;
Du sollst den Nächsten wie dich selber lieben.

Und bei den drei letzten auf den Stein geführten Schlägen sagte er:

Dem Werke darf der Name auch nicht fehlen,
Zum heil'gen Geist benannt sei unser Haus,
Ein heil'ger Geist mög' alle dann beseelen,
Die hier zum Segen wandeln ein und aus. —

In dem Nothjahr 1816 wurden durch Senatsbeschluß vom 5. November in dem „Weiberbau" des alten Armen- und Waisenhauses geheizte Säle für Nahrungslose eröffnet, welche daselbst Arbeit und Speise erhielten. Da die Noth im folgenden Jahre fortdauerte, so wurde um so mehr die Errichtung einer dauernden Versorgungsanstalt beschlossen, als man schon lange den Abgang einer Anstalt gefühlt hatte, worin zu Handarbeiten noch fähige, aber der Gelegenheit des Verdienstes ermangelnde Arme Nahrung, Unterkunft und Verpflegung fänden und zur Arbeit angehalten würden. Das Versorgungshaus*) wurde am 9. März 1817 mit zwölf Pfleglingen eröffnet, deren Zahl bis Ende des Jahres auf 53 sich steigerte. Zu ihrer Begründung gab die Staatskasse 6000, die Casinogesellschaft 3000, das Katharinenkloster 1200 fl. Der neue Bau der Anstalt wurde 1824 begonnen und in 1834 durch ein Geschenk des Herrn Heinrich Mylius von 30,000 fl. vollendet. Derselbe gab außerdem 1844 noch 15,000 fl. zur Ergänzung des Vermögens der Anstalt.

Ludwig Christian Kosel errichtete eine Privat-Taubstummenanstalt,**) welche am 1. November 1827 mit drei Zöglingen eröffnet wurde. Im Jahre 1829, wo die inzwischen erweiterte Anstalt in ein von Kosel erkauftes Grundstück an der Eckenheimer Landstraße (wo sie noch jetzt besteht) verlegt wurde, erhielt dieselbe auf 8 Jahre, vom 1. Januar 1829 an gerechnet, eine jährliche Unterstützung von 1000 fl. (ex aerario) mit der Verpflichtung arme Taubstummen für 300 fl. jährlich aufzunehmen.

Sechszehntes Kapitel.

Den Uebergang von der Sorge für öffentliche Gesundheitspflege zu den in dieser Periode aufgeführten Staatsbauten bildet naturgemäß der Friedhof. Unter der primatischen Regierung war durch Beschluß der großherzoglichen Generalcommission vom 19. April 1810 der Gemeinde zu Sachsenhausen ein Grundstück von 5½ Morgen als Begräbnißplatz angewiesen und den 7. October 1812 als solcher eröffnet. 1811 wurde der Begräbnißplatz der Katholiken auf den St. Peterskirchhof verlegt und der katholische Kirchhof am Dom den 31. Mai 1812 geschlossen. Für den Begräbnißplatz zu Frankfurt hatte man die Pfingstweide in Aussicht genommen; doch stellten die Anwohner

*) Stricker, Heilkunde S. 187. Bender S. 35. Belli X, 81.
**) Stricker, Heilkunde 193. Bender 273.

eine Klage an auf eine Entschädigung von 200,000 fl. Das Rescript des Fürsten Primas vom 11. August 1810 setzte fest, daß der Kirchhof auf der Pfingstweide angelegt und nach zehn Jahren über die Entschädigung entschieden werden solle.*) Erst mehrere Jahre nach Wiederherstellung des Weltfriedens wurde die Angelegenheit wieder in Anregung gebracht. Am 6. November 1818 theilte der Senat der gesetzgebenden Versammlung einen gemeinschaftlichen Bericht des Polizei- und Bauamts und Ackergerichts mit, welcher eine Verlegung des Kirchhofs vor die Stadt für unthunlich erklärte. Der Peterskirchhof sei zu lassen, in seiner Einrichtung zu verbessern und durch Ankauf des Breitenbach'schen Gartens zu erweitern. Am 18. November 1818 beantragte Herr Dominicus Behrends die Errichtung von Todtenhäusern als Schutz gegen die Gefahr, lebendig begraben zu werden, und da in derselben Sitzung mehrere Mitglieder den Antrag damit verbanden, den Kirchhof vor die Stadt zu verlegen, so wurden beide Anträge zusammen dem Senat mitgetheilt.**)

Am 4. Juli 1820 beschloß der Senat:

1. Daß Verlegung des Kirchhofs außerhalb der Stadt nicht wohl ausführbar sei, und sich deßhalb Herstellung und Vergrößerung des St. Peters-Kirchhofs empfehle, wozu vorläufige Bewilligung der nöthigen Summen im Allgemeinen in Aussicht genommen werde; 2. daß auf dem St. Peters-Kirchhof und in Sachsenhausen ein Todtenhaus erbaut und eingerichtet und dazu die nöthige Summe bewilligt werden möge; 3. daß die Judengemeinde dazu gleichfalls unverzüglich hinsichtlich ihres Kirchhofs anzuhalten sei; gleichwie 4. das Landamt auf den Dörfern die nöthigen Einleitungen zu treffen habe, worauf dann 5. eine umfassende medicinisch-polizeiliche Verordnung über Todtenhäuser, Todtenschau und Begraben der Leichen folgen solle. Die Commission der gesetzgebenden Versammlung erklärte, daß außerhalb der Stadt allerdings geeignete Plätze für einen Kirchhof zu finden seien, daß

---

*) Stricker, Heilkunde 120. Bender 115. F. Jb. IV. 181 ff. (über die daselbst [S. 122] ausgesprochene Behauptung: „Die Pfingstweide gehört dem Metzgerhandwerk" vergl. Euler in Mi. I, 118.)

**) Damit begann in Tagesblättern und Flugschriften eine lebhafte Polemik in dieser Angelegenheit. Den (Heilkunde S. 120 ff.) von mir verzeichneten Schriften ist noch hinzuzufügen: Iris 1821. N. 4 und 5, wo J. F. Willemer gegen und Dr. med. G. F. Hoffmann sen. für die Verlegung sprachen.

sonach von einer Erweiterung des St. Peters-Kirchhofs zu abstrahiren und die alsbaldige Verlegung des Kirchhofs zu empfehlen sei. Die Versammlung stimmte am 13. Januar ihrer Commission bei, worauf der Senat am 18. desselben Monats 25—30,000 fl. verlangte, um die Verlegung auszuführen, welche die Versammlung am 20. bewilligte.

Seit 1826 wurde auf dem eine Viertelstunde vor der Stadt, nördlich von ihr hochgelegenen Platz von 28 Morgen Größe mit der Anlage eines christlichen Friedhofs nach den Plänen des Baumeisters F. Rumpf*) begonnen; das dorische Portal, welches übrigens architektonisch nicht durchgebildet ist, wurde nach Westen gerichtet; der anliegend erbaute jüdische Friedhof erhielt sein Portal nach Süden. Am 30. Juni 1828 wurde der Peterskirchhof geschlossen; am 1. Juli als die erste Leiche eine Frau Allewon aus Amsterdam auf dem neuen christlichen Friedhof begraben.

Da die Verlegung der Friedhöfe vor die Stadt nothwendig neue Bestimmung der polizeilichen Anordnungen veranlaßte, so beauftragte der Senat mit deren Bearbeitung eine besondere Kirchhof- und Friedhofs-Commission von neun Mitgliedern aller christlichen Confessionen, und legte deren Entwürfe, insbesondere einer polizeilichen Begräbnißordnung nebst Beerdigungstaxen am 12. Mai 1828 vor, indem er zugleich die Permanenz dieser Commission beantragte. Die gesetzgebende Versammlung beschloß am 31. Mai mit mehreren Modificationen, z. B. das Blasen auf den Thürmen bei Leichenbegängnissen abzuschaffen, diese Anträge zu genehmigen, worauf der Senat am 2. Juni auf diese Wünsche einging.

In dieselbe Zeit wie die Eröffnung des Kirchhofs fällt auch die Anlage der Wasserleitung.**) Am 31. Mai 1815 hatte die ständige Bürgerrepräsentation auf den seit mehreren Jahren dahier verspürten Wassermangel aufmerksam gemacht, und bei einem Hochedlen Rath den Antrag gestellt, daß löblichem Bauamt aufgetragen werden möge, ungesäumt eine Aufforderung, sogar unter Versprechen einer ansehnlichen Prämie, öffentlich zu erlassen: bei löblichem Bauamt Vorschläge zu machen, wie diesem

*) Iris 1825. N. 167. Entwurf von Heinrich Hübsch nach dem Vorbild des Campo Santo von Pisa, mit Abbildung.

**) F. Jb. I. 197.

Mangel abzuhelfen sei, welche Vorschläge dann das Bauamt zu prüfen und von seinem eigenen Gutachten begleitet einem Hochedlen Rathe vorzulegen habe. „Die Wichtigkeit und Dringlichkeit des Gegenstandes mache wohl den Ausdruck des Wunsches überflüssig, daß löbl. Bauamt diesen Gegenstand nach aller Thunlichkeit befördern werde.“ Am 6. Juni 1815 wurde dieser Antrag zum Bericht an das Bauamt gegeben, welches schon nach zwölf Jahren, am 14. August 1827, seinen Bericht erstattete. In demselben gestand das Bauamt das Bedürfniß zu; Herr Inspector Hoffmann habe sich schon seit Jahren mit den Mitteln zur Abhülfe beschäftigt. Das Resultat dieser mühevollen Arbeit habe er nun dem Bauamt in einem ausführlichen Bericht sammt Rissen und Kostenüberschlägen übergeben, welche das Bauamt Hohem Senat zur Prüfung und weiteren Beschlußfassung vorlege. Am 3. Juli 1828 beantragte der Senat bei der gesetzgebenden Versammlung die Ausführung der Wasserleitung nach den Hoffmann'schen Plänen und zu diesem Zwecke die Aufnahme einer eigenen Anleihe von 260,000 fl., welche durch die Krähnchengebühr der Privathäuser zu 15 fl., das Brunnengeld und einen Beitrag aus dem Aerario zu verzinsen und tilgen sei. Am 4. October 1828 billigte die gesetzgebende Versammlung diesen Vorschlag.*)

Im nächsten Jahre wird die Wasserleitung begonnen, im sogenannten „Knoblauchsfeld“ eine 1800 Fuß lange, 6½ Fuß hohe und 4½ Fuß breite Gallerie erbaut, welche das Wasser sammelt. Es wird in 8 Zoll weiten Eisenröhren zur Stadt geleitet zu zwei Theilungskammern, wovon die für die erste Gallerie sich unter dem Eschenheimer, die für die zweite am Friedberger Thor befindet. Von den beiden unter sich verbundenen Behältern gehen die Röhren aus, welche die Stadt durchziehen und die Brunnen und Feuerkrahnen speisen. Bei ihrer Anlage war diese Leitung eine der ausgezeichnetsten, welche existirten, besonders auch dadurch, daß sie die Häuser zu so geringem Preise bis in die höchsten Stockwerke mit Wasser versah, wenngleich sie dem anfangs geplanten weiteren Zwecke, Kanäle zu spülen, nie hat entsprechen können. Am 12. Dezember 1832 beantragte der

*) F. Jb. V. 73.

Senat, da die für die neue Wasserleitung bewilligten Mittel für die Vollendung des bereits mit dem vollständigsten Erfolg bewährten Werkes nicht hinreichend seien, weitere 36,000 fl. zu bewilligen; am 22. Mai 1833 trat die gesetzgebende Versammlung diesem Antrag bei.*)

Der Erbauer der Wasserleitung, der Wasser-, Weg- und Brückenbau-Inspector Philipp Jakob Hoffmann (geb. 1778) erlebte nicht die gänzliche Vollendung seines Werkes; er starb am 8. October 1834. Am 17. Januar 1835 ging der gesetzgebenden Versammlung folgende Senatsvorlage zu: Aus der vom Bauamte ausgeführten Rechnungsstellung über den Bau der Wasserleitung geht hervor, daß noch eine weitere Bewilligung von 25,103 fl. 25 kr. erforderlich ist, welcher die für den verstorbenen Inspector Hoffmann zu bewilligende Remuneration von 6000 fl. beizufügen sein wird. Am 7. Februar genehmigte die gesetzgebende Versammlung diese Forderungen des Senats. —

Der Mangel eines schicklichen Lokals zur Unterbringung der kostbaren Schätze hiesiger Stadtbibliothek**) in allen Fächern der Litteratur war durch das stete Anwachsen der Bücherzahl sehr fühlbar geworden, weshalb man schon vor Jahren an den Bau eines neuen Lokals dachte. Herr Senator Brönner schenkte dazu in 1802 fl. 25,000, welche er vom Beginne des Baues in fünf quartalsweisen Raten zu 5000 fl. zahlen wollte, indem er zugleich dabei die alten Stadtgebäude am Roßmarkt und die erworbene Eckbehausung an der Galgengasse berücksichtigt zu sehen wünschte. Der Senat nahm durch Beschluß vom 1. Juni 1802 dieß Geschenk mit Dank an, und beschloß am 26. Mai 1803 den vom Stadtbaumeister Georg Christian Heß (1756—1816), gefertigten Riß zu Grund zu legen, die bürgerlichen Collegien aber erklärten sich gegen diesen Riß und wollten den am Holzgraben und Pfandhaus gelegenen Platz gewählt wissen, und da die Verhandlungen kein Ende nahmen, so proponirte der Senat einstweilen das Lokal über dem Pfandhause zur Bücherbewahrung zu bestimmen. Dagegen erklärten sich aber nicht nur die bürgerlichen Collegien, sondern auch Senator Brönner trat mit der Aeußerung hervor:

*) F. Jb. II, 40, 178. IV, 242, V, 102. 125.

**) Beuder 123. F. Jb. 17. Juli 1883 ff.

er habe schon in 1798, wo man beabsichtigt habe, die Stadtbibliothek auf den zweiten Stock des Pfandhauses zu verlegen, woselbst er, Brönner, bekanntlich einen großen Vorrath Bücher liegen habe, für Ueberlassung dieses Lokals zu eigenem Bücherlager die Summe von 25,000 fl. auf den Fall des Baues einer neuen Stadtbibliothek zugesagt und die Gutheißung der Senatsdeputirten erlangt. Solle er aber dieses Lokal räumen, so müsse er bedauern, daß man von seinem zum Besten des hiesigen Gemeinwesens gemachten Anerbieten keinen Gebrauch machen wolle. — Um nun die Brönner'schen fl. 25,000 nicht zu verscherzen (wie ein Rathsschluß vom 6. November 1804 sich ausdrückt) stand man von jenem Vorhaben ab, und brachte die Bücher einstweilen an verschiedenen Orten unter.

Die folgenden Jahre waren der Verfolgung dieser Angelegenheit nicht günstig. Am 22. September 1812 starb Senator Brönner und in seinem Testament fand sich das fragliche Legat zwar vor, aber mit der Bestimmung, daß die fl. 25,000 verfallen sollten, wenn binnen zehn Jahren nach seinem Tode der Bau nicht unternommen wäre. Alsdann sollten 20,000 fl. dem Brönner'schen Haupterben zufallen, und nur die Zinsen von 5000 fl. zur Anschaffung von Büchern für die Stadtbibliothek verwendet werden. Am 15. Juli 1815 sicherte Herr v. Bethmann fl. 3000 zu, wenn der Plan zu diesem Bau noch in 1815 fest angenommen, der Grundstein gelegt und der Bau unausgesetzt fortgeführt würde, welchen Termin er nachmals bis Ende Februar 1816 erstreckte, worauf dann endlich am 13. Februar der am 13. November 1815 vorgeschlagene Platz ohnweit des Obermainthors allseitig genehmigt wurde. Nachdem man somit hinsichtlich des Platzes ins Reine gekommen war, beschloß der Senat am 5. März 1818, sämmtliche seither eingelangten Risse der ständigen Bürgerrepräsentation zur Verständigung im Allgemeinen mitzutheilen, mit dem Anfügen, daß er bei der gesetzgebenden Versammlung beantragen werde, die Realitätenkasse soweit nöthig zur Deckung der Kosten beizuziehen. In Folge der Erklärung des Bürgercollegs reichte das durch zwei Mitglieder desselben und des Senats verstärkte Bauamt am 22. April 1819 ein Gutachten über die verschiedenen Risse und den Kostenüberschlag ein, welchem ein, in Folge eines Gutachtens des großherzoglich hessischen Oberbauraths

Moller, umgearbeiteter umfassender Plan des Stadtbaumeisters Joh. Friedr. Christian Heß (1785—1845) zu Grunde lag, nach welchem 113,754 Bücher untergebracht werden könnten und das Ganze fl. 145,000 mit einstweiliger Aussetzung der Herrichtung von Büchersälen kosten sollte. — Nun aber sprach sich am 2. August 1819 das Bürgercolleg, welches früher mit dem Senat über den Platz einverstanden war, gegen diesen aus, weil er viel zu entlegen und in Kriegszeiten zu großer Gefahr ausgesetzt sei, weshalb der Paradeplatz an der Zeil für das Gebäude sich empfehle; der Senat jedoch beharrte auf dem längst beschlossenen Platze am Obermainthor.

Inzwischen drohte das Brönner'sche Legat zu verfallen, und so trug der Senat am 28. September 1819 bei der gesetzgebenden Versammlung auf Genehmigung seiner Ansichten an, und auf Bewilligung der durch vorläufigen Verzicht auf die Einrichtung des Erdgeschosses auf 130,000 fl. reducirten Kosten. Nach Abrechnung der Brönner'schen und Bethmann'schen Beiträge seien also 102,000 fl. aus der städtischen Realitätenkasse zu entnehmen. Dieser Senatsantrag wurde von der gesetzgebenden Versammlung an eine Commission verwiesen, welche einen Platz am Untermainthor vorschlug, und da die Versammlung diesen Antrag ihrer Commission am 18. und 22. Dezember 1819 annahm, der Senat aber am 17. Februar 1820 erklärte, die gesetzgebende Versammlung habe durch Bestimmung des Platzes ihre Competenz überschritten, so entstand eine neue Verzögerung. Endlich am 26. Februar 1820 nahm die Versammlung ihren Beschluß vom 18. December 1819 zurück und bewilligte, indem man zugleich die Einrichtung des Erdgeschosses in Aussicht nahm, 145,000 fl., wovon die überschießenden 15,000 fl. durch ein Anlehen zu decken seien.

Am 18. Oktober 1820 konnte endlich der Grundstein zum Bibliothekgebäude gelegt werden! Die bewilligte Summe reichte jedoch nicht zur Vollendung des Baues hin, da die Fundamente sehr tief gelegt wurden. Schon am 18. Februar 1823 wurden 48,820 fl. 11 Kr. Nachbewilligung verlangt, welche die gesetzgebende Versammlung ablehnte, indem sie eine Angabe der zur Vollendung des Baues definitiv nöthigen Summe verlangte. Am 10. Juni 1823 stellte der Senat dieselbe auf 80,951 fl. 23 Kr. fest, nämlich 55,665 fl. für den Bau und 25,286 fl. 23 Kr. für den Garten, und die Versammlung bewilligte dieselbe. Dennoch mußte der Senat, als er am 29. März 1825 anzeigte, das Gebäude sei so weit fertig, daß in einigen Wochen die Bücher darin aufgestellt werden könnten, mit einer neuen Creditforderung kommen, welche am 18. Mai 1825 mit 11,440 fl. von der gesetzgebenden Versammlung bewilligt wurde, so daß also das ganze Gebäude bis dahin über 236,000 fl. gekostet hatte.

Was nun die Bauten zur Erweiterung der Stadt und Erleichterung des Verkehrs betrifft, so zeigt der Stadtplan des Architekten C. F. Ulrich von 1819*), wieviel Terrain sowohl mainaufwärts, auf dem Fischerfeld, als am Untermainthor, von den ehemaligen Festungswerken noch unbebaut war. Der Schneidwall**), zuletzt ein beliebter Vergnügungsort, wurde 1818 auf den Abbruch verkauft.

Am 30. December 1818 hatte die gesetzgebende Versammlung den Antrag ihres Mitgliedes, Joh. Christoph Aumann, die St. Michaelskapelle und die daran gelehnten kleinen Kramläden an der Domkirche abbrechen zu lassen***) und den dadurch gewonnen werdenden freien Platz zur Vergrößerung des Marktes zu verwenden, für zulässig erklärt und dem Senat zur Rückäußerung übergeben.

Schon am 5. Mai 1829 stellte der Senat den Antrag an die gesetzgebende Versammlung, diesen Abbruch, soweit er die Kapelle und städtisches Eigenthum betreffe, zu genehmigen, worauf dieselbe am 23. Mai beistimmte. Die völlige Freilegung des Platzes nördlich vom Dom, welcher jetzt den Namen „Domplatz" führt, blieb nach großen Schwierigkeiten einer späteren Zeit vorbehalten. Bis dahin hatte der Platz: Pfarreisen geheißen†), von einem eisernen Roste, welcher zwischen dem Kreuzgang der Pfarrkirche zu St. Bartholomäus und der Michaelskapelle lag, und den Viehtrieb an dieser Stelle verhindern sollte. Weil aber die Frauenspersonen mit den spitzen Absätzen an ihren Schuhen öfters zwischen den Eisen hängen blieben, wurde um die Mitte des achtzehnten Jahrhunderts der Rost abgeschafft.

---

*) Gw. K. & K., S. 306.

**) Bender S. 111. Battonn. I. 152.

***) Bender, S. 117. F. Jb. 6. Juli 1833, S. 222.

†) Battonn III, 235.

Zur directen Verbindung der Brücke mit dem unterhalb derselben befindlichen Mainufer und zur Vermeidung des Umwegs durch die Fischergasse*) wurde von einer Anzahl Bürger das Anerbieten gemacht, ca. 20,000 unter der Bedingung herzugeben, daß von der Brücke abwärts nach dem Metzgerthor ein Quai in derselben Breite wie an der Schönen Aussicht errichtet und darüber bis zum 1. August 1825 definitiver Beschluß gefaßt würde. Auf Antrag des Senats wurde von der gesetzgebenden Versammlung ein Aerarialzuschuß von 8,000 fl. am 20. Juli 1825 und ein nochmaliger von 8,329 fl. 40 kr. am 20. December 1826 bewilligt.

Siebenzehntes Kapitel.

Bei Betrachtung der auswärtigen Verhältnisse von Frankfurt müssen in erster Linie die Beziehungen zwischen Frankfurt und der deutschen Bundesversammlung stehen. Die reichste Quelle für diese Zeit ist erst vor Kurzem erschlossen worden durch Veröffentlichung des „Gedenkbuchs zur Säcularfeier des Geburtstags von Johann Smidt."**)

Was insbesondere einerseits die Gründe betrifft, welche die Eröffnung vom 1. September 1815 bis zum 5. November 1816 verzögerten, andrerseits die Verhandlungen, welche in der Zwischenzeit gepflogen wurden, so theilt Smidt darüber folgendes mit (S. 130.):

Der wichtigste Grund war ohne Zweifel, daß die Territorialverhandlungen unter den einzelnen deutschen Staaten noch in der Schwebe waren. Alles, was man sonst am 1. December (1815) an Motiven vorbringen hörte, war untergeordneter Art. Der Thurn und Taxis'sche Palast war freilich noch vom Fürsten Hardenberg occupirt, derselbe räumte ihn aber am 2. December. Das in erster Linie in Aussicht genommene Deutsch-Ordenshaus, sprach man, habe bisher als Lazareth gedient und müsse erst gereinigt und möblirt werden; ein drittes geeignetes Lokal, das

*) Beuder, 222.

**) Herausgegeben von der historischen Gesellschaft des Künstlervereins in Bremen. Mit Smidt's Bildniß in Stahlstich. Bremen, C. E. Müller, 1873. Darin: Das erste Jahr in Frankfurt v. Const. Bulle, S. 88—192.

Haus des Herrn v. Hügel, könne man aus Delicatesse nicht beanspruchen, weil sein Eigenthümer, aus schmerzlicher Enttäuschung darüber, daß er nicht, wie er gehofft, selbst zum österreichischen Bundesgesandten ernannt sei, in Geistesstörung verfallen war. Eher ließ sich hören, wenn darauf hingewiesen wurde, daß Baden und Württemberg*) noch nicht einmal ihren Beitritt zum Bunde erklärt hatten, daß der preußische Vertreter nur provisorisch bevollmächtigt und der Präsidialgesandte ohne Instructionen war. Dies bewies wenigstens, daß man an den betreffenden Höfen Gründe haben müsse, die Eröffnung zu verzögern. Der Grund waren die schwebenden Territorial-Verhandlungen, welche, wie Metternich in einer Note an Albini, den designirten Präsidialgesandten, d. d. Paris, 21. November 1815, ausgesprochen, erst beendigt sein mußten, ehe der „die Unverletzlichkeit der einzelnen deutschen Staaten sichernde Bund" ins Leben treten konnte.

Der Bund konnte sein Dasein doch nicht mit einem innern Krieg beginnen, und damit allerdings drohte gegen das Ende des Jahres 1815 der Streit zwischen Oesterreich und Baiern um Salzburg und die von Oestreich garantirten**) Ansprüche Baierns auf den Badischen Neckar- und Tauberkreis. Auf die Hindernisse, welche auch nach dem 14. April 1816 eine fernere Verzögerung hervorriefen, können wir hier nicht näher eingehen; sie beruhten theils auf dem Versuche Preußens, nachträglich Zugeständnisse von Oesterreich hinsichtlich der Bundespräsidial- und Heeresfrage zu erlangen, theils auf der Nothwendigkeit, weitere Territorialfragen und die Angelegenheit der Bundesfestungen zu ordnen.

Am 16. September 1816 endlich theilte ein Artikel der Oberpostamtszeitung den 5. November als Eröffnungstag mit. Vorher gingen noch während des Monats Oktober Verhandlungen über das Verhältniß der Stadt Frankfurt zu der Bundesversammlung. Diese Frage wurde an einen Ausschuß gewiesen, welcher aus v. Martens (Hannover), v. Eyben (Meklenburg) und Smidt bestand. Der letztere vertrat sehr eifrig, zum Theil eifriger als mancher Frankfurter selbst, die Rechte Frankfurts So be-

*) Der König von Württemberg ließ seine vom 1. September 1815 datirte Zutrittsacte erst am 15. August 1816 überreichen.

**) Durch die sechs geheimen Artikel zum Münchener Vertrag vom 14. April 1816, abgedruckt in Martens nouveau recueil des traités, 3 Bd. 1818.

stand er nicht bloß darauf, daß Martens die Bezeichnung Magistrat, die er angewandt hatte, und die auch die Frankfurter aus früherer Gewöhnung wohl noch zu gebrauchen pflegten, mit Senat vertauschte, sondern er beseitigte auch den Ausspruch, daß die Bundes-Versammlung die Censur über alle Frankfurter Zeitungen führen solle, obgleich selbst der ältere Bürgermeister Dr. Metzler*) der Ansicht war, dem Senate würde eine solche Einrichtung gar nicht unlieb sein, weil sie ihn mancher Verlegenheit überhöbe. Danz**) dagegen theilte Smidt's Ansicht, daß Frankfurt sich eine solche Schmälerung seiner Souveränitätsrechte nicht bieten lassen dürfe. Smidt hätte den Artikel am liebsten ganz gestrichen gesehen, da er aber damit weder in der Commission noch in der Bundes-Versammlung durchdrang, so mußte er sich damit begnügen, eine Fassung durchzusetzen, welche das Vertrauen aussprach, der Senat werde eine erlaubte und wohlthätige Preßfreiheit so wenig beschränken, als etwaige Mißbräuche derselben unbestraft lassen, und dadurch die Bundes-Versammlung in dem einen, wie in dem andern Falle der Nothwendigkeit überheben, etwas weiteres deßhalb an den Senat gelangen zu lassen.

So war der wichtige Art. 2. geordnet; wenig bedeutend war Art. 1. (Schildwache am Sitzungslokal der Bundes-Versammlung) und Art. 3. und 4. (Exterritorialität der Gesandten und ihres Personals). Dagegen war im Art. 5. die Bestimmung von großer Wichtigkeit, daß in Zukunft kein frankfurter Bürger (den eigenen Bevollmächtigten der Stadt selbstverständlich ausgenommen) als Bundestagsgesandter angenommen werden solle. Diesen Antrag motivirte der Ausschuß dahin, man wolle der Gefahr vorbauen: „daß die kleinen Höfe aus ökonomischen Rücksichten frankfurter Bürger, reiche Bankiers, wohl gar am Ende den neugebackenen Judenbaron Herrn v. Rothschild, zu Gesandten erkören, worüber dann am Ende das Ansehen der Bundes-

---

*) Joh. Wilh. Metzler, geb. 1755, seit 1785 in Diensten der Stadt Straßburg, seit 1790 Königl. Distriktsrichter daselbst, 21. Februar 1792 Stadtschreiber und Canzleirath in Frankfurt, Senator 1792, jüngerer Bürgermeister 1805, Schöff 1816, älterer Bürgermeister 1817, 1819, 1823, emeritirt 1836, † 27. Mai 1837. (Mi. V. 91.)

**) Joh. Ernst Friedr. Danz, geb. 1759, Syndicus 1798, Schöff 1816, † 2. Januar 1838.

versammlung, wie das des weiland Reichstag zu Regensburg den Weg alles Fleisches zu gehen riskirte." *)

Der Präsidialgesandte, Graf Buol, machte dem Senat durch eine Note Mittheilung von dem Resultat der gesammten Berathungen über das gegenseitige Verhältniß der Bundes-Versammlung und der Stadt. Der Senat antwortete darauf durch eine von Danz concipirte Note, welche zwar nur gegen zwei von den 8 Artikeln Einwendungen erhob, dabei aber so breit und steif juristisch abgefaßt war, daß Smidt meinte, man sehe daraus, wie die Frankfurter noch lernen müßten, bei ihren Mittheilungen an die Bundes-Versammlung einen andern Zuschnitt, als den der Wiener und Wetzlarer Acten, zu finden. Da man ein advokatenmäßiges Repliciren, das dann unzweifelhaft zu Dupliken, Tripliken und Quadrupliken führen werde, der Bundes-Versammlung nicht würdig fand, so begnügte man sich auf Humboldt's Vorschlag mit einer kurzen Empfangsbescheinigung, welche die Freude der Bundes-Versammlung darüber aussprach, daß in den meisten Punkten Einverständniß herrsche, und über die Differenzpunkte weitere Feststellungen vorbehielt.

Neben diesen Conferenzen lief noch ein Austausch von Wünschen und Absichten in Bezug auf die feierliche Eröffnung der Bundes-Versammlung her. Der Frankfurter Senat hatte schon am 30. Juli seine Bereitwilligkeit erklärt, zur Verherrlichung des Tages, neben dem noch nicht vollzähligen Linien-Militär, den sehr gut ausgerüsteten Landsturm zu Pferd und zu Fuß ausrücken, auch des Abends das Schauspielhaus und den Spaziergang vor demselben illuminiren zu lassen, während eine allgemeine Illumination sich bei der vorgerückten Jahreszeit nicht empföhle.

Ueber dieses Anerbieten sollte dieselbe Commission (Martens, Syben, Smidt) berichten. Ihr Antrag fiel dahin aus: „daß die Illumination als eine nicht deutsche (!) und mit unangenehmen Rückerinnerungen für das Publikum verbundene Sitte abzulehnen, dagegen eine Theatervorstellung, bei welcher auf anständige Plätze für die Gesandtschaften Bedacht genommen werde, und das Ausrücken des Landsturms zu wünschen sey". — In diesem Programm

*) Näheres bei Smidt, S. 120, 176.

vermißten Smidt und Plessen eine kirchliche Feier und wünschten, dieselbe in einer der letzten Conferenzen anzuregen. Buol war Anfangs derselben Meinung, plötzlich aber wirkte er, mit Humboldt wetteifernd, dagegen. Welche Intriguen dabei zu Grunde lagen, darüber hat Smidt (a. a. O., S. 178—180) nur Vermuthungen mittheilen können; wir erwähnen die Sache nur, weil sie, wie auch die Angelegenheit der Schildwachen (S. 174, 175) ein Symptom des tiefgehenden Zwiespalts zwischen Oesterreich und Preußen war.

Endlich war der Tag der feierlichen Eröffnung der Bundes-Versammlung herangekommen.

Am 4. November Abends wurde mit allen Glocken geläutet und 101 Kanonenschüsse abgefeuert. Gleiches Geläute und Kanonendonner ertönten in der Stunde der Eröffnung, am 5. November von 11—12 Uhr. Jeder Gesandte fuhr in einem besonderen Wagen und im höchsten Gala mit seinem Secretär nach dem Taxis'schen Palast. In der Eschenheimer Gasse bildete der Landsturm Spalier; bei der Einfahrt jedes Wagens wurde das Gewehr präsentirt, die Trommel gerührt und die Fahne geschwenkt. Im Hofe war wieder Militär aufgestellt und die ganze Dienerschaft des Grafen Buol, prächtig gekleidet, stand an der Thüre; hinter derselben die Secretäre der Präsidialgesandtschaft, welche die Gesandten empfingen und durch die Vorzimmer bis in das Sitzungszimmer begleiteten. Vor diesem standen wieder ein paar Grenadiere, die das Gewehr präsentirten. Nachdem alles versammelt war, setzte man sich gerade wie in den Präliminarconferenzen, jeder in seinen Lehnstuhl, bloß der württembergische und der holsteinische blieben leer, indem der Graf von Mandelsloh*) noch nicht angekommen und Herr v. Eyben fortwährend krank war. Die Secretäre stellten oder setzten sich hinter die Gesandten, wo einfache Stühle an die Wand gestellt waren.

Der Graf Buol eröffnete nun die Versammlung mit Verlesung eines Theils einer von Wien ihm zugesandten Rede, welche dann auch gedruckt umgetheilt wurde. Herr v. Humboldt verlas

*) König Friedrich v. Württemberg war am 30. Oktober 1816 gestorben; von Linden hatte am Abend des 4. November seine Abberufung erhalten, mit dem Vermerk, daß Mandelsloh von dem neuen König (Wilhelm) zu seinem Nachfolger bestimmt sei.

auch eine halbe Seite, worin er die Zustimmung seines Hofes versicherte. Gleiche Erklärungen gaben mündlich auch die übrigen Gesandten nach der Reihe, bloß Herr v. Gagern verlas eine längere Rede. Die meisten sagten nur ein paar Worte, wer es konnte aus dem Kopf, und wer nicht gewohnt war, frei zu reden, schrieb sich, bis die Reihe an ihn kam, einige Zeilen dazu auf, was sich — setzt Smidt hinzu — aber nicht gut ausnahm.

Dann wurden die Ratificationen der deutschen Bundesacte, welche sämmtlich auf dem Tische lagen, vorgezeigt, die österreichische, preußische und sächsische verlesen und die übrigen nur eingesehen von dem, der Lust dazu hatte. Die meisten waren in dunkelrothem Sammet prächtig eingebunden, und die Siegel theils in silbernen, theils in goldenen Capseln, welche die Größe eines Quartblattes erreichten. Die bremische, sowie die mehrerer kleinen Staaten, die nur aus ein paar Bogen Papier bestanden, nahmen sich dagegen etwas kläglich aus. — Dann sollten die Vollmachten verlesen werden; da man sie aber schon sämmtlich gehört hatte, so verschonte man sich gegenseitig damit und nahm alles für gut und richtig an. Nur eine neue holsteinische Vollmacht wurde verlesen und die Stimme auf das seit Abschluß der Bundesacte von Dänemark erworbene Lauenburg erstreckt. Bei dieser Gelegenheit gaben Meklenburg und Anhalt eine kurze Verwahrung wegen ihrer bekannten alten Ansprüche auf Lauenburg zu Protokoll, deren Form aber vorher schon mit Herrn v. Eyben freundschaftlich verabredet war.*)

Endlich wurde die erste ordentliche Zusammenkunft auf Montag den 11. November festgesetzt und so die Versammlung geschlossen. Alles fuhr wieder nach Hause, das Militär paradirte, präsentirte und salutirte wie bei der Ankunft. Straßen und Fenster waren von einer Menge Zuschauer belebt. Um 4 Uhr war großes Diner beim Grafen Buol, woran außer den Gesandten von England und Frankreich, Lord Clancarty und Graf Reinhard, zahlreiche andere in Frankfurt weilende Diplomaten, der Bürgermeister Metzler und die drei Senatoren der Commission der auswärtigen Angelegenheiten u. s. w. anwesend waren. Lord Clancarty, der die Gräfin Buol, die einzige Dame

*) G. v. Meyer die Grundgesetze des deutschen Bundes. Frankfurt 1845. S. 26.

welche anwesend war, zu Tisch führte, brachte einen Toast auf die deutsche Bundes-Versammlung aus, Graf Buol ließ dagegen die alliirten Mächte leben. Die Frankfurter ließen während der Tafel wieder tüchtig kanoniren. Um [illegible] Uhr war große Gesellschaft mit Damen beim Grafen Buol.

Der Frankfurter Senat und das Bürger-Collegium haben ein Capital, worüber sie zu wohlthätigen Zwecken zu disponiren hatten, an diesem Tage zu dem ersten Fond einer Versorgungs- und Arbeitsanstalt für verschämte Arme bestimmt, deren Verwaltung sich an den Wirkungskreis des hiesigen Frauen-Vereins anschließen soll. (Vergl. oben S. 139).

Eine Reihe von Festlichkeiten anderer Art ließ Graf Buol in den nächsten Tagen noch folgen; er legte sichtliches Gewicht darauf, die Eröffnung seinerseits so glänzend als möglich zu feiern.

Was über Smidt's Thätigkeit in Frankfurt (S. 91 ff.) noch weiter mitgetheilt wird, gehört mehr der bremischen, der deutschen Geschichte, ja der Psychologie, als der Frankfurter Geschichte an; wie er bei den einen durch Bremer Delicatessen: Alandwein und Seefahrtsbier, Neunaugen und frische Häringe, Schildkröten und Austern, Rheinwein aus dem Rathskeller rc., bei den andern durch ein Ehrenbürgerrecht und die Verleihung einer Medaille für Bremen zu wirken wußte.

Außer Smidt's Aufzeichnungen ist für die spätere Zeit des intimen Lebens des Bundestags wichtig das Werk: „Briefe des k. preuß. Staatsministers, Generalpostmeisters und ehemaligen Bundestags-Gesandten, K. F. F. v. Nagler, an einen Staatsbeamten", herausgegeben von Ernst Kelchner und Prof. Dr. K. Mendelssohn-Bartholdy, 2 Theile. Leipzig 1869 (Mi. IV, 90.)

Die Ausbildung der neuen staatsrechtlichen Stellung von Frankfurt erforderte eine Reihe von Verträgen über Gegenstände, welche theils von der primatischen Periode unerledigt gelassen worden waren, theils in andrer Weise geordnet werden mußten. Was zunächst die staatsrechtliche Stellung der Stadt selbst betrifft, so hatte Art. 46. der Wiener Congreßacte von 1815 darüber bestimmt: „Die Stadt Frankfurt mit ihrem Gebiete, wie es 1803 bestand, ist für frei erklärt und wird an dem deutschen Bunde Theil nehmen. Ihre Institutionen werden auf das Princip einer vollkommenen Gleichheit der Rechte zwischen den verschiedenen

11*

Culten der christlichen Religion begründet sein. Diese Rechtsgleichheit wird sich auf alle bürgerlichen und politischen Rechte erstrecken, sowie in allen Beziehungen der Regierung und Verwaltung beobachtet werden. 4. Die Streitigkeiten, welche sich erheben könnten, sei es über die Einführung der Constitution, sei es über ihre Aufrechterhaltung, gehören vor die deutsche Bundes-Versammlung und können nur durch diese entschieden werden."

Dieser Artikel wurde durch Art. 61. der Wiener Schlußacte von 1820 ausdrücklich bestätigt.*)

Der frankfurter Territorialreceß vom 20. Juli 1819 ordnete die Verhältnisse der Bundesstaaten noch weiter; die Leyen'sche Grafschaft Hohen-Geroldseck wurde am 10. Juli 1819 von Oesterreich an Baden abgetreten, über die Verhältnisse zwischen dem Großherzog und dem Landgrafen von Hessen Beschluß gefaßt, über die Vertheilung der Gebiete im ehemaligen Saardepartement Verfügung getroffen u. s. w.**)

Zur Ordnung der zwischen Frankfurt und den Nachbarstaaten bestehenden Gemeinschaften wurden verschiedene Staatsverträge abgeschlossen. Ein solcher, vom Senat am 12. Juni 1824 mit dem Großherzogthum Hessen-Darmstadt abgeschlossen und am 14. Juli d. J. von der gesetzgebenden Versammlung genehmigt, ordnete die seither bestandenen Hoheits-, Kirchen-, Schul- und Gemeindeverhältnisse von Niederursel.***)

Mit dem Herzogthum Nassau wurde am 29. April 1816 ein Vertrag geschlossen (am 26. März 1817 von der gesetzgebenden Versammlung genehmigt), wodurch die Gemeinschaft des Schwanheimer Bruches aufgehoben wurde. In diesem 735 Waldmorgen großen Districte hatte die Gemeinde Niederrad Weiderecht, während die Landeshoheit Nassau zustand.†)

Ein zweiter vom Senat am 29. September 1826 abgeschlossener und am 28. Dezember d. J. von der gesetzgebenden Versammlung genehmigter Staatsvertrag ordnete alte Grenzstreitigkeiten.††)

---

*) G. von Meyer a. a. O. S. 12.

**) " " " 25, 27, 34.

***) Gesetzsammlung III, 234. Vergl. oben S. 134.

†) Bender, S. 77.

††) Bender, S. 244. Gesetzsammlung IV. 76. F. Jb. XII. 28.

In demselben Jahre kam auch die Theilungsangelegenheit der **hohen Mark** zum Abschluß. Zwar hatte schon 1813 eine Theilung derselben zwischen Hessen-Darmstadt, Großherzogthum Frankfurt, Nassau und Hessen-Homburg stattgefunden, aber der auf Frankfurt gefallene Theil umfaßte auch die Berechtigungen der Hanauischen Dörfer, welche bei Auflösung des Großherzogthums Frankfurt an Kurhessen zurückfielen und später zum Theil an Hessen-Darmstadt abgetreten wurden. Durch einen zwischen den Bevollmächtigten von Kurhessen, Darmstadt und Frankfurt am 4. März 1826 zu Friedberg abgeschlossenen (von der gesetzgebenden Versammlung am 5. Juli d. J. genehmigten) Vertrag wurde diese Gemeinschaft aufgehoben, welche nicht nur die Waldcultur hinderte, sondern auch zu mancherlei Verwickelungen führte.*)

Auf ein etwas schwierigeres Gebiet der auswärtigen Politik führte der Antrag, welchen Dr. **Dietz****) am 20. November 1817 in der gesetzgebenden Versammlung stellte auf Erlaß eines Gesetzes, Kraft dessen ein jeder Ausländer das feste Vertrauen hegen könne, in hiesiger Stadt die höchste Sicherheit zu genießen und nie Gefahr zu laufen, ohne die strengste Befolgung völkerrechtlich-peinlicher und polizeirechtlicher Gesetze verhaftet zu werden. Er begründete diesen Antrag durch das Schicksal des Königlich Preußischen Obersten von **Massenbach**, welcher mitten in der Nacht im Römischen Kaiser vermittels gewaltsamer Erbrechung seines Schlafgemaches auf Befehl des Senats gefangen genommen und auf der Stelle ohne Verhör und ohne Versiegelung seiner Scripturen und Effecten, an einen preußischen Officier abgeliefert worden sein sollte, worüber in allen Blättern des Auslandes auf eine die Ehre des Magistrates und folglich auch der gesammten Bürgerschaft — hart mitnehmende Weise gesprochen worden sei.

Auf Mittheilung dieses Antrags erklärte der Senat am 8. Januar 1818: Erörterungen über Verhaftnehmung des Obersten von Massenbach gehörten nicht zur Competenz der Versammlung; der Senat sei sich bewußt, nach Pflichten gehandelt zu haben, halte es unter seiner Würde, sich gegen Zeitungsschreiber und deren Gehülfen irgend zu vertheidigen, und sei überzeugt, daß

---

*) Bender, S. 233. Gesetzsammlung IV. 77. Dr. jur. Friedrich **Scharff** AN. II. 318.

**) Bender, S. 101.

seine und der Bürgerschaft Ehre nach keiner Seite hin beeinträchtigt oder das unschätzbare öffentliche Vertrauen des Auslandes gegen hiesige Stadt verscheucht worden; ohne rechtlichen Grund werde nie ein Ausländer hier verhaftet, oder ausgeliefert, so wenig als der Senat Minister und Fürsten kenne, gegen deren Gewalt eine besondere Sanction der Versammlung: daß er nichts Rechtswidriges thun dürfe, Schutz gewähren müßte, oder gegen welche die Rechtspflege eines eigenen unverletzbaren Asyls bedürfte. Das proponirte Gesetz erscheine um so entbehrlicher, als dadurch nur das proclamirt würde, woran bis jetzt Niemand gezweifelt und was in allen civilisirten Staaten fortwährend als unverbrüchliches Gesetz der gebildeten Menschheit gelte. Dieser Ablehnung des Senats trat am 4. Februar 1818 die gesetzgebende Versammlung mit großer Mehrheit bei.

Wie von preußischer Seite diese Angelegenheit aufgefaßt wurde, darüber geben folgende zwei officiöse Artikel der Ober-Post-Amtszeitung Aufschluß. In dem Blatt vom 20. August 1817 hieß es: Frankfurt, 19. August. Auf ausdrückliches Ansuchen der k. preuß. Regierung an den Senat der freien Stadt Frankfurt ist der Oberst v. Massenbach hierselbst arretirt und dem k. preuß. Hauptmann Herrn v. Kölchen übergeben worden, um in Berlin vor einer von Sr. Majestät dem König v. Preußen angeordneten Commission über sein Benehmen Rechenschaft zu geben. Und im Blatt vom 4. September hieß es: Der Oberst v. Massenbach hat sich eines dienstwidrigen Betragens schuldig gemacht, indem er dem bestehenden und früher von ihm selbst in Antrag gebrachten Gesetze: „daß kein Generalstabsofficier Papiere über die Vertheidigung des Landes, welche ihm auf seinen geleisteten Diensteid anvertraut waren, öffentlich bekannt machen dürfe" entgegen gehandelt und mehrere für den preußischen Staat nicht unwichtige Papiere durch den Druck ins Publikum gebracht hat. Seine am 5. Januar 1817 nachgesuchte Entlassung aus dem preußischen Militärdienst wurde ihm (laut Schreiben des Staatskanzlers vom 10. Februar) vom König nur unter der Bedingung ertheilt, daß Massenbach sich zuvor nach Berlin begeben und alle Dienstpapiere abliefern solle. Da er aber statt dessen die Publikation dieser Papiere angekündigt hat, wenn die preußische Regierung ihm dieselben nicht abkaufe, so ist er auf Requisition der preußischen

Regierung als ein in preußischen Diensten stehender Officier in Frankfurt verhaftet worden.

Anhang zum siebenzehnten Kapitel.

Friedrich Maximilian Freiherr v. Günderrode.*)

Friedrich Maximilian von Günderrode war zu Frankfurt geboren am 13. December 1753. Seine erste Bildung erhielt er in der Beauclair'schen Pensionsanstalt in Hanau, dann besuchte er die Gymnasien zu Hanau und Karlsruhe. Im Jahre 1771 bezog er zum Studium der Jurisprudenz die Universität Göttingen, und von da ging er 1773 nach Wetzlar, um sich praktisch in das bei dem Reichskammergericht übliche Rechtsverfahren einzuarbeiten. Seine praktische Laufbahn als Staatsdiener trat v. Günderrode in 1775 im Dienste des Fürsten v. Nassau-Usingen an. Er wurde als Hofgerichts-Assessor nach Wiesbaden berufen, zum Mitglied des Consistoriums und später zum Director der Polizei ernannt und begleitete 1784 als vortragender Rath den Fürsten auf einer in wichtigen politischen Angelegenheiten unternommenen Reise nach Paris. Nach seiner Rückkehr wurde v. Günderrode die Würde als Senator in seiner Vaterstadt angeboten, welche er 1785 annahm, 1787 trat er in das Collegium der sieben älteren Schöffen oder kaiserlichen Räthe, und verwaltete von nun an die verschiedenartigsten Aemter. Als Aristokrat im besten Sinne des Wortes, als Mann von weitem Blick und unabhängiger Stellung, der klar die Dinge schaute wie sie waren und es verschmähte, sich selbst zu täuschen, mußte er nothwendig mit der von tausend Rücksichten bestimmten, zaudernden und engherzigen Handlungsweise der bürgerlichen Collegien öfters hart zusammenstoßen. So 1789 als Senatsdeputirter zum Bauamt wegen der endlosen Verzögerung des Baues der Barfüßerkirche.**) In dieser Stellung trug er viel zur Verschönerung der Stadt bei. Er

*) Kurze Lebensbeschreibung und Charakterschilderung des verstorbenen Freiherrn F. M. v. Günderrode, Stadtschultheißen und Schöffen der freien Stadt Frankfurt, Mitstifters und Vorstehers der Musterschule, in der Einladungsschrift zu der ꝛc. 1825 zu haltenden öffentlichen Prüfung in der Musterschule, von dem Director derselben, E. W. G. Bagge. Frankfurt 1825. Kr. G. 558. — B. VIII, 79. — Iris 1825, N. 132.

**) Nj. 1870, S. 21.

leitete als Consistorialpräsident die Angelegenheiten der Kirche und der Schule, und stand den öffentlichen Versorgungs-Anstalten vor. Daneben bekleidete er 1789—1803 das Amt eines Vertreters der Reichsstadt Frankfurt bei der Kreisversammlung des Oberrheins. Nach der Einnahme von Frankfurt durch die Franzosen in 1792 erhielt v. Günderrode den Auftrag, mit mehreren seiner Mitbürger*) nach Paris zu gehen, um dort bei der National-Versammlung den Nachlaß der der Stadt auferlegten Contribution zu betreiben und zu verhüten, daß die Stadt nicht ferner feindlich behandelt werde. Ungern folgte er dieser Bestimmung, da er voraussah, daß der Zweck dieser Sendung nicht erreicht werden würde. Der Erfolg bestätigte diese Vermuthung nicht nur vollkommen, sondern noch obendrein versetzte ein falscher Bericht des Generals Cüstine, als ob Frankfurts Senat und Bürgerschaft an der kurz darauf (2. December) erfolgten Wiedereroberung der Stadt durch die preußischen und hessischen Truppen thätigen Antheil genommen hätte, die Fürsprecher Frankfurts in die äußerste Gefahr.

Günderrode wurde mit seinen Collegen in Paris verhaftet, mußte mehrere Monate lang zwischen Todesfurcht und Lebenshoffnung hinbringen und erhielt erst mit Ausgang des über Ludwig XVI. verhängten Processes seine Freiheit wieder. Des Königs Todestag war sein und seiner Collegen Befreiungstag.

Folgendes ist der wesentliche Inhalt der Briefe, welche Günderrode aus Paris über den Verlauf dieser Angelegenheit an seinen Freund Hufnagel schrieb; die Originalien befinden sich sämmtlich in meinem Besitz.

Paris den 23. Dezember 1792.

— Seitdem es nicht mehr von unserem Willen abhängt, unseren Aufenthalt abzukürzen, finde ich mich weit gelassener und ergebener in das Schicksal, als vorher; selbst die Offizierwache, die uns beschützt, ist eine Wohlthat die uns sichert, auf keine unnütze Weise Märtyrer für das Vaterland zu werden. Die Greuelthaten und Morde, die unseren menschenfreundlichen Mitbürgern

*) Joh. Heinr. Jordis und Peter C. Müller; Gottlieb Engelbach, welcher schon früher mit dem Syndicus Seeger nach Paris gesandt worden, war auch noch dort.

o unverdient bei der Convention, in zwanzig Zeitungsblättern und durch das laute Ausrufen ihres Inhalts durch die Straßen vorgeworfen wurden, waren mehr als hinreichend, den reizbaren Theil der unteren Stände aufzufordern, den Tod der angeblich ermordeten 1200 oder 2000, wie es hieß, durch den Einfall in die Wohnung der Deputirten zu rächen, über deren Hausthor in großen Buchstaben zu lesen war: Grand hôtel de Francfort meublé, und vor welchem die Schreier 12 Stunden lang mit vollem Halse ausriefen: „Le Rapport du général *Custine* de la prise de Francfort par les Prussiens, et le massacre de 1200 Français par les traîtres Francfortois, et le grand couteau, dont étaient armés 10,000 bourgeois!" Unsere wachthabenden Offiziere beruhigten uns zwar durch die Versicherung, daß sie bei anscheinender Gefahr unsere Wegschaffung in ein entlegenes Quartier besorgen, oder für hinreichende Verstärkung bedacht sein würden, indem bei einem wirklichen Anfalle die Gefahr für sie dieselbe blieb. Mit Geduld und Ergebnng ließen wir uns nicht merken, wie wenig Gefallen wir an dieser Serenade hatten, und betrugen uns also äußerlich vollkommen unbekümmert und unbesorgt, aßen ganz fröhlich zu Mittag und bemerkten die langen Gesichter unserer hiesigen Bedienten nicht, daß bei so trüben Conjuncturen die Eßlust nicht von uns gewichen sei!

So lange wir es nicht vermögen, dem General Cüstine den Zorn, den er auf unsere Stadt wirft, zu nehmen, wird sie immer in großer Gefahr bleiben, und wie schwer wird das gegen solche Gesinnungen fallen! Wollte doch der Himmel sein Herz ändern und seinen harten Sinn erweichen, damit die Convention zur Vergütung des ungerechten Verdachts das Entrichtete zurückgäbe und völlige Befreiung für die Zukunft zusicherte; ohne dieß wird all unser Bemühen wenig fruchten!

Günderrode.

Paris den 25. December 1792.

Wir haben heute unsere Urkunde von Hause erhalten, zwar nicht vollständig, wie ich besorgte und in Zeiten warnte; um aber nicht wieder vierzehn Tage durch Nachforderung einzubüßen, wollen wir sogleich zur Rechtfertigung schreiten und abwarten, was man darauf wegen der Stadt und unserer Freiheit beschließen wird. Bei den hiesigen Conjuncturen läßt sich so etwas nicht ahnen, vielweniger methodisch prognostiziren, und unsere Kräfte erstrecken sich kaum weiter, als auf ein stummes Erflehen günstiger Einflüsse und Zufälle! Wir wollen also gelassen thun, was wir vermögen, und zu unserer Aufmunterung das Beste hoffen!

Günderrode.

Paris den 28. December 1792.

Noch hat es mir während unserer zwölftägigen Gefangenschaft nicht an Muth und Standhaftigkeit gefehlt; wir müssen uns um so mehr damit bewaffnen, da wir nicht zu errathen im Stande sind auf wie lange Zeit wir unserer Freiheit beraubt bleiben sollen. Wir haben uns zweimal schriftlich an den Minister gewandt, aber vergeblich; noch ist uns die Ursache unserer Inhaftirung nicht bekannt gemacht, nichts mitgetheilt worden, worauf wir unsere Vertheidigung richten könnten.

Die gräßlichen Beschuldigungen gegen unsere menschenfreundlichen, wohlthätigen Mitbürger bei der Einnahme durch die deutschen Truppen, wovon die Zeitungen noch nicht aufhören, giftigen Lärmen zu blasen, ist der einzige Beweggrund, den wir vermuthen müssen. Wir schrieben das dem Minister, schlossen ihm viele unverdächtige Privatbriefe bei, die wenigstens in allen wesentlichen Beschuldigungspuncten bei jedem unbefangenen Leser die Vermuthung der Unschuld erzeugen müssen, fügten noch weitere einleuchtende Erläuterungen bei, baten ihn, solche dem Pouvoir exéoutif und dem Präsidenten der Convention vorzulegen, und zu entscheiden, ob die Deputirten eines auswärtigen freien Staats, die lange vor dem Ueberfall der Stadt in den Schooß der Convention ein Anliegen zur Entscheidung niedergelegt hätten, worauf seit 6 Wochen kein Beschluß erfolgt sei, die nach der Einnahme der Stadt, in vollem Vertrauen auf die Gerechtigkeit der Nation und ihren unverletzbaren Charakter, sich nicht entfernt hätten, wie sie thun konnten, ob solche unbefangene Leute längerhin ihrer Freiheit beraubt bleiben könnten, ohne ihnen die Gründe hiervon zu ihrer Vertheidigung mitzutheilen.

Auf alles Dieses erfolgte nicht eine Sylbe Antwort. Wir warten nun mit Ungeduld, daß man uns von Hause legaliter ausgefertigte Unschuldsurkunden zusende, worauf wir unsere Rechtfertigung zu gründen vermögen. Es wird nicht ganz leicht sein, sich solche zu verschaffen, die omni exceptione majora sind, oder woran nicht Ausstellungen gemacht werden könnten, es müßte denn sein, daß General Cüstine selbst der Wahrheit die Ehre geben und gestehen wollte, daß seine Berichte durch irrige Angaben veranlaßt worden seien, und da wir in Zeiten leben, wo alles möglich ist, so ließe sich der Fall denken, daß, wenn von dieser Seite auch Alles in sein wahres Licht gebracht worden wäre, man uns eröffnete die Gefangennehmung sei auch noch dieser oder jener andern Ursache wegen geschehen, die wir ebensowenig vermuthen als errathen konnten; wenigstens wiederholte ich das oft genug zur Aufforderung, uns einen hinreichenden Vorrath von Muth zu verschaffen, der auch im schlimmsten Falle zum gelassenen Ausharren hinreichte.

Der große Kostenaufwand, den unsere unglückliche Expedition der Stadt zuzieht, ohne ihr voraussichtlich auch nur den mindesten Nutzen zu gewähren; wird auch in der Folge unangenehm empfunden werden, und mich schmerzt es, das unschuldige Werkzeug davon abgeben zu müssen. Der Gebrauch des Papiergeldes, der Mangel an Verdienst und Arbeit macht, daß es besonders für Fremde unerhört theuer ist, und gleichwohl finden wir nicht den zehnten Theil von Bequemlichkeit an Wohnung und Heizung, wie wir gewohnt sind.

In einer so eben erhaltenen Antwort des Ministers sagte er, es sei sehr bewahrheitet, daß durch das Benehmen der Bürgerschaft vor, und durch das Eröffnen der Thore während der Belagerung die Uebergabe der Stadt hätte erfolgen müssen; es wird also darauf ankommen, ob die Rechtfertigung über diese beiden Beschuldigungspunkte vollständig wird beigebracht werden können und für hinreichend angesehen werden wird!

Günderrode.

Paris den 4. Januar 1793.

Es wird sich schwerlich sobald aufklären, wie es möglich sein konnte, daß ein öffentlicher Vorfall, wie der vom 2. December, so ungeheuer entstellt ward, daß ohne bestimmte Anklage, ohne daß bescheinigte Data wären angeführt worden, auf alleinige

Privat- und Zeitungsangaben, das Ministerium der größten und freiesten Republik einstimmig die Arretirung der Deputirten einer nicht angeklagten Stadt, selbst gegen den Antrag des Denuncianten verfügte, die Vertreter von 25 Millionen Menschen dieß gut hießen, daß in der aufgetragenen näheren Untersuchung kein Wort von den zuerst erwähnten Beschuldigungen vorkommt, die Arretirung gleichwohl bestehen bleibt, die sich doch vom Anfang an, weder nach der Moral, noch nach dem Völkerrechte vertheidigen, noch entschuldigen läßt, und die Gemüther der Gesetzgeber und Richter noch so verblendet und verbittert sind, daß man sich glücklich zu schätzen hat, wenn sie bei Vorlegung der unbezweifeltsten Unschuldsurkunden darauf achten und das Ganze nicht ohne alle Prüfung als verdächtig abweisen wollen!

In etlichen Tagen wird unsere Rechtfertigung überreicht und im Druck ausgetheilt; es wird sich dann zeigen, was Zufall und Verhängniß darauf verfügen; unser wesentlichstes Anliegen besteht aber darin, dieser Unschuldsdarlegung die möglichst ausgedehnte Verbreitung zu verschaffen, hauptsächlich bei den Armeen, wo die erste Anklage den tiefsten Eindruck zurückgelassen hat. Freiwillige Krieger bei dem Heer am Rhein schrieben noch ganz kürzlich in dem Geist an hiesige Verwandte, mit dem Beifügen, daß sie dagegen von ihrem General die Zusage hätten, Stadt und Ortschaften zu plündern und Alles in Staub und Asche zu verwandeln, sobald sie nach Frankfurt zurückkämen!*) Sollte das Schicksal der Waffen das zugeben, wieviel würde da nicht zu fürchten sein? Denn ist gleich der Stadt angelobt, daß in dem Falle keine Rache geübt werden solle, so hatte sie ja auch vier Tage vor dem 2. December die feierliche Zusage, daß sie von aller Belagerung und Gewalt der Waffen verschont werden solle!

Ich sehne mich unendlich, wieder bei Ihnen zu sein; so lange wir aber an die übersprudelnde Quelle der Freiheit gekettet liegen, wo wir nicht wissen können, wann und wie man uns die

*) Am 1. Januar 1793 schreibt v. Günderrode in demselben Sinne an seinen Schwager, den Schöffen v. Humbracht, über die in der Armee gegen Frankfurt genährte Erbitterung und die daraus für die Stadt im Fall eines Sieges der Franzosen folgende Gefahr: „Jordis hatte an den jüngeren Cüstine geschrieben, dessen Freundschaft er sich rühmt, die erhaltene Antwort aber enthielt außer den Höflichkeitsversicherungen nur allgemeine Aussichte ohne irgend einen Trost; ich besorge daher, daß die Frau v. Vrints nicht mehr ausrichten werde."

Fesseln will abstreifen lassen, deren constitutionelle Benennung Sie erfahren sollen, sobald das künftige Gesetzbuch der Nationen darüber entschieden haben wird, so lange muß ich mich mit eitlen Wünschen begnügen.

Günderrode.

Paris den 16. Januar 1793.

Die äußerst wichtige Entscheidung des merkwürdigen Prozesses Ludwig XVI. hat unsere unendlich weniger bedeutenden Angelegenheiten zurückgesetzt; man verspricht uns übrigens heiligst, noch vor Ende der Woche die Loslassung, in welchem Falle wir einstimmig entschlossen sind, die Rückreise möglichst zu beschleunigen. Sie sehen selbst ein, wie wenig wir durch ferneres Sollicitiren das Gezahlte zurückbekommen könnten, die Frankfurter geheime Deputation urtheilt ebenso, wir dürfen also mit ihrer Genehmigung dieses mir über Alles unleidliche Geschäft einem hiesigen Sachwalter zu fernerer Besorgung übertragen.

Günderrode.

Paris den 19. Januar 1793.

Aus verschiedenen allgemeinen Angaben hatte ich schon für nicht wahrscheinlich gehalten, daß die Drohungen gegen unsre Stadt in Erfüllung gehen würden. Sie haben mir es aber so gründlich und überzeugend dargethan, daß mein Zutrauen über einen Gegenstand, der mir in so vieler Rücksicht und wegen meiner eigenen künftigen Existenz äußerst wichtig ist, neu befestigt ist. Aus diesem Geständniß sehen Sie, daß das Anliegen und das gemeine Wohl allzugenau mit dem eigenen Vortheil des Besorgten verknüpft ist, als daß ihm irgend ein Verdienst beigelegt werden dürfte. In einer solchen Verbindung ist der Eigennutz wohl aber auch untadelhaft, und deßwegen wollen wir mit gutem Zutrauen auf die Vorsehung hoffen, sie werde die Stadt, um der vielen Gerechten willen, die sie vereinigt, schützen und schirmen; davon verspreche ich mir unendlich mehr, als von Allem, was wir vermögen, um die Irregeführten und Irreseinwollenden durch Darstellung der Wahrheit auf billige, gerechte, menschliche Gesinnung zurückzubringen. Das Wort Plündern hat für den gemeinen Mann einen Reiz, den er dem Freiheitssinne gleichsetzt, und den er damit allzugern vereinigt, als daß er ihm ohne den strengsten Subordinationszwang ausgeredet werden könnte.

Günderrode.

Paris den 20. Januar 1793.

Wenn wir nur jetzt die Thätigkeit des Referenten in unsrer Sache auf die nächsten Tage in Bewegung setzen können, sonst fürchte ich die unangenehmste Weiterung wegen unsrer Befreiung; denn eben las ich in dem Jacobinerblatte einen Protokollauszug vom 28. December aus Mainz, wo noch mehr als 100 aus Frankfurt geflüchtete Franzosen die Uebergabe vom 2. December der feindlichen und grausamen Behandlung der Bürgerschaft unter gräulichen Vergrößerungen aufbürden. In jetzigen Zeiten, zumal wenn nun vollends die Commissärs von dort zurückkommen, könnte dieß einen mächtigen und schlimmen Eindruck hervorbringen. Hätte der Referent vor 10—12 Tagen, wie es sicher von ihm abhing, seinen Vortrag halten wollen, der, wie er versichert, keine Viertelstunde andauern soll, so könnten wir bei Ihnen sein!

Sogleich nach der schaudervollen Execution, die morgen Mittag sein wird, wollen wir die Beförderung auf alle thunliche Weise sollicitiren. Den Erfolg aber müssen wir freilich der Vorsehung anheimstellen, und uns auf den schlimmsten Fall mit Standhaftigkeit und Geduld möglichst ausrüsten!

Günderrode.

Günderrode hatte sich im Juni 1796 mit der um 24 Jahre jüngeren Fräulein v. Kettelhodt aus Rudolstadt verheirathet. Drei Wochen nach der Hochzeit drangen plötzlich um Mitternacht Gendarmen in das Schlafzimmer des Ehepaars; Günderrode wurde verhaftet, und ohne daß man ihm gestattete, ein Wort ohne Zeugen mit seiner Gattin zu sprechen, wenige Stunden darauf als Geißel für die der Stadt von den Franzosen auferlegte Contribution von Frankfurt abgeführt. Von einem Orte zum andern beordert, mußte Günderrode endlich mit den übrigen Geißeln von August bis December in den Festungen Charlemont und Givet, mitunter in enger Haft, zubringen.

Bald nach seiner Freilassung wurde er vom Senat zum Vertreter der Stadt bei dem Congreß zu Rastatt ernannt. Der Friedenscongreß, der nur kurze Zeit dauern sollte, verlängerte sich wider Erwarten, und v. Günderrode, überzeugt, daß er wenig Erwünschtes wirken könne, kehrte noch vor dem Abbruch der dortigen Unterhandlungen nach Frankfurt zurück, um nach so vielen Stürmen auch einmal im häuslichen Kreise zu ruhen und frische Kräfte zu sammeln.

Im Jahre 1803 sah sich der Rath genöthigt, die seit Jahrhunderten bestehende Abgabe des Weinumgeldes oder der achten Zapfmaas, wegen deren man sich bisher mit einer geringen jährlichen Abfindungssumme von Seiten der Weinwirthe begnügt hatte, schärfer einzutreiben. Bei den Kosten der Reichskriege, welche die städtischen Behörden sogar genöthigt hatten, außerordentliche Contributionsbeiträge aus dem Vermögen der Bürger zu erheben, glaubte man sich verpflichtet, auf jene im Ganzen sehr ergiebige, dem Einzelnen kaum fühlbare Abgabe zurückzukommen.*) Schöff v. Günderrode schrieb damals an den auf einer Badreise abwesenden Senior Hufnagel folgenden Brief vom 23. Juli 1803:

„Vielleicht ist Ihnen schon bekannt geworden, daß der Gastwirth Ringenheimer**), als er am letzten Donnerstag als fax et tuba in dem Widerstande gegen das Weinumgeld gepfändet werden sollte, ein solches gewaltthätig verhinderte und den Grund davon in das Vorgeben schützte, von dem durch ihn und seine Consorten aufgestürmten Pöbel geplündert zu werden. Dieses ist der Text zu einem Possenspiel, das man uns eine Nacht und dritthalb Tage hindurch in der Rathsstube, wo wir permanent bleiben mußten, spielen ließ! Die 300 Mann unsrer Garnison, über die zu gebieten war, schienen nicht hinzureichen, der Masse des Pöbels zu imponiren und Ordnung in allen Straßen bei der vorzunehmenden Auspfändung handhaben zu können; das

*) Das Nähere Mi. I. 164. Staatskalender für 1804. S. 44. Rathschluß vom 18. Januar 1803, die achte Zapfmaas betreffend, S. 45. Rathschluß vom 22. Juli wegen des rückständigen Umgeldes, S. 46. Stadt-Canzlei-Anzeige vom 23. Juli, daß die versammelte Bürgerschaft aus einander gehen solle. S. 47. Rathschluß vom 16. August die achte Zapfmaas betreffend S. 49. Rathschluß vom 16. August ferners das Wein-Umgeld betreffend.

**) Zum Rothen Haus auf der Zeil.

bürgerliche, stets schwerfällig zu bewegende Militär der Quartiere aber fand in seiner Anhänglichkeit an die Wirthe und deren Sache sovielen Grund zu Ausflüchten und Zögerungen, die Wirthe wußten durch Vorschläge zur Parition so viele Zeit zu gewinnen, die Behörden zeigten so viele Aengstlichkeit und Verlegenheit, — und so kam es denn, daß erst gestern Vormittag die Ausführung mit Sicherheit geschehen konnte, welcher Augenblick dann abgewartet werden wollte, die Farce zu enden, indem der Gastwirth Schnerr die Gelder hinterlegte, welche Kingenheimer hätte zahlen sollen, damit die Auspfändung unterblieb und Kingenheimer den Ruhm davon trug, nicht dafür angesehen sein zu wollen, der Obrigkeit Folge geleistet zu haben. Bei solchen Vorfällen ist kein bittererer Schmerz als an der obrigkeitlichen Gewalt Theil zu nehmen, und so sehr ich mich durch Zeit und Erfahrung unterstützt bemüht habe, mich darin zu ergeben, so vermag ichs doch nicht zu verdrücken und unempfindlich gegen diese Schande zu sein! —

So viel dabei der ausübenden Gewalt zur Last fällt, so bleibt ihr doch auch Vieles zur Entschuldigung. Will sie mit Nachdruck und Kraft vorschreiten und den Unfug abkürzen, so ist die Gewalt dazu so beschränkt, daß sie nicht vermag, Ordnung und Ruhe in allen Quartieren zugleich durch ihr Militär zu handhaben. Fährt sie rasch mit der geringen Garnison zu Werk — die getheilt nichts vermag und überall schonend verfahren soll, — und eine Horde betrunkenen Gesindels treibt irgendwo Unfug, so soll die obere Gewalt dafür verantwortlich sein, und der allgemeine Tadel bedeckt den, der nicht alles so vorbereitet hat, daß dadurch dem Uebel zu steuern gewesen wäre. Nichts ist trübseliger, als eine reichsstädtische Organisation in Augenblicken überraschender Volksunruhen!

Mehrere Handelsleute, durch das Beispiel des Herrn Consul Bethmann angefeuert, griffen zwar zur Muskete, zu Patrouillen und Diensten unter ihren Bürgercapitäns, aber wie lange Zeit verfließt, bis daß dies geschiehet, und zur allgemeinen Folgeleistung reichte es doch lange nicht hin.

Die Sachsenhäuser, durch ihre Officiere hinterstellt, ließen sich nicht anfeuern, zu den Waffen zu greifen, und jeden Einzelnen zu belehren, warum und wozu es nütze, und daß die Insinuationen der verleiteten Wirthe und Consorten bös gemeint seien, wer vermag dieses, und was ist alles dazu erforderlich!

Günderrode's Verdienste um die Verbesserung des Schulwesens, insbesondere um Gründung der Musterschule sind bereits oben (S. 86) erwähnt; die Hindernisse, welche die Reformatoren dabei fanden, schildert ein Brief Günderrode's an Hufnagel vom 10. Juli 1805:

„Die Versammlung der Herren Bürgercapitäns, bei welcher wiederholt versucht werden will, deren Bereitwilligkeit zur Theilnahme an dem Umreichen der Subscriptionslisten zu gewinnen, soll heute noch statt finden; mithin kann auch noch heute ein jeder der wohlthätigen Einsammler in seinem Quartier das Resultat davon erwarten und sich bei seinem morgenden Umgang darnach richten. — Hr. Schöff Schweitzer ist darinnen mit mir einverstanden, daß wir den auf morgen verabredeten Anfang zum Umgang nicht wieder auf einen Tag weiter verschieben, da Verschieben so vieles schadet und die Gegner nur allein davon Nutzen ziehen. Was durch Aufschub gewonnen werden konnte, ist reichlich erschöpft!

Bei der Versammlung der Capitäns soll wenig zu hoffen seyn; sie stimmen darin wie die Herren Neuner, und der Actuarius der letzteren, Hr. Dr. Schulin, soll bey beyden helldenkenden Collegien eben diese Sprache führen und selbige unterstützen.

Die Subscription allein läßt uns noch hoffen, Mittel zu erhalten, dem bösen Willen Grenzen zu setzen, also damit nur vorwärts, je eher, je besser!

Glückt dies, und die schändlichen Plane der heillosen sogenannten Frömmlinge scheitern, — so wird hintennach die ganze Sache günstiger von der Menge beurtheilt, und mancher zu deren Förderung übergehen, der sich verleiten ließ, dagegen zu seyn."*)

Vom November 1806 bis zu seinem Tode war v. Günderrode Präsident der „ökonomischen Deputation" der Musterschule.

*) Vergl. auch Kühner, Beiträge zur Geschichte der Musterschule, in der Einladungsschrift zu deren Prüfungen 1865, S. 16. Die „helldenkenden Collegien" ebenda braucht v. Günderrode, wie der Tenor seines oben ganz mitgetheilten Briefes zeigt, ironice.

Im Februar 1806 wurde v. Günderrode abermals nach Paris geschickt, um den Erlaß der am 4. Februar der Stadt vom General Augereau auferlegten Contribution*) zu betreiben und Frankfurt wo möglich seine Stellung als freie Stadt zu erhalten. Er blieb dort bis zum August und richtete über den Gang der Verhandlungen folgende Briefe an Hufnagel:

Paris 18. März 1806.

— — Für unser armes Vaterland würde es unschätzbar seyn, wenn es in Verbesserungen der öffentlichen Erziehungs- und Bildungsanstalten ungehindert auf dem Grunde fortfahren könnte, wie Sie, mein Theuerster, ihn in Frankfurt legten und hoffentlich auf künftige Zeiten befestigen werden!

Auf diesem Wege könnte Deutschland, ohne Neid und Aufsehen zu erregen, besser als durch irgend sonst eine Operation reichlich ersetzt erhalten, was ihm in politischem und statistischem Werth entzogen wird! wie viel höher würde die aus solchen Anstalten auftretende Generation stehen, als die ihrer übermächtigen Nachbarn, die in den Zeiten der Stürme aufgewachsen sind oder in den Lycées gebildet werden sollen! Die Einrichtung dieser letzteren kennen Sie schon vollständig durch unsern wackern Matthiä, vielleicht aber nicht die daraus entstehende Folge, daß ein Vater, dem es nicht genügt, seinem Sohn eine rein militärische Erziehung, sondern eine ausgebildete wissenschaftliche zu geben, die Kosten davon während ungefähr 15—16 Jahren auf sich nehmen muß, die sich dadurch ungemein erhöhen, daß er ihn in den Städten der Departements, in welchen ausschließend dieser oder jener wissenschaftliche Theil gründlich gelehrt wird, — muß herumreisen lassen, welches für ein Kind auf eine Ausgabe von 25,000 Francs berechnet wird. — Für die öffentliche Kaiserliche Bibliothek geschieht nichts, und der ungeheure Zuwachs, der die Zahl der alten und auch ihren Werth zwei bis dreimal übersteigt, bleibt unberührt im Verborgenen! — —

Günderrode.

---

*) H. Ob. S. 6.

Paris den 9. April 1806.

— — Dem Kurprinzen von Baden so wenig, als dem Minister und Gesandten dieses Hofes habe ich nöthig noch räthlich, noch meiner Neigung überwindlich geglaubt, aufzuwarten! Die Erhaltung unsrer Stadt ist uns noch keineswegs abgesprochen, und finden die gültigen Gründe, die dafür sprechen, Eingang, — wofür sich bedeutende Männer verwenden, so werden die Badischen Anschläge ebenso abgewiesen werden, wie es den Hessischen erging!

Den Erfolg getraue ich freilich nicht zu verbürgen — denn wer vermag das! allein das Wohl Frankfurts bedarf zu sehr die Beibehaltung seiner Unabhängigkeit, als daß nicht allein darauf müßte Rücksicht genommen werden! Jeder andre Beherrscher würde Frankfurts Wohlfahrt — nur vielleicht auf verschiedenem Weg untergraben und in seinem Besitz nicht erhalten, was er wähnt!

Meine neulich so begründet geglaubte Hoffnung zur ohnfehlbaren alsbaldigen Abreise ist mir so unangenehm vereitelt worden, — daß ich noch Mühe finde, mich darein zu ergeben!

Hierdurch und von dem Trüben der Zukunft erwacht mein Sehnen nach Geschäftsentfernung und dem alleinigen Beschäftigen, den eignen Acker zu bauen, so lebhaft, daß ich ihm nicht länger glaube Widerstand leisten zu können! Nur der Gedanke an Sie, Theuerster, und daß durch Sie unser Kirchen- und Schulwesen noch einer größeren Befestigung bedarf, um der Selbstständigkeit versichert zu bleiben, hält mich zurück! — —

Günderrode.

Paris den 29. Mai 1806.

Seit drei Tagen hält man uns mit der Bekanntmachung von der zuverlässigsten Versicherung gespannt, der Nachlaß*) sei bewilligt und die Ausfertigung nach Frankfurt besorgt, währenddem Ihre und andre Briefe von dem Einfordern des Rückstandes erwähnen! Die Berichtigung des Widerspruchs wird uns durch das Verfehlen des Zusichernden bis Morgen vorenthalten, und

*) Der Augereau'schen Contribution, von der nichts erlassen wurde.

alle unsre Angaben lassen uns noch nicht errathen, wie sich dieß auflösen möge. Nach diesem Vorgang, deren man hier so viele zu erfahren hat, können Sie urtheilen, was Geschäftsbesorgungen hier für Jemand sind, der sie sich zu Herzen nimmt und dem der Zugang zu allen Instanzen untersagt ist.

In dem nie rastenden Wechseln und Drängen ist es über alles kläglich, daß die Beständigkeit in Bezug auf das Hinhalten Deutschlands und unsers Schicksals allein so andauernd bleibt!

Von den Fähigkeiten des Herrn von Reizenstein,*) der wahrscheinlich Seckendorf's Zögling ist, hörte ich vor Langem mit Achtung urtheilen; seine Plane aber zur Vergrößerung seines Herrn auf Unkosten der Schuldlosen,**) so wie das Heftige und Weitgreifende derselben von allen biedern Geschäftsmännern mißbilligen! auch soll er bei der Ausführung derselben zu vielen Widerstand finden, um sie durchsetzen zu können, so daß seinem Hof und denen von Stuttgart und München das Unglück Deutschlands wenig zu Gute kommen dürfte! welchen von allen deutschen Regenten kann auch ihr Benehmen frommen? —

Noch vor Absendung dieser Zeilen am 31. bestätigt sich mir die Erfahrung, daß die mit aller Bestimmtheit gemachten Zusicherungen***) der geachtesten Geschäftsleute für nichts zu achten sind; daß hier nichts zuverlässiig ist, als die Vollstreckung, und nichts verunstalteter als Wahrheit! — —

Günderrode.

Paris den 28. Juli 1806.

Ihre mir an der Soder Heilquelle am 21. d. geschriebenen trefflichen Zeilen unterbrechen sehr wohlthätig meinen Mißmuth über unsern wahrhaft spotthaft gewordenen überlangen hiesigen

---

*) Sigmund Karl Johann Freiherr von Reizenstein aus Baireuth trat 1784 als Hofrath und Kammerherr in badische Dienste und wurde 1792 Landvogt in Lörrach. Seit dem Jahre 1796 wurde er in diplomatischen Geschäften verwendet, schloß den Separatfrieden Badens mit Frankreich und war 1801 in Lüneville dessen Bevollmächtiger, 1806 Gesandter in Paris. Dann wurde er Curator der Hochschule zu Heidelberg, 1810 Minister, 1834 Gesandter beim Minister-Congreß in Wien. Er starb 1847.

**) Diese Stelle bezieht sich auf den Versuch Badens, sich durch den Besitz von Frankfurt zu vergrößern, vergl. den Brief v. 9. April.

***) In Bezug auf Erlaß der Contribution.

Aufenthalt! ein denkender Staatsmann wie Seeger weiß doch, daß ein opus consummatum, wie der vollendete Föderationsplan es ist, keiner Abänderung weiter fähig sein kann! er muß in dem vorliegenden Plan die Willensmeinung Napoleon's lesen: keine kleine Staaten (die einzelnen Begünstigten abgerechnet) und keine Verfassungen in dem Umfang seiner Beherrschung bestehen zu lassen; er muß wissen, daß keine irdische Gewalt ihn bewegen kann, anders zu wollen als er will! und daß man, bei der Ueberzeugung, nach aller menschlichen Einsicht nicht helfen zu können, durch das Ergreifen eiteler Mittel, die den Anschein haben, als glaubte man noch an Hülfe, seinem Scharfsinn kein Ehrendenkmal stifte!

Einer Absendung, die sechs Monate hindurch zu keiner Audienz gelangen konnte, der man das Abnehmen und Anhören aller schriftlichen und mündlichen Anträge verweigerte; der man causa jam decisa et judicata wissen läßt, sie könne den Heimweg stündlich antreten, — noch die Schmach dadurch zu erhöhen, sie nicht von dem Fleck lassen zu wollen, bis der neue Landesherr sie abrufen läßt, — heißt denn doch mit allem Muthwillen eine Schmach aufbürden, der man sich selbst nicht würde unterziehen mögen! Je mehr mich dieses mit gutem Grund verdrießt, desto mehr freut mich der gesegnete Erfolg Ihres Aufenthalts in Soden. Für das künftige Wohl unseres Kirchen- und Schulwesens müssen Sie ohnehin das meiste thun und bedürfen dazu Gesundheit und Heiterkeit. Wird Dalberg unser Landesvater — wie ich als malum minus wünschen und hoffen muß, — so vermögen Sie ungemein viel auf sein Herz und sein Gefühl; von Seiten des Verstandes soll ihm weit schwerer und oft gar nicht beizukommen sein! Sollte er resigniren, — wozu doch vorerst kein Anschein ist, — so müssen wir Alles der Vorsehung überlassen. — — —

Günderrode.

Als Frankfurt in demselben Jahre dem Fürsten Primas zu Theil wurde und dieser Anfangs der Stadt ihre frühere Verfassung lassen wollte, wurde Herr v. Günderrode zum Stadtschultheißen mit dem Titel eines Geheimenrathes, und 1810 bei der Einführung einer neuen Verwaltungsordnung zum Präfecten des Departements Frankfurt und Wetzlar ernannt (vergl. S. 19,

24.) Er vertrat die Stadt bei dem Prinzen Karl v. Baiern, am 30. October 1813 (vergl. S. 34) und empfing in der Nacht vom 31. October auf den 1. November (vergl. S. 35) den Kaiser Napoleon vor den Thoren, bemüht, die Beschießung und Plünderung der Stadt abzuwenden. In derselben Woche begrüßte er im Namen des Senats und der Bürgerschaft die drei verbündeten Monarchen bei ihrem Aufenthalt in Frankfurt.

Nach Wiederherstellung der republikanischen Verfassung wurde v. Günderrode Schöff und Präsident des Appellationsgerichts. Er starb am 9. Mai 1824; es überlebten ihn zwei Kinder, Justinian Maximilian und Thekla. Der Sohn lebt als k. baierischer Legationsrath a. D. und Kammerherr in Frankfurt und ist Vater zweier Söhne; die Tochter ist die Gattin des großherz. mecklenb.-strelitz'schen Kammerherrn Kuno August Peter von der Kettenburg auf Matgendorf (Mecklenburg-Schwerin.)

Achtzehntes Kapitel.

In diesem Schlußkapitel wollen wir einige cultur-historisch merkwürdige Züge zusammenstellen, welche den Geist jener Epoche zeichnen, ohne daß sie zwanglos in irgend einem der früheren Abschnitte unterzubringen gewesen wären.

Ganz mittelalterlich muthet uns heute nicht nur das Verfahren der Gerichte, sondern die ganze Auffassungsweise eines Ereignisses an, welches damals die Stadt in die größte Aufregung versetzte. Am 21. August 1817, Morgens 6 Uhr, ermordete der Schreinermeister G. Moog aus Kolberg in Pommern in seiner im Rothen-Löwengäßchen gelegenen Wohnung seine Frau, seine fünf Kinder im Alter von 6 Jahren 9 Monaten bis 1 Jahr 8 Monat (darunter ein Zwillingspaar) und endlich sich selbst mit einem Rasirmesser. Der fünfjährige Knabe Johannes schien mit dem Vater gekämpft zu haben, da seine Händchen ganz zerschnitten waren. Nahrungssorgen scheinen der Grund der entsetzlichen That gewesen zu sein. Die Mutter und die Kinder wurden einen Tag lang in der Heiliggeistkirche zur Schau ausgestellt und dann mit großer Feierlichkeit begraben. Moog erlitt das Begräbniß eines Verbrechers.

Wie Lersner berichtet, wurde 1685 ein Seifensieder, der erst seine Frau, dann sich umgebracht, durch den Scharfrichter auf einer Schleife von seinem Haus, durch die Stadt an den Galgen geschleppt, sein Kopf allda abgehauen, auf einen Pfahl gesteckt, der Leib auf das Rad gelegt. Ganz ebenso geschah noch 1817 mit Moog; in dem Frankfurter Journal vom 25. August aber erschien nach einem Artikel, Dr. G. unterzeichnet, eine bemerkenswerthe Ansprache des Senats an die Bürger- und Einwohnerschaft. Jener Artikel beginnt so: „Nachdem gestern jene unglückliche Mutter sammt ihren fünf unmündigen Kindern feierlich zur Erde bestattet worden ist, wird morgen an dem entleibten Mordvater mit Strenge der Richterspruch vollzogen, der Leichnam schimpflich hinausgefahren und verstümmelt aufs Rad geflochten, Kopf und Hände gespießt, die Unthat wird verkündet an einer dabei errichteten Tafel: Moog aus Colberg in Pommern, Mörder seiner ganzen Familie und seiner selbst. Wenn auch solcher gerechte Ausdruck öffentlichen Abscheues im Namen des Gesetzes vom Staate gegeben, keinen Gottlosen von Ausführung eines unmenschlichen Verbrechens zurückhalten könnte, sobald nämlich eines Menschen Seele den gräßlichsten Vorsatz nur erst zu fassen wird im Stande gewesen sein, so vermag dennoch die Erinnerung an den Fluch aller Mitmenschen den sich bildenden schrecklichen Willen zu schwächen, so daß derselbe vielleicht gar nicht zum klaren Bewußtsein erwacht und unausgeführt bleibt. Da jedoch selbst die gerechteste uud zugleich fürchterlichste Mißhandlung einer Leiche nur den weiblichen Zuschauern recht lebhaften Eindruck macht, so dürfte für zweckmäßig erachtet werden, zwei andere Mittel anzuwenden, um dauernden Abscheu vor der Frevelthat zu erwecken."

Also der Verfasser des Artikels, welcher als solche Mittel vorschlägt: die Errichtung einer Steinsäule und die Dichtung eines Volksliedes auf Moogs That! — Theils die Strenge der Censur, theils die allgemeine Scheu vor der Oeffentlichkeit schloß damals Frankfurter Angelegenheiten von der Besprechung in Frankfurter Zeitungen aus, wie denn die Oberpostamtszeitung die ganze Begebenheit ignorirt. Wir gehen aber wohl nicht fehl, wenn wir den obigen Artikel auffassen als einen Versuch, barbarische Strafbestimmungen zu rechtfertigen, welche mit dem Zeitgeist im Widerspruch standen. Der Ausdruck: „gerechte Mißhandlung" schließt freilich selbst einen Widerspruch in sich. In der vom 23. August datirten Ansprache des Senats werden „die wenigen, deren Lebensweise den Lehren der Religion und den Pflichten der Bürger nicht entspricht, den Pfad der Tugend und des Rechts zu betreten" ermahnt.

Am 22. Juni 1819 erschien eine vom 17. datirte Ansprache des Senats an löbliche Bürger- und Einwohnerschaft*), welche zuerst an die vor hundert Jahren in der Nacht vom 26./27. Juni ausgebrochene Feuersbrunst, welche in weniger als zwei Tagen 400 Häuser in Asche legte, erinnerte, dann zur Vorsicht im Gebrauche des Feuers und, im Fall eines Brandes, zu thätiger Hülfleistung ermahnte, und folgendermaßen endigte: „Der Senat hat beschlossen, daß das Andenken an jene Schreckenstage feierlich begangen werde und erwartet von dem rechtlichen Sinne löblicher Bürger- und Einwohnerschaft, daß solche durch ernste Gottesverehrung den Dank gegen die Vorsehung, für die viele, seit jener Zeit, besonders durch Abwendung ähnlicher Unglücksfälle, hiesiger Stadt erzeigte Wohlthaten, laut aussprechen werde. Zu dem Ende wird Sonntags den 27. l. Monats in allen christlichen Kirchen feierlicher Gottesdienst gehalten werden, so wie in der jüdischen Synagoge Gebete verordnet sind." Am 25. Juni machte das Polizei-Amt bekannt, daß zufolge Senatsbeschlusses wegen dieser Feier am 26. und 27. jede Tanzmusik untersagt war.

Zu einer fröhlicheren Feier gab ein andres Element Veranlassung, denn der strenge Winter 1826/27 gestattete, nach altem Brauch, wie zuletzt am 5. Februar 1695 und am 1. März 1740 geschehen war, ein Faß auf der Eisdecke des Mains zu binden**), was nur um Fastnacht geschehen darf.

Am 27. Februar 1827 wurde von den Küfergesellen das Faß auf dem Main gebunden; auf dem vorderen Boden desselben befand sich der Frankfurter Adler, auf dessen beiden Seiten die

---

*) Belli X. 102. Mi. IV. 333. Das Nähere in der 1819 bei H. H. Hildebrand erschienenen Erinnerungsschrift, ferner: Texte und Gesänge Angabe zur Feier des am III. Sonntag nach Trinit. den 27. Juni 1819 einfallenden Gedächtnißtages der großen Feuersbrunst. Frankfurt a. M., gedruckt bei J. D. Sauerländer. 15 S. 8°.

**) F. Jb. XI, 138. I. Lersner Chronik v. Frankfurt I. 537.

Wappen der regierenden Bürgermeister nebst einer Inschrift. Am 6. März wurde das Faß durch die Hauptstraßen der Stadt gefahren. Ein Bacchus ritt darauf, der den silbernen Becher fleißig leerte und vor dem Römer, den Wohnungen der Bürgermeister, der Innungsgeschworenen, der angesehensten Weinhändler 2c. seine Rede hielt. (Das nächste Faß [von 8 Ohm] wurde am 26. Februar 1838 gebunden; zwei Stunden nach dessen Vollendung brach die Eisdecke.)

Fortgesetzte Erklärung der abgekürzten Büchertitel.

Battonn = Oertliche Beschreibung der Stadt Frankfurt a. M. von Johann Georg Battonn, gewesenem geistlichen Rath, Custos und Canonicus des St. Bartholomäusstifts. Aus dessen Nachlaß herausgegeben von dem Verein für Geschichte und Alterthumskunde durch den zeitigen Direktor desselben, Dr. jur. L. H. Euler, Justizrath. Frkft., Verlag des Vereins. 6 Hefte. 1861—1871.

Bdr., Bendor, Bender 1834. = Die Verhandlungen der gesetzgebenden Versammlung der freien Stadt Frankfurt in den Jahren 1816–1831. Nach den Originalacten dargestellt von Dr. Johann Heinrich Bender. Frankfurt a. M., G. F. Krug 1834. 4⁰. VIII. und 301 S.

F. Jb. = Frankfurter Jahrbücher. Eine Zeitschrift für die Erörterung hiesiger öffentlichen Angelegenheiten. Frankfurt a. M., H. L. Brönner. 4⁰. Bd. 1—12. 1832—38.

Gw. K. & K. = Kunst und Künstler in Frankfurt a. M. vom 13. Jahrhundert bis zur Eröffnung des Städel'schen Kunstinstituts von Dr. Philipp Friedrich Gwinner, Senator und Syndicus. Mit zwei Bildnissen und einer Stammtafel. Frankfurt a. M., Joseph Baer 1862. XVI. und 577 S.

Gw K. & K. Z. — Zusätze und Berichtigungen zu obiger Schrift Frankfurt a. M., J. Baer, 1867, 142 S.

Iris s. S. 118.

Berichtigungen:

Seite 25. Z. 5. von oben lies Heß († 1816) statt 1845.
„ 56. Z. 2. von unten lies 1815 statt 1813.
„ 75. Z. 7. von unten lies Wilhelm Friedrich statt Friedrich Wilhelm.
„ 103. Z. 13. von oben lies studirt statt studirte.
„ 103. Z. 9. von unten lies B. X. statt X. B.

Druck von Theodor Wentz in Frankfurt a. M.

Neuere Geschichte

von

Frankfurt am Main.

Von

Dr. Wilhelm Stricker.

Drittes Buch.

Geschichte von Frankfurt

vom Ausbruch der französischen Julirevolution bis zum Ausbruch der französischen Februarrevolution

1830—1848.

Frankfurt a. M.

Verlag von Franz Benjamin Auffarth.

1875.

Neuere Geschichte

von

Frankfurt am Main.

Von

Dr. Wilhelm Stricker.

Drittes Buch.

Geschichte von Frankfurt

vom Ausbruch der französischen Julirevolution bis zum Ausbruch der französischen Februarrevolution
1830—1848.

Frankfurt a. M.
Verlag von Franz Benjamin Auffarth.

1875.

Geschichte von Frankfurt

vom

Ausbruch der französischen Julirevolution bis zum
Ausbruch der französischen Februarrevolution.
1830—1848.

Von

Dr. Wilhelm Stricker.

Frankfurt a. M.
Verlag von Franz Benjamin Auffarth.
1875.

Erstes (einleitendes) Kapitel.

Die hervorragenden Fragen, welche während des Zeitraums von 1830—1848 die Behörden und Bürgerschaft von Frankfurt beschäftigten, waren theils Folgen der Julirevolution, theils hingen sie mit der handelspolitischen Entwickelung der Dinge in Deutschland zusammen.

Zu den ersten gehörten zahlreiche liberale Reformen der Verfassung und das Aprilattentat, welches ernster, als das Hepp Hepp, die Fähigkeit von Frankfurt zur Selbständigkeit in Frage stellte; der zweiten Reihe gehörte die Entscheidung für den Anschluß von Frankfurt an den Zollverein an und die damit gegebene radicale Umwälzung der Handelsbeziehungen von Frankfurt. In inniger Verbindung damit stand die Münzreform und die Angelegenheit der Eisenbahnen, von deren Entwickelung jene Zeit — und nicht nur in Frankfurt — weit entfernt war, sich einen Begriff zu machen. So arbeiteten die fremde Besatzung seit 1833, der Eintritt in den Zollverein seit 1836 und die Eisenbahnverbindung seit 1840 zusammen, um die frühere Isolirung der Stadt zu mindern. Auch nationale Festlichkeiten, welche die Zeit häufiger brachte, wurden wegen der bequemen Lage der Stadt in Frankfurt abgehalten.

Wenn wir in Folge der uns beherrschenden Rücksicht auf Frankfurt diesen Zeitraum des dritten Buchs, wie geschehen, abgetheilt haben, so dürfen wir doch nicht unerwähnt lassen, daß im Hinblick auf die öffentliche Meinung in Deutschland, von deren Wellenschlägen die Bundesstadt nicht unberührt bleiben konnte, ein weiterer Einschnitt zu machen ist. Wir meinen den Verfassungsbruch in Hannover (1837), den Thronwechsel in Preußen und den französischen Rheinlärm (1840). Wie nach 1830 eine kosmopolitische Stimmung geherrscht hatte, wie die Reformbestrebungen auf Liberalisirung der Einzelstaaten (unter gänzlicher Verzweiflung an jeder Bundesreform) gerichtet waren und jede Kammer für sich eine eigene Welt bildete, so trat nach den Jahren der völligen Erschlaffung — als deren Höhenpunkt wir 1836 bezeichnen können — mit den erwähnten Ereignissen eine Wendung ein, welche den nationalen Standpunkt als nothwendig und als hoffnungsreich erkennen ließ.

An die Stelle der Polensympathie, welche den Philhellenismus der vorhergehenden Epoche abgelöst hatte, trat nun die schleswig-holsteinische Frage, und gerade Frankfurt mit dem Germanistencongreß von 1846 erlebte in seinen Mauern die Vorbereitung der nationalen Bewegung, welche 1848 zu Tage trat.

Die Darstellung wird hie und da persönlichen Charakter annehmen, da der Verfasser 1844 nach elfjähriger Abwesenheit wieder dauernd in seine Vaterstadt zurückgekehrt ist, mit welcher er auch in der Zwischenzeit nicht die Fühlung verloren hatte, da er in allen Jahren, nur nicht 1842 und 1843, längere oder kürzere Zeit in derselben verweilte. Aber dieser Charakter der Darstellung legt auch gewisse Beschränkungen auf in einer Periode, wo so viele der Mitwirkenden noch am Leben sind und gewiß wird der Leser die Zurückhaltung des Verfassers billigen, wenn er Manches in den folgenden Blättern nur chronikartig berichtet, und sich enthält, kaum vernarbte Wunden wieder aufzureißen.

	Aelterer Bürgermeister.	Jüngerer Bürgermeister.
1830	Fr. Ph. W. Freih. v. Malapert, gen. Neufville.	Gottfried Scharff.
1831	Georg Friedrich v. Guaita.	Dr. K. B. F. J. Miltenberg.
1832	Dr. J. G. Ch. Thomas	Dr. Johann Conrad Behrends.
1833	G. F. v. Guaita.	Dr. Johannes Kappes.
1834	Dr. Ferd. Max Starck.	Dr. Sigismund Paul Hiepe.
1835	Dr. J. G. Ch. Thomas.	Dr. J. K. Behrends.
1836	Dr. F. M. Starck.	Karl Heinrich Georg v. Heyden.
1837	G. F. v. Guaita.	Dr. Eduard Ludwig Harnier.
1838	Dr. J. G. Ch. Thomas.*)	Dr. Eduard Franz Souchay.
1839	Dr. Johann Friedrich v. Meyer.	Dr. E. L. Harnier.
1840	Gottfried Scharff.	Dr. Joh. Friedrich Schmidt.
1841	F. K. H. W. Freih. v. Günderrode.	Dr. E. L. Harnier.
1842	Gottfried Scharff.	Dr. Samuel Gottlieb Müller.
1843	Dr. J. F. v. Meyer.	Dr. Johann Georg Neuburg.
1844	Gottfried Scharff.	Dr. S. G. Müller.
1845	Karl Heinrich Georg v. Heyden.	Dr. Karl Franz v. Schweitzer.
1846	Gottfried Scharff.	Dr. Johann Leonhard Reuß.
1847	F. K. H. W. Freih. v. Günderrode.	Sebastian de Neufville.
1848	K. H. G. v. Heyden.	Dr. K. F. v. Schweitzer.

*) Starb am 1. November, an seine Stelle trat bis zum Jahresschluß

Den Stillstand der Bevölkerung in Folge der den Zeitraum von 1816—1848 beherrschenden Gesetzgebung zeigt die nachfolgende statistische Uebersicht:

Jahr.	Getraute Paare	Geborene	Gestorbene	Jahr.	Getraute Paare	Geborene	Gestorbene
1816	274	1304	1118	1833	252	1062	1230
1817	317	1187	1136	1834	303	1163	1227
1818	315	1213	1188	1835	298	1167	1037
1819	283	1254	1209	1836	295	1166	1248
1820	312	1246	1163	1837	306	1138	1244
1821	309	1157	1012	1838	311	1176	1178
1822	247	1086	1088	1839	342	1209	1197
1823	256	1077	1103	1840	325	1227	1062
1824	267	1096	1053	1841	276	1266	1218
1825	240	1107	1071	1842	271	1291	1127
1826	253	1109	1301	1843	267	1255	1096
1827	253	1105	1094	1844	279	1215	1164
1828	279	1117	1020	1845	299	1282	1165
1829	254	1039	1253	1846	314	1194	1106
1830	267	1098	1045	1847	278	1233	1185
1831	279	1070	1218	1848	268	1261	1262
1832	262	1122	1127				

Die Zählung von October 1828 ergab 43,918 Einwohner.

Die erste Zollvereinszählung (Dec. 1837) ergab 54,037 Einw.
„ zweite „ („ 1840) „ 56,217 „
„ dritte „ („ 1843) „ 56,348 „
„ vierte „ („ 1846) „ 58,519 „
„ fünfte „ („ 1849) „ 59,316 „

sonach beträgt die Zunahme in 26 Jahren 15,402 oder jährlich 1% der Zahl von 1849.

Zweites Kapitel.

Die Nachricht von dem Erfolg der Julirevolution (Flucht des Königs) kam am 1. August in Frankfurt an. Der Blitz hatte in das europäische Staatengebäude geschlagen und aller entzündlicher Stoff, der sich angehäuft, brach in Flammen aus. Es ist hier nicht der Ort zu schildern, wie die Volksbewegungen in Braunschweig, Sachsen und Kurhessen — deren letztere wegen der Nachbarschaft ihre Schwingungen lebhaft nach Frankfurt verbreitete — einen augenblicklichen Erfolg hatten, während die Erhebung zu Göttingen scheiterte; wie bedeutend der Rückschlag des Ganges der Dinge in Frankreich und in Polen auf die Sprache der deutschen Ständeversammlungen und der Presse war. Der Fall von Warschau war in dieser Hinsicht von entscheidender Wirkung. Jetzt bildete sich eine compacte Opposition der periodischen Presse aus, welche vorzugsweise die deutschen Verhältnisse ins Auge faßte und, in Süddeutschland wenigstens, ihre Forderungen steigerte. Unter diesen Bedingungen konnten, wenige Wochen nach Warschaus Fall, die Herbsttage von 1831, jene Saturnalien von Alt-Frankfurt, mit ihrer Trunkenheit von Wein und Pulverdampf, eine blutige Katastrophe heraufbeschwören.

Am Allerheiligenthore, — so berichtete ein mitgetheilter Artikel in der Oberpostamts-Zeitung vom 26. October 1831, hatte am 24. Abends 9 Uhr beim Eintritt der Thorsperre ein Haufe Neugieriger, meist aus Handwerksburschen und Knaben bestehend, sich versammelt. Bald ließ derselbe die Absicht blicken, das Thor gewaltsam zu öffnen und griff die Militärwache durch Steinwürfe an. Bei diesem Vorfalle wurden einige Personen verwundet, indeß war gegen Mitternacht die Ruhe wiederhergestellt. Obgleich am 25. Abends die Thorsperre erst um 10 Uhr statt hatte, so erneuerten sich doch die Vorgänge des vorigen Abends und zwar in einem viel bedeutenderen Grade. Der Wachtposten am Allerheiligenthore wurde aufs Neue insultirt, und, ohne daß von Seiten des Linien-Militärs der mindeste Anlaß gegeben worden wäre, wurde plötzlich scharf auf dasselbe gefeuert, so daß drei Mann, einer todt*) und zwei schwerverwundet, niederstürzten. Die Wache

*) Johann Adam Triebert, ein verheiratheter Mann.

wurde nun verstärkt, der Tumult aber dadurch noch nicht gestillt, denn obgleich kein thätlicher Angriff weiter erfolgte, so zerstreute sich doch die Menge nicht, sondern verhöhnte und provocirte fortwährend das Militär, welches aber durch seine Ruhe größeres Unglück verhütete. Um die Ordnung wiederherzustellen, wurde die Stadtwehr unter die Waffen gerufen und von dieser gemeinschaftlich mit dem Militär die Wache bis zum Tage bezogen. Hierauf zerstreuten sich gegen 2 Uhr Morgens (26.) die Gruppen und der übrige Tag verlief ruhig.

Am 26. Abends erließ der Senat eine Proclamation an die Bürgerschaft.

Am 28. trug er der gesetzgebenden Versammlung vor*): er sehe sich veranlaßt, wegen der an den beiden ersten Herbsttagen stattgehabten traurigen Ereignisse die Versammlung eiligst zusammen zu rufen. Die Entrüstuug über diese Mordthaten sei allgemein gewesen, ebenso allgemein aber auch der patriotische Eifer der Bürger und Einwohner, jede weitere Ruhestörung abzuwenden und dadurch den Beweis zu geben, daß Aufwiegelungen, die seit einiger Zeit in so vielerlei Gestalten erschienen und sich täglich erneuerten, an dem festen Sinne der Bürgerschaft scheitern müßten. Da die Stadtwehr auch bei dem besten Willen und der größten Bereitwilligkeit auf die Dauer einen so schweren Dienst, wie in den letzten Tagen, nicht aushalten könne, so sei eine Vorschrift dringend nothwendig, nach welcher die öffentlichen Behörden zu verfahren hätten, wenn es einmal dahin kommen sollte, daß Gewalt mit Gewalt vertrieben werden müßte, — eine Vorschrift, die bis jetzt gefehlt habe, weil früher keine so ernstliche Veranlassung dazu eingetreten wäre. Darum lege der Senat der Versammlung eine gesetzliche Bestimmung darüber vor, wie in solchen Fällen zu verfahren sei. — Die Versammlung genehmigte dieses Gesetz mit einigen Modificationen, worauf es als provisorisches Gesetz publicirt wurde.**)

Zugleich richtete aber die Versammlung an den Senat das Ersuchen, diesen Gegenstand der nächstjährigen Versammlung zu weiterer definitiver Beschlußnahme vorzulegen.

§. 5. des Tumultmandats, welcher vorschrieb, daß jeder,

*) Bender 293.
**) Gesetzsammlung IV, 311.

der nach 10 Uhr Abends auf öffentlicher Straße sich blicken läßt, mit einer Laterne, worin ein brennendes Licht, versehen sein muß, hat viel Gelegenheit zu Schabernack gegeben. Ein großes Lager altmodischer Papierlaternen war in wenigen Tagen ausverkauft, um zu abenteuerlichen Laternenzügen verwendet zu werden. In das definitive Gesetz ist dieser Paragraph nicht wieder aufgenommen worden.

Zur Anerkennung der braven Pflichterfüllung und ruhigen Besonnenheit, welche das Linienmilitär an jenen Tagen zeigte, und um dem nachgelassenen Sohne des gebliebenen Militärs eine Unterstützung für die Zukunft zu sichern, wurde sogleich eine Subscription eröffnet. Ein Theil der eingegangenen Beiträge wurde für den Sohn des Triebert auf der Sparkasse angelegt, der Rest zur Verfügung des Kriegszeugamts gestellt und am 30. und 31 Januar 1832 dem Bataillon ein Fest gegeben, wozu Deputationen von allen Corps der Stadtwehr eingeladen waren.*)

Am 4. November 1831 wurde das provisorische Gesetz (Tumultmandat) außer Kraft gesetzt und am 15. November legte der Senat der gesetzgebenden Versammlung den Entwurf eines definitiven Gesetzes vor, zu dessen Begutachtung die Versammlung am 19. eine Commission wählte.

Dieselbe erstattete am 28. December ihren Bericht und fügte einen neuen Gesetzentwurf bei. Am 7. Januar 1832 wurde die Berathung dieses Gegenstandes fortgesetzt und das kurhessische Gesetz vom 22. October 1830, die Störung der öffentlichen Ruhe betr., zur Vergleichung mitgetheilt. Es wurde beschlossen, eine neue Commission zur Vorlage eines neuen Entwurfs zu wählen. Diese Commission erstattete Bericht am 20. October 1832 durch ihren Vorsitzenden, Dr. Ohlenschlager. Er betonte die Nothwendigkeit der Trennung der gesetzlich zu beschließenden Maßregeln, welche bei Störung der öffentlichen Ruhe eintreten sollen, von den über die Ruhestörer zu verhängenden Criminalstrafen.

Zur Illustration des jetzt geltenden Zustandes wurde von einem Commissions-Mitgliede, Dr. M. Reinganum in seinem Separatvotum**) hervorgehoben,***) „daß es würdiger und gerechter

---

*) F. Jb. I, 14.
**) „ „ 140, 267.
***) „ „ 271. 279 II. 86. 222. III. 255.

fei, die Ruhestörer nach bestimmten Gesetzen und einem bestimmten Strafmaaß zu richten als nach Willkür und bloßem richterlichem Ermessen, oder gar nach der Härte unserer älteren Gesetze zu strafen, in welcher Beziehung die Stadtreformation (Thl. X tit. 1. §. 15) vorschreibt: „Ein solcher soll nach Gelegenheit solches begangenen Fräffels mit Abhauung seiner rechten Hand gestraft, oder nach Größe der Ueberfahrung auch am Leben mit dem Schwerte gericht werden." Nach einer gründlichen Berathung einigte die gesetzgebende Versammlung sich am 31. Oktober 1832 auf Annahme eines vielfach amendirten Entwurfs als Gesetz und legte dasselbe dem Senate vor. Eine Rückäußerung desselben war aber noch nicht erfolgt, als die Ereignisse vom 3. April 1833 eintraten.

Den Schuldigen vom October 1831 wurde am 3. Juli 1833 ihr Urtheil verkündigt. Die Rechtsfacultät zu Tübingen verurtheilte den Metzgermeister Joh. Martin Mohr zu einer zwanzigmonatlichen, den Weißbindergesellen Christoph Henkelmann zu einer 18monatlichen und den Schreinermeister Joh. Mich. Höhl zu einer neunjährigen Zuchthausstrafe. Die Verurtheilten appellirten.

Am 25. November 1833 wurden weitere Vertheidigungsschriften von den Vertheidigern (Dr. Jucho, Reinganum und Rapp) nach Göttingen geschickt, worauf am 7. März 1834 die dortige Rechtsfacultät die Strafe des Mohr auf 14 Monate, die des Henkelmann und Höhl auf ein Jahr herabsetzte, indem der letztere wegen des ihm beigemessenen Mordversuchs von der Instanz entbunden wurde. Henkelmann war schon am 5. April 1833 verstorben (vergl. S. 191.)

Das Jahr 1832 fand die ganze Gegend von Frankfurt in großer Aufregung, wozu außer den politischen Verhältnissen auch die neuen Zollschranken beitrugen. Bei Windecken wurde Anfangs Februar ein Bäcker aus Großkarben, ein Vater von 4 Kindern, welcher 1/2 ℔ Caffee und 1/4 ℔ Zucker schmuggeln wollte, von einem Zollwächter erschossen und die Zollmannschaft dann von der Bevölkerung auf's furchtbarste mißhandelt*). Ende Januar wurden an der bairisch-kurhessischen Grenze zwei Mann vom 14. bairischen Regiment von den Schmugglern erschossen.

---

*) Frankfurter Journal 9. Februar.

Am 5. und 6. Januar fanden gelegentlich der ersten Jahresfeier der Verfassung ernste Unruhen in und bei Hanau statt. Am 5. wurden die Zollbeamten in der Stadt angegriffen und die Münze zerstört, am 6. kam es beim Zollhaus Mainkur zu einem ziemlich blutigen Kampfe zwischen Bauern und Militär. In Folge davon wurde die Provinz Hanau militärisch besetzt. In diese Aufregung fiel der Durchzug der Polen.

Drittes Kapitel.

Der polnische Aufstand erregte in Frankfurt die größte Theilnahme. Drei junge frankfurter Aerzte eilten, der Nationalregierung zu Warschau ihre Dienste anzubieten. Es waren dies: Joh. Nic. Fiedler, prom. 1824 zu Berlin, Christian Friedrich Dörner, prom. 1826 zu Würzburg, † am 10. Juni 1831 am Typhus zu Warschau als polnischer Stabsarzt, und Alexander Crailsheim, prom. 1830 zu Berlin.

Am 16. Januar 1832 begann der Durchzug der Trümmer des polnischen Heeres. Am 22. Februar fand bei dem Frankfurter Forsthaus ein Duell statt, zwischen einem kurhessischen Husarenlieutenant Niemeyer und einem polnischen Lieutenant Dworkin. Der 19jährige Niemeyer wurde durch den Kopf geschossen und verschied kurz nachher.*)

In der Sitzung der gesetzgebenden Versammlung vom 31. März 1832**) kam ein Senatsvortrag vom 27. März, die Verpflegung des hier durchreisenden polnischen Militärs betr., zur Verhandlung.

Zu seinem Verständniß müssen wir vorausschicken, daß die damals in Stuttgart erscheinende „Deutsche allgemeine Zeitung" die Anklage der Rücksichtslosigkeit gegen die Behörden und Bürger von Frankfurt in Hinsicht auf die Polen erhoben hatte. In dieser Beziehung wurde bereits am 8. Februar folgendes festgestellt: „Die Polen wurden auf der Grenze von hiesigen Beamten empfangen, dort wurden ihnen bereits die Anweisungen für die

*) Frankfurter Journal v. 23.—26. Februar gibt das Nähere.
**) F. Jb. I., 3, 151.

Einkehr zugestellt; sie wurden in den vorzüglichsten Gasthöfen der Stadt einquartirt und verpflegt. Geehrte Bürger übernahmen die Fürsorge, den Bedürfnissen möglichst abzuhelfen, indem eine regelmäßige Vertheilung von Kleidungsstücken und Wäsche statt fand. —

Die Polen waren überall von theilnahmvollen Frankfurtern umgeben, die ihnen ihre Gefühle darlegten; von Frauen und Jungfrauen floß manche Thräne innigen Mitleids. — Jene Professionisten, welche den Lohn ihrer Arbeit zurückwiesen, und sich dafür von den Hülfsbedürftigen ein Zeichen der Erinnerung als Reliquie ausbaten; jene armen Wäscherinnen, welche sich emsig herbeidrängten, um auch etwas zu leisten, und als einzigen Lohn für ihre Arbeit den forderten, keinen Lohn nehmen zu dürfen; jene Schülerinnen, welche Hemden nähten, Strümpfe strickten und glücklich waren, als sie selbst ihre Gabe den ritterlichen Empfängern darbringen durften; jener Unbekannte, der seinen Mantel plötzlich dem Frierenden umwarf, dem Danke sich entzog und in der Menge verschwand — sie stellten im Einzelnen die Gesinnung dar, welche Alle beseelte. Als der 19jährige Oberlieutenant von der polnischen Artillerie, Ludwig Lange*), in Frankfurt verschieden war, folgten Tausende seiner Leiche, in Andacht und stillem Schmerz, gleich als hätte die Vaterstadt selbst einen ihrer edelsten Bürger verloren. In ihm ehrte man den tapferen Polen, welcher für sein Vaterland starb.

Niemand aber erschien bei diesen Begebenheiten würdiger, als die Polen selbst. Ihre Bescheidenheit, ihre Milde, ihr edler und herzlicher Charakter, selbst ihre Schönheit und ihr herrlicher kriegerischer Anstand rissen alle Herzen hin.

Unser Adler, unsre Farben erinnerten sie an ihr Vaterland! Sie retteten Kinder aus den Flammen.**)"

Auf jenen Incidenzfall, welcher den Angriff des Stuttgarter Blattes und die obenstehende Gefühlsergießung hervorgerufen hatte, daß nämlich eine nicht angekündigte, von Fried-

*) Sein Denkmal, von rothem Sandstein, steht links von dem Wege, welcher von dem Portal des Friedhofs nach der Mitte des Gruftenbaues führt.

**) Bei dem Brande, welcher am 20. Januar in der Kühgasse, Stelzengasse und Allerheiligengasse wüthete und die Häuser B. 189, 193, 194, 200 bis 207, 243 und 244 ergriff. (F. Jb. II. 168).

berg kommende Abtheilung Polen vor dem Frankfurter Stadtthor eine Zeitlang hatte warten müssen, bezieht sich der Eingang des Senatsvortrags vom 27. März: Die erste Abtheilung der hier durchgekommenen Polen langte so unerwartet an, daß es nicht möglich war, vorbereitende Maaßregeln zu ihrer Unterkunft zu treffen. Nicht minder unbestimmt waren seitdem die Nachrichten über die Ankunft der anhergekommenen Polen. Wäre dieß aber auch nicht der Fall gewesen, so würde es dennoch nicht zweckmäßig gewesen sein, eine andre Verpflegungsweise, als die wirklich eingehaltene, zu ergreifen, da namentlich das Unterbringen derselben in Privathäusern, wodurch freilich das Aerar sehr erleichtert worden wäre, mannigfache Anstände gehabt haben würde.

Die gemachten Accorde sind in Uebereinstimmung mit löbl. ständiger Bürgerrepräsentation geschlossen worden, mit möglichster Berücksichtigung dessen, was die allgemeine Menschenpflicht für heimatlose Unglückliche, und zugleich der Zustand des seit dem Jahre 1830 durch die Zeitereignisse außerordentlich in Anspruch genommenen Aerars erheischte. Die Unbestimmtheit der Nachrichten über die Zahl der hier durchreisenden Polen und deren öfters abgeänderte Reiseroute ließ hoffen, daß der hierzu erforderliche Ausgabeposten auf die Rubrik für unvorgesehene Ausgaben genommen werden könnte. Da derselbe in diesem Augenblick aber schon über 10,000 fl. beträgt, vor wenigen Tagen auch eine Abtheilung gemeiner Soldaten (die bisher durchgekommenen waren meistens Officiere) hier ankam, auf einer Route, von der man sie nicht erwarten durfte, nämlich von Würzburg, wo sie über Bischofsheim an der Tauber nach Heidelberg gehen sollten*), auch ein weiterer Transport von Erfurt aus angekündigt war, — alles zwar nicht officiell und zum Theil widersprochen; da ferner noch 5000 polnische Soldaten sich im Königreich Preußen befinden, mithin nicht im Voraus zu berechnen ist, wie hoch sich die Ausgaben für diesen Gegenstand am Ende des Jahres belaufen dürften, so können solche nicht auf gedachte Rubrik gebracht werden, sondern bedürfen einer besonderen Bewilligung.

---

*) Von Würzburg nach Heidelberg über Frankfurt — das erinnert an das Wort des Dappelius (Bürgerkapitän I, 14): „Alles muß dorch Frankfort, e jeder suggelt norzt an Frankfort.“

Der Senat trägt daher darauf an, auf den Bedürfnißstand des Jahres 1832 für die Verpflegung und Weiterbringung der hierherkommenden Polen die Summe von 20,000 fl. zu bewilligen, welchem die gesetzgebende Versammlung ohne Umfrage beitrat.

Aus einem weiteren Senatsvortrag vom 4. Dezember*) 1832 waren diese 20,000 fl. im Juni aufgebraucht. Nach einem am 17. Januar mit den Wirthen abgeschlossenen Contrakte war für die Verpflegung eines Officiers täglich 2 fl. 24 kr., für die eines Unterofficiers und Gemeinen 1 fl. 12 kr. zu vergüten; für einen 5sitzigen Wagen waren 7 fl., für einen Wagen zu 10—12 Personen 10 fl. bedungen. Schon am 29. Februar mußte jedoch den Wirthen 48 kr. für den Kopf zugesetzt werden, weil die späte Ankunft der Polen, gewöhnlich um 1 Uhr Mittags, deren Weiterschaffung an demselben Tage dem Polizeiamt unmöglich machte. Vom 28. April an ward kein längerer Aufenthalt als 24 Stunden gestattet. Am 4. Juli wurden die Preise für die Verpflegung wieder auf den früheren Satz herabgemindert.

Am 2. November war der bewilligte Betrag von 20,000 fl. bereits um 12512 fl. überschritten, doch war es durch Uebereinkunft mit benachbarten Regierungen gelungen, vom 24. October an die tägliche Verpflegung pr. Kopf auf 54 kr. herabzumindern. Auch andre Beschränkungen hinsichtlich des Transports ließ man eintreten und so hoffte man für alle Fälle mit einer weiteren Bewilligung von 37,000 fl. auszureichen. Die gesetzgebende Versammlung ertheilte ihre Genehmigung und erhielt dabei die Notiz, daß bisher 5725 Officiere, 444 Unterofficiere und 296 Gemeine hier verpflegt worden waren.

Viertes Kapitel.

Die Bundesbeschlüsse vom 28. Juni und 5. Juli 1832, deren erster gegen die Einwirkung der Ständeversammlungen auf die Pflichten der deutschen Souveräne als Bundesglieder gerichtet war, während der zweite das Vereinswesen, die Volksversammlungen, das Tragen von Abzeichen verbot oder beschränkte und gegenseitige prompteste militärische Assistenz zwischen den Bundes-

*) F. Jb. II, 20.

gliedern zusagte,*) riefen als eine Maaßregel, welche jede Nachgiebigkeit der Regierungen ausschloß, bei der revolutionären Partei den Entschluß hervor, es mit der Gewalt zu versuchen.**)

Am 3. April 1833***) kam im Laufe des Nachmittags dem älteren Bürgermeister im engsten Vertrauen die Mittheilung zu, daß eine unruhige Bewegung für den Abend zu fürchten sei. Obgleich die einzige Quelle dieser Nachricht ein anonymer Brief war und auf demselben Wege schon ganz ungegründete Mittheilungen eingegangen waren, so theilte der Bürgermeister doch seinem Collegen, den Deputirten zum Kriegszeugamt und Polizeiamt, den Obersten der Stadtwehr und des Linienmilitärs diese Nachrichten mit. Die Hauptwache und Constablerwache wurden mit verstärkter Mannschaft besetzt und das Bataillon in der Caserne bereit gehalten; da in dem Briefe auch von Sturmläuten die Rede war, an dem Pfarrthurm Polizeiwache aufgestellt.

Bis um 9½ Uhr Abends blieb in der Stadt alles ruhig; um diese Stunde aber überfielen plötzlich Bewaffnete die Hauptwache, von der Katharinenpforte herkommend, erschossen die Schildwache und den Sergeanten, bemächtigten sich der Gewehre und befreiten die Gefangenen. Gleichzeitig wurde von einem zweiten Haufen Bewaffneter die Constablerwache angegriffen, die Wache nach tüchtiger Gegenwehr und nachdem mehrere getödet und verwundet worden, ebenfalls überwältigt und die Gefangenen befreit. Eine dritte Schaar hat trotz des Widerstandes der Polizeiwache sich des Pfarrthurms bemächtigt und die Sturmglocke gezogen. Aber das bereit gestellte Bataillon nahm sogleich die beiden Wachen wieder. Die befreiten Gefangenen stellteu sich selbst, oder wurden wieder verhaftet. Die Thore wurden geschlossen, Generalmarsch geschlagen, und mehrere Theilnehmer des Attentats theils bei dem Angriffe selbst, theils in ihren Nachtquartieren verhaftet. Nach einer halben Stunde war alles vorüber; nach außen hatte das Ereigniß keinen Widerhall gefunden, als daß ein Trupp bewaffneter Bauern mit Trommel und Fahne sich der Stadt bis zum Friedberger Thor näherte, sich aber zu-

*) G. v. Meyer. die Grundgesetze des deutschen Bundes, S. 16. Ilse, Geschichte der polit. Unters. Frankfurt 1860. S. 295.

**) Ueber die Vorbereitungen zum Attentat vergl. Ilse. S. 313.

***) F. Jb. 10. April 1833.

rückzog, als er dasselbe geschlossen fand. Die Opfer des Attentats waren, soweit sogleich bekannt war, 4 Todte und 15 Verwundete, darunter 5 Schwerverwundete auf Seiten des Militärs; 2 schwerverwundete Gefangene von Seiten des Angriffes. Die sogleich getroffenen Maaßregeln waren: vom Einbrechen der Dämmerung an, starke Besetzung der beiden Wachen durch das Linienbataillon und Bereithaltung des Restes in der Kaserne; Besetzung der Stadtthore und Patrouillen von Seiten der Stadtwehr, Bereitstellung des Polizeipersonals. — So die Mittheilung des Senats in der außerordentlichen Sitzung der gesetzgebenden Versammlung vom 9. April, wo die getroffenen Maaßregeln Billigung fanden.

Die umfassendste Darstellung des Aprilattentats findet sich im „Conversationslexicon der Gegenwart,“ Leipzig, F. A. Brockhaus. 1839. II. 71—80. Dieser Artikel ist von dem darmstädter Flüchtling, Wilh. Schulz-Bodmer in Zürich nach den Mittheilungen der Betheiligten Ernst Matthiä und Eduard Fries verfaßt. Aus ihm fügen wir der obigen officiellen Darstellung folgende Ergänzungen und Berichtigungen bei. Nachdem der Zusammenhang des Frankfurter Attentats mit den Militärverschwörungen in Württemberg und Hessen-Homburg (Ilse. S. 320. 322. 323. Zweiter Anhang. S. IV. VI. VIII. XVI. XXVIII. XXX.), mit dem Einfall der Polen aus Frankreich in die Schweiz dargethan ist, fährt der Schulz'sche Artikel fort: Inzwischen waren den Behörden in Frankfurt über beabsichtigte Unruhen einiges zu Gehör gekommen. Nach allgemeiner Versicherung hatten sie durch den bairischen Bundestagsgesandten von Lerchenfeld selbst über die Zeit derselben genauere Kenntniß erhalten. Dies konnte aber nur am Tage des Unternehmens selbst geschehen sein, da erst am Morgen des 3. April der Ausbruch am Abende von den Verbündeten beschlossen wurde. Am Abend vorher war eine Versammlung in Bockenheim gehalten worden; obgleich für die jungen Leute, welche Handlanger eines verzweifelten Unternehmens waren, dessen Leiter ihnen theilweise immer verborgen geblieben sind,*) bei der gänzlichen Unzulänglichkeit der Vorbereitung an der Erfolglosigkeit des, wie ihnen bekannt, bereits verrathenen Unter-

*) Ilse, a. a. O. S. 265. Kombst authentische Actenstücke aus [illegible]chiven des deutschen Bundes 1835. S. 58.

nehmens kein Zweifel sein konnte, so schlugen sie dennoch los, weil aus falschem Ehrgefühl keiner zurücktreten wollte.

Am 3. April wurde nach Mainz ein Courier geschickt und noch an demselben Abende einige Reiterabtheilungen auf die Frankfurter Landstraße gesandt und ein Theil der Besatzung in Bereitschaft gehalten. In Frankfurt selbst waren die Maaßregeln durchaus ungenügend. Man ließ die Mannschaft auf der Hauptwache nicht scharf laden, man vertraute ihr Commando dem jüngsten Lieutenant und besetzte den Pfarrthurm so schwach, daß 4—5 der Verschworenen die Polizeimannschaft überwältigen und Sturm läuten konnten.

Das schaulustige Publikum war in großer Menge im Theater, wo Robert der Teufel aufgeführt wurde, und da man einer besonders glänzenden Vorstellung versichert war, hatten sich auch viele Fremde aus der Nachbarschaft eingefunden. Während man hier dem Spiele lauschte, hatten sich die Verbundenen zum blutigen Ernste gerüstet. In ihrer gewöhnlichen Kleidung, aber mit schwarz=roth=goldenen Schärpen umgürtet, die ihnen als Erkennungszeichen dienten, mit alten französischen Musketen und Dolchen, zum Theil mit Pistolen und Degen bewaffnet, hatten sie sich in zwei beinahe gleichstarke Haufen geschaart, die Punkt $9^1/_2$ Uhr sich (von der Münze aus) gleichzeitig in Bewegung setzten. Der eine dieser Haufen, nicht stärker als 30—35 Mann, aus Studenten bestehend, unter der Führung eines Deutschen, der früher in Polen gedient hatte und polnische Uniform trug, (v. Rauschenblatt)*) brach aus der Katharinenpforte plötzlich und schweigend gegen die Hauptwache hervor. In einem Augenblicke war diese erstürmt.**)

Der zweite Haufen: einige Polen, einige Arbeiter und mehrere junge Männer aus Frankfurt hatte sich gleichzeitig auf die Constablerwache gestürzt, auf das französische Commando eines Polen Feuer gegeben und die Wache überrumpelt. Von den hier

*) Ilse a. a. O. II. Anhang. S. XXII.

**) Dr. Gustav Körner, welcher 1862, als er den Posten eines Gesandten der Vereinigten Staaten in Spanien antrat, seine Vaterstadt wieder sah, schreibt: „Die Hauptwache, eine meiner letzten Erinnerungen des 3. April, auf dem Roßmarkt das Haus, in welchem ich meine letzte Nacht in Frankfurt verwundet zugebracht hatte.“ (G. Körner aus Spanien. Frankfurt 1867. S. 3.)

Verhafteten wurden die aus politischen Gründen Gefangenen,*) aber absichtlich nur diese in Freiheit gesetzt. Einer der letzteren, der Weißbinder Henkelmann (S. 183.) wurde im Dunkel von einem der Anstürmenden für den Gefängnißwärter gehalten und durch einen Bajonnettstich verwundet, woran er am 5. April starb. Hierauf suchten sich die Aufrührer des Zeughauses und des darin befindlichen Geschützes zu bemächtigen, kamen aber statt dessen vor ein Spritzenhaus, und konnten die Thüre desselben erst nach großer Anstrengung erbrechen.

Zur Nachricht, oder erforderlichen Falls zur Hülfe hatte inzwischen die Schaar, welche die Hauptwache erstürmt hatte, eine Abtheilung nach der Constablerwache geschickt und eine zweite Abtheilung, 4—5 Mann, nach dem Pfarrthurm entsendet, um die Sturmglocke ertönen zu lassen. Die dazu Ausersehenen hatten sich am Morgen unter dem Vorwand, die Merkwürdigkeiten der Stadt zu besehen, mit der Localität bekannt gemacht. Die am Pfarrthurm postirten Polizeisoldaten wurden ohne Mühe übermannt, und von den Aufrührern, die unten am Thurme Wache zurückließen, gezwungen, ihnen die Treppe hinaufzuleuchten und die Sturmglocke zu ziehen.

Dieß geschah für kurze Zeit und nicht eher, als bis in der Hauptsache schon Alles vorüber war. An der Hauptwache, wie an der Constablerwache hatten die Angreifenden unter der Versicherung, daß es in diesem Augenblicke in ganz Deutschland losgehe, die neugierig zusammengelaufene Menge aufgefordert, ihrer Sache sich anzuschließen und mit ihnen für die Freiheit zu fechten. Aber die Aufforderung fand keinen Anklang, die dargebotenen Gewehre und Patronen wurden von den einen unter mancherlei Entschuldigungen zurückgewiesen, von andern angenommen, aber doch sogleich wieder bei Seite gestellt. — Auf die Kunde von der Erstürmung der Hauptwache hatte das Linienbataillon die Kaserne verlassen und war gegen die Hauptwache angerückt. Nun zogen sich die wenigen daselbst Zurückgebliebenen, um sich mit dem stärkeren Haufen zu verbinden, nach der Constablerwache. Nur einer, Student Rubner aus Wunsiedel, hatte sich auf der Hauptwache verspätet, nach vergeblicher Aufforderung, sich zu

*) F. Funk, vergl. Convers. Lex. der Gegenwart II. 242. F. Jb. III. 157.

ergeben und nach der heftigsten Gegenwehr mit Bayonnettstichen verwundet und mit Kolben niedergeschlagen, fiel er in die Hände des Militärs. Dieses rückte nun, einen Trupp Schützen vorausſendend, gegen die Constablerwache an. Hier entspann sich ein lebhaftes Feuer, und für kurze Zeit ging der Kampf selbst in ein Bajonnettgefecht über. Der großen Uebermacht weichend, zogen sich endlich die Aufrührer in geordnetem Rückzug in die benachbarten Straßen, wo sie auseinander gingen, ohne weiter verfolgt zu werden.

Dieß hatte wohl seinen Grund darin, daß das Militär die kleine Zahl der Gegner nicht kannte. Neben einer größeren Zahl von Verwundeten hatten die Linientruppen fünf Todte, die an verschiedenen Orten des Kampfes theils auf dem Platz geblieben, theils in der Nacht oder an den folgenden Tagen an ihren Wunden gestorben waren. Von den Angreifenden wurde einer Namens Zwück, früher Unteroffizier bei dem Frankfurter Militär, an der Constablerwache tödlich verwundet und starb am 6. April. Außerdem hatten diese einige leicht Verwundete und auch aus der umstehenden Menge wurden Mehrere leichter oder schwerer verletzt. Alle diese Ereignisse drängten sich in dem kurzen Raum einer Stunde zusammen. Etwa um 10½ Uhr herrschte in der Stadt wieder die größte Stille. Im Theater, das bis gegen 10 Uhr dauerte, hatte man von dem ganzen Auftritte nichts vernommen, obgleich das Schauspielhaus der Hauptwache ziemlich nahe liegt.

Während dieser Vorgänge hatte sich von Bonames aus, unter der Anführung einiger Verbundenen, ein Haufe von 70—80 Landleuten, mit einer Trommel und einer schwarz-roth-goldenen Fahne, in Marsch gesetzt. Das auf dem Wege nach Frankfurt liegende Mauthhaus des kurhessischen Nebenzollamts Preungesheim*) wurde gestürmt, die Papiere wurden vernichtet und die Beamten verjagt. Von da rückten die Bauern gegen das Friedberger Thor und als sie dasselbe mit verstärkten Wachen versehen fanden, zogen sie sich ohne Versuch eines Angriffes zurück.

In Frankfurt hatte ein Theil der Verbundenen sich in ihre Gasthöfe begeben, wo sie schon um Mitternacht verhaftet wurden;

*) Vergl. Ilse. a. a. O. Zweiter Anhang; S. IV. XXII. XXIV. XXVI.

anderen gelang es, in der Nacht oder am folgenden Tage aus Frankfurt zu entkommen. Indessen wurde schon am Morgen des 4. April der aus Bonames stammende Dr. Neuhof, Advokat in Frankfurt, zu Darmstadt verhaftet und nach Frankfurt zurückgebracht. Hier gelang es ihm zwar durch eine glückliche List auf der Straße dem ihn begleitenden großherzgl. hessischen Polizeibeamten zu entwischen, aber nach einiger Zeit wurde er auf dem Schafhof bei Cronberg (in Nassau), wo er sich bei dessen Besitzer, einem Verwandten, Namens Schott, aufhielt, entdeckt und nach Wiesbaden in ein strenges Gefängniß gebracht, aus dem ihn nach einigen Wochen der Tod befreite.

Gleichfalls am Abend des 4. April waren in Darmstadt vier Studenten arretirt worden, die von der Seite von Aschaffenburg kamen und die Residenz zu umfahren versuchten. Einer derselben, v. Rochau, wollte nach vergeblichem Befreiungsversuche sich selbst entleiben, wurde aber daran gehindert, von den Wunden, die er sich beigebracht, geheilt, und später zu den andern Gefangenen nach Frankfurt abgeführt.

Schon am 4. April hatte sich die Bundesversammlung, unter dem Präsidium des sächsischen Ministers von Manteuffel, zu außerordentlicher Sitzung versammelt, um für die den Umständen gemäß scheinenden Maaßregeln Einleitung zu treffen.

Außerordentliche und geheime Sitzungen der gesetzgebenden Versammlung fanden statt am 11., 12. (Vormittags und Nachmittags) und 13. April. Am letztgenannten Tage mußte der Senat der Bürger- und Einwohnerschaft der Stadt Frankfurt sowie den Bewohnern der Frankfurter Ortschaften anzeigen, daß die hohe Bundesversammlung in dem Attentat nicht sowohl einen Angriff auf die öffentliche Ruhe in hiesiger freier Stadt, als vielmehr auf den deutschen Bund erkannt, und deßhalb beschlossen habe, die Stadt und Umgegend militärisch zu besetzen, um jeden Angriff von Außen zu verhüten. Deßhalb werde ein österreichisch-preußisches Corps aller drei Waffengattungen Sachsenhausen, Oberrad, Niederrad, Bornheim*), Bockenheim und Rödelheim besetzen, doch solle Frankfurt und Sachsenhausen von aller Einquar-

*) Für Bornheim ergab sich folgende Statistik. Es waren 1833 unter 97 Geburten 13 oder 13% uneheliche, 1834 unter 100 aber 20 oder 20%, 1835 unter 123 deren 44 oder 36%.

tirung frei bleiben. Nach einer Ermahnung an die Bürgerschaft und Dank an das gesammte Militär schließt der Senat seine Ansprache mit den Worten: „Und so wollen wir vereint hoffen, daß auch gegenwärtiges Ungemach vorübergehen und unsre freie Stadt sich auch ferner erhalten werde!“*) Am 15. April rückten 2500 Mann von Mainz aus in die ihnen bezeichneten Standquartiere. Aber außer diesen Sorgen war die Bürgerschaft auch durch das Loos der Gefangenen bewegt. Nicht wenige Familien waren direkt betroffen und in Sorge wegen des Looses der theilweise noch wochenlang hier versteckten Verwandten.**)

Eine vielleicht nöthige, aber traurige Maßnahme regte die Gemüther noch mehr auf. Da die Gefängnisse auf der Constablerwache auf die lebhafteste Verkehrsgegend der Stadt hinsahen, so wurden zur Vermeidung von Collusionen an den Fenstern Kasten angebracht, welche keinen Blick auf die Straße verstatteten. Die Untersuchung***) gegen die Angeschuldigten verblieb den Frankfurter Behörden und wurde zur möglichsten Beschleunigung mit vermehrtem Personal geführt.

Am 20. Juni†) faßte die Bundes-Versammlung den Beschluß, daß von Bundeswegen eine Centralbehörde niedergesetzt werde, um die näheren Umstände, den Umfang und Zusammenhang des gegen den Bestand des Bundes und gegen die öffentliche Ordnung in Deutschland gerichteten Complottes, insbesondere des am 3. April dahier stattgehabten Attentats, zu erheben, und fortwährend von sämmtlichen Verhandlungen der verschiedenen, mit Untersuchungen hinsichtlich des gedachten Complottes in den einzelnen Bundesstaaten beschäftigten Behörden Kenntniß zu nehmen, auch gegenseitige Mittheilungen unter denselben zu befördern, endlich für Gründlichkeit, Vollständigkeit und Beschleunigung der Untersuchungen Sorge zu tragen. — Durch denselben Bundesbeschluß wurden die Regierungen von Oesterreich, Preußen, Baiern, Württemberg und Großherzogthum Hessen als diejenigen bestimmt, deren jede ein Mitglied zu der genannten Centralbehörde zu ernennen habe, und nachdem die Mitglieder

*) F. Jb. II, 144.
**) Ilse a. a. O., S. 357.
***) F. Jb. II, 163.
†) F. Jb. II, 268.

dieser Behörde sämmtlich dahier eingetroffen waren, ist dieselbe in der Bundestags-Sitzung vom 8. August als constituirt erklärt worden.

Am 31. October 1833 gelang es dem Stud. juris Bernhard Lizius aus Aschaffenburg an einem nebligen Abend unter Beihülfe von außen — eine vorgebliche Rauferei veranlaßte die Schildwache sich von ihrem Posten zu entfernen — sich von seinem Kerkerfenster, dessen Stäbe er durchgesägt, herab zu lassen und zu entspringen. Bald wurde nach der Melodie: „Ich bin der Doctor Eisenbart" das Lied:

Jetzt Schnitzspahn streck die Beine aus,
Die Fall' ist offen, fort die Maus;
O Polizei, wie viel Verdruß,
Macht dir der Studio Lizius!

in allen Gassen gesungen.

Am 2. Mai 1834 fand ein Versuch zur gewaltsamen Befreiung der auf der Constablerwache detinirten Gefangenen statt. Am genannten Tage*) kurz vor zehn Uhr sagte ein Soldat der Schützencompagnie (welcher später verhaftet wurde) der Schildwache vor der Zeughauswache, sie möge sich zurückziehen, indem Gefangene befreit würden. Zugleich meldete die genannte Schildwache, daß sich ein Trupp Menschen nähere. Als demselben eine Patrouille entgegengeschickt wurde, gingen die Leute zwar auseinander, gleich darauf aber rückte ein stärkerer Trupp Menschen an und feuerte auf die Patrouille. In demselben Augenblick befreiten sich fünf Gefangene, wovon einer getödet, die andern aber bis auf einen wieder eingefangen wurden. So war die officielle Darstellung des Senats in seiner Mittheilung an die gesetzgebende Versammlung am 3. Mai. Der Getödete war Rubner, welcher in Folge einer beim Sturz erhaltenen Kopfverletzung, noch in derselben Nacht starb; der Entronnene war Alban.**) Während des Auflaufs feuerte die Wache auf die Umstehenden, wodurch mehrere verwundet und ein Schmied G. F. Schreiner, der vor seinem Haus stand, getödet wurde.

Die über diese Vorfälle eingeleitete Untersuchung ergab, daß ein Complot unter der Schützencompagnie zur Befreiung der

*) F. Jb. 3. Mai 1834. IV, 31. F. Jb. 22. August 1835. VI, 39.

**) Julius Dankmar Alban aus Gräfentonna entkam in die Schweiz, studirte in Zürich, starb als Arzt in Nidau (Canton Bern.)

Gefangenen stattgefunden hatte. Es wurden ein Corporal, ein Gefreiter und sieben Schützen, sämmtlich aus Frankfurt und dessen Gebiet gebürtig, in Untersuchung gezogen. Am 19. Juni 1835 sprach das Kriegsgericht sein Urtheil, welches am 6. August im Hofe der Caserne bei geöffneten Thüren und vor ausgerücktem Bataillon verkündigt wurde. Danach wurde einer der Angeschuldigten zur Todesstrafe, einer zu zehnjähriger Eisenstrafe, einer zu fünfjähriger Zuchthausstrafe, die übrigen zu 12, 8, und 4wöchiger 14tägiger und 8tägiger Arreststrafe, je nach der Schwere ihrer Verschuldung, verurtheilt. Die Todesstrafe wandelte der Senat in 20jährige Eisenstrafe um.

Außerordentlich groß waren die Kosten, welche die Ereignisse vom 3. April 1833 und 2. Mai 1834 der Stadt verursachten. Am 11. Juni 1833 bewilligte die gesetzgebende Versammlung 50,000 fl. für die Untersuchung, Verpflegung der Gefangenen und Verbesserung der Gefängnisse.*)

Ein Vortrag des Senats, welcher in der Sitzung der gesetzgebenden Versammlung vom 15. März 1834 vorkam, forderte abermals 15,000 fl., welche bewilligt wurden. Bei der fortwährenden Aufregung, führte der Senat aus, den neuesten Ereignissen in der Schweiz, welche die Flüchtlinge zu entfernen gebieten, der strengen Controllirung der Pässe bei bevorstehender Messe sei eine Vermehrung der Polizeikräfte nöthig, damit nicht Flüchtlinge sich einschleichen und die Anwesenheit der Gefangenen zu neuen Attentaten benutzen. Am 7. März 1835***) verlangte der Senat außerordentlicher Weise: 1. zur Deckung des Bedürfnißstandes des Polizeiamtes, bis die definitive neue Polizeiorganisation erfolgt sein wird, für 1835 die Summe von 29,295 fl. und 2. zur Deckung des Bedürfnißstandes des peinlichen Verhöramtes auf die Dauer des Bedarfs und der obschwebenden Untersuchungen 16,000 fl. als Maximum für 1835; die Versammlung reducirte den ersten Posten um 5000 fl. und bewilligte den zweiten vollständig.

Am 14. Juni 1836 verlangte der Senat abermals einen außerordentlichen Credit für das Appellationsgericht wegen der

---

*) F. Jb. II, 236.
**) F. Jb. III, 261.
***) J. Jb. VI, 123.

reignisse vom 3. April 1833 und 2. Mai 1834 von 8000 fl., welcher am 18. Juni von der gesetzgebenden Versammlung bewilligt wurde.

Während der langen Haft waren (außer Rubner) zwei Gefangene gestorben, zwei als wahnsinnig in Irrenhäuser gekommen, der badische Student Eimer nach seinem Verlangen auf die badische Festung Kislau abgeliefert. Endlich am 19. October 1836, also nach mehr als 3½ Jahren, wurde das Urtheil der Rechtsfacultät zu Tübingen den Angeklagten eröffnet. Danach wurden zehn zu lebenslänglicher, einer zu 15jähriger, einer zu 12jähriger, einer zu 6jähriger und einer zu sechsmonatlicher Zuchthausstrafe verurtheilt. Zwei Inquisiten wurden von der Instanz absolvirt.

Am Tage nach der Publication des Urtheils entwich von Rochau, der ausgezeichnete Publicist und Historiker, der berühmte Verfasser der Realpolitik, welcher wegen Krankheit auf dem Rententhurm gefangen gehalten wurde, mit seinem Gefängnißwärter, den er gewonnen hatte.

Es begannen nun die langwierigen Actenauszüge zur Appellation nach Lübeck, die Zwischenzeit benutzten aber die am meisten Gravirten, um unter Mitwirkung des Gefängnißwärterknechts Johann Geiger aus Orb aus ihren Gefängnissen zu entweichen. Es waren dieß, laut ihren am 11. Januar 1837 im Frankfurter Journal publicirten Steckbriefen: Ignaz Sartori, Stud. juris aus Würzburg, jetzt Oberlehrer an der Cantonschule in Zürich; Ernst Matthiä, Stud. philol. aus Grünstadt, jetzt Arzt in Wülflingen bei Winterthur, Kanton Zürich; Eduard Fries, Stud. med. aus Grünstadt, jetzt Arzt in Sissach, Kanton Baselland; Wilh. Obermüller, Stud. med. aus Karlsruhe; Wilh. Zehler, Stud. med. aus Nürnberg, gestorben in Griechenland; Hermann Friedr. Handschuh, Stud. theol. aus Nieder-Werren in Baiern, war Schulmann in der Schweiz und kehrte nach der Amnestie 1848 nach Baiern zurück.

Man hatte zur Ausführung des längst vorbereiteten Fluchtplans einen Tag gewählt, wo wegen der gegen Abend ankommenden Holzfuhren das große Thor geöffnet werden mußte. Dieß

*) F. Jb. VII. 223.
**) F. Jb. VIII, 118.

geschah am 10. Januar, wo sehr rauhes Wetter war. Es gelang, die Gefangenen unbemerkt aus ihren Zellen in den Hof zu bringen, während die Wachtmannschaft durch Kartenspiel sich unterhielt und das Aufsichtspersonal sich beim Nachtessen befand. Den diensthuenden Wärter wußte Johann Geiger durch die Betrachtung geburtshülflicher Tafeln, welche einer der Gefangenen zu seinen medicinischen Studien benutzte, zu beschäftigen. Der Fluchtversuch mußte bis 9 Uhr gelungen sein, denn dann wurden die Zellen revidirt, — und er gelang!

Den Schlüssel des Hofthors, welcher ihnen zur Freiheit verholfen, hatten sie mitgenommen und zur Erinnerung an die gelungene Flucht ließen sie daraus Ringe schmieden, die das Gepräge des Schlüssels selbst und das der Jahreszahl trugen.*)

Fries und Matthiä waren noch fünf Wochen in Frankfurt verborgen in verschiedenen, stets wechselnden Verstecken. Endlich wurden beide wohlgekleidet, mit Brillen versehen und geschminkt zum Eschenheimerthor hinaus in offener eleganter Equipage nach Hochheim gefahren, wo das erste Nachtquartier war. Am Abend des folgenden Tages brachte sie ein kleiner Kahn, von vertrauter und kundiger Hand geführt, nach Mainz, wo durch ein kleines Nebenthor die beiden Studenten ungehinderten Einlaß fanden. Ihre weiteren Stationen waren Guntersblum, Worms, Frankenthal, Bergzabern, Weißenburg. Die französische Regierung gestattete ihnen nicht, in Montpellier zu studieren, worauf sie sich nach der Schweiz wandten. Das Aufsehen, welches diese Entweichung machte, spiegelt sich in Naglers Briefen an Kelchner (I. 230.)

Am 17. Januar schreibt Nagler aus Berlin: Allerdings ist die Evasion der sechs Studenten eine die deutschen Regierungen, den Bund und die arme Centralbehörde lächerlich machendes Ereigniß. — Baiern hat viel Schuld neben Frankfurt, daß die Gefangenen nicht nach Mainz kamen, auch wohl die Wiener Conferenz. Am 30. schreibt derselbe: Wenn die Frankfurter sehr gereizt werden, so werden sie mit Fehrentheil und Salomon*) dem Bunde antworten, und am 1. Februar: Der Artikel der

*) Einen solchen Ring als Geschenk des Dr. Stiebel besitzt die Sammlung des Frankfurter Vereins für Geschichte und Alterthumskunde, vergl. Mi. IV, 68.

**) Major von Fehrentheil und Oelmüller Salomon waren in die sogenannte Erfurter Verschwörung 1820 verwickelt, vergl. Ilse polit. Unters. S. 132.

Staatszeitung war etwas herb. — Preußen hat freilich an Fehrenpeil und Salomon zu denken.

In einem Brief vom 5. Februar schreibt Nagler, daß zufolge Pariser Nachrichten auch ein Dr. Behr und ein Dr. Wager — den Studenten ganz unbekannte Persönlichkeiten — die Flucht befördert hätten. Nicht begründeter ist die Nachricht: „Als die sechs in Paris ankamen, war großer Schmauß unter Veneдeys Vorsitz" da wir wissen, daß die sechs Flüchtlinge weder gleichzeitig Frankfurt verlassen, noch alle Paris berührt haben.

Am 28. Februar und 1. März wurden die noch übrigen politischen Gefangenen nach der Bundesfestung Mainz abgeführt, „wo für dieselben nicht nur sehr gesunde und zweckmäßige Arrestlocale eingerichtet sind, sondern auch für gute Verköstigung und genügende Bewegung in freier Luft gesorgt ist" (auf den Hartenberg.) *)

Im Jahr 1842 wurde die Bundescentralbehörde aufgelöst und in demselben Jahre verließ die Bundesbesatzung Frankfurt.**)

Fünftes Kapitel.

Das vierte Jahrzehnt des Jahrhunderts begann für Frankfurt in handelspolitischer Beziehung unter sehr unbehaglichen Umständen. Das erste Stadium der handelspolitischen Einigung von Deutschland hatte die preußische Regierung vollendet. Der erste Schritt auf dieser Bahn war das Gesetz vom 26. Mai 1818, welches die Beschränkungen des Verkehrs zwischen den einzelnen Provinzen des preußischen Staates aufhob und als seinen Zweck ankündigte: „durch eine angemessene Besteuerung des äußeren Handels und des Verbrauches fremder Waaren die inländische Gewerbsamkeit zu schützen und dem Staat das Einkommen zu sichern, welches Handel und Luxus ohne Erschwerung des Verkehrs gewähren können." Das Gesetz ordnete hiernach an: daß alle fremden Erzeugnisse der Natur und Kunst in den preußischen Staat eingeführt werden können und nicht über 10% vom Werthe Einfuhrzoll bezahlen sollen. Der zweite Schritt

*) F. Jb. IX. 108.

**) Das Nähere bei Ilse, polit. Unters. S. 276—278.

war der Anschluß der norddeutschen und rheinischen Kleinstaaten oder Theile derselben durch eine Reihe von Verträgen, welche zwischen 1819 und 1831 abgeschlossen wurden und die preußischen Grenzen vereinfachten.*)

Der dritte Schritt war der Zollvertrag Preußens mit dem Großherzogthum Hessen (14. Februar 1828), welcher, gleichzeitig mit dem Vertrag zwischen Baiern und Württemberg, Baden von seinen nordischen Verbündeten des sogenannten „Mitteldeutschen Handelsvereins" isolirte und Nassau umklammerte, welchem nur die Rheinstraße und der Handelsweg nach Frankfurt frei blieb. Der vierte Schritt war der in diese Periode fallende Vertrag Preußens mit der kurfürstlich hessischen Regierung (25. August 1831,) welcher die beiden Gebietstheile Preußens vereinte. In dieser Position konnte der norddeutsche Zollverein abwarten, bis die in seine Machtsphäre fallenden Staaten das Bedürfniß des Anschlusses fühlten. Das zweite Stadium der Bildung des Zollvereins umfaßte den Zutritt von Baiern-Württemberg (22. März 1833), Königreich Sachsen (30. März 1833), des Thüringischen Vereins (11. Mai 1833), wodurch am 1. Januar 1834 der deutsche Zollverein ins Leben trat, dem dann noch am 20. Februar 1835 Hessen-Homburg und am 12. Mai 1835 Baden zutrat. Schon der Beitritt Hessen-Darmstadts hatte die Frankfurter Interessen lebhaft berührt. Nördlich und südlich von der Stadt erhoben sich an der Hamburg-Baseler Handelsstraße die Zollstätten; als Concurrenz der Frankfurter Messen entwickelten sich die von Offenbach. Zweimal jährlich tönte die ruhige Hauptstraße der isenburgischen Residenz wieder von dem Meßverkehr; die Häuser der „Frankfurter Straße" daselbst waren bedeckt mit Firmenschildern, und die nach der kurzen Blüthe der Offenbacher Messen noch sichtbaren Kloben, an welchen die Schilder gehangen, zogen der Straße den spöttischen Namen der „Klobengasse" zu.

Verstimmung herrschte auch unter den Arbeitern, welche sich mit den billigen Colonialwaaren aus Frankfurter Geschäften zu versorgen, und die Einkäufe selbst Abends heimzutragen pflegten. Jetzt sollten sie dieselben versteuern, wenn es nicht gelang, auf Schleichwegen die Waaren in die Dörfer zu schmuggeln. Mit

*) Ihr Verzeichniß: Gegenwart XI., 109. 110. F. Jb. VII, 93.

dem Zutritt Kurhessens wurde die Sache noch schlimmer; die Stadt Frankfurt erhob mit mehreren andern Genossen des mitteldeutschen Handelsvereins: Hannover, Oldenburg, Braunschweig, Nassau und Bremen*) am 24. Mai 1832 Klage beim Bundestag gegen den bundesbrüchigen Genossen.

Der Kurfürst ernannte den Unterhändler des Zollvertrags mit Preußen, von Ries, zum Bundestagsgesandten.**)

Nun war dem Frankfurter Handel auch die große Leipziger Straße durch Zollstätten gesperrt, und nur der Main und die Straßen nach Nassau noch offen. Jeder Spaziergang war gestört. Nach dem vielbesuchten Vergnügungsort Hausen konnte man nur gelangen, indem man die Zollstätte passirte. Es erhoben sich nativistische Stimmen, welche vorschlugen, Bockenheim mit seinen „süßen Jungfern" (einer beliebten Conditorei) zu meiden und Bornheim allein zu besuchen, dessen Annehmlichkeiten durch einen Park auf der Haide und eine Allee über den Röderberg zu erhöhen wären.***)

Am 16. Dezember 1831 kam in der gesetzgebenden Versammlung der Antrag des Herrn A. Forsboom-Goldner, die Handelsverhältnisse hiesiger Stadt in Bezug auf das Ausland betreffend, zur Berathung.†)

In der Motivirung heißt es, daß der preußisch-hessische Mauthverein unleugbar einer raschen, für den deutschen Handel einflußreichen Entwickelung entgegengeht, während der unter Mitwirkung von Frankfurt abgeschlossene mitteldeutsche Handelsverein durch den Rücktritt eines der bedeutendsten Vereinsstaaten wenigstens factisch wieder als aufgelöst zu betrachten ist. Wenn der Ausweg für den Frankfurter Handel aus dieser ungünstigen Lage, wo die Hemmungslinien, die ihm entgegentreten, sich mit jedem Tage vermehren, nun von der einen Seite im Anschluß an den preußisch-hessischen Mauthverein erwartet wird, indem man für solchen Fall die Erwirkung besonderer Zugeständnisse für hiesige

*) F. Jb. I. 144.

**) Der einzige Erfolg dieser Klage bei der Bundes-Versammlung war, daß Kurhessen den seit 3. Januar 1832 vertragswidrig erhöhten Durchgangszoll für die genannten Staaten vom 1. Juli 1833 an auf den früheren Betrag nach Maaßgabe des am 24. September 1828 zu Kassel abgeschlossenen Vertrags herabsetzte. (F. Jb. I. 162. 297).

***) Frankfurter Journal 11. Februar 1832. F. Jb. I. 4.

†) F. Jb. I. 97. 165.

Stadt als eine ausgemachte Sache voraussetzen, — während die andre Seite, weil sie solche Zugeständnisse in Abrede stellt, ihr Heil auf entgegengesetzten Wegen suchen will, — so leuchtet ein, daß Pflicht und Interesse erheischen, sich — unbeschadet dem was künftig geschehen solle, und ohne Beeinträchtigung der von Frankfurt gegen den mitteldeutschen Verein übernommenen Vertragsverbindlichkeiten — vorläufig wenigstens alle die Materialien zu verschaffen, welche zur gründlichen Prüfung aller einschlägigen Verhältnisse und zur Vorbereitung eines demnächst nach reifer Ueberlegung zu fassenden Beschlusses erforderlich sind.

Der Antrag selbst lautete: „Die Versammlung wolle Hohen Senat ersuchen: darüber, — unter welchen Bedingungen ein Anschluß hiesiger Stadt an den preußisch-hessischen Mauthverein etwa statt finden könne, Erkundigung einzuziehen, und hierauf im Interesse des Handels und des Gemeinwesens diesem Gegenstande die verfassungsmäßige Erledigung zu geben."

Die diesem durchaus zu nichts verpflichtenden Antrag folgende Discussion zeigte, in welchen Illusionen man sich noch wiegte. Man bestritt, daß der Handel von Frankfurt gelitten habe; man erwartete Erfolg von den beim Bunde gegen Kurhessen wegen Erfüllung seiner Verpflichtungen gegen den mitteldeutschen Verein gethanen Schritten oder gar von „völkerrechtlichen Einschreitungen;" man betrachtete wegen der Haltung der Regierungen von Nassau und Baden den mitteldeutschen Verein noch als fortbestehend.

Herr F. A. Jay hatte den Gegenantrag gestellt: „Hohen Senat zu ersuchen, eine gründliche Darstellung der dermaligen hiesigen Handels- und Gewerbsverhältnisse, nebst darauf Bezug habenden Belegen und Ansichten baldigst anher gelangen zu lassen."

Bei der Abstimmung wurde der Forsboom'sche Antrag mit 68 gegen 1 und 4 suspendirte Stimmen für unzulässig erklärt, der Jay'sche mit 71 gegen 3 Stimmen angenommen. In der Sitzung der gesetzgebenden Versammlung vom 20. Juni 1832 legte der Senat derselben das Resultat seiner Ermittelungen über die Lage des hiesigen Handels vor nebst zwei Gutachten der Handelskammer*), deren eins für, das andre gegen den Anschluß

*) F. Jb. I, 205. 220. 227. 243. 253. 256. 300. 308. II, 28. 61. 69. 97. 117. 129. 140.

an das preußische System sich aussprach. Der Senat selbst erklärte sich auf das entschiedenste gegen den Anschluß an den preußischen Zollverband.

Natürlich, denn in der Sitzung der gesetzgebenden Versammlung vom 6. Juni 1832 war ein Separatprotocoll aufgenommen worden über eine Mittheilung des Senats vom 5. Juni. Dies Protocoll wurde am 3. September veröffentlicht.*) Es enthielt den Handels- und Schifffahrtstractat zwischen Frankfurt und Großbritannien vom 13. Mai 1832.

Die Schlußfolgerungen aus den beiden sehr umfangreichen und viel statistisches Material bietenden Gutachten der Handelskammer lauteten folgendermaßen. Das für Anschluß an den Zollverein schloß mit diesen Sätzen (F. Jb. I. 229): Frankfurt, mit seinem Handel und Erwerb hauptsächlich auf die näheren oder ferneren deutschen Länder angewiesen, und eines freien Verkehrs mit denselben unerläßlich bedürftig, jedoch durch die preußische Mauth von ihnen abgeschnitten, hat versucht die Geschäfte, die dadurch von hier verdrängt wurden, von fremden Plätzen innerhalb der Zolllinie aus zu betreiben. Bisher ist auf diese Weise, wenn auch nicht dem hiesigen Platze, doch hiesigen Häusern, Manches erhalten worden, auf das sie sonst völlig hätten verzichten müssen, und sie haben in jenem Auskunftsmittel eine zwar traurige, jedoch allerdings wichtige Hülfe gefunden. Je wichtiger aber dieselbe bisher war, um so wichtiger wird auch deren Fortdauer sein, und es fragt sich daher, welche Bürgschaft haben wir für eine solche Fortdauer? Wir müssen antworten: Keine. Es ist ferner nicht zu verkennen, daß die preußischen Transitzölle unseren Handel nach allen Seiten auf das Empfindlichste drücken. Deren Ansatz zu mildern oder eine Erhöhung desselben zu hindern, liegt gänzlich außer unsrer Macht.

Das Gutdünken der Vereinsstaaten allein hat darüber zu entscheiden, und wird, das ist gewiß, nicht zu Frankfurts Vortheil entscheiden. In welcher Lage werden wir uns aber befinden, wenn diese Zölle erhöht werden? Sie werden dann einem unbedingten Handelsverbot für Frankfurt, wenn auch nicht dem Namen, doch der Sache nach, gleich sein. Ueberhaupt können wir nicht oft genug daran erinnern, daß wir Staaten gegenüber stehen,

*) F. Jb. I. 211.

die ungleich mächtiger sind, als wir, und die, wenn sie uns zum Beitritt zu ihrem System zwingen wollen, die Mittel dazu in Händen haben und uns zu zwingen wissen werden. Es ist jedoch natürlich, daß, wenn wir nur dem Zwange weichen, man uns auch als Gezwungene behandeln und uns die Bedingungen vorschreiben wird, die wir annehmen sollen, während wenn wir uns freiwillig melden, wir wenigstens noch einigermaaßen über die Bedingungen, die wir annehmen wollen, zu unterhandeln und uns Vortheile zu sichern vermögen, die späterhin nicht mehr zu erreichen sein werden. Frankfurt hat schon in 1828, als Preußen mit seinem Mauthsystem noch allein stand, die Unmöglichkeit eingesehen, seine commercielle Selbstständigkeit gegen dieses System aus eigener Kraft zu schützen und deßhalb im mitteldeutschen Verein Hülfe durch Verbündete gesucht. Dieser Verein ist nun aufgelößt und jenes System hat durch den Beitritt der beiden Hessen und den Vertrag mit Baiern und Württemberg großen Zuwachs erhalten.

Es geht aus allem bisher Gesagten hervor: 1. Daß Frankfurts Handel und Wohlstand durch die uns umgebende preußische Mauthlinie in Verfall gerathen ist; 2. Daß die hiesigen Geschäfte und Messen sich von hier weggezogen und nach auswärtigen, innerhalb des preußischen Mauthgebiets gelegenen Plätzen gewendet haben: 3. Daß freier Verkehr mit unsern Nachbarstaaten unerläßliche Bedingung des hiesigen Handels ist, daß jedoch 4. jene nach auswärtigen Plätzen verdrängten Handels- und Meßgeschäfte nicht wieder zurückgeführt, auch ein freier Verkehr mit unseren Nachbarstaaten nicht anders erreicht werden kann, als wenn Frankfurt dem preußischen Mauthverband beitritt, auch 5. erforderlich ist, daß dieser Beitritt baldmöglichst geschehe, da Verzögerung desselben unsere Lage verschlimmern und uns in die Unmöglichkeit günstige Bedingungen zu erreichen, setzen würde.

Das gegen den Anschluß an den Zollverein lautende Gutachten schloß mit folgender Zusammenfassung: 1. Das bisher in Frankfurt befolgte System (Princip) der Handelsfreiheit hat sich bis jetzt als heilsam bewiesen und der Natur des Frankfurter Handels ist diese (Freiheit) unbedingt nothwendig; 2. Zwischen diesem System und dem preußischen herrscht aber eine gänzliche Verschiedenheit, indem dieses dem Handel eine Menge Beschränkungen auferlegt und freie Bewegung nicht zuläßt, der Betreibung eines großen Theiles der hier herrschenden Handelszweige daher geradezu entgegen ist. 3. Daß das preußische Zollsystem in den Staaten, die uns umgeben, in Ausführung gebracht ist, verursacht dem Frankfurter Handel allerdings Nachtheile, welche theilweise zu vermeiden wären, wenn wir uns demselben anschlössen. 4. Dieß könnte aber nur geschehen, indem wir andre wirkliche Vortheile, in deren Besitz wir sind und welche jene Nachtheile weit überwiegen, als Opfer brächten. 5. Eine Veränderung des hiesigen Systems durch einen Zollanschluß würde also unsre Lage verschlechtern, statt sie zu verbessern. 6. Es ist aber der dermalige hiesige Handel, trotz der Beeinträchtigungen, unter denen er leidet, immer noch bedeutend, und bedeutender selbst, als wir ihn in den Ländern sehen, welche unter preußischen Zollgesetzen leben. Durch einen Anschluß würde aber auch 7. der ganzen Bürgerschaft eine hohe Besteuerung für fremde Staatszwecke auferlegt; nicht minder steht dabei eine Benachtheiligung unserer Gewerbe zu besorgen; auch würde dadurch ferner 8. unsere Stadt in eine gewisse Abhängigkeit versetzt und ihre Position gegen das Ausland nachtheilig verändert werden, und endlich würde alsdann 9. wenn durch die Abnahme des Handels der allgemeine Wohlstand sich verminderte, ein Sinken des Grundwerthes und der Gebäulichkeiten als nothwendige Folge eintreten.

Der Senat übergab den Vertrag mit Großbritannien der gesetzgebenden Versammlung zur Genehmigung mit folgendem Vortrag: „Der Senat hat von der Zeit an, wo mit einiger Verlässigkeit die Erledigung der Rheinschifffahrts-Sache zu erwarten gewesen, Bedacht genommen, hiesige Stadt durch einen Vertrag mit England in ein ähnliches Verhältniß zu setzen, wie es bei den Hansestädten besteht, deren eine ebenfalls nicht unmittelbare Schifffahrt von der See bis zu ihr zuläßt, und ihr frühzeitig, wenn je nach der Lage derselben ein mittelbarer Flußverkehr möglich werden sollte, eine gleiche Behandlung in England zu sichern.“ — Der Inhalt des Vertrags bestimmt im Allgemeinen: 1. Hinsichtlich der Schifffahrt mit Anerkennung und Beachtung der Lage hiesiger Stadt, die vorerst keine directen Fahrten gestattet, Gleichheit der Schiffsabgaben mit den eigenen englischen Schiffen, wenn sie auch nicht direct von hier dorthin fahren.

2. Hinsichtlich des Handels für alle von hier verladenen Waaren, gleichviel ob solche Frankfurter Erzeugnisse sind oder nicht, eine gleiche, jedenfalls den begünstigtsten Staaten gleich zu haltende Behandlung in den Einfuhrabgaben, alles dieses natürlich gegenseitig.

Der Vertrag war durch Viscount Palmerston und Lord Auckland einerseits, Senator Dr. Ed. Harnier andrerseits auf die Dauer von 10 Jahren abgeschlossen. Artikel 9 lautete: In Berücksichtigung des geringen Umfangs des Gebiets der freien Stadt Frankfurt ist verabredet und vereinbart worden, daß jedes Schiff, das in Frankfurt oder Großbritannien gebaut und mit einem Patron und einer Schiffsmannschaft versehen ist, wovon wenigstens drei Viertheile Bürger oder Angehörige der freien Stadt Frankfurt oder irgend eines der deutschen Bundesstaaten sind, und dessen Eigenthum überdieß ausschließlich einem oder mehreren Frankfurtischen Bürgern oder Angehörigen zusteht, hinsichtlich aller Bestimmungen dieses Vertrags als frankfurtisches Schiff geachtet und anerkannt werden soll.

Es wurde eine Commission*) von sieben Mitgliedern zur Begutachtung des Vertrags erwählt, welche am 20. Juni 1832 berichtete. Da der Unterhändler des Vertrags zugleich zum Referenten der Commission ernannt wurde, so ging der Antrag derselben auch selbstverständlich auf Genehmigung des Handelsvertrags. Bei der Discussion machten nur vereinzelte Stimmen darauf aufmerksam, daß es bedenklich sei, sich auf so lange Zeit zu binden, „da man in einer Zeit lebe, wo man nicht einmal drei Monate vorausbestimmen könne, wie es bis dahin gehen werde.“ Mit einer Mehrheit von 57 gegen 11 Stimmen wurde der Vertrag ratificirt.

Sechstes Kapitel.

Am 4. März 1834 enthielten die Frankfurter Jahrbücher einen längeren Artikel über „Frankfurts Handelsverhältnisse,“ welcher mit dem Satze schließt: „Daß Frankfurts Beitritt zum

*) Deren Zusammensetzung F. Jb. I. 214.

Zollverband nur dann statthaben kann, wenn ihm Concessionen gewährt werden, wie sie für Leipzig im Princip festgestellt sind, wodurch der Zwischenhandel in Manufactur- und Colonialwaaren, Weinen u. s. w. den es jetzt besitzt, obgleich durch Formalitäten erschwert, doch erhalten werden kann."

Anfangs 1835 wurde der Schöff von Guaita und Senator Bansa zu Unterhandlungen nach Berlin gesandt. (F. Jb. IV, 92). In der geheimen Sitzung der gesetzgebenden Versammlung vom 23. December 1835 stellte der Senat den Antrag, daß die gänzliche oder theilweise Aufhebung des mit der Regierung von Großbritannien am 13. Mai 1832 auf 10 Jahre geschlossenen Vertrags bewirkt werde. Die Versammlung trat bei und in Folge davon schloß Senator Dr. Harnier am 29. December 1835 einen Vertrag ab, wodurch, „da Umstände eingetreten sind, wodurch gewisse Bestimmungen dieses Staatsvertrags störend für das Handelsinteresse der Stadt Frankfurt geworden sind," die dem Eintritt Frankfurts in den Zollverein hinderlichen Artikel 1—5 des Vertrags aufgehoben werden. Durch Senats-Vortrag vom 26. Januar 1836 wurde in der Sitzung der gesetzgebenden Versammlung dieser Vertrag mitgetheilt und ohne Umfrage zu den Acten genommen.*)

Von dieser Fessel befreit hatte der Senat am 2. Januar 1836 den Vertrag abgeschlossen, wodurch Frankfurt dem Zollverein beitrat.**)

Am 7. Januar wurde dieser Staatsvertrag zu Berlin von sämmtlichen Zollvereinsstaaten ratificirt; gleichzeitig trat auch Nassau in den Zollverein (Vertrag vom 10. December 1835.) Der Zollverein umfaßte jetzt 8110 Geviertmeilen mit 25,150,216 Einwohnern. Bekanntlich wurden wichtige Zugeständnisse an Frankfurt gemacht. Es wurde eine Zolldirektion eingesetzt, aus einem großherzoglich-hessischen (Geheimer Ober-Finanz-Rath H. L. Biersack, Direktor), einem kurfürstlich-hessischen (Ober-Finanz-Rath G. A. Rommel, † 1868) und einem frankfurtischen (Zolldirektions-Rath Dr. jur. J. H. Bender) Mitglied bestehend. Es wurden Frankfurt dieselben Concessionen hinsichtlich des Meßverkehrs zugestanden,

*) F. Jb. VII, 11. 83.

**) Wortlaut des Vertrags F. Jb. VII, 53. Gesetzsammlung VI, 1.

welche Sachsen sich für Leipzig ausgehalten hatte.*) Wegen der größeren Consumtionsfähigkeit der Stadtbevölkerung von Frankfurt wurde dieselbe $4^{2}/_{5}$ mal der wahren Zahl bei Vertheilung der Zolleinkünfte gerechnet. Die lästigen Mainzölle, welche Frankfurt allein zu beseitigen nicht im Stande war, fielen in Folge der Zollvereinsverträge. Vom 9. März bis Ende Mai 1836 wurden 64 neue Firmen angemeldet. Die erste Messe, auf welche die neuen Verhältnisse schon voll einwirken konnten, die Herbstmesse 1836, zeigte bereits wieder bedeutenden Aufschwung. Insonderheit hatte der Lederhandel durch das factische Aufhören der Offenbacher Messe wieder ausschließlich seinen Sitz in Frankfurt genommen. Die üblichen Geschenke beim Vertragsabschluß ließ der Senat auch dem Minister von Nagler zu Theil werden. Obgleich dieser es für eine „sonderbare Idee“ erklärte, daß man ihm eine Dose gesandt, da er wenig beim Abschluß des Vertrags gethan habe, so nahm er sie doch an und verhandelte die Dose, welche das Gemälde der Sachsenhäuser Brücke zeigte und mit 20 Brillanten besetzt war, wieder an den Lieferanten, Herrn Spelz.**)

Aber noch weiter als auf das eigentliche Gebiet des Handels erstreckten sich die mittelbaren Folgen des Zutritts der Stadt zum Zollverein. Nach Artikel 10. des Vertrags vom 2. Januar 1836 wurde mit dem 21. December 1836 die Entrichtung des Thorsperrgeldes aufgehoben. Die Errichtung des Zollgebäudes und der Lagerhäuser erheischte eine vollständige Aenderung der Physiognomie der Stadt nach der Mainseite hin. Das Ufer mußte erhöht und verbreitert werden, und in Folge dieser Erhöhung wurden die alten Wasserthore für Fuhrwerk unpassirbar. Im August 1836 wurde das Leonhardsthor***) dem Abbruch geweiht, das Holzpförtchen†) und das Fahrthor††) folgten nach.

---

*) F. Jb. VII, 181. VIII, 137. 153. 165. 246.

**) v. Nagler Briefe I, 212. 216. 217. 222.

***) F. Jb. VII, 285. A. N. IV, 36.

†) A. III, 125 mit Abbildung A. N. IV, 34.

††) A. I. 129 mit Abbildung von Ballenberger. A. N. IV, 29. In diesem letzterwähnten Aufsatz hat Herr Oberst von Cohausen nachgewiesen, daß in Folge der falschen Lesung von MCCCCIIII statt MCCCCLIII; die ganze Uferbefestigung um etwa 50 Jahre zu früh gesetzt, daß sie um 1450 statt um 1400, wie man annahm, ausgeführt worden ist.

Der im Jahre 1840 beendigte neue Mainquai, der sich in gerader Linie und einer Länge von 1338 Fuß (Frankfurter Maaßes, 10⅚ Fuß Rheinländisch = 12 Fuß Frankfurter Maaß) vom Holzausladeplatz bis zum Weinmarkt erstreckt, hat für das Ufer einen ebenen Flächenraum von 66,345 Frankfurter Quadratfuß gewonnen; die Höhe dieses neuen Quai beträgt durchschnittlich 4 rheinländische Fuß mehr, als das alte Ufer und zwar 10 Fuß 10 Zoll rheinisch über dem Nullpunkte des Brückenpegels. Unter dem ehemaligen Fahrthor wurde die Straße um 4⅙ Fuß rheinländisch erhöht.*)

Auch die Münzconvention zwischen den süddeutschen Staaten war eine Ausführung von Art. 11 des Vertrags vom 2. Januar 1836. Am 28. Mai 1837 reiste Senator Dr. Souchay nach München, um als Commissär des Senats an den am 1. Juni beginnenden Conferenzen Theil zu nehmen. Am 25. August wurde der Münzvertrag mit den Königreichen Baiern und Württemberg, den Großherzogthümern Baden und Hessen und dem Herzogthum Nassau abgeschlossen und damit der süddeutschen Münzverwirrung abgeholfen**) und dem Mangel an Umlaufsmitteln gesteuert, welcher aus der Devalvirung und Verrufung der viertel und halben Kronthaler entstanden war. Der Vortrag des Senats erklärte sich gegen Annahme des 14-Thaler-Fußes wegen der daraus entstehenden Vertheuerung des Lebens. Der Münzconvention war noch eine besondere Uebereinkunft wegen der Scheidemünze beigefügt. Der Netto-Antheil von Frankfurt an den Ueberschüssen der Zolleinnahme des Vereins betrug 1836: Thlr. 125,048; 1837: 132,450; 1838: 163,715; 1839: 164,225; 1840: 173,043; 1841: 178,498; 1842: 184,851; 1843: 202,570; 1844: 202,312; 1845: 212,567, zusammen in 10 Jahren: 1,739,279 Thlr. oder 3,143,738 fl. — 1846 betrug derselbe 430,098½ fl.***)

Der Eingang inländischer Waaren zu den Messen†) zeigte fast fortwährende Verminderung: 1836: 103,724 Ctr., 1840: 101,634; 1844: 95,670; 1847: 87,975 Ctr.

Im Jahr 1843 erschien in List's Zollvereinsblatt ein

*) Gn. Chr. I. 59.
**) F. Jb. X. 167—172.
***) Gn. Chr. VI. 159. VII, 87.
†) Jahresbericht der Handelskammer für 1873. S. 79.

Artikel über den Frankfurter Handel,*) welcher im Vergleich mit den Seite 67 mitgetheilten Notizen, den Umschwung der Verhältnisse in Folge des Zutritts von Frankfurt zum Zollverein zeigt. Darnach zerfielen die Geschäfte von Frankfurt in folgende Kategorien: 1. Großhandel in Colonialwaaren, Droguerien, Materialwaaren und rohen Stoffen nach Baiern, Württemberg, beiden Hessen und Nassau, insoweit nicht in südlicher Richtung die Rhein- und Neckarstraße und in östlicher Richtung der Waarenzug weserwärts als Concurrenten in die Schranken traten. Die Haupteinkäufe werden in Amsterdam und Rotterdam und namentlich auf den Auctionen der niederländischen Maatschappy gemacht. Den Londoner Markt und die Hansestädte benutzt der Frankfurter Großhändler nur in einzelnen Artikeln und wenn in Folge von besondern Conjuncturen die Waarenpreise sich dort vortheilhafter stellen, als in Holland. Gleiches ist der Fall mit den Material- und Droguериewaaren, nur daß viele dieser Artikel aus den südlichen und südöstlichen Erzeugungsländern Europas unmittelbar bezogen werden. Der Absatz in den letzteren Artikeln ist im Verhältniß zum Verbrauch ausgebreiteter als bei den Colonialprodukten und erstreckt sich in manchen über ganz Deutschland. Im Colonialwaarengeschäft zählt man 20, und in Droguerie-, Material- und dergleichen Waaren 33 eigentliche Großhändler, von denen jedoch die meisten auch Detailverkauf betreiben.

Früher war der Großhandel in diesen Zweigen weit beträchtlicher. Seitdem aber die Schifffahrt auf dem Rhein durch Benutzung des Dampfes als Transportkraft eine beinahe gänzliche Umgestaltung erfahren, hat der schnellere Waarentransport Verbindungen, die man vordem nicht kannte, hervorgerufen. Auch die Regulirung der Schifffahrtsverhältnisse auf dem Rhein hat, insoweit durch sie die unmittelbaren Waarenbezüge für das südliche und südöstliche Vereinsgebiet im Allgemeinen erleichtert werden, Frankfurts Großhandel mit Colonialwaaren zum Vortheil anderer Plätze geschmälert. Dies gilt insbesondere von dem Absatz nach Baiern, Württemberg und Baden.

2) Großhandel und Meßverkehr in Fabrik- und Manufakturwaaren. Daß Frankfurt in diesem Handels-

*) Gn. Chr. III, 76.

weige immer noch einer der wichtigsten Plätze Deutschlands ist, erdankt es seinen Messen. Die deutsche Zolleinigung und der außerordentliche Aufschwung, den in den Zollvereinsstaaten die Industrie genommen hat, wirkte auf den Großhandel von Frankfurt insofern ungünstig, als dadurch vieles an außervereinsländischen Erzeugnissen vom Markt weggewiesen ward und als nunmehr der inländische Fabrikant mit dem Detailhändler vielfältig in unmittelbare Verbindung trat. Im Uebrigen war auch früher der Platz in Fabrik- und Manufakturwaaren kein Weltmarkt. Die Absatzgeschäfte beschränkten sich im Wesentlichen auf das westliche, südliche und südöstliche Deutschland, dann auf Holland und die Schweiz. Auch der Meßhandel fand hauptsächlich in den Besuchern aus diesen Ländern seine Nahrung. Diese messentlichen und außermessentlichen Absatzverbindungen bestehen im Wesentlichen noch, und dadurch ist Frankfurts Beitritt zum Zollverbande, von anderer Seite betrachtet, insofern von den wohlthätigsten Folgen für den noch vorhandenen Großhandel gewesen, als durch denselben der freie Verkehr mit den meisten in obigem Bereiche gelegenen Staaten erhalten oder wiederhergestellt wurde. Alles, was die Industrie Englands, Frankreichs, Oesterreichs und der Schweiz erzeugt, geht, soweit es sich noch zum Bezuge eignet, in den hiesigen Großhandel über. Am bedeutendsten ist der Meßverkehr in Zollvereinserzeugnissen. Die dermalige Zahl der Großhandlungen läßt sich zu beiläufig 100 annehmen, von denen 55 auf Manufaktur und 45 auf Fabrikwaaren zu rechnen sind.

3) Speditionshandel.

Folgende Handelsstraßen für welche Frankfurt die Spedition zu besorgen hat, treffen hier zusammen: a. der Waarenzug rhein- und mainaufwärts aus holländischen Seeplätzen und aus den preußischen Rheinprovinzen in weiterem Versandt von Frankfurt nach den bairischen Mainhäfen, in gleichem nach der großherzoglich hessischen Provinz Starkenburg und der kurfürstlich hessischen Provinz Hanau; b. der Güterzug von den Hansestädten auf den durch Kurhessen führenden Straßen, dann aus Hannover, Braunschweig und Kurhessen, in weiterem Versandt von Frankfurt nach Baiern, Baden, Württemberg, der Provinz Starkenburg und der Schweiz; c. der Waarenversandt auf der von Leipzig nach Frankfurt führenden bedeutenden Handelsstraße für alle Güter, welch von Osten nach dem Süden Deutschlands, nach Frankreich und der Schweiz gehen; d. der Waarenzug auf den zwischen der Elbe und Donau gelegenen, nach Frankfurt ausmündenden Straßen, welche für den Speditionsverkehr insofern von Bedeutung sind, als die Güter von hier aus in westlicher Richtung nach Holland, Belgien und Rheinpreußen, weiter verladen werden; e. der Waarenzug auf den Straßen von der Donau bis zur Schweiz im weiteren Versandt nach Frankreich, Belgien, Holland und nach den Rheinprovinzen; f. der Güterverkehr auf den längs der Schweizergrenze einmündenden, nach Frankfurt führenden Straßen.

Derselbe umfaßt den gesammten Exporttransito der Schweizer Fabrik- und Manufaktur-Waaren für das Zollvereinsgebiet in nördlicher Richtung und die Verladungen für den Meßplatz Leipzig, dann allen Verkehr Badens und Württembergs in gleicher Richtung; g. der Güterzug rheinthalabwärts und mainaufwärts bis Frankfurt und demnächstigen Weitertransport in nördlicher und nordöstlicher Richtung; h. der Waarenzug auf den Straßen, die links der französischen Grenze einbrechen und ihre Richtung nach Frankfurt nehmen; dieser ist für Frankfurts Speditionshandel der wichtigste, indem die meisten Erzeugnisse Frankreichs für das nördliche und östliche Deutschland und selbst für den höheren Norden auf denselben verladen werden. Endlich i. der Waarenzug aus Belgien und den preußischen Niederlanden theils landwärts, theils (über Köln) rheinwärts, in weiterer Verladung der Güter nach Italien, der Schweiz, Oesterreich, Baiern, Württemberg, Baden, sowie nach dem nördlichen und nordöstlichen Deutschland.

So ist Frankfurt Centralpunkt eines bedeutenden Binnen-Verkehrs. Dieser Verkehr, dem die Zollvereinigung in vielen Beziehungen neues Leben gab, hat auch manchen Abbruch gelitten, z. B. durch den Aufschwung der Dampfschifffahrt, die ganz neue Versendungswege gebildet hat. Mit dem Speditionsverkehr befaßt sich die Mehrzahl der Großhandlungshäuser und Kaufleute. Die Zahl derer, welche ihn als *ihr Hauptgeschäft* betreiben, kann zu 65 angenommen werden.

4. *Bankiergeschäfte, Wechselhandel und Handel in Staatseffekten.* Daß Frankfurt zu den Handelsplätzen ersten Ranges in Europa gezählt wird, und selbst auf Handels-

plätzen anderer Welttheile in hohem Ansehen steht, verdankt diese Stadt ihren Bankgeschäften. 24 Handlungshäuser, die zum Theil Capitalien von mehr denn einer Million Gulden besitzen und unter denen die mit weit mächtigeren Geldmitteln arbeitenden weltbekannten Firmen M. A. von Rothschild und Söhne und Gebrüder Bethmann obenan stehen, unterhalten die ausgedehntesten Geschäftsverbindungen mit beinahe allen Handelsplätzen von einigem Rufe in Europa.

Außerdem befassen sich noch weiter 74 Handlungsfirmen mit dem Wechselhandel und dem Einkauf und Verkauf von Staatspapieren. Ein weiterer wichtiger Geschäftszweig der Frankfurter Bankiers besteht in den Verbindungen mit Fabrikanten und Großhändlern, wobei in überwiegendem Maaße das Eröffnen laufender Credite in Betracht kommt. Der Aufschwung, welchen Fabriken aller Art durch die Zollvereinigung genommen, hat zur Vermehrung dieser Geschäfte namhaft beigetragen.

Das Adreßbuch für 1842 enthält 1005 Namen von durch Börsenanschlag legitimirten Handlungen und Fabriken. Darunter sind: 32 Buchhandlungen, 148 Firmen in Colonial- und Spezereiwaaren, 50 in Galanteriewaaren; 210 in Manufaktur- und Modewaaren, 46 in Tuchwaaren und 72 in Wein. An Fabriken gibt es: mehrere Tabakfabriken, eine chemische Produktenfabrik eine Farbenfabrik mit Dampfmaschine, eine Holzfournirschneidere, mit Dampfmaschine, Eisen- und Messing-Gießereien, mehrere Lithographien und Buchdruckereien, eine Liqueurfabrik, Fabrik von Schaum-Weinen, Weingeist- und Essigsiedereien, 4 Wachstuchfabriken, 3 Hutfabriken, mehrere Tapetenfabriken: Strohhutfabriken, Teppichfabrik, Gerbereien und Färbereien." *)

Bekanntlich trat kurz nach Frankfurts Eintritt in den Zoll verein eine veränderte Tendenz der Regierungen hinsichtlich der Zollsätze ein.**) Dieselben Staaten, welche bei ihrem Eintritt in den Zollverein niedere Zölle für Fabrikate verlangt hatten, drangen nun auf deren Erhöhung: Baiern, Sachsen, Württemberg. Baden vertraten in den Generalconferenzen von nun an diese Richtung. Die sechste Zollkonferenz 1843 in Berlin, di[illegible]

*) Die allezeit bedeutenden Fabriken von Druckerschwärze (Schwarz") sind in obiger Aufzählung vergessen.

**) Gegenwart XI. 122 ff. 128, 129.

1845 zu Karlsruhe und die achte 1846 zu Berlin führten wie ihre Vorgänger das Resultat mit sich, das Handelssystem des Zollvereins durch Erhöhung von Eingangszöllen zu verändern und es immer mehr in ein Schutzzollsystem zu verwandeln.

Der Senat ist diesen Bestrebungen immer nach Kräften entgegengetreten. Als er am 10. Oktober 1846 der gesetzgebenden Versammlung das Protokoll der achten Generalzollkonferenz zur Sanktion vorlegt, spricht er wiederholt sein Bedauern aus, „daß die seit Jahren bestandene und fortwährend bekämpfte Richtung auf Erhöhung der Schutzzölle einen neuen Erfolg gewonnen hat, welcher in seiner Wirkung den Interessen des hiesigen Handels nachtheilig werden kann. Wie unvermeidlich indessen die in dieser Beziehung den betreffenden Fabrikationszweigen gemachten Einräumungen gewesen sind, ergibt sich schon daraus, daß sie zum großen Theil gegen die Ansicht und den Wunsch der einflußreichsten Vereinsstaaten des Nordens gemacht werden und der Senat muß seine Hoffnung darauf setzen, daß man in Deutschland auf den Höhepunkt eines Systems gelangt sein wird, welches in andern Staaten verlassen oder doch heftig bekämpft wird. Wie auf allen seitherigen Conferenzen, einschließlich dieser letzteren, werden die Bevollmächtigten der Stadt auch künftig alle Mittel anwenden, die in ihrer Macht stehen, um den freien Handel möglichst zu vertheidigen und nur dasjenige in einem anderen Sinne zugestehen, was sie nicht zu ändern vermögen.“**)

Siebentes Kapitel.

Was die Finanzen dieses Zeitraums betrifft, so machte sich eine Minderung der Zinsenlast in Folge der durch die politischen Ereignisse bedingten Mehrausgaben (S. 196) dringlich geltend und wurde dem Senat von der gesetzgebenden Versammlung durch Beschluß vom 14. Mai 1834 empfohlen. Der Senat erstattete Vortrag am 14. Februar 1835 wegen Convertirung der

*) Erhöhung der Zölle auf Roheisen, Stabeisen, Baumwollengarne, feine Wollwaaren, Tapeten.

**) Gn. Chr. VI. 189.

4°/₀igen Schuld in eine dreiprozentige. Die gesetzgebende Versammlung beschloß in drei geheimen Sitzungen am 25. und 28. Februar und 4. März, diesen Vorschlägen nicht beitreten zu können und andern entgegenzusehen.

Es sollte den sämmtlichen Inhabern der 4°/₀igen Obligationen nach diesem ersten Reduktionsplan ein Umtausch in 3°/₀ige oder die Heimzahlung ihres Kapitals angeboten werden. Mehrere Bankierhäuser hatten sich verbindlich gemacht, die hierzu erforderlichen Geldmittel gegen Provision bereit zu halten.

In Folge der Ablehnung legte der Senat am 25. Juli 1835 einen zweiten Reduktionsplan vor, wonach ein gemischtes, theils aus verzinslichen 3°/₀ Obligationen, theils aus unverzinslichen Lotterieloosen bestehendes Anlehen creirt und an gewisse Unternehmer al pari überlassen werden sollte.

Die gesetzgebende Versammlung genehmigte diesen Plan am 7. Oktober; eine am 31. Dezember 1835 niedergesetzte gemischte Commission aus magistratischen und bürgerlichen Deputirten schrieb am 11. Mai 1836 eine öffentliche Aufforderung aus zur Einreichung von Submissionen für Uebernahme dieses Anlehens bis zum 10. Juni. Dieser Termin verstrich jedoch, ohne daß irgend ein Anerbieten gemacht wurde. Darauf legte die Centralfinanzcommission**) am 27. Juni 1836 einen dritten Plan vor, welcher darin bestand, daß a. der Zinsfuß der städtischen Schuld von 4°/₀ auf 3°/₀ herabgesetzt werde, und b. unverzinsliche Kassenscheine zu $^1/_6$ des aufzunehmenden Betrags von 9 Millionen fl., also im Belauf von 1,500,000 fl. und in Stücken von 500 fl. mit Zwangskurs, ausgegeben werden sollten.

Die ständige Bürgerrepräsentation erklärte sich mit diesem Plane einverstanden, der Senat beantragte jedoch mittels Vortrags vom 28. September als vierten Plan: daß, wie die Minderheit der Commission (Dr. Harnier, J. J. Nortz) vorgeschlagen, eine Zinsenreduktion von $^1/_2$ °/₀ durch die städtische Behörde eingeleitet, von jeder Creirung unverzinslicher Kassenscheine aber abgesehen werde, und die gesetzgebende Versammlung trat am 29. Oktober bei. Besonders die Commissionsmitglieder

*) F. Jb. V. 137. VI. 13. 90. 222. 234. VII. 161. VIII. 86. 146 IX. 91. 98. 240. 243. 266.

**) Sie bestand aus 5 Senatsdeputirten und 5 Deputirten des Bürgerausschusses.

Senator Dr. Harnier und J. J. Rotz (F. Jb.VIII 135) und der Vicepräsident der Versammlung, J. J. Finger (F. Jb, VIII, 146) haben sich energisch gegen diese Maßregel ausgesprochen. Die ersteren sagen: „Die Emission von Papiergeld, von unverzinslichen Kassenscheinen mit gezwungenem Kurs ist eine Finanzmaßregel von unabsehbaren Folgen für hiesige Stadt. — Nach dem Vorschlag sollen z. B. die unverzinslichen Kassenscheine überall an Zahlung angenommen werden müssen, und bei der betreffenden Behörde jederzeit gegen baares Geld umgetauscht worden können. Diese städtische Behörde würde diesem nach als Zettelbank, das emittirte Papiergeld als Bankzettel mit gezwungenem Kurs zu betrachten sein. Das Erforderniß jeder Zettelbank, welche die Verpflichtung zur jederzeitigen baaren Einlösung ihrer Zettel hat, ist ein baarer Bankfonds. Ein solcher ist nach dem vorgelegten Plane nicht vorgesehen. Dem Staat ist zwar ein Rückgriff gegen die Unternehmer vorbehalten, indem diese sich verpflichten sollen, der Behörde den baaren Betrag bis zum ganzen Belauf der Kassenscheine auf jedesmaliges Erforderniß anzuschaffen. Diese Garantie kann aber ebensowenig eine baare Dotation der unmittelbar als Schuldnerin verpflichteten Staatskasse ersetzen, als die zur Sicherheit hinterlegten städtischen Obligationen, deren Repräsentanten die unverzinslichen Kassenscheine sind. — In Zeiten der Krise tritt der Mangel an baaren Zahlmitteln oft so unerwartet ein, daß auch die mächtigsten Geschäftshäuser davon ergriffen werden, und selbst im Ueberfluß an Geldwerth außer Stand sind, Metallgeld herbeizuschaffen. In solchen Zeiten würde das Rückgriffsrecht des Staates gegen die Unternehmer aus der geleisteten Garantie demselben ebensowenig nützen, als der Besitz der hinterlegten Staatspapiere, und die städtische Behörde die Einlösung, wenigstens für den Augenblick, sistiren müssen. In diesem Falle würde aber ein Steigen des Metallgeldes und Sinken des Papiergeldes und alle beklagenswerthen Folgen davon hier ebenso, wie in allen Ländern, eintreten, wo Papiergeld ist. Auf solche Gefahr hin, scheint eine mit Hülfe von Papiergeld zu bewirkende plötzliche Reduktion des Zinsfußes der städtischen Schuld von 4 auf 3% zu theuer erkauft."

Aehnlich sprach sich J. J. Finger über das Projekt der Centralfinanzkommission aus: „Es handelt sich hierbei um

Einführung einer neuen, bisher in Frankfurt noch nicht bekannten Valuta: von Papiergeld. Die zu zwei verschiedenen Malen auf kurze Termine creirten Rechencischeine*) waren kein solches, sondern die Repräsentanten eines dafür mit Ueberschuß hinterlegten Werthes baarer Gold- und Silbermünzen und verdienten und genossen daher vollen Kredit. Den neuen Kassenscheinen aber soll kein Depositum edler Metalle zur Stütze dienen, sondern nur der gleiche Betrag neuer städtischer 3% Obligationen mit einer verhältnißmäßigen Ueberbesserung. Es mag sein, daß diese Sicherheit, so lange wir Ruhe und Frieden behalten, manchem Privatmann genügend dünkt, aber der Staat kann und darf nicht nach Privatansichten verfahren; das Aerar und Gemeinwesen müssen volle Sicherheit gegen alle Wechselfälle der Zukunft besitzen, und diese leistet kein noch so solides Staatspapier. Es können politische und merkantilische Krisen eintreten, in denen selbst die besten Papiere zu keinem Kurs angebracht werden können, weil das baare Geld, der wahre Repräsentant eines wirklichen Werthes, fehlt. Vergebens nehmen wir dann wegen Einlösung unserer Kassenscheine unsere Zuflucht zu den Kassen der Unternehmer. Auch diese kann, wie die Erfahrung bereits gelehrt hat, der Drang von Umständen, welchen abzuwenden selbst bedeutende Geldmächte nicht allmächtig genug sind, erschöpft haben, und dann ist die Verheißung, daß die Kassenscheine zu jeder Zeit gegen baares Geld sollten umgewechselt werden können, unerfüllbar. In der von den Unternehmern gemachten Anerbietung, für die Kassenscheine städtische Obligationen mit einer angemessenen Ueberbesserung (von 10%) zu hinterlegen, liegt bereits eine stillschweigende Anerkennung der Möglichkeit, daß unter gewissen Umständen nicht ihre Kassen, sondern der Verkauf des Depositums die Mittel zur Einlösung der Kassenscheine liefern soll, und da dieser Verkauf vielleicht nur zu sehr verlustbringenden Kursen, vielleicht auch gar nicht möglich ist, so entsteht dadurch ein Risiko, den die Stadt nicht laufen kann und darf."

---

*) Am 25. Februar 1826 (englische Handelskrisis) und abermals am 5. August 1830 (französische Julirevolution) wurden auf Antrag des Senats, um dem augenblicklichen Mangel an Zahlungsmitteln zu steuern, gegen Metalldeckung Recheneischeine im Belauf von 1½ Million fl. auf kurze Zeit ausgegeben. Vdr. 230, Gesetzsammlung IV. 213. 315.

Weiter macht Hr. Finger auf den Widerspruch aufmerksam, der darin liegt, daß derselbe Vormund oder Kurator, dem das Gesetz heute noch verbietet, das Vermögen seiner Kuranden in hiesigen 4% Obligationen anzulegen, gezwungen werden soll, sich ein solches Vermögen in Papiergeld, wofür doch auch nur städtische Obligationen hinterlegt sind, — heimzahlen zu lassen, und schließt mit den Worten: „Nur der gebieterische Drang unabwendbarer Kalamitäten mag die Einführung eines Papiergeldes mit gezwungenem Kurs entschuldigen. Dieser waltet aber bei uns nicht vor. Welche Nothwendigkeit gebietet denn eine solche zeitwidrige Maaßregel? Etwa der Mangel an baaren Circulationsmitteln? Herrschte dieser, so wäre ja auch die Möglichkeit einer Zinsreduktion nicht denkbar. Wer aber behaupten will, der Zinsfuß ließe sich auf 3% herabsetzen, muß auch an das Vorhandensein hinreichender baarer Geldmittel glauben. Und daß diese wirklich vorhanden sind, hat seit 10 Jahren der Stand des Disconto an unserer Börse — kurze Krisen abgerechnet, — bewiesen.

Die Einführung des Papiergeldes würde die Exportirung eines gleichen Betrags baaren Geldes veranlassen, und unsere Geldmittel würden nicht vermehrt, sondern blos baares Geld in Papier verwandelt, dadurch aber bei eintretender Krisis die Geldnoth und Verlegenheit des Platzes nur gesteigert werden." Bei dem Interesse, welche derartige Fragen in der Gegenwart haben, hat der Verfasser geglaubt, die schon vor so langer Zeit ausgesprochenen gesunden Grundsätze hier ausführlicher mittheilen zu sollen. —

Wie erwähnt, war der vierte Conversionsplan angenommen worden. Demzufolge wurde am 9. April 1839 ein Anlehen von $8^1/_2$ Millionen fl. zu $3^1/_2$ % gemacht, die Umwandlung der 4% Obligationen in $3^1/_2$ % ging ohne Anstand vor sich. Zur Tilgung der Schuld wurde festgesetzt, alljährlich eine Anzahl Obligationen auszuloosen und zurückzuzahlen und für die Deckung der Zinsen den Ertrag der Einkommensteuer, der Wohn- und Miethsteuer, der Lotterie und einen Theil der Additionalaccise zu bestimmen. Abgezahlt wurden 1840: 130,200, 1841: 170,850, 1842: 220,700, 1843: 150,052, 1844: 330,000, 1845: 179,900, 1846: 280,250, 1847: 320,500, zusammen 1,782,452 fl.*)

*) Gn. Chr. VII. 125.

Die so geringe Abzahlung in 1843 war eine Wirkung des Hamburger Brandes 1842.

In unserm Telegraphenzeitalter kann man es sich kaum noch vorstellen, daß man in Frankfurt „schon" am 7. Mai Abends von dem am 5. Morgens in Hamburg ausgebrochenen Feuer Kunde erhielt und am 10. Abends 5 Uhr die Nachricht einging, daß das Feuer am 8. Morgens gelöscht sei. Schon vor der letzterwähnten Nachricht hatte Dr. H. Weismann im Frankfurter Journal einen Aufruf zur Unterstützung erlassen, die Theater-Direktion auf den 11. eine Aufführung von Donizetti's Oper Belisar „zum Besten der Abgebrannten der Schwesterstadt Hamburg" angezeigt und ein Artikel des Frankfurter Journals an die von Hamburg beim „großen Christenbrand" in Frankfurt 1719 (vergl. oben S. 174) geleistete rasche bedeutende Hülfe ($5776^1/_2$ fl.) erinnert.*) Noch am 10. wurde in vielen Tausend Abdrücken eine Aufforderung von Bürgermeister und Rath durch die Stadt verbreitet, welche nach einer Schilderung des Hamburger Unglücks mit den Worten schloß: „Außerordentliche Veranlassungen erheischen außerordentliche Mittel. Demzufolge hat der Senat beschlossen, ausnahmsweise die Bildung von Hülfsvereinen und Collekten zu veranlassen und richtet an die löbliche Bürger- und Einwohnerschaft die Aufforderung, durch reichliche Gaben nach Möglichkeit beizutragen, dieses namenlose Elend zu mildern."

Die ständige Bürgerrepräsentation und die gesetzgebende Versammlung waren auf den 10. zur außerordentlichen Sitzung zusammenberufen, jene um 4, diese um 6 Uhr. Der Senat votirte zuerst eine Summe von 2500 fl. als Beisteuer für die Verunglückten. Die Bürgerrepräsentation aber stimmte für eine bedeutende Erhöhung dieser Beisteuer, und als der Senatsantrag an die gesetzgebende Versammlung gelangte, faßte dieselbe mit einer Mehrheit von 20 Stimmen den Beschluß, daß aus dem Aerar die Summe von hunderttausend Gulden zur sofortigen Unterstützung der dortigen Verunglückten dem Hamburger Senat zur Verfügung gestellt werde.**)

---

*) Gn. Chr. II. 49.

**) Bei dieser Gelegenheit wurde das seitdem oft citirte „geflügelte Wort" geschaffen: „Wenn Frankfurt ausfährt, muß es vierspännig ausfahren." Da der Urheber dieses Wortes noch lebt, so wäre es wünschenswerth wenn er es in authentischer Form mittheilen wollte, da die Lesarten sehr variiren.

Demgemäß beschloß der Senat am 11. Mai um 10 Uhr, auf 11 Uhr waren 152 Notabeln in den Sitzungssaal der gesetzgebenden Versammlnug eingeladen, welche unter dem Vorsitz des älteren Bürgermeisters sich als Hülfsverein constituirten und nach den Stadtquartieren vertheilten. Noch am 11. kündigte die „Senats-Commission für die Abgebrannten in Hamburg" die Bildung dieses Vereins und dessen bevorstehende Collekte an, während gleichzeitig der Frauenverein um Einsendung von Wäsche und Kleidungsstücken bat.

Das Resultat war folgendes: Laut Bekanntmachung vom 25. Mai ergab die Haus-Collekte in den 14 Stadtquartieren fl. 81,731. 26 kr., am meisten im Quartier E: 17,023 fl. 44 kr.; in den Ortschaften 1416 fl. 18 kr. Der Frauenverein konnte bis zum 23. Mai 17 Ballen Weißzeug und Kleidungsstücke, jeder Ballen im Gewicht von 1½ Ctnr., nach Hamburg senden. Eine besondere Collekte des Frankfurter Journals ergab bis zum 28. Mai 2860 fl., wovon bis zum 18. Mai 1171 fl. 37 kr. an den Hülfsverein abgegeben wurden. Mit Hinzurechnung dieser Gaben sowie des Erträgnisses der Theatervorstellung und einer am 15. in der St. Katharinenkirche veranstalteten musikalischen Aufführung (Haydn's Schöpfung) ergab sich eine Summe von 87,983 fl. 4 kr., wozu noch 2578 fl. 9 kr. Ertrag eines Bazars kamen. Das Gesammtresultat von ca. 190,000 fl. steht nach einer Mittheilung (Gn. Chr. V. 120) nur den Summen nach, welche die Großmächte und Dänemark gespendet hatten, nämlich Preußen 946,000 Mk. Courant (der König 70,000), Großbritannien 734,000, Rußland 388,000 (der Kaiser 129,000), Oesterreich 307,000 (der Kaiser 70,000), Dänemark 283,000 (der König 125,000, Holstein und Lauenburg 113,000), Frankreich 277,000, Frankfurt 260,000, Hannover 224,000 (der König 12,500), Baiern 221,000 (der König 19,687), Meklenburg-Schwerin 170,000, Sachsen 151,000, Baden 128,000, Bremen 82,000, Württemberg 80,000 (der König 14,000), Lübeck 33,000 Mk. Courant.

Die Schrift von Dannenberg*) hat eine doppelte Dedication. Die erste den Kaisern und Königen, den Großherzogen, Herzogen

*) Synchronistik der Schreckenstage Hamburgs. H., s. a. (Frankfurter Stadtbibliothek).

und Fürsten u. s. w., die zweite auf Rosa-Papier lautet: Der freien Bundesstadt Frankfurt:

Verknüpft mit Frankfurt durch die zarten Bande
Der Schwesterliebe, ewig frisch und jung,
Gebührt von allen, rings im ganzen Lande
Wohl Dir die erste, wärmste Huldigung;
Was Du gethan mit offner Crösushand
Wird nie mit Worten hoch genug erkannt.

Die auf der Stadtbibliothek aufbewahrte Dankesurkunde für Frankfurt liegt in einem Diptychon aus Eichenholz von dem abgebrannten Hamburger Rathhaus. Die Vorderseite zeigt, aus dem Metall der geschmolzenen Glocken, eine Hammonia mit der brennenden Stadt hinter sich, darunter ein auf den Brand bezügliches Relief; die Rückseite, aus demselben Metall das Hamburger Wappen. Die auf Pergament (von Martin Gensler) geschriebene Urkunde ist von einem verzierten Rahmen umgeben, welcher in den 4 Ecken die Wappen der freien Städte zeigt: links oben Frankfurt, links unten Bremen, rechts oben Lübeck, rechts unten Hamburg. In der Mitte oben thront die Germania, neben ihr ist links ein heiliger Martin, rechts eine heilige Elisabeth abgebildet. Zwischen den Wappen sind an den Längsseiten Arabesken und Ansichten vom Brand gezeichnet, links unter Frankfurt: erste Nothbude; über Bremen: die abgebrannte St. Petri-Kirche; rechts: unter Lübeck: Neubau des ersten Hauses; über Hamburg: die erhaltene neue Börse.

Die Urkunde selbst mit rothen und blauen Initialen, lautet: „In Folge einmüthigen Rath- und Bürgerschlusses vom 8. Mai 1843, demselben Tage, an welchem im vorigen Jahre der großen Feuersbrunst, die seit der Nacht vom 4. auf den 5. Mai unsre Vaterstadt verheerte, durch die Gnade Gottes ein Ziel gesetzt wurde, ersuchen wir, der Senat und die Bürger Hamburg's, den hohen Senat und die verehrten Bürger der freien Stadt Frankfurt,*) unsere engverbundenen und vielbewährten Freunde, für die von Ihnen durch schleunigste großmüthige Uebersendung reicher Geldhülfen den Abgebrannten unsrer Stadt gewordene wirksame Unterstützung den tief empfundenen Dank zu genehmigen, welchem gegenwärtige Urkunde einen feier-

*) Die gesperrt gedruckten Worte in Goldschrift.

lichen und dauernden Ausdruck zu verleihen bestimmt ist. So geschehen unter unserem Staatssiegel und des im Senate präsidirenden Bürgermeisters Unterschrift.

Hamburg, 15. Juli 1843.

Der Senat der Freien und Hansestadt Hamburg
Dr. **Kellinghusen**,
präsidirender Bürgermeister
Ed. Schlüter, Dr., Secretair.

Das Staatssiegel in einer mit einem Löwenkopf aus Glocken-Metall gezierten Kapsel aus Eichenholz hängt an.

Eine weitere Einwirkung auf die Finanzen wurde geübt durch die Maßregeln, welche die Theuerung von 1846—47 erforderlich machte.

Das Amtsblatt vom 18. Juni 1846 brachte eine Bekanntmachung des Polizeiamts vom 17. folgenden Inhalts: Hoher Senat hat das unterzeichnete Amt beauftragt, bei dem hohen Stand der Brodfrüchte solche Einrichtungen zu treffen, durch welche es jedem Einwohner der hiesigen Stadt und der Ortschaften möglich gemacht werde, sich 6 ℔ Brod erster Sorte zu 24 kr. und 4 ℔ zweiter Sorte zu 15 kr. zu verschaffen. In Ausführung dieses Auftrags haben sich in den verschiedenen Quartieren der Stadt 100 hiesige Bürger bereit erklärt, die Vertheilung der von dem unterzeichnetem Amte ausgegebenen Brodkarten zu übernehmen.

Es waren für Quartier A 12, für Quart. B 8, für Quart. C 7, für Quart. D. 6, für Quart. E. 6, für Quart. F. 6, für Quart. G. 8, für Quart. H. 7, für Quart. I. 10, für Quart. K. 6, für Quart. L. 5, für Quart. M. 7, für Quart. N. 7, und für Quart. O. 5 Personen bezeichnet, welche jeden Montag und Donnerstag bis auf Widerruf in ihrer Wohnung Karten ausgaben, auf welche hin der nach der Taxe 28 kr. kostende 6 ℔ Laib zu 24, der nach der Taxe 16 kr. kostende 4 ℔-Laib zu 15 kr. ausgegeben wurde. Um Unterschleif zu vermeiden, konnten die Karten nur nach dem vorher ermittelten Bedarf und im Quartier selbst erhoben werden. Um jedoch den zwar auswärts wohnenden aber hier arbeitenden Gehülfen der Bauhandwerker diese Wohlthat zugänglich zu machen, ließ das Polizeiamt bei mehreren Bäckern für Zimmerleute und Maurer Brod backen. Dieß Brod wurde von den betreffenden Geschworenen in Empfang genommen, welche dafür das Geld an die Stadtkämmerei abzuliefern hatten, von den Geschwornen an die Meister und von diesen an die Arbeiter vertheilt, so daß der Arbeiter den Tag 1½ oder die Woche 9 ℔ Brod zu ermäßigtem Preise erhielt. Als später bei wachsender Theuerung der 6 ℔=Laib auf 42 kr. stieg, wurde er dem hiesigen Publikum durch die Brodkarten zu 32 kr. geliefert.*)

Das Staatsbüdget von Frankfurt wurde zum erstenmale veröffentlicht nach dem Beschluße der gesetzgebenden Versammlung**) vom 23. Januar 1847, doch nur in der Ausgabe. Danach kosteten 1. Obere Staatsbehörden und Canzleien 141,279 fl. 39 kr., 2. Justizbehörden: 54,303 fl. 5 kr., 3. Verwaltungsämter 317,953 fl. 12 kr., 4. A Militär 253,487 fl. 52 kr., 4. B Polizei 111,672 fl. 52 kr., 5. Kirchen-, Schul- und Studienwesen 100,019 fl. 26 kr. (Dotation der lutherischen Kirchen 28,500, Dotation der katholischen Kirchen 16,300, Stadtbibliothek 4796 fl. 40 Kr. ꝛc.) 6. Armenwesen 58,991 fl. 40 Kr.; 7. Pensionen 29,350 fl. 26 kr., 8. Pfandamt 7332 fl. 3 kr., 9. Schuldentilgung 289,390 fl. 45 kr., 10. Diverse 41,496 fl. 45 kr., zusammen 1,405,277 fl. 45 kr.***)

Achtes Kapitel.

Die evangelisch-lutherische Gemeinde erlebte in dieser Periode einen häufigen Wechsel ihrer kirchlichen Gebäude. Am 9. Juni 1833 wurde die Barfüßerkirche (Paulskirche) eröffnet,†) nachdem in der letzten Zeit des Ausbaues dem früheren

*) Der 6 pfündige Laib Brod erster Sorte kostete vom 21.—27. Januar 1847 26 kr., vom 11.—14. Februar 27 kr., vom 8.—14. April 29 kr., vom 6.—12. Mai 32 kr., vom 13.—19. Mai 43 kr., vom 20.—26. Mai 42 kr., vom 27. Mai bis 2. Juni 38 kr., vom 10. Juni bis 7. Juli 30 kr., vom 9.—15. September 21 kr., vom 18. October bis 3. November 22 kr., vom 30. Dezember bis 12. Januar 1848: 20 kr.

**) Gn. Chr. VII. 57.

***) Von den in dieser Periode für Eisenbahnzwecke contrahirten Anlehen wird in dem Abschnitt „Verkehrswesen“ die Rede sein.

†) Vergl. oben S. 87. F. Jb. II, 190. Gn. Chr. III. 193. Nj. 1870.

Unstern, welcher den Bau begleitet hatte, der weitere hinzugetreten war, daß man dem Architekten das Achteck, welches unter das runde Geschoß gesetzt werden sollte, aus Ersparungsgründen wegstrich, wodurch der Thurm an seiner eigenen Proportion, wie an dem Verhältniß zu dem hohen Kirchendach wesentliche Einbuße erlitt.

Nach Vollendung des Neubaues für das Hospital zum heiligen Geist wurde das alte Hospitalgebäude und mit ihm die gleichnamige Kirche, ursprünglich Hospitalkapelle, abgebrochen. Erst bei diesem Abbruch ergab sich, daß eine aus gleicher Zeit, wie das Hospital stammende, um 1461 erbaute Halle bestand, welche theils zur Kirche gezogen war, theils als Krankensaal diente, wozu sie ursprünglich wohl im Ganzen bestimmt war. Der zur Kirche gezogene Theil war unterschlagen und durch eine Emporbühne versperrt und erschien als ein enger und ziemlich verunglückter Anbau. Als aber die Einbauten entfernt wurden, erschien eine im schönsten Ebenmaaß erbaute Halle*), 120′ lang, 35′ breit, 25—30′ hoch bis zur Decke. Diese Decke bestand aus zwei Reihen von je 7 Kreuzgewölben, deren jedes $17^1/_2$□′ Grundfläche hatte und die in der Mitte von 6 Säulen unterstützt wurden, deren Umfang je 8′ betrug. Alle Schlußsteine der Kreuzgewölbe waren mit Wappen, meist von Geschlechtern versehen.

Vergebens erhob Friedrich Böhmer seine Stimme zur Erhaltung des neu entdeckten und gleich darauf zur Vernichtung bestimmten Kunstwerks, mächtige Privatinteressen forderten seine Beseitigung. Böhmer's beredte Worte schließen also: „Die Grundfläche dieser Halle ist nicht kleiner als die der weltberühmten Loggia de' Lanzi des Orcagna in Florenz. Allerdings ist diese im Innern bedeutend höher, aber dafür auch minder rein im Baustyl. In jeder Stadt Italiens würde unsere Halle als Zierde gelten und die Aufmerksamkeit der Fremden erregen; wie viel mehr werth sollte sie uns sein, da Frankfurt so arm an großartigen Denkmalen der Vorzeit ist, und es immer mehr noch wird. Für 1200 oder 1500 fl. auf den Abbruch verkauft, wird die Halle bald verschwunden sein. — Mögen die Jetztlebenden noch einen Blick nach den Schlußsteinen der Gewölbe, nach den Wappen der alten Wohlthäter richten. Wohl haben diese gewußt,

*) A III. 82 mit Abbildung. Gw. K & K. 495. Frankfurter Conversationsblatt 8. und 9. März 1840.

daß sie nicht für die Ewigkeit bauten, aber daß ihre Zeichen so bald, daß sie um einige hundert Gulden in den Staub sinken sollten, haben sie nicht gedacht." — Im Sommer 1840 wurde die Halle abgebrochen. —

An Stelle der heiligen Geistkirche wurde die seit 1813 als Magazin benutzte Nicolaikirche von 1841—47 einer gründlichen Wiederherstellung von außen und innen unterworfen und der lutherischen Gemeinde wieder zum Gottesdienst übergeben. Damals erhielt der Thurm eine neue, etwas höhere gothische Spitze von Gußeisen; der Erker an der südwestlichen Ecke der Gallerie, bis dahin von rohem Mauerwerk, wurde mit dem an der nordwestlichen Ecke befindlichen in Harmonie gebracht, die Kirche von dem sie verunstaltenden Wacht- und Schröterhäuschen befreit und der Eingang von der nördlichen Seite wieder eröffnet. Im Innern erhielt sie einen neuen, mit der Auferstehung Christi von Alfred Rethel geschmückten Altar und eine neue, im Styl des Ganzen gehaltene, geschnitzte Orgel; auch wurden die schönen, geschichtlich merkwürdigen Grabdenkmale Siegfrieds zum Paradies († 1386) und seiner zweiten Frau aus der heiligen Geistkirche hierher versetzt.*)

Was die Kirchenverfassung betrifft, so stellte bereits am 28. November 1832 der Vicepräsident der gesetzgebenden Versammlung, Geheimerath v. Lepel, den Antrag,**) daß der evangelisch-lutherischen Gemeinde, sei es durch authentische Interpretation des Art. 35 der Constitutions-Ergänzungs-Akte,***) oder durch ein verfassungsmäßig abgefaßtes Gesetz, das Recht, ihre Seelsorger zu wählen, zurückgegeben werde."

Motivirt war dieser Antrag dadurch, daß, da der Senat seit 1806 nicht mehr ausschließlich der evangelisch-lutherischen Confession angehöre, auch das vom Senat allein ernannte Consistorium nicht ohne Mitwirkung der Gemeinde die Pfarrwahl üben dürfe. Die letztere sei keine in dem Oberaufsichtsrechte des Staates begründete Funktion. Art. 36, welcher das Consi-

*) Gw. K. u. K. 481. Gn. Chr. III, 193.

**) F. Jb. I, 303.

***) Jede Gemeinde der drei christlichen Confessionen besorgt abgesondert, unter der Oberaufsicht des Senats und der Sanktion des Staates, ihre religiösen, kirchlichen, Schul- und Erziehungsangelegenheiten.

storium als eine Staatsbehörde einsetzt, widerspreche dem soeben citirten Art. 35., was nur dadurch zu erklären sei, daß zur Zeit der Abfassung der Constitutions-Ergänzungs-Akte die lutherische Gemeinde als solche gar keine Vertretung hatte. Nach längerer Verhandlung wurde*) der Lepel'sche Antrag mit 70 gegen 2 Stimmen für zulässig erklärt.

Am 27. November 1833 kam die Rückäußerung des Senats bei der gesetzgebenden Versammlung zur Vorlage.**) Dieses Aktenstück d. d. 7. November sucht in längerer Ausführung die rechtliche Begründung des Lepel'schen Antrages zurückzuweisen, und macht in praktischer Beziehung folgende beachtenswerthe Aeußerung: „Der Satz, die Gemeinde soll ihren Seelsorger wählen, mag theoretisch sehr wohl klingen, praktisch hat er sich nirgends gut bewährt. Die Gemeinden, d. h. sämmtliche Glieder einer Confession, haben nach Gunst und anderen Rücksichten abgestimmt und werden es immer thun. Es werden Leute stimmen, die niemals die Kirche besuchen, denen es ganz gleichgültig ist, wer Pfarrherr ist, wenn nicht Familienverhältnisse oder andere Rücksichten sie gerade für ein Individuum bestimmen, deren Stimmen aber ebensogut zählen, und manche Stimmen werden auf unlautere Art geworben werden. — Da jedoch der Senat das Bestreben hat, Zufriedenheit unter sämmtlichen Bürgern zu erhalten, so hat er nach Art. 40 der Constitutions-Ergänzungs-Akte dem evangelisch-lutherischen Consistorio aufgetragen, bei künftigen Erledigungen einer Pfarrstelle vor dem zur Wiederbesetzung derselben zu machenden Vorschlag sich über die Candidatur mit dem Kirchenvorstand zu verständigen, und dessen Wünsche nicht allein möglichst zu berücksichtigen, sondern auch, Falls die Ansichten sich nicht vereinigen sollten, die Wünsche des Kirchenvorstandes mit gutächtlichem Bericht an den Senat zu befördern. Der Senat hegt die Ueberzeugung, hierdurch den Wünschen des Kirchenvorstandes soweit entsprochen zu haben, als es die Vorschriften der Constitutions-Ergänzungs-Akte nur immer zulassen. Diese Rückäußerung des Senats wurde einer Commission zum Bericht übergeben, welche in der Sitzung der gesetzgebendeu Versammlung

*) F. Jb. II, 10.
**) F. Jb. III, 131.

vom 30. Oktober 1834 darüber ein Majoritäts- und ein Minoritätserachten erstattete.*) Die Versammlung entschied bei der Abstimmung mit 37 Stimmen gegen 27 und 10 suspendirte, daß der Lepel'sche Antrag durch die Rückäußerung des Senats als beseitigt erkannt wurde.

Der dreihundertjährige Todestag Luthers wurde am 18. Februar 1846 mit großer Feierlichkeit begangen unter dem Eindruck der damals so hoffnungsreichen Deutsch-katholischen Bewegung.**) Am Abend des 17. fand ein Fackelzug mit Musikbegleitung statt nach dem mit einem Transparent geschmückten Haus zum Falken, welches damals für die Lutherherberge galt.***) „Eine feste Burg" wurde gesungen, „eine feste Burg" tönte am 18. Morgens 7 Uhr von den Thürmen der Pauls- und Katharinenkirche. Mittags von 12—1 Uhr war Geläute von allen Glocken der evangelisch-lutherischen Kirchen, in deren drei: der Katharinenkirche (Pfarrer Kirchner), Peterskirche (Pfarrer Deichler) und Dreikönigskirche (Pfarrer Wehner) bei glänzender Beleuchtung um 4 Uhr Gottesdienst gehalten wurde. Besonders erhebend war die Feier in der geschmückten Katharinenkirche, wo der Cäcilien-Verein mitwirkte. Die in den Opferstöcken der drei Kirchen eingegangenen reichlichen Spenden wurden dem Fonds zugewiesen, welcher in Sachsen zur Unterstützung von Nachkommen Luthers gebildet worden ist. Die öffentliche Feier wurde durch ein abermaliges allgemeines Trauergeläute von 5—6 Uhr Abends beendigt.

Der Schluß dieses Jahrs sah in Frankfurt die General-Versammlung des hiesigen Hauptvereins der Gustav-Adolf-Stiftung am 4. November unter ganz besonderen Umständen zusammentreten.†) Die mit politisch-religiösen Zündstoffen geladene Zeit, welche nur des üblichen pariser Funkens wartete, um zu explodiren, hatte die im September bei der Berliner Hauptversammlung beschlossene Zurückweisung des inzwischen aus der Landeskirche ausgeschiedenen Deputirten, Predigers Dr. Rupp, für welche der Frankfurter Abgeordnete gestimmt hatte, so wichtig

*) F. Jb. IV, 264. 267—282.

**) „Eine zweite Reformation brach sich Bahn und legt den Siegeskranz dankbar auf das Grab des ersten deutschen Kämpfers." Gn. Chr VI, 38.

***) Nj. 1861.

†) Gn. Chr. VI, 187.

genommen, daß dieser Fall dem hiesigen Hauptverein (gestiftet am 2. Mai 1842 und dem Leipziger Gesammtverein angeschlossen am 22. September 1843)*) 350 neue Mitglieder zuführte. Die Generalversammlung versprach so stark besucht zu werden, daß man den Weidenbuschsaal für dieselbe wählte, und den Zutritt nur gegen Mitglieder-Karten stattfinden ließ. Die Versammlnng war von 800 Mitgliedern besucht und verlief sehr stürmisch. Bei der Diskussion, auf welche näher einzugehen zwecklos sein würde, ging man von den verschiedensten, theilweise auf ganz andern Gebieten liegenden Gesichtspunkten aus; der Antrag, die Zurückweisung des Dr. Rupp zu mißbilligen und denselben als vollberechtigtes Mitglied des Vereins anzuerkennen, wurde in namentlicher Abstimmung nach fünfstündiger Sitzung um 11 Uhr Abends mit 381 gegen 135 Stimmen angenommen, worauf sieben (von neun) der seitherigen Mitglieder der Direktion des hiesigen Hauptvereins ihr Amt niederlegten.

Indessen ging die Gefahr vorüber, daß in Folge einer aus dem Kirchenregiment eines Einzelstaates herbeigezogenen Demonstration der allgemeine Verein gesprengt werde; bei der nächstjährigen Generalversammlung des Frankfurter Hauptvereins am 1. Dezember 1847, welcher 460 Mitglieder beiwohnten, ging es friedlicher zu und ein vermittelnder Vorstand wurde gewählt. So kam der Verein über die Klippe hinweg, daß er, in praktischer Beziehung zur konfessionellen Erhaltung der evangelischen Diaspora gegründet, ein Tummelplatz dogmatischer Streitigkeiten werde.

Anhang zum achten Kapitel.

Anton Kirchner, den wir hier besonders als Geschichtschreiber von Frankfurt betrachten, war geboren dahier am 14. Juli 1779 und starb am 1. Januar 1835. Nach seinem Tode erschien: „Erinnerung an Anton Kirchner, weil. Dr. der Philosophie, Consistorialrath, Prediger an der Paulskirche, Vorsteher der ersten Klasse des Museums zu Frankfurt am Main. Andreä'sche Buchdruckerei gr. 8° 63 S.“

*) Gn. Chr. III, 2.

Das Schriftchen enthält: 1) Trauerfeier des Museums am 9. Januar 1835, bestehend aus einem Nachruf (Gedicht) von Dr. med. A. Clemens, einer Denkrede von Dr. med. Stiebel (auch abgedruckt F. Jb. V. 93); einer Würdigung des Verstorbenen als Mitglied und Vorsteher des Museum von Berly, und „Bilder des Todes", gelesen von Caroline Lindner. 2) Persönliches mit Nachträgen und sehr unvollständiger Bibliographie, welcher beizufügen sind Kirchners Aufsätze: der Schwedenkönig und sein Kanzler in Frankfurt, im Rheinischen Taschenbuch 1822, S. 279—308; (davon abgedruckt in der Gn. Chr. 1843, Nr. 8, 9), der Wächter auf der Brücke, Iris 1827, Nr. 21.

Diesem „Persönlichen" ist zuzusetzen, daß durch Senatsbeschluß vom 11. Februar 1836 gestattet worden ist, seine von M. Seufferheld gestiftete und von Launitz gefertigte Büste in der Stadtbibliothek aufzustellen. Die von Pfarrer Friederich nach dem Begräbniß in der St. Katharinenkirche gehaltene Trauerrede steht F. Jb. V, 83. 3) Mittheilungen aus Kirchner's handschriftlichem Nachlaß (Vorlesungen desselben im Museum.)

Wesentlich nach dieser Schrift hat Dr. Eduard Heyden in seiner Gallerie berühmter und merkwürdiger Frankfurter, (Frankfurt, Brönner. 2. Heft 1850, S. 142 — 150), Kirchners Biographie gearbeitet.

Ueber Kirchner's Bedeutung als Geschichtschreiber hat sich Hr. Professor Kriegk in der Vorrede zu seinem Werke. „Frankfurter Bürgerzwiste und Zustände im Mittelalter" 1862 folgendermaßen ausgesprochen: Kirchner's Werk ist die erste wissenschaftlich gearbeitete Geschichte von Frankfurt, denn alle früheren Darstellungen derselben sind so verfaßt, daß sie chronikartig geschrieben und der eigentlichen Kritik ermangelnd, nur die rein äußerliche Aufeinanderfolge der Begebenheiten vorlegen. Außerdem ist Kirchner's Werk auch noch die erste mit Geschmack geschriebene Geschichte von Frankfurt und wenn auch an der Eigenthümlichkeit des Kirchner'schen (dem des Johannes Müller von Schaffhausen nachgebildeten) Styles Manches auszusetzen ist, so muß man doch die Gerechtigkeit haben, anzuerkennen, daß diese Eigenthümlichkeit nicht blos dem Verfasser, sondern auch seiner Zeit Schuld zu geben ist. Als Kirchner schrieb, war dies die herrschende Maxime und das größere Publikum verlangte damals eine Art von Schmuck, welcher der jetzigen gebildeten Welt zuwider ist. — Ein dritter Vorzug von Kirchner's Geschichtschreibung ist der gesunde Verstand und der richtige Blick, die sich in seinem Werke nicht selten zu erkennen geben. Dies ist um so höher anzuschlagen, als Kirchner nur wenige durchdachte Vorarbeiten benutzen konnte, und da zu seiner Zeit die neuerdings weit vorangeschrittene wissenschaftliche Geschichte des Städtewesens noch in ihren ersten Anfängen stand. Bei diesen in der That bedeutenden Vorzügen Kirchners darf man einzelne Irrthümer desselben nicht so hoch anschlagen, als Feyerlein und Fichard es gethan haben. Auch der Verfasser vorliegender Schrift hat Gelegenheit gehabt, (Mi. IV, 197) Kirchner's Genauigkeit zu vertheidigen.

Bibliographie der historischen Schriften A. Kirchner's.

Geschichte der Stadt Frankfurt a. M. von Anton Kirchner, der Weltweisheit Dr., Evangelischen Prediger und Professor am Gymnasio daselbst. I. Theil, Frankfurt a. M. in Commission der Jäger'schen und Eichenbergischen Buchhandlungen 1807. LII. und 642 S. 8⁰. (Aus der Vorrede: „So ungewiß der Verfasser über den Erfolg seines Buches ist, so willig unterwirft er sich dem Urtheil der Kenner. Nur die Halbwisser fürchtet er, die durch seichte Oberflächlichkeit irre gemacht, sich am ersten zu Richtern aufwerfen ꝛc. ꝛc.“ „Als dieser Theil niedergeschrieben wurde, war Frankfurt noch ein Freistaat. Der Drang jener großen Begebenheiten, an denen die Zeitgeschichte so reich ist, hat dieser Stadt ein anderes Loos bereitet. Das Glück, in verflossenen Jahrhunderten die standhafte Gefährtin unserer Väter, lächelte uns wieder einmal in den bangen Augenblicken der gespanntesten Erwartung. Es gab uns statt des Fürsten einen Vater. In ihm enthüllt sich uns das Urbild wahrer Größe. Sie ist offen, sanft, zugänglich und herablassend. Sie läßt sich untersuchen und verliert nichts durch nähere Ansicht. Je genauer man sie kennt, desto mehr bewundert man sie. Ihr Charakter ist edel und nachgiebig, flößt Ehrfurcht und Vertrauen ein, und bewirkt, daß ein Fürst uns groß scheint, ohne daß er uns unsere Kleinheit fühlen läßt.“ Zweiter Theil 1810. XVI und 560 S. (mit dem Motto aus Tacitus Hist, I. 1: Rara temporum felicitas etc. und dem

Fürsten Primas zugeeignet), er reicht bis 1612. In drei weiteren Theilen sollte die Geschichte von Frankfurt bis 1806 geführt werden, es ist aber nichts mehr erschienen. (Dr. jur. S. Feyerlein) Ansichten, Nachträge und Berichtigungen zu A. Kirchner's Geschichte der Stadt Frankfurt am Main. Vertraute Briefe eines Halbwissers. Leipzig und Frankfurt. 2 Bände 1809. 1810. A. Kirchner, Prüfungen der Ansichten und Berichtigungen oder der vertrauten Briefe eines Halbwissers über die Geschichte von Frankfurt, erstes Heft bei P. W. Eichenberg 1809 (nicht mehr erschienen). Kritische Bemerkungen über Kirchner's Geschichte von Frankfurt von K. von Fichard, in dessen Frankfurtischen Archiv für ältere deutsche Literatur und Geschichte. I. Band Frankfurt 1811. S. 236—470. Ueber Kirchner's Ansichten vergleiche oben S. 53.

Neuntes Kapitel.

Am 28. Oktober 1833 starb der Bischof von Limburg (seit 1828) Dr. Jakob Brand in seiner Residenz in einem Alter von 57 Jahren. Am 8. Januar 1834 wurde der seitherige Domcapitular und Stadtpfarrer zu Limburg, Geistliche Rath J. W. Bausch zu seinem Nachfolger erwählt. Von Seiten hiesiger Stadt waren zu dieser Wahl die Schöffen Brentano und Ihm als Commissarien nach Limburg abgeordnet*).

„Am 18. März 1835 wurde in der hiesigen Domkirche zu St. Bartholomäi auf Veranstaltung der k. k. österreichischen hohen Bundes-Präsidialgesandtschaft ein feierliches Todtenamt wegen des am 2. März erfolgten sel. Hinscheidens weiland k. k. apostolischen Majestät Franz I. abgehalten**), dem das ganze diplomatische Corps, die Mitglieder der Bundesmilitärcommission, die beiden regierenden Herren Bürgermeister und die Senatsglieder, sowie Mitglieder löbl. ständigen Bürgerrepräsentation, Geistliche der übrigen Confessionen, die Offiziere der in der Umgegend cantonnirenden österr. und preuß. Bundestruppen, die sämmtlichen bürgerlichen

*) F. Jb. III, 90, 194.

**) F. Jb. V, 178.

Majors und Quartiervorstände, sowie die Offiziere der Stadtwehr und der städtischen Linientruppen, und eine sehr große Zahl von Einwohnern der Stadt beiwohnten, die sich in dem Tempel des Herrn vereinigt hatten, um dem in Gott ruhenden Kaiser den Beweis treuer Liebe und Anhänglichkeit über das Grab hinaus darzubringen. Ernst und mahnend schwebten die Klänge des Cherubini'schen Requiem, welches unter Hrn. Schelble's Leitung von den Mitglieden des Cäcilien-Vereins trefflich aufgeführt wurde, in dem auf sinnreiche und prachtvolle Weise geschmückten Dom*), in dessen Hallen Franz vor 43 Jahren mit der deutschen Kaiserkrone geziert einherschritt. Die zwischen jener Krönungs- und der heutigen Todtenfeier in der Mitte gelegenen Jahre bleiben die sprechenden Zeugen des Edelmuths, der Tugend und Rechtschaffenheit des seligen Kaisers, der auch der Stadt Frankfurt unter allen Verhältnissen immer so wohl wollte, daß sie sich mit Stolz unter diejenigen Erben zählt, denen Franz I. im Testamente seine Liebe vermacht hat."**)

Am 19. wurde auf Veranstaltung des katholischen Gemeindevorstandes ein zweites feierliches Todtenamt in der St. Bartholomäikirche unter Aufführung des Mozart'schen Requiem gehalten; am 21. war feierlicher Trauergottesdienst in der Deutsch-Ordens-Commende-Kirche zu Sachsenhausen, und am 22. wurde auf Anordnung des Senats Trauergottesdienst in allen christlichen Kirchen und in der Synagoge abgehalten.***) Am 21. wurde eine Stunde, und am 22. (Sonntag) zwei Stunden mit allen Glocken geläutet.

Es ist hier nicht der Ort, eine Geschichte der deutsch-katholischen Bewegung zu geben. Nur an die wichtigsten Daten sei hier erinnert. Am 18. August 1844 Ausstellung des heiligen

---

*) Auf dem Triumphbogen, welcher 1871 im März zum Einzug Kaiser Wilhelms auf dem Roßmarkt aufgerichtet war, ruhte eine mächtige buntbemalte Krone; die Krone, angefertigt zur Leichenfeier des letzten römischen Kaisers Franz II. 1835 und aufbewahrt in der Sakristei des Kaiserdomes, diente bei der Auferstehung des Kaiserthums als eines deutschen.

**) Ueber des Kaisers Franz Charakter vergl. Anton Springer, Geschichte Oesterreichs seit dem Wiener Frieden 1809. I. Theil. Leipzig 1863. S. 108—120. 301.

***) F. Jb. V, 185 ff. enthält die Trauerreden von Pfarrer G. Friederich, geistlichen Rath S. Bohn, Pfarrer L. Schräder und Lehrer Dr. Creizenach. Pfarrer Friederichs Rede ist auch abgedruckt in dessen: „Aus meinem Leben" I. Theil Frankfurt 1841.

Rockes in Trier. Am 15 Oct. (Sächsische Vaterlandsblätter Nr. 164) Veröffentlichung von Ronge's Sendschreiben an Bischof Arnoldi zu Trier. Am 29. Januar 1845: Bildung der ersten deutsch-katholischen Gemeinde in Breslau. 23. März: Concil in Leipzig. Eine eingehende Geschichte der ganzen Bewegung, findet man in der „Gegenwart" (VIII. 456). Die Hoffnungen, welche man in weiten Kreisen von ihrem Verlauf hegte, sind ausgesprochen in der bekannten Schrift von Gervinus: die Mission der Deutschkatholiken. Heidelberg 1845.

Am Sonntag 1. Juni 1845*) fand im Saale des Mülhens'schen Hauses (heute Bürgerverein) zu Frankfurt eine Versammlung von etwa 300 Personen statt, welche Herr Heribert Rau mit einer Rede eröffnete, worauf der Pfr. Licht von der deutsch-katholischen Gemeinde zu Elberfeld sprach. Es fand darauf die Constituirung der deutsch-katholischen Gemeinde zu Frankfurt mit 99 Unterschriften und die Wahl des provisorischen Vorstandes statt, dessen Mitglieder die Herren Dr. jur. Burkard, H. Rau, Barxell, Bauer, Prof. Pierre, Hänlein und Fell waren.

Am nächstfolgenden Sonntag den 8. Juni wurde eine zweite, vom Senior des Vorstandes Dr. jur. Burkard, eröffnete Versammlung im Mülhens'schen Saal abgehalten, in welcher das Glaubensbekenntniß festgestellt und die Mittheilung gemacht wurde, daß die deutsch-reformirte Kirche von Seiten des Presbyteriums der jungen Gemeinde zur Abhaltung ihres ersten Gottesdienstes eingeräumt worden sei. In dieser Kirche fand denn am 15. Juni Morgens 6 Uhr durch den am 13. angelangten, am 14. der Gemeinde vorgestellten Pfarrer Kerbler, Gottesdienst mit Abendmahl statt. Die Kirche war festlich geschmückt und trotz der frühen Morgenstunde in allen Räumen gefüllt. Der Liederkranz wirkte mit und Deputationen der deutsch-katholischen Gemeinden von Darmstadt, Hanau, Offenbach, Wiesbaden und Worms wohnten dem Gottesdienst bei. Am 4. Oktober**) langte der Urheber der ganzen Bewegung, Johannes Ronge mit Dowiat in Frankfurt an, dessen Straßen mit einer dicht gedrängten, den zweiten Luther, — wie man meinte — begrüßenden Menge erfüllt waren.

*) Gn. Chr. V, 91: H. Rau, Erinnerung an die Gründung einer deutsch-katholischen Gemeinde zu Frankfurt a. M. nebst Predigt des Herrn Pfarrer Kerbler. Frankfurt a. M., K. Körner 1845.

**) Gn. Chr. V, 173.

Auch die deutsch-reformirte Kirche, in der beide neben Kerbler beim Gottesdienst mitwirkten, war überfüllt. Gleicher Enthusiasmus herrschte bei dem den Gästen auf dem Oberforsthaus gegebenen Festmahl, doch brachten Dowiat's Tisch- und Nachtischreden einige Ernüchterung zu Wege. — Auf Grund eines Gutachtens des evangelisch-lutherischen Prediger-Ministeriums*) wurde im folgenden Jahre der deutsch-katholischen Gemeinde die Benutzung der Weiß-Frauenkirche zunächst auf ein Jahr zugestanden. Am 5. Juli 1846 wurde der erste Gottesdienst darin gehalten.

1847 wurde die Einrichtung getroffen, daß die Aufbiet-, Trauungs- und Haustaufscheine der Deutschkatholiken vom jüngeren Bürgermeisteramt ertheilt wurden.

Zehntes Kapitel.

Bereits 1828 hatte Herr Christian Friedrich Heyder in der gesetzgebenden Versammlung den Antrag gestellt, außer den im Art. 3 der Rathsverordnung vom 1. Septbr. 1824 (s. oben S. 96) jährlich zugelassenen 15 jüdischen Ehen noch so viele zu gestatten, als sich nach Verhältniß der jüdischen zur christlichen Bevölkerung ergebe, unter Beibehaltung der Stipulation wegen fremder jüdischer Ehegatten, am 6. Dezember 1828 erklärte aber die gesetzgebende Versammlung mit großer Mehrheit diesen Antrag nicht für zulässig.**)

Dagegen beschloß eine spätere gesetzgebende Versammlung am 12. März 1831 auf Senatsvortrag vom 1. Sept. 1829 und erstatteten Bericht einer von ihr ernannten Commission, den Senat zu ermächtigen, bei Anwendung des Art. 3 diejenigen israelitischen Eheverlöbnisse, wo beide Theile im israelitischen Bürgerverband stehen, der eine oder der andere Theil aber schon im Witwer- oder Witwen-Stand lebt, nicht unter der einschränkenden Anzahl der 15 jährlichen Ehen zu betrachten, sondern zur Verehelichung außer der Reihe zuzulassen. Der Wunsch auf Revision des Art. 3 wurde, jedoch mit der geringsten Mehrheit, abgelehnt. Der Senat erklärte sich

---

*) Gn. Chr. VI, 125,

**) F. Jb. III. 146. 147.

im 3. Mai 1831 mit jener Auslegung des Art. 3 einverstanden. Am 11. Dezember 1833 stellte Dr. Bender einen Antrag auf Abänderung des Art. 3. „Diese Bestimmung fördert wilde Ehen und andere Ausschweifungen, veranlaßt unnatürlich frühe Verlöbnisse, verjagt nach und nach die reichen Judenkinder und stößt vermögende Ausländer zurück.“ Dr. Bender schlug eine Abänderung in dem Sinne vor, daß 1) hiesige Israeliten in Hinsicht auf Verehelichung den christlichen Bürgern in Zukunft ganz gleich gehalten; 2) fremde zwar auch fernerhin beschränkt bleiben, aber doch einer Erweiterung der gesetzlich erlaubten Ehezahl theilhaftig würden.

Nachdem dieser Antrag gestellt und begründet war, wurde ein Senatsvortrag vom 5. Dezember verlesen, welcher den Art. 3 soweit er die Zahl hiesiger israelitischer Ehen betrifft, aufzuheben vorschlug. Der Gegenstand wurde an eine eigens gewählte Commission verwiesen.

Am 26. Februar 1834 erstattete diese Commission (Referent: Senator Dr. Souchay*) zustimmenden Bericht. Dr. Bender fügte noch den Antrag auf Erweiterung der fremden Ehen auf vier hinzu, Dr. Gallus erstattete ein widersprechendes Sondererachten, in welchem er auf die noch bestehenden, aus den Zunftverhältnissen fließenden Ehebeschränkungen für die Christen verwies. Bei der Abstimmung wurde der Senatsantrag sammt dem Wunsche, prüfen zu wollen, ob eine Erweiterung der Zahl fremder israelitischer Ehen nicht thunlich sei, mit großer Mehrheit angenommen und am 6. März 1834 das Gesetz publicirt.**)

In der Sitzung der gesetzgebenden Versammlung vom 9. Dezember 1837 stellte Herr H. Minoprio den Antrag auf Aufhebung der beschränkenden Zahl israelitischer fremder Ehen.***) Der Antragsteller bemerkt dazu: „Es ist durch die fragliche Beschränkung noch durchaus kein Nutzen erreicht worden, weder für den Staat als solchen, noch für die christliche Bürgerschaft; umgekehrt aber ist der bisherige Zustand dem Interesse unseres ohnedem schon vielfach bedrängten Aerars wirklich schon schädlich gewesen. Wie nämlich im Ganzen der Reichthum eine Unab-

*) F. Jb. III, 238. 240.

**) Gesetzsammlung V, 179.

***) F. Jb. X, 251.

hängigkeit gibt, die sich über mancherlei Schwierigkeiten hinauszusetzen weiß, so haben — dem Vernehmen nach — mehrere, gerade sehr reiche Israeliten fremde Frauen genommen, ohne abzuwarten, bis die Reihe zur hiesigen Ehe an sie käme, und Töchter hiesiger reicher Israeliten haben ebenso Fremde geehelicht, die gerne hiesige israelitische Bürger geworden wären, aber nicht so lange warten wollten, daher lieber in ihrer Heimath die Unterthanenschaft beibehalten und hier auf Permission bei ihren Familien wohnen. Dadurch haben sich unregelmäßige Familienzustände ergeben, indem vom Senat diese ohne seine Erlaubniß von hiesigen Israeliten geschlossenen Ehen nicht anerkannt und die Kinder nicht in das Geburtsregister eingetragen werden.

Bei der Umfrage erklärte sich noch nicht ein Viertel der Mitglieder für diesen Antrag, dagegen wurde mit zwei Drittel der Stimmen der Antrag erneuert angenommen, daß der Senat prüfen möge, ob eine Erweiterung der jährlichen Zahl der israelitischen Ehen, wobei ein Theil fremd ist, nicht thunlich sei. 1845 brachte Dr. Mappes diesen Antrag abermals ein*), derselbe wurde aber von der gesetzgebenden Versammlung mit großer Mehrheit verworfen.

Die Verhandlungen über die Erweiterungen der Rechte der Juden förderten interessante statistische Nachrichten über den Bestand der hiesigen Gemeinde an die Oeffentlichkeit.**)

Die Zahl der Gemeindeglieder war 1809: 3114, 1817: 3298, 1847 (1. Januar) 3237. Vom Jahr 1809—19 wurden geboren: Knaben 443, Mädchen 455; vom Jahr 1820—30: Knaben 378, Mädchen 339, also von 1809—19 jährlich durchschnittlich 82, 1820—30: 64 Kinder. Von 44 in 1806 geborenen Knaben waren 1832: 14 gestorben, 29 Unverheirathete, 1 Ehemann Von 45 in 1809 geborenen Mädchen waren 1832: 12 gestorben, 23 Unverheirathete, 10 Ehefrauen. Das Durchschnittsalter der in die Ehe getretenen Männer schwankte zwischen 1824—32 von 32 bis fast 36, das der Frauenspersonen von 25 bis $28^2/_3$ Jahren. Von 1825—32 (8 Jahre) hatten sich 89 Mädchen und 10 Männer ins Ausland verheirathet.***)

*) Gn. Chr. V, 26.
**) F. Jb. III, 192. 240.
***) Gn. Chr. VII, 160.

In denselben 8 Jahren 1825—32 wurden 223 Personen im Alter zwischen 26 und $32^1/_2$ Jahren ins israelitische Bürgerrecht aufgenommen. Von der durch Rathsschluß vom 7. Juni 1825 nach Artikel 9 des Gesetzes vom 1. September 1824 auf 200 normirten Zahl israelitischer Waaren- und Kleinhändler haben 1833 nicht weniger als 34 gefehlt.

Das Gesetz von 1834 hatte nur vorübergehende Wirkung. Zwar stieg die Zahl der israelitischen Ehen Hiesiger mit Hiesigen, welche von 1825—1833 zwischen 10 und 14 geschwankt hatte, 1834 auf 34, sank aber schon im nächsten Jahre auf 22, 1836 auf 20, 1837 auf 17; mit Elimination des Jahres 1834 ergibt sich für 1825—33 der Durchschnitt von 12, für 1835—44 der Durchschnitt von 15,3 Paaren.

Den vielfachen Beschwerden wegen Ausschluß der Juden von den verschiedenen Vereinen*) wurde 1836 von Seite des angesehensten geselligen Vereins ein Ende gemacht. Die Frankfurter Jahrbücher (VII, 206) enthalten darüber folgende Mittheilung: „Nachdem die hiesigen israelitischen Einwohner seit 1824 ebenfalls das israelitische Bürgerrecht erhalten haben, war es unter allen Unbefangenen und Gebildeten wohl keinem Zweifel mehr unterworfen, daß der Aufnahme von israelitischen Bürgern in die Casinogesellschaft dem Princip nach kein Hinderniß im Wege stehen könne. Diese Ansicht hat sich kürzlich in der Casinogesellschaft Kund gegeben, welche dadurch den schönen Beweis geliefert, daß sie von Vorurtheilen entfernt sei, die leider bei den meisten Vereinen ähnlicher Art immer noch wurzeln. Am 30. April 1836 sind nämlich die Herren Freiherr M. A. von Rothschild, Freiherr Karl von Rothschild und Freiherr Anselm von Rothschild als Mitglieder erster Klasse vorgeschlagen und bei der am 31. April eröffneten Abstimmung aufgenommen worden.**) — Da Frankfurt so viele gebildete und höchst achtbare israelitische Bürger zählt, so ist zu erwarten, daß dieser rühmliche Vorgang nicht als ein isolirtes Beispiel der vorgeschrittenen Bildung und ächt humanen Geselligkeit genannt werden müsse.“

---

*) Vergl. oben S. 119. F. Jb. VIII, 148.

**) Ueber die Rothschild'sche Familie vergl. Kr. G. 469. Anselm ist nur eine Verfeinerung des Hausnamens Amsel, frankfurtisch ausgesprochen Amschel, vergl. Mi. III, 430. 432: 1598. Mosche zur Ambsel. Mosche zum Rotenschiltt. 1706. Isaak Rothschild zum rothen Schwert.

Ueber die Reformbestrebungen innerhalb der israel. Gemeinde berichtet Dr. S. Stern († 9. Mai 1867 in Frankfurt. Mi. III, 196) in der „Gegenwart" (X 585) Folgendes:

Die jüdische Gemeinde zu Frankfurt unterscheidet sich in Charakter und Stellung wesentlich von den übrigen großen Gemeinden Deutschlands und besonders Preußens. Sie ist alt, hat eine Geschichte, eine mehrhundertjährige Leidensgeschichte, daher eine ausgeprägtere specifische Färbung, einen kräftigeren Corporationsgeist, mehr Stabilität und innern Zusammenhalt. Sie bildet ein abgeschlossenes politisches Ganze sowohl gegen ihre Glaubensgenossen, die nicht ihre Mitbürger, als gegen ihre Mitbürger, die nicht ihre Glaubensgenossen sind. Der freireichsstädtische Kastengeist hat eine Verschmelzung zwischen Juden und Christen noch nicht ermöglicht, aber anderseits auch dem Juden das Bewußtsein einer selbstständigen Bedeutung und Stellung im Staat gegeben. Als Macht gegen Macht hat die Judenheit zu Frankfurt den Kampf gegen den Senat vor dem Bundestage geführt und mit gleicher Consequenz später die Zulassung der Juden zu den Freimaurerlogen durchgekämpft. Das treffliche und ausgezeichnete jüdische Schulwesen ist das sprechendste Zeugniß dieses noch nicht überwundenen Sonderbewußtseins und dient zugleich zur kräftigen Stütze für die Erhaltung desselben in dem jüngeren, an allgemeiner Bildung seinen christlichen Mitbürgern vollkommen gleich stehenden Geschlecht.

Der Uebertritt zum Christenthum ist selten und die politischen Verhältnisse bieten kaum einen äußeren Anlaß dazu. Aus diesen Gründen hat aber auch hier der theilnahmslose Indifferentismus nicht in gleicher Weise Wurzel fassen und Ausbreitung gewinnen können, wie in andern großen Gemeinden, weil der Zusammenhang in der Gesammtheit und ihren Interessen ein schwer oder gar nicht zu lösender ist. Hieraus erklärt es sich, warum gerade hier die radikalste Reformbewegung ihren Anfang nahm, weil hier diejenigen Elemente, die sich der Loslösung von den alten Formen und Gestaltungen des Judenthums vollkommen bewußt sind, darum doch das Bewußtsein ihres Zusammenhangs in dem Judenthum und das Streben denselben zu manifestiren nicht verloren haben.— Aus solchen Elementen bildete sich im Herbst 1842 der Frankfurter Verein der Reformfreunde (Reformverein).

Seine Absicht war keine geringere, als die offene und gemeinsame Außerkraftsetzung des mosaischen nicht minder, wie des talmudischen Ceremonialgesetzes. Wie diese Außerkraftsetzung seit einem Jahrhundert aus einem instinctiven Gefühl des Widerspruchs jenes Ceremonialgesetzes mit dem Zeitbedürfniß hervorgegangen war und durch praktische Nichtbeobachtung begonnen hatte und wie dieselbe bereits als ein Recht und eine Pflicht der Gegenwart im Bewußtsein der Gebildeten und Vorgeschrittenen lebte, so sollte sie jetzt durch eine offene und gemeinsame Erklärung einer großen Zahl von Gleichgesinnten zu einer geschichtlich vollendeten Thatsache erhoben werden. Als den Ausdruck dieser Ueberzeugung stellte sie die nachfolgenden drei Sätze auf, durch deren Anerkennung und Unterzeichnung der Beitritt zu der beabsichtigten Vereinigung der Gleichgesinnten erfolgen sollte: 1) Wir erkennen in der mosaischen Religion die Möglichkeit einer unbeschränkten Fortbildung. 2) Die gewöhnlich mit dem Namen Talmud bezeichnete Sammlung von Controversen, Abhandlungen und Vorschriften hat für uns weder in dogmatischer noch in praktischer Hinsicht irgend eine Autorität. 3) Ein Messias, der die Israeliten nach dem Lande Palästina zurückführe, wird von uns weder erwartet noch gewünscht; wir erkennen kein Vaterland als dasjenige, dem wir durch Geburt oder bürgerliches Verhältniß angehören.

Es leuchtet ein, daß diese Sätze vollkommen berechtigt sind, als Ausdruck des unterscheidenden Gegensatzes zu gelten, der zwischen dem Judenthum der Vergangenheit und dem Bewußtsein der Gegenwart stattfindet. Es ist aber ebenso klar, daß sie nichts enthalten, was den einigenden Zusammenhang dieses Bewußtseins mit dem Judenthum alter Zeiten documentirt. Die Möglichkeit einer unbeschränkten Fortbildung ist inhaltlos ohne einen festen Ausgangspunkt. Die einfache Negirung der talmudischen Autorität zerreißt den Faden des geschichtlichen Zusammenhangs in der Entwickelung des Judenthums, der durch eine Anerkennung ihrer zeitlichen Berechtigung und durch eine Wiederaufnahme des talmudischen (pharisäischen) Reformprinzips erhalten werden kann, ohne damit die Geltung der talmudischen Satzungen anzuerkennen. Die Verzichtleistung auf den persönlichen Messias und auf die Wiederherstellung eines jüdischen Reiches bleibt ebenfalls eine leere Negation, wenn dem messianischen Gedanken des Judenthums nicht in der weltgeschichtlichen Aufgabe seiner Bekenner ein neuer Inhalt gegeben wird. Die drei Sätze bieten keine Grundlage zum Fort- und Neubau des Judenthums auf dem Boden seiner geschichtlich bereits vollbrachten Entwicklung, kein Band der ungetrennten Einheit zwischen diesem Bewußtsein der Gegenwart und den Schöpfungen der Vergangenheit. Auch das erläuternde Programm, das nach der vorzeitigen gegen den Wunsch der Hauptvertreter des Vereins (Dr. Theodor Creizenach und Dr. H. Goldschmidt) erfolgten Veröffentlichung dieser Sätze, ohne Namensunterschrift verbreitet wurde, entbehrte dieses positiven Anhalts. Aus diesen Gründen fand der Verein, der die negative Seite der gegenwärtigen Reformbestrebungen im Judenthum vollständig repräsentirte, geringen Anhang und schwache Theilnahme und erlosch nach kurzem Bestande, ohne irgend eine Schöpfung, irgend ein Denkmal seines Wirkens zu hinterlassen. Bezeichnender ist es, daß die Veröffentlichung jener radikalen Grundsätze auch auf Seiten der rabbinisch-talmudischen Orthodoxie keine erhebliche Aufmerksamkeit erregte und der Angriff gegen den Verein sich erst erhob, als sich auf dem praktischen Gebiet die Wirkung jener Lehrsätze zu erkennen gab.

Infolge einer Verordnung des Frankfurter Sanitätsamtes über die von den israelitischen Einwohnern zu beobachtenden Vorschriften insofern sie ihre Kinder beschneiden lassen wollten, hatte nämlich die rabbinische Partei gegen die Anheimstellung der Beschneidung an das Belieben der Eltern reclamirt, der Reformverein sich hingegen offen dahin erklärt, daß dieselbe keine Bedingung des Judenthums sei und nachdem dieselbe bei dem Sohn eines Mitgliedes des Reformvereins wirklich unterlassen worden war, erhob sich ein allgemeines und sehr heftiges Verketzerungsgeschrei der Orthodoxie, nach welchem man die Ausschließung des Gesetzübertreters nicht nur vom religiösen, sondern selbst von dem socialen und geschäftlichen Verkehr mit seinen Glaubensgenossen verlangte und vor allem von Seiten der Staatsbehörde entweder Zwangsmaßregeln gegen den Abtrünnigen oder doch seine Nichtanerkennung als Angehörigen des Judenthums forderte. Da ein praktisches Resultat dieser Art von der erhobenen Anklage auch hier nicht zu erzielen war, so nahmen auch hier beide Theile zu Ansammlung rabbinischer Erklärungen und Gutachten ihre Zuflucht, von denen ihre Ansichten und Zwecke unterstützt werden sollten.*)

Theodor Creizenach sagt in seiner Selbstbiographie:**) „Ich wurde Mitbegründer des Frankfurter jüdischen Reformvereins, der bei seiner abstracten Haltung wohl in den betreffenden Kreisen als Ferment wirkte, doch ein dauerndes Ergebniß im Sinne seiner Stifter nicht zeitigte."

Elftes Kapitel.

Die Betrachtung des Schulwesens in diesem Zeitraum kann natürlich nicht die Geschichte aller einzelnen Schulen geben, sie muß sich auf statistische Mittheilungen, auf die Andeutung pädagogischer Streitfragen und die Einführung neuer Unterrichtsgegenstände beschränken.

Frequenz der öffentlichen Schulen.

	männl.	weibl.	zusammen.	Davon in den 4 evang.-luth. Volksschulen.
1839	2323	1866	4189	2264
1840	2332	1907	4239	2316
1841	2301	1945	4246	2343
1842	2359	1959	4318	2378
1843	2363	1931	4294	2376
1844	2428	1890	4318	2445
1845	2586	1996	4582	2480
1846	2657	2013	4670	2513***)

Die pädagogischen Streitfragen, welche wir hier im Auge haben, betreffen zunächst die Einführung des gegenseitigen Unterrichts.†) Der Staatsrath Simon Moritz v. Bethmann

*) Vergl. die Polemik über Beschneidung Gn. Chr. 1843. No. 15 16. 17. 20.

**) Einladungsschrift zu den Prüfungen der höheren Bürgerschule zu Frankfurt 1860. S. 53.

***) Der Durchschnitt der 13 Jahre 1826—38 betrug 2436.

†) F. Jb. V, 52. VII, 137. 185. 215.

hatte in seinem am 15. Januar 1820 errichteten, am 29. Dezember 1826 gerichtlich publicirten Testament 40,000 fl. zur Begründung einer ewigen Rente für die Errichtung einer Volksschule nach Bell's oder Lancaster's Methode vermacht. In der Sitzung der gesetzgebenden Versammlung vom 13. Dezember 1834 stellte Herr Markwart Seufferheld den Antrag, den Senat um eine Auskunft zu ersuchen, warum bis jetzt von der großmüthigen Disposition des verstorbenen Herrn von Bethmann kein Gebrauch gemacht worden sei?

Dieser Antrag wurde von der Versammlung zwar für zulässig erklärt und dem Senat mitgetheilt, in der Discussion jedoch hervorgehoben, daß diese von Herrn Seufferheld bewunderte Lehrmethode von der hiesigen Schulbildung längst überholt sei. Am 27. April 1836 erwiderte der Senat, daß er nach einem am 22. Januar von der gemischten Kirchen- und Schulcommission erstatteten Bericht der darin entwickelten Ansicht, daß die Errichtung einer Lancasterschule den hiesigen Verhältnissen nicht entsprechen würde, beitrete, daß jedoch das nach der Erfahrung allgemeinbrauchbare der Bell-Lancaster'schen Methode in den unteren Classen der hiesigen Volksschulen anzuwenden sei. Dieser Senatsvortrag wurde an eine Commission verwiesen.

Diese erstattete ihren Bericht in der Sitzung der gesetzgebenden Versammlung vom 15. April 1837, und stellte den Antrag, Hohen Senat zu ersuchen, er möge das Bethmann'sche Legat im Sinne des Stifters zur Errichtung einer Volksschule nach der Bell- oder Lancaster'schen Lehrmethode verwenden. Dieser Antrag wurde von der Versammlung, in welcher kein Schulmann saß, mit großer Mehrheit angenommen.*) Die Polemik über die Zweckmäßigkeit dieser Lehrmethode dauerte noch eine Weile fort,**) doch gründete sie sich ausschließlich auf die Urtheile fremder Pädagogen. Der Senat führte den obigen Beschluß nicht aus; die Angelegenheit des Vermächtnisses fand ihre Erledigung erst in der nächsten Periode. Als die Stadt für die Erbauung der höheren und mittleren Bürgerschule das Bethmann'sche Grundstück am Friedberger Thor kaufte, rechneten die Bethmann'schen Erben den Betrag des Legats von der Kaufsumme ab.

*) F. Jb. IX, 178.
**) F. Jb. IX, 221. 245. X. 6.

Eine andere Principienfrage berührte der in der Sitzung der gesetzgebenden Versammlung am 27. April 1836 gestellte Antrag des Herrn J. Glock auf Errichtung einer Frei- oder Armenschule,*) um der Ueberfüllung der Classen der Volksschulen, welche bis 110 oder 120 Schüler zählten, zu steuern. Diese Ueberfüllung mache einen erfolgreichen Unterricht unmöglich, wie ihn doch die Eltern, welche Schulgeld bezahlen, mit Recht verlangen könnten. Die Zahl der Freischüler, für welche die Spendesection des allgemeinen Almosenkastens das Schulgeld bezahlte, betrug 1832: 882, 1833: 893, 1834: 919,**) während seit 1832 das Aerar nur einen jährlichen Aversionalbeitrag von 4000 fl. bezahlte, welcher (bei 5 fl. Schulgeld) also nur dem Bedürfniß von 800 Köpfen genügt hätte, so daß ein Theil der von den bezahlenden Kindern entrichteten Schulgelder verwendet werden mußte, den Unterschied auszugleichen.

Dieser Antrag wurde an eine Commission gewiesen, welche am 15. März 1837 berichtete,***) den Glock'schen Vorschlag jedoch nicht empfahl, sondern, von dem Grundsatze ausgehend, daß das unentgeldlich Dargebotene gering geschätzt wird, vorschlug, von den Spenden der Alumnen, welche schulfähige Kinder haben, solle die Spendesection verhältnißmäßige Abzüge machen, um diese als Beiträge zu dem Schulgelde dieser Kinder zu verwenden. Am 18. März 1837 verwarf die Versammlung den Glock'schen Antrag und nahm den Commissionsantrag an.

Eine neue Klasse von Schulen fügte diese Periode den bestehenden hinzu, die Kleinkinder-Bewahranstalten. Am 4. November 1831 wandte sich ein Comité an den Senat, mit der Bitte, solche Asyle in Frankfurt und Sachsenhausen eröffnen zu dürfen und dies Unternehmen fördern zu wollen.†) Der Senat überwies hierauf ein Local an der Peterskirche in Frankfurt und eins an der Dreikönigskirche in Sachsenhausen zu diesem Zweck. Auch der Frauen-Verein betheiligte sich durch Entsendung einer Dame als Mitvorsteherin der Schulen, und die in Umlauf gesetzten

*) F. Jb. VII, 138.

**) 1837 waren in der Dreikönigsschule in Sachsenhausen 456 Freischüler und nicht mehr als 82 zahlende Schüler.

***) F. Jb. IX, 125 133.

†) F. Jb. II 153. III 56. IV 57. V. 262. VI 225. 254 VII 68 169 IX 198. XII 68.

Subscriptionslisten hatten so guten Erfolg, daß am 21. Mai 1832 schon eine Schule in Sachsenhausen und am 5. März 1833 eine zweite in Frankfurt eröffnet werden konnte. Bald war das Sachsenhäuser Local überfüllt und so wurde ein geräumiger Bauplatz an der Schulstraße angekauft. Am 19. April 1837 fand in feierlicher Weise die Legung des Grundsteins zu dem neuen Gebäude statt, am 1. August 1838 wurde dasselbe eröffnet.

Ein weiterer Unterrichtsgegenstand, welcher in dieser Epoche zur Einführung kam, war die Gymnastik.*) Jahn hat selbst bei einer kurzen Anwesenheit in Frankfurt während des Spätsommers 1815 die Turnkunst hierher verpflanzt. Eine kleine Schaar Gymnasiasten pflegte sie seit Herbst 1815 auf der Pfingstweide; die Zahl der Theilnehmer stieg allmählich auf 35. Das 1819 in Preußen erlassene Verbot des Turnens wirkte auch auf Frankfurt zurück; 1820 wurde den Schülern des Gymnasiums dasselbe untersagt. Auch an der Musterschule dauerte es nur von 1816—1819. 1830—34 wurde das Turnen von einer an Zahl wechselnden Schaar von Gymnasiasten wieder aufgenommen und an verschiedenen Plätzen (Pfingstweide, Grüneburgweg, Zimmerplatz) betrieben,**) bis endlich seit 1838 die von A. Ravenstein errichtete Turnanstalt aus Staatsmitteln unterstützt wurde, unter der Bedingung, daß den Schülern des Gymnasiums und der andern öffentlichen Schulen der Zutritt zu der Anstalt, die Benutzung des Unterrichts und der Turngeräthe zu einem gegen die Privatschüler ermäßigten Preise gestattet werde.

Indessen blieb auch unter diesen Verhältnissen das Turnen noch auf einen geringen Theil der männlichen Jugend beschränkt.***)

Es bildete sich deßhalb im Dezember 1845 ein „Verein für körperliche Ausbildung der Jugend," in der Absicht, die An-

---

*) Gn. Chr. II. 100. 111. 124. Ki. A. I. 275. II. 259.

**) Friedrich Lucä, der Clässer Turnchronik. Frankfurt, Keller. 1857. (Schlüssel dazu: S. 2. Yaf = Fay, Dr. jur. † 1875; Kosterer = Köster, evangelischer Pfarrer in Messina, †; Raschnecker = Baldenecker; Stiertrett = Varrentrapp, Alb.; Sever = Ernst, Aug. Prof.; Barido = de Bary, Alex., Dr. med. † 1840; Kindwitte = Wittekind, Dr. jur.; Rothlich = Roth, Dr. phil.; Culä I = Lucä, G. Dr. med. Prof.; Culä II = Lucä, Fr., Dr. jur., † 1859; Dunkelsehr = Schwarz, Cand.; S. 12. Danksager = Danker, Dr. jur.; Loppe = Oppel, Prof.; Mannwupper = Wuppermann, †; Animo = Seel; S. 15 Fiedelmann = Fiedler, D., Dr. med., † 1847; Fels = Stein, Alex., † 1836, vergl. a. a. O. S. 57; S. 28 Rabenfels = Ravenstein.

***) Gn. Chr. IV. 22. V. 45. 56. VI. 85. 109. VII. 45. VIII. 51.

stalt des Herrn Ravenstein zu erweitern, denselben als Dirigenten der Anstalt beizubehalten, an seine Stelle aber, den Behörden wie den Schülern gegenüber einen Ausschuß von zwölf Personen, den „Turnrath“ treten zu lassen.

Am 3. März und 14. April 1846 wurden die Statuten des Vereins vom Senat genehmigt, und ihm ein jährlicher Beitrag ex aerario von 1500 fl. bewilligt. An $3^1/_2$% Actien zu 100 fl. waren 23,000 fl. gezeichnet; und so konnte der Verein es unternehmen, die das Knie zwischen Seiler- und Langestraße bildende Liegenschaft des Schreiners Lang um 75,000 fl. mit einer Anzahlung von 10,000 fl. anzukaufen, in deren Besitz er am 1. Juni 1846 eintrat. Es wurde darauf mit dem Aufwand von 11,400 fl. eine gedeckte Turnhalle erbaut.

Die Zahl der die Anstalt Benutzenden stieg im Winterhalbjahr 1846/7 auf über 700, im entsprechenden Zeitraum 1847/8 auf mehr als 800.

Wenn gleich unsre Absicht nicht sein kann, an dieser Stelle die einzelnen Schulen historisch-statistisch zu schildern, so muß doch das Gymnasium um so mehr eine Ausnahme machen, als dessen Geschichtschreibung nicht über die ersten Anfänge hinausgelangt ist.*) Wir wollen daher auf die Beiträge verweisen, welche in einzelnen Zeitschriften zur Geschichte des Gymnasiums niedergelegt sind, wie die Abschaffung der Meßgelage 1726,**) die Gymnasialordnung von 1765, die mit dem 1. Januar 1838 in Wirksamkeit tretende Maturitätsprüfung.***) Mit dem Sommersemester 1839 wurde endlich nach zehnjährigen Berathungen die Verlegung zur Wirklichkeit. Das Local im Barfüßerkloster, in welchem das Gymnasium seit seiner Gründung gewesen war, ist aus Goethe's Schilderung bekannt,†) und in meiner Schrift über die Paulskirche††) von mehreren Seiten abgebildet. Von dem Haupteingang (Nj. 1870, S. 32, rechts vom Beschauer) gelangte man links zu den Klassenräumen, rechts zur Rectorwohnung. Die meisten Fenster des ersten Stocks, sowohl des

---

*) Gymnasialprogramm von 1869.
**) F. Jb. XII, 6.
***) F. Jb. XI, 91. 113.
†) F. Jb. X, 280. XI, 133.
††) Dichtung und Wahrheit, viertes Buch.
†††) Nj. 1870.

Gebäudes S. 31 (N. 11 des Plans S. 5), als des S. 32 (N. 7 des Plans) führten auf Gänge, von welchen aus man zu den Klassenzimmern und zu der Wohnung des Rectors gelangte. Alle diese Räume lagen hinten hinaus, nach den stillen Höfen und Hintergebäuden der Neuen Kräme. Von der Haupttreppe aus führten ebensowohl zu den Klassen als zu der Rectorwohnung Seitentreppen auf und ab.

Provisorisch wurde das Gymnasium nach der städtischen Gebäulichkeit des Arnsberger Hofs übergesiedelt, in ein kaltes niedrig gelegenes, daher bei Hochwasser überschwemmtes Gebäude in finsterer geräuschvoller Gegend, umgeben von schädlichen Gewerben, weit entfernt vom Mittelpunkt der Stadt; der Hof tief und schmutzig, die Turnhalle ein ehemaliger Stall.

Für auswärtige Leser sei gesagt, daß die reiche Stadt Frankfurt dies „Provisorium" seit mehr als einem Menschenalter für ihre erste Lehranstalt, trotz der seitdem verdoppelten Schülerzahl, trotz aller Anläufe zum Bessern, bis heute aufrecht erhalten hat.

Zwar ein ernstlich gemeintes Project, — so ernstlich, daß es bereits auf einem Stadtplan eingezeichnet war —, auf einem Theil des alten Areals — welcher deßhalb lange Jahre ungepflastert blieb, — das Gymnasium neben der Börse, gegenüber dem Stadtgerichtsgebäude so eng zu erbauen, daß jeder freie Platz gefehlt hätte und die Abtrittsgruben in den innern Hof hätten gelegt werden müssen, kam nicht zu Stande, aber am Kostenpunkt scheiterte auch das Project, mitten in der Stadt das Reineck'sche Haus nebst geräumigem Garten dazu einzurichten.

Schon im August 1846 klagt man**): „Während unsere sämmtlichen Schulen einer passenden und gesunden Lage sich zu erfreuen haben, macht unsere erste Schule, das Gymnasium, eine unerfreuliche Ausnahme von dieser Regel. Wenn schon die Lage an einem Ende der Stadt an sich unpassend ist, so macht das Ungesunde dieser Lage die Localität zu einer ganz verwerflichen. In welchem Grade aber diese Lage ungesund ist, davon hat der letzte Winter das unverwerflichste Zeugniß abgelegt."

„Die Nässe des Winters und Frühjahrs hat durch das

*) F. Jb. VII. 153. 127. IX. 205. XI. 85.
**) Gn. Chr. VI, 139.

Gymnasial-Gebäude eine solche Feuchtigkeit verbreitet, daß in einigen Klassen die Frühjahrsferien um mehrere Tage verlängert werden mußten, weil die Zimmer dieser Klassen unbewohnbar geworden waren und noch jetzt ist man beschäftigt, den Plattenboden im Keller aufzuheben, den feuchten Grund wegzuschaffen und durch trockeneren zu ersetzen und dann die Platten neu zu legen. — Hierzu kommt noch die allgemeine Klage, daß in mehreren Klassen das Licht so spärlich sei, daß die Schüler dauernden Nachtheil an ihren Augen davontragen."

Ueber den letzten Punkt ergeben die Untersuchungen von Dr. Krüger*): „Beiderseitige Myopie bei 43% der Schüler in Sexta, bei 20% in Quinta, bei 40% in Quarta, bei 55% in Secunda, bei 64,5% in Prima — Die Helligkeitsverhältnisse erwiesen sich fast in allen Klassen als höchst ungünstig. Kein einziges Fenster geht nach Westen und Norden, und die wenigen nach Osten gelegenen Fenster geben wegen der dicht gegenüberstehenden Häuser kein Licht"

Zwölftes Kapitel.

Frankfurt beherbergte um diese Zeit jahrelang das „junge Deutschland."**) Hier redigirte Eduard Duller die Zeitschrift „Phönix"***) und K. Gutzkow das Literaturblatt zu derselben, um die Zeit, da W. Menzel seine bekannte donnernde Philippika gegen letzteren, den ehemaligen Liebling, schleuderte. Von hier aus erließ der höchst ungerechter Weise mit angegriffene L. Wienbarg seine Vertheidigungsschrift. Nachdem der Sturm vorüber war, blieb die freie Stadt noch ein Sammelplatz für ausgezeichnete Literaten der neuen Richtung. Gegen Ende der dreißiger Jahren hin machten dieselben große Anstrengungen, sich des Theaters zu bemächtigen. Man versprach sich Außerordentliches davon, daß die socialen, kosmopolitischen, emancipatorischen Gedanken, die seit 1830 in der Weltliteratur wühlten, vor Allem

*) Jahresbericht des ärztlichen Vereins für 1871. Frankfurt 1872. S. 91.
**) Frankfurter Museum 1857, S. 214.
***) Der Phönix. Frühlingszeitung für Deutschland, belletristisch-literarisch-artistische Zeitschrift. Frankfurt, J. D. Sauerländer. 4°. 1835—38.

Volk in dramatischer Belebung auftreten würden. Kaum Einer der voranstrebenden jüngeren Schriftsteller enthielt sich, zu dem Drama der literarischen Zukunft seinen Beitrag zu geben. In Frankfurt fehlte es hierzu nicht an Anregung. Hier hatte der talentvollste jener Dramatiker, die auf eigene Hand dem matten Zeitgeschmack entgegentraten, Grabbe, eine Zeitlang gewohnt; hier proclamirte Gutzkow einen neuen dramatischen Genius, den früh verstorbenen Georg Büchner aus Darmstadt (Danton); hier schrieb selbst Berthold Auerbach, die Richtung seines Talents entschieden mißkennend, ein Lustspiel: „Der Ultimo"*) in welchem Grabbe persönlich als Ebbarg auftritt. Grabbe**) hatte im October 1834 seine Vaterstadt Detmold und seine Stellung als Auditeur verlassen. Er wandte sich nach Frankfurt, hauptsächlich durch den Umstand bewogen, daß der Besitzer der Hermann'schen Buchhandlung, Kettembeil, sein Verleger und ihm auch sonst befreundet war.

Er wohnte in der großen Bockenheimer Gasse 25 (E Nr. 108) drei Treppen hoch; er arbeitete Nachts, während er am Tage, oft angekleidet, im Bette lag, des Morgens sah man ihn im Weinzimmer des Gasthauses zum weißen Schwanen, des Abends im Theater, auf Spaziergängen selten. Er schrieb einige Theaterberichte und war hauptsächlich mit Umarbeitung seines Drama „Hannibal" beschäftigt, aus welchem eine Scene in der dritten Nummer des Phönix zum Abdruck kam.

Bald nach seiner Ankunft in Frankfurt besuchte Grabbe seinen Landsmann, den Gymnasialprofessor Herling, bei welchem er eine kleine Abendgesellschaft traf Dieß hielt ihn jedoch nicht ab, gleich beim Eintritt in heftigem Tone über seine Verhältnisse zu reden; seine in Detmold zurückgebliebene Gattin benannte er mit den schmählichsten Ausdrücken; die anwesenden Frauen zogen sich zurück. Dennoch ließ Herling, ein Mann von Gemüth und Humanität, das verwahrloste Genie nicht fallen. Er fragte dem Landsmann auf seiner Dachstube nach und dachte ihn auf nutzbringende Thätigkeit zu lenken. Er ermahnte ihn, einzelne Reden aus den alten Autoren, namentlich dem Livius, ins Deutsche zu übersetzen. Als Grabbe dies zu mühsam fand, gab ihm

*) Rheinisches Taschenbuch 1840.
**) Frkf. Museum 1856 S. 207.

"Herling deutsche Werke, z. B. Schillers prosaische Schriften, und bat ihn, diejenigen Sätze, deren Struktur ihm eigenthümlich erscheine, abzuschreiben. Beiderlei Arbeiten gab er vor, für seine Sprachstudien benutzen zu können und nahm davon Veranlassung dem Dichter ein Sümmchen zuzuwenden. Grabbe's Zartgefühl entsprach dem seinigen nicht. Als Herling einmal wieder nach ihm sah, führte ihn Jener unter höllischem Lachen vor einen Papierbogen, den er an die Wand genagelt hatte; auf demselben stellte eine sehr ungeschickte Zeichnung den Genius dar, der von einem Schulmeister mit dem Bakel korrigirt wird; der letztere trug Herling's, der Genius Grabbe's Züge. — Von Frankfurt ging 1835 Grabbe nach Düsseldorf zu Immermann, dem er mit demselben Undank lohnte.

Auch einer der einflußreichsten Vermittler zwischen deutscher und französischer Literatur hat sich längere Zeit in Frankfurt aufgehalten. Wassily Schukoffsky, geb. 1783 im Gouvernement Tula, hatte schon als Schüler Spieß'sche Romane, Kotzebue'sche Schau- und Lustspiele, Bürger's und Hölty's Gedichte übersetzt; 19jährig übersetzte er Schillers Tell, später Fouqué's Undine und zahlreiche allemannische Gedichte Hebels. Er wurde Vorleser der Kaiserin und Erzieher des Thronfolgers (jetzt Kaiser Alexander II.) 1841 zog er als junger Ehemann — seine Gemahlin war 19 Jahre alt, sein Schwiegervater, der in Frankfurt lebende kaiserl. Hofmaler, Oberst a. D. von Reutern, jünger als Schukoffsky — nach Frankfurt und lebte 11 Jahre hier im Salzwedel'schen Garten (Schaumainquai Nr. 15), wo er im Winter 1851/52 die Hälfte der Odyssee und die ersten Gesänge der Ilias in russische Verse übersetzte, ohne griechisch zu verstehen. Zu seinem Kreise gehörte u. A.: Joseph von Radowitz und der russische Schriftsteller Gogol. Er starb am 24. April 1852.*)

Die Gelegenheit, eine sehr stattliche Uebersicht der literarischen und wissenschaftlichen Thätigkeit von Frankfurt zu geben, bot das am 24. und 25. Juli 1840 gefeierte vierte Jubelfest der Erfindung der Buchdruckerkunst. Das als Festgabe herausgegebene, typographisch schön ausgestattete „Gedenkbuch" enthielt auf 320 S. gr. 8° außer der Festbeschreibung und einer

*) Neue Bilder aus der St. Petersburger Gesellschaft Leipzig 1874. 2. Aufl. S. 121.

Nachricht über die ältesten Druckwerke in Frankfurt von de bekannten Bibliographen Prof. Dr. med. Georg Kloß, Gedi von Karl Jügel, Dr. med. Heinr. Hoffmann, Dr. Theodor Creizenach, Dr. Heinr. Weismann, Dr. A. Bercht, Maler H. Rustige, Architekt F. M. Hessemer, Musik von W. Speyer und „Erinnerungsblätter aus dem geistigen Leben der Vergangenheit" (1756 — 1833), worin Goethe, Klinger, Heinse, Merck, R. Lenz, G. Forster, S. T. Sömmerring, Ans. v. Feuerbach, A. Kirchner, L. Börne, Nik. Vogt 2c. 2c. vertreten waren. Mit der Feier war eine Ausstellung der merkwürdigsten und interessantesten Werke, Bilder und Kupferstiche verbunden, welche chronologisch bis zum Jahre 1534 herabgeführt, für die spätere Zeit alphabetisch angeordnet war. Die darüber erschienene „Uebersicht" (37 S. 8°) ist noch heute interessant, da sie den Schatz alter Drucke aufweist, welche die Frankfurter Stadtbibliothek besitzt.

Wie wir oben erwähnt haben (S. 114), wurde 1837 die Idee der Errichtung eines Goethedenkmals wieder aufgenommen, sie wurde aber diesmal glücklich durchgeführt. Auf Einladung der Direktion des Kunstvereins, in dessen Generalversammlung am 11. Dezember 1836 die erste Anregung geschehen war, fand am 12. März 1837 die erste Sitzung eines Comité für diesen Zweck statt, wobei Dr. Spieß die Eröffnungsrede hielt.*) Am 1. Mai fand die zweite Versammlung des inzwischen verstärkten Comité statt, worin die Geschäfte vertheilt, und die Mittel der Herbeischaffung von Beiträgen erwogen wurden. Es lag damals die Absicht vor, Thorwaldsen mit der Ausführung zu betrauen, später wurde dasselbe, da Thorwaldsen nach Kopenhagen übersiedelte, an L. Schwanthaler übergeben.

Als dessen Vollendung nahe bevorstand, erhob sich ein Streit über den Platz. Das Comité war für die Aufstellung des Denkmals auf dem Theaterplatz, welche der Senat verweigerte und hielt auch in seiner am 20. Januar 1844 gehaltenen Generalversammlung an diesem Platz fest, daneben wurde der Platz vor der Katharinenkirche, der Paradeplatz oder die Anlage vor dem Galgenthor empfohlen. Endlich einigte man sich über die Stadtallee, welche fortan Goethe-Platz genannt wurde.**)

*) F. Jb. VIII, 240. IX, 127. 233.
**) Gn. Chr. IV. 16. 43. 83. 161. 168. 171.

Zu dem Denkmal, welches 33000 fl. kostete, hatten 320 Personen in Frankfurt, von auswärts der Großherzog von Hessen und der Bankier Stieglitz in Petersburg Beiträge gegeben. Am 16. Oktober, Nachmittags 3 Uhr langte auf schwerbelastetem, mit frischen Blumengewinden und Fahnen in den bayrischen und Frankfurter Farben geschmückten Wagen, das Bild des Dichters in Sachsenhausen an, eingeholt von dem Goethe-Comité und den Schülern des Städel'schen Kunstinstituts. Der Wagen fuhr sogleich nach der Stadtallee, wo die Statue auf ihr Postament gestellt und bis zu der auf den 22. Oktober anberaumten Enthüllung verschleiert wurde. Goethe's in Weimar noch lebende Freunde wurden zum Feste eingeladen, wie Eckermann, Kanzler Müller und Riemer.

Am Vorabende des Festtags wurde im Theater Götz von Berlichingen aufgeführt, der Vorstellung ging ein Prolog von Dr. Heinrich Weismann voran, gesprochen von Schauspieler Reger. Am Festtage selbst, den 22. Oktober um 11 Uhr setzte sich der Zug von der Reitbahn*) hinter dem Theater in Bewegung. Er bestand unter Vortritt des Musikcorps des Linien-Militärs, aus den Gesangvereinen mit ihren Fahnen, den Schülern der beiden oberen Gymnasialklassen und des Städel'schen Kunstinstituts, den Comité-Mitgliedern und den Fremden, sodann Abgeordneten der wissenschaftlichen und künstlerischen Vereine und Anstalten von Frankfurt, den Lehrern, den Spendern von Beiträgen zum Denkmal, endlich den Abgeordneten des Buchhandels und der Buchdruckerei mit ihrer Fahne. Nachdem der Zug sich in dem abgeschlagenen Raum um das Denkmal aufgestellt hatte und der Senat mit den Bürgermeistern, sowie Deputationen der gesetzgebenden Versammlung und der ständigen Bürgerrepräsentation eingetroffen waren, begann die Feier mit einem kurzen, von Hrn. Messer dirigirten Chor sämmtlicher Gesangvereine, worauf die von Dr. G. Spieß vorgetragene Festrede folgte. Hierauf fiel unter rauschendem Tusch der Musik und einem lauten Hoch der versammelten Menge, die Hülle des Denkmals. Von vier Knaben wurden sogleich an den vier Ecken des Postaments Kränze niedergelegt. Sodann fand die feierliche Ueberreichung der Ur-

*) Abgebrochen 1874.

kunde statt, durch welche das Denkmal der Stadt als Eigenthum übergeben wurde. Ein abermaliger kurzer Gesang beschloß die Feier.

Um 5 Uhr fand das Festbankett im Börsensaale statt, welcher mit einem etwa 20 Fuß hohen, von M. von Schwind ausgeführten Transparentgemälde geschmückt war. Das Gastmahl, an welchem 261 Männer Theil nahmen, verlief in gewohnter Weise mit ernsten und heiteren Reden, Gedichten und Trinksprüchen. Von den Festrednern sei hier nur Prof. K. Schwenck, Schöff Dr. Neuburg, Dr. med. Val. Müller, K. Gutzkow, Kanzler Müller aus Weimar, Prof. Hessemer, Inspector Passavant, Dr. H. Weismann, Dr. med. H. Hoffmann erwähnt.

Am Abend war nicht nur das Denkmal, sondern auch das Geburtshaus Goethes geschmückt und erleuchtet; an dem letzteren wurde an diesem Tage eine Gedenktafel befestigt mit der Inschrift: „In diesem Hause wurde Johann Wolfgang Goethe am 28. August 1749 geboren.“

Die verschiedenen literarischen Vereine: Iris, Ganges, Museum 2c. 2c. hielten theils an denselben Abend, theils an den nächsten Abenden entsprechende Festlichkeiten.*) Der Buchhändler Hermann Johann Keßler veranstaltete während drei Wochen eine Ausstellung Goethe'scher Werke, von bildlichen und plastischen Darstellungen Goethe's, Originalzeichnungen desselben und Handschriften von ihm und seinen schriftstellerischen Zeitgenossen; bei ihm hielt sich auch Goethe's alter Diener Stadelmann auf. — Keßler verwerthete diese Ausstellung später (1845) bei Herausgabe seiner „Gedenkblätter an Goethe“ (Kl. Folio), welche nach „Biographisch-literarischen Andeutungen“ (von Hofrath Berly?) Bilder der Großeltern und Eltern Goethe's und des Dichters selbst vom 23. bis 80. Lebensjahre enthalten. Den Schluß macht ein Facsimile des Goethe'schen Briefes, Carlsbad 22. September 1819 (vergl. oben S. 105. 106), jedoch mit einer patriotischen Lücke unter Weglassung der Worte: „ungeachtet aufgehobener bürgerlichen Verhältnisse.“*) Ferner erschienen: „Blätter zur Erinnerung an die Feier der Enthüllung des Goethe-Monumentes zu Frankfurt am Main“ am 22. Oktober 1844 gr. 4° mit

*) Neuestes Verzeichniß einer Göthe-Bibliothek 1767 — 1874. (Von Dr. S. Hirzel). August 1874. S. 79. 122, 123.

Facsimile von fünf diktirten und einem eigenhändigen Briefe aus den Jahren 1793, 1797, 1803, 1810, 1816 an J. J. Gerning, ferner der vier Zeilen: „Liegt dir gestern klar und offen,“ und der Unterschrift: „Fluth und Ufer, Land und Höhen“ unter die Ansicht von Frankfurt, welche fälschlich als eine Zeichnung von Goethe angesehen wird. Auch das Facsimile des Entwurfs zu einem Gedicht: „Der Besuv“ scheint weder der Handschrift noch dem Inhalt nach Goethe anzugehören. Tadelsüchtig über das Denkmal selbst und das ganze Fest berichtete Franz Dingelstedt in der Allgemeinen Zeitung vom 24. 25. 26. 27. und 28. October. Schwanthaler schickte an seinen Freund Hoffstadt eine geniale Zeichnung, welche das Denkmal und dessen Enthüllung nach Dingelstedt's Ideen satyrisch darstellt. Als Hoffstadt's Geschenk bewahre ich das interessante Unicum in meinem Album.

Von dem Honorar, welches Schwanthaler von dem Comité erhalten, bestimmte derselbe 1800 fl. für die hiesigen Armen. Die Zinsen der „Schwanthaler-Stiftung“ werden vom Pflegamt des allgemeinen Almosenkastens jährlich am 22. October an Bedürftige vertheilt.

Im Jahre 1837 bildete sich die Gesellschaft für Frankfurt's Geschichte und Kunst.*) Im allgemeinen ging die Absicht des Vereins nicht darauf hin, dunkle Punkte in Frankfurt's Geschichte durch gelehrte Forschungen aufzuhellen, sondern das vorhandene Material in einer Weise zu verarbeiten, die es jedem, der an dem geschichtlichen Leben von Frankfurt Theil nimmt, zugänglich macht. Sie will durch Verbreitung von Kenntniß und richtiger Würdigung der Werke der Baukunst, Sculptur und Malerei, welche Frankfurt umschließt, dahin wirken, daß nicht noch mehr von diesen Denkmälern vernichtet oder verschleudert werden, als schon geschehen. Von den noch erhaltenen Monumenten wird die Gesellschaft specielle Beschreibungen liefern, sie durch Zeichnungen und Grundrisse erläuternd. Die von ihr publicirten Arbeiten werden Bauwerke, Ornamente, Gemälde Bildwerke in abwechselnder Folge und außerdem größere Aufsätze enthalten, welche bestimmt sind, die Stelle, die Frankfurt unter den

*) F. Jb. X, 5. Vorwort zum ersten Heft des Archivs für Frankfurts Geschichte und Kunst.

verschiedenen geschichtlichen Standpunkten einnimmt, in allgemeinen Umrissen zu vergegenwärtigen. Gegenstände dieser Bearbeitungen werden sein: die Topographie der Stadt, die Annalen, die Literargeschichte, die Kunstgeschichte, das Kriegswesen. Die Arbeiten der Gesellschaft werden in einem Archive vereinigt, von welchem ein bis zwei Hefte jährlich erscheinen sollen. Sämmtliche Mitglieder unterstützen die Herausgabe desselben durch ihre jährliche Beiträge (5 fl.) und empfangen dagegen die Hefte unentgeltlich. — Diejenigen Mitglieder, welche sich zur wirklichen Theilnahme an den Arbeiten verpflichten, bilden das Comité der Gesellschaft, welches in drei Sectionen: für den administrativen, den historischen und den artistischen Theil der Geschäfte zerfällt. —

Die Hoffnung auf literarische Thätigkeit der Gesellschaft ist in quantitativer Hinsicht nicht in der Weise in Erfüllung gegangen, wie oben ausgesprochen, vielmehr sind von 1839—1858, wo die Gesellschaft sich in den jetzt bestehenden Verein für Geschichte und Alterthumskunde umwandelte, nur 8 Hefte erschienen, welche Arbeiten enthalten von Dr. phil. Jacob Becker, Dr. jur. Joh. Phil. Benkard, Dr. jur. Friedrich Böhmer, Dr. jur. A. C. W. F. H. von Boltog, Dr. jur. Ludwig Heinrich Euler, Architekt Friedrich Max Hessemer, Oberstlieutnant G. H. Krieg von Hochfelden, Dr. phil. Georg Ludwig Kriegk, Maler Gerhard Malß, Maler J. David Passavant, Major Joseph von Radowitz, Maler K. Th. Reiffenstein, Dr. jur. B. J. Römer, Dr. med. Ed. Rüppell, Dr. theol. G. Ed. Steitz, Dr. med. W. Stricker, Dr. jur. J. Gerh. C. Thomas, Dr. jur. F. Ph. Usener. Wie nöthig eine Belebung des historischen Sinnes in Frankfurt war, geht aus folgender Mittheilung Joh. Friedrich Böhmer's hervor.*) Das Frankfurter Intelligenzblatt vom 1. März 1831 enthielt folgende Anzeige: „Beschriebene Schreibmakulatur zum Einschlagen von Specerei-, Fett- und allen nassen Waaren, wie auch als Duttenpapier brauchbar, ist in Ballen, Rieß und Buch, zu billigen Preisen, zu erhalten im Eckladen der Jaeger'schen Papier- und Schreibmaterialien-Handlung." Man hat sich, fügt Böhmer hinzu, durch den Augenschein die Ueberzeugung verschafft, daß diese Makulatur, wovon das Buch 7 Kr. kostete, dem Kurmain-

*) Anzeiger für Kunde der deutschen Vorzeit, 1875, Heft 2, S. 48.

zischen Archiv angehörte. Man hat darunter kaiserliche Originalien aus den Fettmilch'schen Unruhen, und Originalrecesse, die Execution des westfälischen Friedens betreffend, gesehen.

Unvergeßlich für jeden Theilnehmer bleibt die seit dem 24. September 1846 abgehaltene erste Germanistenversammlung.*) Sie fiel so recht in den Lenz der nationalen Bewegung, wo die Gegensätze unseres politischen Lebens noch schlummerten und alles von den besten Hoffnungen auf dessen gedeihliche friedliche Entwickelung erfüllt war. Man hatte die bequemste Gelegenheit, die verehrten Männer: Arndt, Uhland, Dahlmann, die unzertrennlichen Brüder Grimm, Gervinus, Smidt, Lappenberg bei den wissenschaftlichen Sitzungen und Festmahlen oder den abendlichen Versammlungen im Wirthshaus kennen zu lernen oder ihre Bekanntschaft zu erneuern. Das Lokal der wissenschaftlichen Zusammenkünfte: der Kaisersaal, und das Eintreffen des dänischen „Offenen Briefes" gerade während des Tagens der Versammlung gab derselben ein mächtiges historisches Gepräge. Vor Allem reizvoll war das Fest, welches der Freiherr Moritz von Bethmann den Germanisten und den Mitgliedern des Pönitentiarcongresses am 28. September in seiner Villa (vor dem Friedbergerthor) gab. Die weiten mit Kunstgegenständen schön geschmückten Räume waren erfüllt von den Häuptern der Wissenschaft; das Souper fand in dem angebauten Gewächshaus statt, wobei die Hausfrau zwischen J. Grimm und Dahlmann saß.

Wenn gleich eine Geschichte der Verhandlungen des Germanistencongresses außerhalb des Rahmens dieses Werkes liegt, so können wir uns doch nicht versagen, aus „Uhlands Leben, herausgegeben von seiner Witwe" (Stuttgart 1874) einiges über des verehrten Mannes Betheiligung an demselben mitzutheilen.**) In einem Briefe an Böhmer d. d. Tübingen 28. Oktober 1845 (a. a. O. S. 330) empfiehlt er demselben den Prof. Reyscher, um Böhmer's Interesse für die Germanistenversammlung zu wecken. „Frankfurt würde vermöge seiner centralen Lage sich besonders

*) Gn. Chr. VI, 171.

**) Uhland hat langjährige Beziehungen zu Frankfurt unterhalten. Schon 1818 hatte er sich an Kirchenrath Paulus in Heidelberg gewandt, damit ihm derselbe eine Anstellung bei dem Gymnasium, der Bibliothek, dem Archiv oder einer Canzlei in Frankfurt verschaffe. (Uhland's Leben S. 174, vgl. auch den Brief aus Frankfurt vom 14. Mai 1842, a. a. O. S. 297.)

gut zum ersten Germanistencongreß eignen. In einer größeren Stadt treten auch die Anfänge eines solchen Unternehmens geräuschloser auf, die Bewohner derselben brauchen nicht, wie an kleineren Orten, mit Quartierlast und anderen Ansprüchen behelligt zu werden und die Männer der Wissenschaft können sich, weil weniger bemerkt, um so gesammelter ihrem Zwecke widmen.“ — „Als Uhland“, fährt seine Witwe (S. 336) fort, „im September 1846 der Germanistenversammlung anwohnte, wurde ihm die lang ersehnte persönliche Bekanntschaft der Brüder Grimm, mit denen er seit langen Jahren Briefe gewechselt hatte. Es waren glückliche Tage, die er damals in Frankfurt verlebte; er hat ihrer oft mit Freuden gedacht. Das Uhland'sche Ehepaar war im Hause des Dr. Mappes auf's Liebreichste als Gäste aufgenommen, eine Bekanntschaft, die in den ernsteren Tagen des Jahres 1848 sich noch fester knüpfte.“

Hinsichtlich der Verhandlungen des Germanistencongresses sei uns gestattet, nur auf zwei Punkte einzugehen. In dem Vortrage, welchen W. Grimm über das von beiden Brüdern unternommene „Deutsche Wörterbuch“ am 26. September hielt, heißt es: „Goethe hat mit dem richtigsten Gefühl, wie der Augenblick drängte, die ihm angeborene Mundart benutzt und mehr daraus in die Höhe gehoben, als irgend ein Anderer. Auch seine Aussprache, zumal in vertraulicher Rede, war noch darnach gefärbt, und als sich Jemand beklagte, daß man ihm den Anflug seiner südlichen Mundart in Norddeutschland zum Vorwurf gemacht habe, hörte ich ihn scherzhaft erwiedern: „Man soll sich sein Recht nicht nehmen lassen; der Bär brummt nach seiner Höhle, wo er geboren ist.““*)

In derselben Sitzung hatte Archivar Dr. Lappenberg von Hamburg den Wunsch ausgesprochen, daß darauf hingewirkt werden möge, die Unterdrückung jedes Keimes deutschen Lebens zu verhindern, und wies auf Schleswig-Holstein, die deutsch-russischen Ostseeprovinzen, Siebenbürgen, Ungarn, Amerika und Australien hin, worauf Dr. Pertz den von dem Bürgermeister Smidt und Anderen eindringlich unterstützten Antrag stellte, eine Commission zur Erhaltung der Nationalität der Deutschen

*) Goethe's Werke, herausgegeben von G. von Löper. Berlin, Hempel. Bd. 21 (Dichtung und Wahrheit 2. Thl.) S. 265.

im Auslande zu bilden. — Da es bei diesem Antrage blieb, so unternahm ich ein Jahr später, diese Idee in literarischer Weise zu verwirklichen durch Herausgabe meiner Germania*), wobei ich von dem Verleger, Herrn Christian Winter, in uneigennützigster Weise unterstützt wurde. — Der geographische Verein, der vierte nach den zu Paris (seit 1821), Berlin (seit 1828) und London (seit 1830) bestehenden, wurde am 2. Juni 1836 gegründet. Sein Zweck war, einerseits eine Bücher- und Kartensammlung anzulegen, andererseits, durch Zusammenkünfte der Mitglieder, durch Vorlesungen und statistische Publikationen die geographische Wissenschaft, insbesondre die Kenntniß der Vaterstadt, zu fördern. Die Zusammenkünfte der Mitglieder fanden jedoch nur in der ersten Zeit statt; von statistischen Publikationen unter dem Titel: „Mittheilungen über physisch-geographische und statistische Verhältnisse von Frankfurt am Main“ erschienen in den Jahren 1839—1841 drei Quartheftchen. Der Schwerpunkt des Vereins lag in dem hier zu betrachtenden Zeitraum in den Vorlesungen, deren jeden Winter 20—24 gehalten wurden.**)

In den Verhältnissen des Physikalischen Vereins (s. oben S. 121) trat in dieser Epoche eine principielle Aenderung ein. Bei der Generalversammlung am 27. April 1833 beantragte der erste Vorsteher Dr. med. Karl Passavant einen Lehrer anzustellen, um auf diese Weise zu erreichen, was bei der bisherigen Einrichtung des Vereins unausführbar blieb: „regelmäßige, zusammenhängende Vorträge, in denen sowohl die bekannten Erscheinungen und Gesetze der Natur in einer Reihenfolge erläutert, als die neueren Entdeckungen in ihrem Zusammenhange mitgetheilt wurden“. — Die Versammlung nahm diesen Antrag an, in Folge dessen Dr. Karl Wiebel aus Miltenberg als Lehrer des Vereins angestellt wurde. Jedoch schon im Frühjahr 1835 nahm Wiebel einen Ruf an die Cantonsschule zu Aarau

*) Germania. Archiv zur Kenntniß des deutschen Elements in allen Ländern der Erde. 3 Bde. Frankfurt a. M, H. L. Brönner. 1506 Seiten mit einer großen Karte der deutschen Colonien in Südrußland, enthält Originalbeiträge von Prof. Maßmann, Dr. K. J. Clement, Arthur Schott, Dr. Gries, Dr. J. W. Wolf, Geheimerath Neigebauer, Dr. Lorenz Diefenbach, Dr. Heinrich Wuttke, L. Leichardt. 1847—49.

**) Das Nähere in H. Meidinger, gemeinnützige Anstalten von Frankfurt 1845. S. 221 und in den Jahresberichten des Vereins.

***) Stricker. Heilkunde. S. 235. F. Jb. 1833. Nr. 24.

an,*). Darauf wurde am 23. Mai 1835 Dr. Rudolf Böttger aus Aschersleben angestellt.**) In der Generalversammlung vom 15. Mai 1834***) wurde beschlossen, sich von Herrn Albert zu trennen und ein eigenes Lokal und Cabinet unentgeltlich durch Uebereinkommen mit dem Senckenbergischen medicinischen Institut zu erwerben. Der physikalische Verein behielt eigene Verwaltung, eigenen Besitz und eigene Einnahme, und trat für unentgeltliche Ueberlassung des Lokals zu dem Senckenbergischen Institut in dasselbe Verhältniß wie die Senckenbergische naturforschende Gesellschaft: er setzte im Fall seiner Auflösung das medicinische Institut zu seinem Erben ein. In Folge eines am 27. August abgeschlossenen Vertrages siedelte am 24. Oktober 1834 der physikalische Verein in das Senckenbergische Stift über. Seit 1836 wurde dem Verein ein Staatszuschuß von 1000 fl. auf fünf Jahre zugesprochen unter der Bedingung, daß der Verein für ununterbrochene Besetzung eines Lehrstuhls für Physik und Chemie durch einen tüchtigen Lehrer Sorge trage, zu den von diesem Lehrer regelmäßig zu haltenden Vorträgen den Schülern der ersten Classe der höheren Lehranstalten freien Eingang gestatte, oder für diese Schüler besondere Vorträge einrichte, endlich auf Erfordern städtischer Behörden mit Untersuchungen, Berichten und Begutachtungen aus dem Gebiete der Physik und Chemie unentgeltlich an Handen gehe. Für 1840/41 wurde der Staatszuschuß auf 1375, für 1841/42 auf 1500 fl. erhöht. Seit 1840 wurde die Bibliothek des physikalischen Vereins mit der des medicinischen Instituts und der naturforschenden Gesellschaft zu einem wissenschaftlichen Ganzen vereinigt und unter dieselbe Verwaltung gestellt, ein eigner Ausschuß für Regulirung der hiesigen Thurmuhren eingesetzt, wobei die Uhr der Paulskirche als Norm diente, und vierteljährige, seit 1845 aber in Folge einer Aufforderung des Professors von Boguslawski in Breslau, monatliche Witterungsbeobachtungen angestellt, für welche außer Frankfurt 1841 auch eine Station in Cronberg errichtet wurde; deren Ergebnisse wurden am Schluß jedes Jahres graphisch zusammengestellt. Die poly-

*) Wiebel ist gegenwärtig in Hamburg Professor der Physik und Chemie an dem akademischen und Realgymnasium.

**) Ueber ihn vergl. Stricker, Heilkunde S. 254.

***) F. Jb. Bd. IV, N. 10. IV. 289. VII. 138. 228—230. 236. 237.

technische Gesellschaft (s. oben S. 120) erweiterte sich in dieser Periode durch die Bildung der Gesellschaft für Garten- und Feldbau (1831, 1835), welche jährlich eine Ausstellung von Blumen und Früchten veranstaltete und kurze Zeit (1839—1841) als eigene Zeitschrift ihre „Verhandlungen" herausgab. Ins Jahr 1835 fällt der Gewerbverein und die Preisstiftung zur Beförderung der Sittlichkeit unter den Dienstboten. Im Winter 1837 veranstaltete der Lehrer Dr. Friedleben populäre astronomische Vorlesungen im Lokale des polytechnischen Vereins.

Am 5. Oktober 1834 konnte die Senckenbergische naturforschende Gesellschaft die glückliche Rückkehr Eduard Rüppell's von seiner dritten, 1831 angetretenen afrikanischen Reise feiern.*) Im festlich ausgeschmückten Saale des Weidenbusches (jetzt Hôtel de l'Union) vereinigten sich gegen 230 Gäste; an den Wänden waren Gemälde aufgestellt, Scenen aus Rüppell's Reisen, afrikanische Gegenden und Menschen darstellend.**) Ein eigenes Comité hatte sich für die Feier gebildet, bestehend aus den Herren Markwart Seufferheld, Freiherrn von Rothschild, Moritz von Bethmann, J. D. Passavant, Ed. von der Launitz, Fritz Vogel, Professor Friedr. Max Hessemer, Anton Kirchner, Major Rumpf, Inspektor K. F. Wendelstadt, Moritz Getz, Senator von Heyden, Dr. med. Mappes, Stadtgärtner Rinz und J. N. Schelble. Von beiden regierenden Bürgermeistern um 4 Uhr eingeführt, nahm Rüppell den Ehrenplatz ein, worauf das Fest begann, zu dessen würdiger Ausstattung sich alle Künste vereinigt hatten.

Schon die große Theilnahme an diesem Feste der Gesellschaft beweist, wie hoch in der öffentlichen Meinung damals die Senckenbergische naturforschende Gesellschaft stand.

Indem ich wegen der Einzelnheiten ihres Gedeihens, der wiederholten Erweiterung der Museumsräume (1830, 1842,) des Wachsthums der Sammlungen, der Thätigkeit der Gesellschaft, durch Vorlesungen und literarische Leistungen belehrend für die Naturwissenschaften zu wirken, der verschiedenen Stiftungen von Heinrich Mylius ꝛc., auf meine „Geschichte der Heilkunde ꝛc. in Frankfurt" (S. 214—231) verweise, mag hier schließlich nur eine

*) F. Jb. IV. 241, 247. Frankfurter Conversationsblatt 1834. N. 152.

**) Von J. D. Passavant, Inspektor Wendelstadt, J. Thomas, Radl, Bauer, Zwecker I. und II., Binder aus Wien, Ed. v. d. Launitz, M. Oppenheim, Wagner, Becker aus Worms.

Zusammenfassung der Summen stehen,*) welche die Gesellschaft von ihrer Gründung bis Ende 1844 eingenommen und für ihre Zwecke verwendet hat: „Die Erbauung der beiden Häuser und ihre 1842 stattgefundene Erweiterung hat 80500 fl. gekostet. Da aber bei diesen Bauten nur ein verhältnißmäßig geringer Theil der erforderlichen Kosten zusammengebracht wurde, so war 1822 die Contrahirung einer Kapitalschuld und später zweimal die Erweiterung derselben nöthig. Die jährlichen Zinsen dieser Schuld bildeten bis zum Jahre 1844 eine Gesammtausgabe von 25,500 fl., die zur Tilgung derselben verwendete Summe beträgt jährlich gegen 5000 fl. Die Gesellschaft hat ferner in den Jahren 1819—25 die zum Senckenbergischen medicinischen Institut gehörigen Anstalten (Anatomie und botanischen Garten) durch eine baare Summe von 5000 fl. unterstützt. Sie hat außerdem in den Jahren 1826—40 für einen ununterbrochenen jährlichen Cursus naturgeschichtlicher Vorlesungen 14,750 fl. ausgegeben. Ferner erhielten die beiden Männer, welche von Seiten der Gesellschaft dem Hrn. Dr. Rüppell auf seinen zwei letzten afrikanischen Reisen als Begleiter und Diener mitgegeben worden sind, einen Gehalt von 3500 fl., wobei die Ausgaben für ihre Ausrüstung nicht mitgerechnet worden sind. Zur Vermehrung der Bibliothek hat die Gesellschaft in den letzten 5 Jahren 1900 fl. verwendet. Wie bedeutend die Gesammtsumme der Transportkosten für die der Gesellschaft gemachten Zusendungen von Naturalien ist, kann aus folgenden einzelnen Angaben einigermaßen ermessen werden. In 1824 kostete eine einzige Sendung von Rüppell 1100 fl. Porto, in 1828 eine andere 1052, und die Transportkosten der von Rüppell während 1825 abgeschickten Sendungen belaufen sich auf 2826 fl. Dazu kommen noch die Kosten für Materialien zum Ausstopfen und für die Aufstellung einer so reichen Sammlung von Naturkörpern; die der Schränke betragen mindestens 10000 fl. Vom 22. November 1817 bis 31. Dezember 1844 sind von der Gesellschaft an baarem Gelde 241306 fl. eingenommen, davon 82714 fl. regelmäßige Mitgliederbeiträge und 158592 fl. außerordentliche Geldgeschenke (davon 42500 fl. ex aerario.)" **)

*) Gn. Chr. 1845. S. 85. 87 nach Professor Kriegk.

**) Die Finanzverhältnisse des Jahres 1845: Gn. Chr. VI, 81.

Im Jahre 1845 bildete sich ein ärztlicher Verein,*) welcher wie die Senckenbergische Naturforschende Gesellschaft und der physikalische Verein, im Fall der Auflösung das medicinische Institut zu seinem Erben einsetzte, zum Zweck gegenseitiger wissenschaftlicher Anregung und Belehrung, sowie Förderung eines collegialen Lebens unter den Aerzten von Frankfurt. Der Verein setzte zweistündige Sitzungen alle vierzehn Tage fest. Für die Periode bis 1848, wo der Verein 52—56 Mitglieder zählte, waren Vorsteher und Schriftführer, 1846: Dr. Mappes († 1863), Vorsteher. Dr. G. Varrentrapp, Schriftführer. 1847: Dr. Gustav Spieß, Vorsteher. Dr. Lorey († 1869), Schriftführer. 1848: Dr. Fabricius († 1872), Vorsteher. Dr. Crailsheim, Schriftführer.

Die Vereinigte Senckenbergische Bibliothek trat in's Leben durch Vereinigung der Büchersammlung der Senckenbergischen naturforschenden Gesellschaft mit der des medicinischen Instituts 1825, durch Hinzutritt des physikalischen Vereins 1840, des ärztlichen Vereins 1845, des geographischen Vereins 1850.**)

So sind wesentlich in dieser Periode Senckenberg's Absichten ihrer Erfüllung immer näher gebracht worden. Wenn er „Vermehrung der Bibliothek, Erbauung Laboratorii Chymici, regelmäßige Zusammenkünfte der Aerzte, um gemeinschaftlich zu überlegen, was zu besserer Ausübung der Gesundheitspflege erforderlich sein möchte, und um ein gutes Vernehmen und Eintracht unter sich zu pflegen" gewünscht hat, wenn er auch erstrebte, ein observatorium aëris ejusque et astrorum eorumque phaenomenorum zu errichten, so sind diese Zwecke durch das Zusammenwirken der im Senckenbergianum vereinigten wissenschaftlichen Gesellschaften erreicht worden.

---

*) Stricker Heilkunde S. 198.

**) Vergl. oben S. 258. Stricker Heilkunde S. 201. Stricker, Geschichte der vereinigten Dr. Senckenbergischen Bibliothek. A. VIII. 135—144. Jahresbericht über die Verwaltung des Medicinalwesens ꝛc. der freien Stadt Frankfurt I. Jahrgang 1859. S. 275. — Mi. III. 156. IV. 148.

***) Stricker, Heilkunde S. 354. §. 7, S. 355, §. 10, §. 12. S. 365.

Anhang zum zwölften Kapitel.

Ueber Frankfurt in topographischer, statistischer und culturhistorischer Beziehung erschienen zu dieser Zeit Mittheilungen in folgenden Werken.

1) Frankfurt am Main, wie es ist, ernst und humoristisch gehalten, freisinnig bearbeitet. Leipzig, W. Zirges 1831 (läßt S. 156. Rüppell im südlichen Amerika reisen!)

2) Deinhardstein, Skizzen einer Reise von Wien über Prag u. s. w., Frankfurt a. M. u. s. w., in Briefen an einen Freund. Wien, K. Gerold. 1831. (Abreise von Wien, 10. August 1830. — Frankfurt S. 102—115. — Dampfschiff. Casino. Weidenbusch. Sachsenhausen. Ariadne. Städel'sches Museum. Anschlagzettel [von J. J. Soldan].)

3) Originalansichten der historisch merkwürdigsten Städte in Deutschland, nach der Natur aufgenommen von Ludwig Lange, in Stahl gestochen von verschiedenen Künstlern, mit einem artistisch-topographischen Text von Dr. Georg Lange. Darmstadt, G. G. Lange. I. Band. 1837. 4°.

(Erstes Heft, erschienen 1835, enthält auf drei Tafeln 6 Ansichten von Frankfurt und Umgebung, [Uferansicht, Zeil, Aussicht vom Paulsthurm, Römerberg, Fürsteneck, Sachsenhäuser Warte] und 5 Seiten Text. — Diese Stahlstiche auch vor G. Lange's Geschichte von Frankfurt. Darmstadt 1837.)

4) Vues pittoresques de Francfort s. l. M. et de ses environs. Dessinées par Ehemant (et Dielmann), gravées par Martens, (Tanner et L. Weber). Francfort s. M., chez Charles Jugel, libraire. (25 Blätter ohne Text, klein 4°).

5) Physisch-geographische Beschreibung der Umgebung von Frankfurt a. M. von Dr. Georg Ludwig Kriegk, Frankfurt a. M., S. Schmerber. 1839, gr. 8°. (Aus dem ersten Hefte des Archivs für Frankfurt's Geschichte und Kunst.)

6) Deutschland und die Deutschen von Eduard Beurmann. Altona 1840. 4 Bände. (Frankfurt ist besprochen IV. 119—211. Der Verfasser, obgleich damals in Frankfurt lebend, läßt die Lutheraner die unterdrückte Religionspartei gewesen sein!)

7) L. Rellstab, in der Vossischen Zeitung, April 1843,

nach einem Besuch von Frankfurt im März. (Im Auszug mitgetheilt Gn. Chr. 1843, Nr. 7.)

8) Die Mainufer und ihre nächsten Umgebungen, mit 54 Stahlstichen nach Zeichnungen von Fritz Bamberger, Text von L. Braunfels. Würzburg bei C. Etlinger. (Frankfurt besprochen S. 395—450).

9) Frankfurt a. M. und seine Umgebungen, ein Wegweiser für Einheimische und Fremde von J. H. Ludewig. Mit 6 Stahlstichen und einem Plane der Stadt. Frankfurt 1843, Elias Ullmann.

10) Historisch-topographische Beschreibung von Frankfurt und seiner Umgebung. Ein Handbuch für Fremde und Einheimische herausgegeben von Friedrich Krug. Mit 16 Ansichten und einem Plan der Stadt. Frankfurt a. M., Joseph Baer 1845.

11) Heinrich Meidinger, Frankfurts gemeinnützige Anstalten. Frankfurt a. M., H. L. Brönner 1845.

12) Heinrich Meidinger, zur Statistik Frankfurts, F., H. L. Brönner 1848. (Wohnplätze, Bevölkerung, Brod- und Fleischverbrauch, Gewerb- und Armenwesen.)

Dreizehntes Kapitel.

Die Administration des Städel'schen Kunstinstituts*) kaufte das von Brints'sche Haus auf der Neuen Mainzerstraße und richtete es seiner Bestimmung gemäß ein; es wurde mit einem Nebenbau versehen, worin Säle und Arbeitszimmer mit Nordlicht befindlich sind. In's Erdgeschoß wurden die Verwaltungs- und Schulräumlichkeiten verlegt, in den 5 Sälen mit Oberlicht und vielen Zimmern mit Nordlicht des ersten Stockes die Gemälde- und Antikensammlung aufgestellt. In dem zweiten Stock des Mittelhauses wurde die Wohnung des Inspektors, in dem des Nebenbaues Arbeitszimmer mit Nordlicht eingerichtet. Treppe und Säle wurden nicht ohne künstlerischen Schmuck gelassen; jene mit den Büsten von Raphael (von Lotsch) und A. Dürer (von Zwerger) geschmückt, diese nach den Zeichnungen von

*) F. Jb. II. 113. VIII. 19, 38.

Hessemer dekorirt. An der südlichen Wand des äußersten Saales, welche bei geöffneten Thüren durch das ganze Gebäude sichtbar ist, wurde die Marmorbüste des Stifters von Zwerger aufgestellt.

Am 17. März 1833 wurde das Gebäude zum erstenmale dem Publikum geöffnet.

Nachdem Fr. Overbeck die an ihn ergangene Einladung, die Direktorstelle der Malerschule zu übernehmen, abgelehnt hatte, wurde 1830 diese Stelle an Philipp Veit übertragen. An die Stelle von Heinrich Hübsch, welcher von 1824 bis 1827 hier war und dann als Hofarchitekt nach Karlsruhe berufen wurde*), trat Professor F. M. Hessemer von Darmstadt. Als Professor der Bildhauerkunst wurde 1832 J. N. Zwerger, ein Schüler von Thorwaldsen und Dannecker, als Professor der Kupferstechkunst E. E. Schäffer von hier angestellt.

Veit schmückte den Hauptsaal des Nebenbaues mit dem Fresko: „Die Einführung der bildenden Künste in Deutschland durch das Christenthum",**) begrenzt von den Bildern der Germania und Italia. Dieser Saal wurde zur Aufstellung von Werken und Abgüssen mittelalterlicher Skulpturen aus Deutschland und Italien und solcher bis zum 17. Jahrhundert bestimmt, und erhielt einen seltenen Schmuck durch das Geschenk des Königs Ludwig Philipp: einen Abguß der Erzthüren des Lorenzo Ghiberti an der Taufkapelle (Battisterio) zu Florenz.

Von den Bildern, durch welche die Gallerie in diesem Zeitraume bereichert wurde, erregten vor allem drei ein bedeutendes Aufsehen. Es war „Huß vor dem Concil zu Constanz" von Lessing (Preis 14000 fl.), welches Ph. Veit's Rücktritt von der Direktion veranlaßte; sodann Overbeck's für 15554 fl. angekaufter „Triumph der Religion in den Künsten," worüber Fr. Theodor Vischer seine bekannte Kritik veröffentlicht hat***) und endlich der 1845 durch Inspektor Passavant um 38900 fl. gekaufte Moretto der Galerie Fesch.†)

---

*) Universallexicon des Großherzogthums Baden. Karlsruhe 1844. S. 591.

**) J. D. Passavant in F. Jb. X. 90 und Oberpostamtszeitung, Beilage zu Nr. 232 von 1837.

***) Deutsche Jahrbücher f. Wissenschaft und Kunst 1841, No. 28 ff. 3.—7. August und in seinen „Kritischen Gängen", 1844, 2. Heft.

†) Gn. Chr. V., 120, 143.

Der Kunstverein (vergl. oben S. 124) welcher nach §. 7. seiner Statuten einen Theil seiner jährlichen Einnahmen für öffentliche Denkmäler zurücklegte, trug zum Goethedenkmal 4500 fl. bei und deckte noch das Deficit mit etwa 900 fl. Für das gelegentlich des Buchdruckerfestes projectirte, aber erst im nächsten Zeitraum zur Vollendung gelangte Denkmal der Druckerfindung bewilligte der Verein 1500 fl., den größten Theil des zu Ende 1843: 2854 fl. betragenden Fonds für öffentliche Werke aber bestimmte der Kunstverein als seine Beihülfe zur Ausschmückung des Kaisersaals für das Bild Kaiser Karls des Großen (von Philipp Veit) und das Medaillon mit Ludwig dem Frommen.

Im Jahre 1838 war nämlich auf Anregung der Administration des Städel'schen Kunstinstituts der Gedanke entstanden, eine würdige Herstellung des Kaisersaals vorzunehmen, in der Art, daß die vorhandenen Kaiserbüsten durch auf Leinwand gemalte, in die Nischen eingepaßte Bilder ersetzt würden. Zur Ausführung der Sache bildete sich alsbald ein Comité, bestehend aus Mitgliedern der Administration des Städel'schen Instituts, des Kunstvereins und des Geschichtsvereines. Der Gedanke fand überall in Deutschland allgemeinen Anklang und deutsche Fürsten, einzelne Magistrate sowie Vereine und Private übernahmen die Bestellung einzelner durch anerkannte Künstler gemalter Kaiserbilder. Bereits 1839 waren dreißig Bilder und bis 1841 die ganze Reihe gesichert, die Herstellung des Saals in einer würdigen ornamentalen Ausstattung unter Beifügung der Wahlsprüche und Siegel der Kaiser ist aber erst im nächsten Zeitraum (1853) vollendet worden.*)

Ueber das Leben der Künstler, welche in dieser Periode vorübergehend sich in Frankfurt aufhielten, sind wir am genauesten unterrichtet hinsichtlich des bedeutendsten derselben, Moritz von Schwind.

Nachdem Schwind am 3. September 1842 mit Fräulein

---

*) Benkard, Dr. jur. J. Ph., Geschichte der deutschen Kaiser und Könige. 4. Aufl. Frkfrt., Keller 1869 — Gw. K. K., S. 506.
Kr. G. S. 197—207. — Die deutschen Kaiser. Nach den Bildern des Kaisersaals im Römer zu Frkfrt. in Kupfer gestochen und in Farben ausgeführt. Mit den Lebensbeschreibungen der Kaiser von Prof. Albert Schott in Stuttgart und Prof. Dr. Karl Hagen in Heidelberg. Frkfrt., Keller, gr. Fol.

Louise Sachs einen beglückenden Ehebund geschlossen hatte, siedelte er 1844 nach Frankfurt über. Aber er betrachtete diese Veränderung selbst, wie er am 17. Dezember 1843 an Genelli aus Karlsruhe schreibt, als ein „auf Vorposten ziehen" und am 18. Mai schreibt er, daß er lieber nach München ginge.*) In Frankfurt baute sich Schwind ein behagliches Haus (Bockenheimer Anlage 3) und begann, von Liebe und Glück getragen, ein fröhliches Schaffen, so daß ein Erfolg sich an den andern reihte, ein glückliches Werk an das andere. Mit der ihm eigenen Energie ging er an den Sängerkrieg auf der Wartburg, und konnte schon am 29. September 1844 an Genelli melden, daß der Carton bis auf einige Figuren fertig sei. Dabei trägt er sich mit neuen Ideen vom Cyklus des „Märchens von den sieben Raben", an dessen Ausführung er schon 1830 gedacht und die erst so viel später erfolgen sollte.

Sein 1843 in Karlsruhe gemaltes und 1844 in München ausgestelltes Bild, die Sage des Ritters von Falkenstein darstellend, der mit Hülfe von Berggeistern in einer Nacht einen reitbaren Felsenpfad nach der Burg gebaut, in die er als Bräutigam einreitet, — in Schwind's Briefen kurz das „Gnomenbild" genannt, wurde von A. Göbel gestochen und diente als Nietenblatt des Frankfurter Kunstvereins. Ueber C. F. Lessing schreibt Schwind an Genelli: „Lessing wird nach Frankfurt ziehen, — mir gleichgültig, aber möglicherweise für die Kunstwirthschaft schädlich. Er wird sich wundern, seine Kunst bei sämmtlichen jungen Leuten von Grund aus discreditirt zu finden." Daß Lessing nach Frankfurt zog traf ebenso wenig ein, als daß Lenau, ein alter Freund Schwind's, auf den er sich sehr freute, nach Frankfurt sich verheirathete. (Holland, a. a. O. S. 106). Zur Enthüllung des Goethe-Denkmals 1844 fertigte Schwind ein Transparent-Gemälde, Goethe's Geburt darstellend**).

Allerlei Klagen eröffnen den Brief an Genelli vom 27. August 1846. Der Sängerkrieg wollte ewig nicht fertig werden

*) Moritz von Schwind, sein Leben und seine Werke von Dr. H. Holland. Stuttgart, Paul Neff 1873. S. 103 ff.

**) Irrthümlich von Holland, Note 2) zu S. 108 als für Goethe's Geburtsfeier bestimmt bezeichnet, also in's Jahr 1849 versetzt, wo Schwind Frankfurt längst verlassen hatte. Vergl. oben S. 252. Qn. Chr. IV, 173.

und die Vollendung des Hauses machte ihm auch Verdruß und Zeitverlust. Jetzt kann er melden, daß das Bild fertig ist und das Haus nächste Woche bezogen werden kann. Dann heißt es: „Lessing soll mit 2000 fl. am Städel'schen Kunstinstitut angestellt werden. Ein Mann, der die Werke der alten Meister ebenso wenig kennt, als die der Neuzeit, denn er war weder in Italien, noch in München, noch in Paris, soll junge Leute in das Leben und Wesen der Kunst einführen." Am 20. Dezember 1846 spricht er von Unterhandlungen wegen einer Anstellung als Professor in München, und fährt dann fort: „Hier blökt alles um Malerei und steht zu Hunderten vor Lessing's Huß und zu anderthalben vor dem unvergleichlichen Moretto aus der Galerie Fesch."*) Als Schwind Frankfurt verließ (1847), um als Ersatzmann für den nach Dresden als Direktor berufenen Professor Julius Schnorr von Carolsfeld in München einzutreten, hatte die Galerie des Städel'schen Kunstinstituts außer dem mit 7000 fl. bezahlten Sängerkrieg nur noch ein Gemälde von seiner Hand: „Elfentanz im Erlenhain". (Weiteres über Schwind: im Rheinischen Taschenbuch für 1848).

Die Prehn'sche Gemäldegalerie, 800 Gemälde in kleinem Formate, welche der Stadt zum Geschenk gemacht worden war, wurde seit dem 4. Oktober 1842 in der Stadtbibliothek zur öffentlichen Beschauung aufgestellt.

Die patriotische und kirchlich unbefangene Richtung der Zeit spiegelte sich in der am 15. März und 22. April 1842 vorgenommenen Bildung eines „Vereins zum Kölner Dombau"**), zur Vollendung eines großartigen Nationalwerkes, als eines Denkmals der Deutschen Eintracht, die erhaben steht über dem Unterschied der Confessionen und der Stämme."(!)

Das Frankfurter Stadttheater***) veränderte seinen Zustand nicht seit 1830, nur seine Talente alterten immer merklicher. Karoline Lindner trat allzuspät und ungern in die älteren,

*) Holland sagt in der Note zu S. 112 a. a. O.: „Dieser Moretto wurde 1834 zu Mailand durch Passavant erworben." Aber die Galerie Fesch war in Rom und ist ein Jahrzehnt später versteigert worden. Die beiden hier verwechselten Bilder hängen in demselben Zimmer der Städel'schen Galerie Der Mailänder Moretto kostete 6000 fl. (vergl. oben S. 264.)

**) Gn. Chr. II, 39.

***) Geschichte der Deutschen Schauspielkunst. Von Eduard Devrient. 5. Band. Leipzig 1874. S. 19.

charakteristischen Fächer und versäumte daher, eine neue rühmliche Phase ihrer Laufbahn auszubilden. Das Talent der Frau Frühauf, ganz zur Nachfolgerin der Lindner in Rollen sanfter, schöner Weiblichkeit geeignet, mußte sich aus Gesundheitsrücksichten bald vom Theater zurückziehen. Weidner hielt bis in's hohe Alter unermüdlich aus, erregte aber Ueberdruß; Meck in humoristischen Väterrollen vortrefflich, Hassel,*) der beliebte und geachtete Komiker, der die glückliche Maske des Frankfurter Kleinbürgers „Hampelmann" dem süddeutschen Staberle verwandtschaftlich zugesellte, — diese Talente erhielten das Frankfurter Schauspiel immer noch in Achtung. Grüner, der bei der Auflösung des Darmstädter Theaters 1831 pensionirt worden war, und seine Geschicklichkeit im Sceniren durch eine Reise nach Paris noch bereichert hatte, wurde 1831 von dem Actiencomité zum Regisseur, bald darauf zum Direktor gemacht. Wieder aber vernachlässigte er das Schauspiel, um der glänzenden Opernscenirung willen; die Kostspieligkeit seiner Verwaltung brachte ihn in heftigen Zwist mit den Actionären und endlich seine Direktion zum Bruch.**) Nun übernahmen 1836 Kapellmeister Guhr, Schauspieler Meck und Oekonomie-Inspektor Malß die Direktion, welche nach drei Jahren einige Unabhängigkeit von den Einmischungen der Actionäre erlangte, ja sogar einen Geldzuschuß." So weit Ed. Devrient. Vom 1. Mai 1842 an erhielten die drei genannten Männer vom Senat die Concession zur Führung des Theaters auf 10 Jahre.***) — Die Malß'schen Lokalstücke dieser Periode waren: 1) „Das Stelldichein im Tivoli", nach einer Berliner Posse von Ed. Devrient bearbeitet, zum erstenmale aufgeführt am 9. April 1832; 2) „Die Landpartie nach Königstein", nach der Partie de plaisir, welche Hassel 1828 in Paris hatte aufführen sehen, bearbeitet und zum erstenmale gegeben am 26. November 1832; 3) „Herr Hampelmann im Eilwagen," nach les inconvenients d'un voyage en diligence bearbeitet, zum erstenmal aufgeführt am 30. Dezember 1833; 4) „Herr Hampel-

*) Devrient schreibt immer „Hasselt."

**) Er endete als Nachleser im Wiener Burgtheater, nachdem er ein empfehlenswerthes Buch: „Kunst der Scenik" (Wien 1841) herausgegeben hatte. C. D.

***) Vergl. oben S. 125. Hassel Lokalstücke. S. 27—94.

mann sucht ein Logis“, nach appartements à louer bearbeitet und zum erstenmal aufgeführt am 2. Februar 1834; 5) „Die Jungfern Köchinnen“, nach les cuisinières bearbeitet, zum erstenmal gegeben am 16. Februar 1835.

Auf dem Gebiete der Musik ist das Jahr 1838 hervorzuheben. Im Frühling dieses Jahres war Pesth der Schauplatz einer verheerenden Ueberschwemmung gewesen. Zum Besten der Nothleidenden veranstaltete Kapellmeister Guhr am Ostersonntag den 15. April in der St. Katharinenkirche ein Concert, zu dem er in fünf Tagen über 700 Sänger und Instrumentisten zusammenbrachte, welche unter seiner Leitung die Haydn'sche Schöpfung aufführten. Guhr vermochte es dahin zu bringen, daß die damals hier residirende Gräfin Rossi (Henriette Sonntag) Gemahlin des bei dem Bundestag accreditirten, sardinischen Gesandten,*) mitwirkte; die Sängerin Sophia Löwe, welche damals auf dem Theater einen Fanatismus von Beifall hervorrief, die Schoder und die Baronin v. Rothschild wußte er zur Theilnahme zu gewinnen. Diese verschiedenen Reizmittel machten, daß die Kirche überfüllt war und die Einnahme gegen 5000 fl. betrug. Guhr erhielt die goldene Civil-Ehren-Medaille am Band von der österreichischen Regierung.**)

Ferner wurde von dem „Liederkranz“ die Mozart-Stiftung gegründet, welche die Unterstützung musikalischer Talente bei ihrer Ausbildung in der Compositionslehre bezweckt, und deren Statuten durch Senatsbeschluß vom 12. Juni 1838 genehmigt wurden. Der erste Fonds sollte durch den reinen Ertrag des im Juli 1838 zu haltenden großen Sängerfestes gebildet werden. Für das Sängerfest, welches am 29. und 30. Juli gehalten wurde, bildete sich ein Comité, dessen erster Präsident X. Schnyder von Wartensee, dessen zweiter Wilhelm Speyer war. Es erschien darüber ein Bericht von Alex. Weill***) und eine eigene Festschrift, auf deren Umschlag das Innere der

*) Henriette Sonntag's erstes Auftreten in Frankfurt Ende 1827 ist durch Börne's, in die Sammlung seiner Werke aufgenommenen reizenden Humoresken allgemein bekannt. Dieselben standen zuerst in der „Zeitung der freien Stadt Frankfurt“ 1827. S. 1429, 1437, 1441. Zuletzt trat die Gräfin Rossi in Frankfurt auf am 4. Dezember 1851 in einem Concert zum Besten des Kinderkrankenhauses.

**) Hassel Lokalstücke S. 94. F. Jb. XII, 16.

***) F. Jb. XII, 55.

Katharinenkirche und das Forsthaus als die Schauplätze der kirchlichen und geselligen Feier, abgebildet sind. Das Titelblatt ist von K. Ballenberger gezeichnet, andere Blätter von J. B. Zwecker und H. Rustige. Weiter enthält die Festschrift das Programm, die Statuten der Mozartstiftung und Gedichte, theilweise mit Compositionen.

Auch für nationale Zwecke stand der Liederkranz in erster Linie; so veranstaltete er am 11. Dezember 1847 ein Concert zum Besten des Beseler=Fonds.

Vierzehntes Kapitel.

Am 18. April 1832 machte Herr J. G. Ried bekannt, daß er in dem von ihm von den von Guaita'schen Erben angekauften Garten ein Vergnügungslokal mit Namen Mainlust am Osterfest eröffnen werde. Dieser lange und schmale Garten lag dicht vor dem Untermainthor und war von drei Seiten von Mauern, welche nach dem Main zu, an welchen der Garten anstieß, besonders stark waren, von der vierten (westlichen) von einem Wohngebäude begrenzt. Nach einer schwungvollen Schilderung der Aussicht, welche man von hier genießt, fährt Herr Ried weiter fort: „Außer dem Hauptgebäude, welches ein Billardzimmer und im ersten Stock einen Saal und drei elegante Zimmer enthält, wovon das eine ganz mit Gemälden von Schütz dekorirt ist, baue ich zwei Pavillons und einen Arcadengang zum Schutz gegen ungünstige Witterung." Den Schluß der seitenlangen Anzeige macht die übliche Versicherung vortrefflicher Bewirthung und wohlbesetzter Harmonie=Musik. Der neue Vergnügensort gedieh rasch. Gelegen im Westend, dicht vor dem Thore, wo man wegen der Sperre nicht in Sorge zu sein brauchte, an dem Main und auf dem Wege nach dessen Badeanstalten, war er von Mittag bis Abend von Einheimischen und Fremden besucht. Auch in der Politik spielte er frühzeitig eine Rolle*). In den Untersuchungsacten der Bundescentralbehörde ist viel von einem während der Herbstmesse 1832

*) Ilse, Geschichte der politischen Untersuchungen S. 299.

veranstalteten Mittagessen in der Mainlust von etwa 20 Personen die Rede, an welchen außer den Führern der Frankfurter Liberalen, die Professoren Welcker und von Rotteck, der Graf Benzel-Sternau und von Rauschenblatt Theil nahmen. Bald mußten die Räume der Mainlust — nach deren Muster die „Rheinlust" in Mannheim eröffnet wurde — erweitert und dem Arcadengang ein Stockwerk mit Zimmern aufgesetzt werden*). Die Anlagen der Mainlust waren nach heutigen Ansprüchen sehr einfach: mehrere Baumreihen, von Gascandelabern unterbrochen; unter den Bäumen standen enge gereiht die Tische und Stühle, besonders nach der Wasserseite hin. In der Mitte erhob sich ein Musikpavillon; nächst dem Eingang an der östlichen Seite waren Rasenplätze mit einfachen Blumenbeeten. — Bei dem Feste des Jubiläums der Druckerfindung fand hier am 25. Juni 1840 das Bankett statt.**) Es heißt darüber in der Festbeschreibung: „Die Gäste ließen sich an den langen Tischen nieder, die unter dem dichten Grün der Bäume gereiht waren. Die schöne Lage des Gartens, an welchem der vaterländische Strom vorüberzieht, und wo die Blicke jenen alterthümlichen Theil der Stadt erreichen, dem heute die buntbeflaggten Schiffe ein so belebtes Ansehen gaben, verfehlte auch hier ihren Eindruck nicht. Der ehrwürdige Pfarrthum winkt herüber, die glänzende Häuserreihe der schönen Aussicht zeigt sich in der Ferne, über die hochgewölbte Brücke wird das Auge nach den einfachen Häusern, den sanften Wellenlinien der Berge, den grünen Ufern hingezogen."

Hier gab der Liederkranz seine Concerte zum Besten der Mozartstiftung und ließ auch wohl bei dieser Gelegenheit ein illuminirtes Dampfschiff auf dem Fluß vor dem Garten auf- und abfahren.

Besonders interessant war, — um die Geschichte dieses Vergnügensortes hier gleich zu Ende zu führen — die Mainlust zur Parlamentszeit. Wir erinnern uns des Festes, welches am 23. Juni 1848 der Liederkranz zu Ehren von „Anastasius Grün"

*) Abgebildet in den bei Jügel erschienenen Vues pittoresques de Francfort (vergl. S. 262 Nr. 4) in ursprünglicher Gestalt, in F. Krug's Beschreibung von Frankfurt (vergl. S. 263 Nr. 10) S. 322 nach dem Umbau.

**) Gedenkbuch zur vierten Jubelfeier &c. S. 267.

(Graf Alex. Anton v. Auersberg, Abgeordneter für Laibach,) Heinrich von Gagern und L. Spohr gab, wobei Dr. Heinrich Hoffmann's schwungvolles Lied:

Horch' auf, mein Volk, ob deutschen Landen
Geht brausend jetzt ein Sturm einher.
Hoch weht Dein Banner, frei von Banden,.
Und beugen soll's der Sturm nicht mehr!
Treu Hand in Hand,
Fest Mann an Mann,
Mein Vaterland,
Dein Tag bricht an!*)

in der Composition von W. Speyer mit unbeschreiblicher Begeisterung gesungen wurde. Am 26. Juli 1848 gaben die Frankfurter Aerzte ihren Collegen im deutschen Parlament ein Festmahl auf der Mainlust. Anwesend waren als Gäste die DDr. med. Ernst Schilling aus Wien, Franz Drinkwelder aus Krems, Prof. Jeitteles aus Olmütz, Joseph Reisinger aus Freistadt (Oberösterreich), Löwe aus Calbe, Schnieber aus Görlitz, Alex. Pagenstecher aus Elberfeld († 20. März 1870), W. Hoffbauer aus Nordhausen, Joh. Gottfried Eisenmann aus Würzburg († 23. März 1867), Gustav Blumröder aus Kirchenlamitz bei Wunsiedel († 23. Dezember 1853) und Karl Vogt aus Gießen. Es waren im Ganzen 40 Theilnehmer, welche — einem Culturhistoriker des 19. Jahrhunderts zum Frommen sei es hier mitgetheilt — zwar nur für 70 fl. an Essen, aber für 256 fl. an Wein verzehrten. („Welche unbillige Masse Sect zu einem halben Pfennigwerth Brod," — sagt Fallstaff.**) Am 7. August 1848 veranstaltete auf der Mainlust der Liederkranz sein Concert zum Besten der deutschen Flotte.

Als 1857 die Mainlust ihr 25jähriges Jubiläum beging, war sie durch die Uferbauten bereits vom Strome getrennt. Ihre Sonne neigte sich und vergebens suchte man durch „Italienische Nächte" mit electrischen Sonnen aus dem „Propheten" von

---

*) Abgedruckt in der Sammlung der Gedichte von Dr. H. Hoffmann-Donner, welche unter dem Titel: „Auf heiteren Pfaden, 1873 in zweiter Auflage zu Frankfurt erschien, S. 227.

**) Das Gedicht von H. Hoffmann, welches bei diesem Festmahl gesungen wurde, s. a. a. O., S. 165.

Meyerbeer, welche ein verderblich blendendes Licht ausstrahlten, mit Illumination und Feuerwerk von Vidacovich*) die frühere Gunst zu erlangen. Nicht wenig mag zu dieser Ungunst der Verhältnisse auch Ried's Benehmen gegen seine jüdischen Gäste beigetragen haben. Er ertheilte den Erhebern des Musikgeldes die Weisung, von den Frauenzimmern, die in Begleitung israelitischer Gäste kamen, Zahlung für die Musik zu fordern, während an christliche Frauen diese Forderung nicht gestellt wurde. Es kam darüber zum Streit, der Vorfall machte Aufsehen, die Betroffenen erhoben Beschwerde und Ried erhielt wegen dieser ungehörigen und ausnahmsweisen Behandlung der israelitischen Gäste nicht nur einen Verweis, sondern es wurde auch dies Resolutum auf seine Kosten vom Polizeiamt öffentlich bekannt gemacht.

Seit 1858 wurde die Concurrenz des zoologischen Gartens überwältigend. Die Mainlust ging endlich ein, wurde von der Stadt zur Straßenerweiterung angekauft, diente 1866 als Hospital, dann als Kaserne, Proviantmagazin und städtisches Einquartirungsgebäude, bis sie 1873 abgebrochen und über ihre Stätte der Damm des Untermain-Quai aufgeworfen wurde.

Fünfzehntes Kapitel.

Sobald man in Deutschland an die Anlegung von Eisenbahnen dachte, mußte in erster Linie die Strecke Frankfurt-Castel- (Mainz) Wiesbaden in Anregung kommen.

In der That war sie unter den ersten, welche beschlossen wurde (Nürnberg-Fürth 1833, Leipzig-Dresden 1834, Taunusbahn 1835), aber da Verhandlungen zwischen drei Regierungen nöthig waren, so ergab sich für die Eröffnung folgende Reihe: Nürnberg-Fürth 7. Dezember 1836, Leipzig-Dresden (theilweise) 24. April 1837, Kaiser Ferdinands Nordbahn (theilweise) 6. Januar 1838, Berlin-Potsdam 30. Oktober 1838, Braunschweig-Wolfenbüttel 1. Dezember 1838, Düsseldorf-Elberfeld 20. Dezember 1838, Taunusbahn (theilweise) 26. September

*) Eine komisch-überschwengliche poetische Anzeige eines solchen Feuerwerks im Intelligenz-Blatt vom 4. August 1857.

1839, die ganze Hauptbahn 13. April 1840, die Zweigbahn nach Biebrich 3. August 1840.

Die Bestrebungen zur Anlegung der Taunusbahn begleitete eine Polemik: „Himmelhoch jauchzend zum Tode betrübt“, welche bald die Eisenbahn schädlich fand, weil sie Frankfurt den großen Emporien des Handels und Gewerbs näherte,*) bald ihre Rentabilität auf Grund des vorhandenen Personen- und Waaren-Verkehrs bezweifelte,**) bald endlich Frankfurt als Eisenbahnknoten von Deutschland sah.***)

Am 2. Januar 1836 wendete sich ein Eisenbahncomité, bestehend aus den Häusern Gebrüder Bethmann, Grunelius und Comp., M. A. von Rothschild und Söhne, Jean Noé du Fay & Comp., Matthias Borgnis und F. John an den Senat, mit der Bitte, seine Zwecke zu fördern.†) Am 7. Juni antwortete der Senat, er werde die Anträge des Comité prüfen. — Die erste Verzögerung kam in die Erledigung dieser Angelegenheit dadurch, daß dem Frankfurtischen Staat ein Expropriationsgesetz fehlte, wie es bereits seit dem 27. Mai 1821 im Großherzogthum Hessen bestand. Auf den Erlaß eines solchen Gesetzes ging (am 20. Januar) der nächste Antrag des Comité. Am 22. Juni legte der Senat den Entwurf eines Enteignungsgesetzes ††) der gesetzgebenden Versammlung vor, welche dasselbe in ihren Sitzungen vom 15. und 19. Oktober annahm, worauf es der Senat am 10. Januar 1837 publicirte. Der Senat ertheilte am 9. März 1837 dem Comité die Concession, „in Verbindung mit dem Eisenbahncomité zu Wiesbaden eine Eisenbahn auf dem rechten Mainufer von hier nach Wiesbaden, Biebrich, resp. Castel, anzulegen.“ Dieser Zusatz: „resp. Castel“ war dahin zu verstehen, daß die Bahn über Castel geführt werden sollte, wenn dazu die Concession der großherzoglich hessischen Staatsregierung erlangt werden könnte; erfolgte diese Concession nicht, so solle

---

*) „Wenn man einmal heute in Paris und morgen in Wien sein kann, wird man weder in Paris noch in Wien den Frankfurter Kaufmann mehr als Zwischenhändler gebrauchen wollen.“ F. Jb. VII, 94.

**) F. Jb. IX, 110.

***) „Die Eisenbahnen von Hamburg, Leipzig, Augsburg, Nürnberg, Basel, Mainz müssen in Frankfurt zusammentreffen.“ F. Jb. VI, 238.

†) F. Jb. VI, 238. 246. 281.

††) F. Jb. VII, 232. 289.

die Bahn bei Hochheim den Main verlassen und die Richtung direct nach Wiesbaden und Biebrich erhalten.*)

Ohne diese Entscheidung abzuwarten, schrieb das Comité noch am Tag der Concession auf den folgenden Tag, den 10. März, die Subscription aus auf 500,000 fl., wobei 21 Millionen fl. gezeichnet wurden, weßhalb am 28. April eine verhältnißmäßige Reduction eintrat.**)

Durch Vortrag vom 7. März 1837 legte der Senat der gesetzgebenden Versammlung den Gesetzentwurf vor, wornach das Expropriationsgesetz vom 10. Januar 1837***) Anwendung finden sollte bei dem Erwerb von unbeweglichen Gütern, welche zur Erbauung von Eisenbahnen erforderlich sind. Am 11. März erfolgte die Genehmigung der Versammlung jedoch nur in Bezug auf das vorliegende Project. So war der eine Grund der Verzögerung beseitigt, jedoch der andere, begründet in der Stellung der Hessen-Darmstädtischen Regierung zu dem Projecte, bestand noch fort. Man wollte in Darmstadt eine indirecte Verbindung von Darmstadt mit Mainz und Frankfurt herbeiführen, und ertheilte dem Comité der Taunusbahn die Concession zur Einmündung in Castel nur unter der Bedingung, daß die Bahn bei Flörsheim sich so sehr dem Main nähere, um später mittels einer Brücke eine Zweigbahn über Mörfelden nach Darmstadt führen zu können.†) Bekanntlich ist dies Project später fallen gelassen und Darmstadt mit Mainz und Frankfurt direkt verbunden worden. Endlich konnten im Frühjahr 1838 die Arbeiten begonnen werden. Unter diesen Verzögerungen waren die Actien großen Schwankungen unterlegen. Sie standen††) April 1837: 164,4; Dezember 141,6; Januar 1838: 149,7; Mai: 138,7; Juni: 126,3; Juli: 119,7; Dezember: 104,5; Januar 1839: 103,2; Mai: 115,5; November: 104,7; Mai 1840: 137,4; Dezember 1840: 131,1; März 1845: 156.

---

*) F. Jb. IX, 196.

**) F. Jb. IX, 120. 188.

***) Vergl. über dasselbe F. Jb. VII, 109. 115. Wortlaut in Gesetzsammlung V. 239.

†) Staatsvertrag zwischen Hessen, Nassau und Frankfurt vom 10. Februar 1838. F. Jb. XII, 9—11.

††) Freiherr F. W. von Reden, Deutsches Eisenbahnbuch. Berlin 1845. Nr. XXI. — Mittheilungen über physische, geographische und statistische Verhältnisse von Frankfurt, III. Heft, S. 66 (1841). A. I. 85.

Am 10. Januar 1838 waren folgende weitere Staatsverträge zwischen den Regierungen von Großherzogthum Baden, Großherzogthum Hessen und der freien Stadt Frankfurt geschlossen worden.

I. Zwischen den drei genannten Regierungen zur Regulirung einer Eisenbahnverbindung zwischen Neckar und Main von Mannheim nach Darmstadt und von da nach Frankfurt.

II. Zwischen der hessischen und frankfurtischen Regierung wegen Errichtung einer Eisenbahn von Frankfurt nach Offenbach.*) Am 3. und 14. Februar 1838 wurden diese Verträge von der gesetzgebenden Versammlung genehmigt. Es war darin die Erbauung der fraglichen Bahnen durch eine Actiengesellschaft vorgesehen; da eine solche unter den von den Regierungen festgestellten Bedingungen sich nicht fand, so trat später der Bau auf Staatskosten ein in Folge eines zwischen den drei Regierungen am 25. Februar 1843 abgeschlossenen Vertrages. Am 9. Juli 1846**) wurde die „Direction der Main-Neckarbahn“ in Darmstadt eingesetzt, am 1. August die Bahn, vorläufig, da die Mainbrücke noch nicht fertig gestellt war, mit der Ausmündung in Sachsenhausen, eröffnet. Auch die Eröffnung der Offenbacher Zweigbahn verschob sich bis zum 15. November 1848. Der 16. August 1846 war durch 2 Unfälle bezeichnet; am Morgen dieses Tages fuhr die Locomotive des Lokalzugs von Darmstadt in einen Sandwall, und am Abend stürzte die Locomotive des Heidelberger Zuges, in Folge eines mißverstandenen Signals, mit voller Kraft fahrend, über den Bahndamm hinaus zwischen die Pfeiler der im Bau befindlichen Brücke, wo sie schwebend stecken blieb; der Tenderwächter Waßmuth wurde von einem der nachstürzenden Packwagen zerdrückt. Der übrige Zug blieb unverletzt. —

Zum Zweck der Erbauung der Main-Weser-Bahn wurde zwischen den Regierungen des Kurfürstenthums und des Großherzogthums Hessen und der freien Stadt Frankfurt am 6. Februar 1845 ein Vertrag geschlossen. 1846 wurde der Bau derselben auf Staatskosten begonnen, am 19. Dezember 1849 die Strecke Kassel-Wabern und 1852 die ganze Bahn er-

*) Wortlaut: F. Jb. XII, 1—3.
**) Gn. Chr. 1846, S. 136. 147.

öffnet. Am 2. Januar 1844 machte Frankfurt ein 3% Anlehen von 2 Millionen fl. für den Bau der Main-Neckarbahn, im Mai 1846 ein 3½% Anlehen von 5 Millionen für die Vollendung der Main-Neckar- und den Bau der Main-Weser-Bahn. — Die Concession zur Erbauung einer Bahn zwischen Frankfurt und Hanau wurde einer Actiengesellschaft am 28. Juli 1844 ertheilt; begonnen wurde die Bahn im Oktober 1845, eröffnet wurde sie am 10. September 1848.

Die von einer Actiengesellschaft erbaute Höchst-Sodener Bahn wurde am 22. Mai 1847 eröffnet.*)

Den Main mit Dampfschiffen zu befahren wurde frühzeitig der Versuch gemacht. Von 1825 bis in die ersten dreißiger Jahre ging ein Schiff, die Stadt Frankfurt, zwischen Frankfurt und Mainz. Auf dem Obermain setzten die Krümmungen des Flusses, mancherlei Strombauten und der in der besten Reisezeit zu niedrige Wasserstand die größten Schwierigkeiten entgegen. Es mußte erst seit 1837 die mit der Eröffnung des Main-Donaukanals zusammenhängende Anregung der baierischen Regierung für die Verbesserung des Flußbettes vorhergehen, ehe man (Ende 1839) an die Bildung einer von der baierischen Regierung geförderten Gesellschaft zur Befahrung des Mains von Bamberg bis Mainz mit Dampfschiffen denken konnte.**) Die Gesellschaft bildete sich am 14. Juni 1841 zu Würzburg, erhielt am 9. Februar 1842 vom König von Baiern eine 50jährige Concession, vom Herzog von Nassau am 14. Mai, vom Kurfürsten von Hessen am 28. Mai, von der freien Stadt Frankfurt am 31. Mai, vom Großherzog von Hessen (auf 12 Jahre) am 12. Juli. Unter den ungünstigsten Verhältnissen begannen am 16. Juni 1842 die Fahrten, in jenem durch seine Trockenheit und in Folge davon durch die vielen großen Brände bekannten Sommer, wobei der Wasserstand des Mains 5 Zoll unter den Nullpunkt des Pegels bei Würzburg herabging. Die Fahrten mußten bald ganz ein-

*) Das Nähere über diese Bahnen in Freiherr F. W. von Reden, Deutschland und das übrige Europa 2c., Wiesbaden 1854, und in den Berichten der Handelskammer zu Frankfurt. — Dr. jur. Georg Grünewald, Frankfurt und die Eisenbahnen, Frkfrt. 1846.

**) Das Nähere darüber: Freiherr F. W. von Reden, Deutsches Dampfschiffbuch. Berlin 1845, S. 123—140. — H. Meidinger, die deutschen Ströme, 2. Abthlg. Der Rhein, Lpzg. 1853, S. 50, 57, 131—150.

gestellt und die Schiffe zur Befahrung des Rheins an andre Gesellschaften vermiethet werden. Wenngleich die Schiffszahl 1844 auf 7 gebracht wurde, so ist das Unternehmen doch aus den angeführten Gründen nie zur Blüthe gediehen und in der nächsten Periode der Concurrenz der Eisenbahnen längs des Maines erlegen.

Die Gebrüder Ohlenschlager ließen zwei Dampfschiffe: Delphin I. und II., seit 1842 zwischen Frankfurt und Mainz, seit 1847 bis Bingen, seit 1849 bis Ludwigshafen, fahren.

1844 bildete sich die „Frankfurter Actiengesellschaft für Rhein- und Mainschifffahrt", welche 1845 ihre Reisen zwischen Holland (Rotterdam, Amsterdam) und Straßburg begann, deren für den Waarenverkehr allein bestimmte Schiffe aber nur ausnahmsweise mainaufwärts bis zur Stadt gelangen konnten, z. B. am 13. Dezember 1845 (Gn. Chr. VI., 8) Der gesammte Schiffsverkehr auf dem Main wurde gefördert durch die am 1. Juli 1846 in Folge einer Convention der Uferstaaten eingetretene Ermäßigung der Mainzölle.

Sechszehntes Kapitel.

Die Geschichte des Hospitals zum heil. Geist (vergl. o. S. 135) haben wir bis zur Legung des Grundsteins für den Neubau herabgeführt.*) Am 27. Februar 1836 wurde das fünfundzwanzigjährige Amtsjubiläum der beiden Pfleger, Herren Joh. Friedr. v. Mettingh und G. v. Saint-George feierlich begangen.**) Am 18. August 1839 wurde das neue Krankenhaus bezogen. Die nun erfolgende Abtragung des alten Hospitalgebäudes gab Fr. Böhmer Veranlassung, eine historische Schilderung zu geben.***) Durch die neue Stiftungsordnung vom Jahr 1833†) wurde der Wirkungskreis des Hospitals folgender-

*) Eine ausführliche Schilderung dieses feierlichen Actes findet sich F. Jb. V, 249.

**) F. Jb. VII, 29.

***) A. III., 67. Vergl. o. S. 224. Eine Beschreibung des Neubaues in der 1854 erschienenen „Vierten Nachricht von dem Zustand und Fortgang des Hospitals z. heil. Geist." 46 S. 4⁰ und in dem ersten Jahresbericht über die Verwaltung des Medicinalwesens ꝛc. von Frankfurt für 1857, Frkfrt 1859, S. 115.

†) Bdr. 1834, S. 113. — Stricker, Heilkunde. S. 169.

maßen bestimmt: das Pflegamt besteht aus 7 Personen, unter welchen sich immer einer der hiesigen Aerzte befinden muß, welcher nicht Mitglied des Physicats noch Hospitalarzt ist, und welche einen Senior aus ihrer Mitte wählen. Das Krankenhaus hat hier erkrankenden Fremden, selbst Durchreisenden, von einer der drei christlichen Confessionen, welche sonst hier keine Pflege finden können, die Aufnahme, ärztliche Hülfe und Verpflegung zu gewähren. Es sind daher unentgeltlich aufzunehmen: fremde Handlungsdiener, Handlungslehrlinge, Handwerks-Gesellen und Lehrlinge, Bediente, Kutscher, Knechte, Handlanger, Auslaufer, Mägde und alle solche, welche bei hiesigen Bürgern, Beisassen, bei einer hiesigen milden Stiftung oder hiesigen Stadtämtern in wirklichen Diensten stehen, ebenso die, welche, auf innerhalb der hiesigen Stadtgemarkung liegendem, in bürgerlichem Eigenthum befindlichen Höfen oder bei hiesigen, auf den zur Stadt gehörigen Ortschaften wohnenden Bürgern dienenden Mägde, Knechte, Drescher, Taglöhner und Taglöhnerinnen, wenn sie bei dem Polizeiamt eingeschrieben sind oder mit polizeilicher Erlaubniß hier, sich einen Dienst zu suchen, nicht länger als acht Tage aufhalten oder bei gleicher Unterstellung in den nächsten vierzehn Tagen, wo sie außer Dienst gekommen sind. Die Aufnahme des bei Israeliten dienenden christlichen Gesindes geschieht nur gegen Vergütung. Von der Aufnahme ausgeschlossen sind Unheilbare, mit Krätze, Syphilis, Blattern Behaftete, Geisteskranke und Fallsüchtige, endlich Wöchnerinnen.

Dienstleute von Gesandten und nicht verbürgerten Postbeamten sind nur gegen Vergütung, Durchreisende oder Permissionisten und deren Gesinde nur im Fall ungenügender Mittel unentgeltlich aufzunehmen. Der Hospitalarzt darf in keinem Fall Physikus oder an einem andern Krankenhause angestellt sein. Dem Pflegamt ist es überlassen, Assistenten unentgeltlich anzustellen. — Am 1. Januar 1842 wurde Dr. Georg Varrentrapp als Hospitalarzt angestellt, am 1. Januar 1845 das Hospital in eine medicinische und eine chirurgische Abtheilung getheilt; an der Spitze der ersten blieb Dr. Varrentrapp, die zweite wurde dem Dr. W. Fabricius übergeben. Die Assistenten waren: 1839—41 Dr. Staudinger († 1847), 1841—44 Dr. Melber († 1873), 1844—47 Dr. Gust. Passavant. Hr. v. St. George stiftete im Oktober

1842 die beiden am Portal aufgestellten Statuen, die Krankheit und die Heilung darstellend, Werke des Professors Ed. von der Launitz, und gründete 1845 eine Stiftung von 25000 fl, deren Zinsen zur Verpflegung von kranken Bewohnern der Frankfurter Dorfschaften im heil. Geistspital verwendet werden sollen.

In Bezug auf das Senckenbergische Bürgerhospital ist für diesen Zeitraum eine principielle Aenderung, welche eine wesentliche Verbesserung in sich schloß, zu verzeichnen. Dr. Senckenberg hatte im §. 11. seines Stiftungsbriefes*) bestimmt: „Zur Aufsicht besagten meines Hauses und deren darinnen befindlichen Bibliothek &c. wie §. 9. gemeldet worden, verordne ich, daß jederzeit eine ledige Person aus dem Collegio Medio, welche die Herren Physici hierzu am tüchtigsten finden, die freie ohnentgeldliche Wohnung darinnen haben solle.“ Dieß war der sogenannte „Stiftsarzt.“ Bisher war der Stiftsarzt zugleich Hospitalarzt gewesen und es fand, wenn derselbe sich verheirathete, ein Wechsel in der Behandlung der Kranken statt. Als aber 1845 der seit 30 Jahren functionirende Stifts- und Hospitalarzt, zugleich Physicus, Professor Dr. Christian Ernst Neeff, wegen Kränklichkeit sein Amt nicht ferner versehen konnte, ließ man ihm die Stelle als „Stiftsarzt,“ welche ohnehin durch die Entwickelung der im Senckenbergianum verbundenen Vereine ihre wesentlichen Attribute verloren hatte, und ernannte zum „Hospitalarzt“ den verheiratheten Dr. Joh. Balth. Lorey. Nach Neeffs 1849 erfolgten Tode wurde der „Stiftsarzt“ zu einem im Hospitale wohnenden Assistenten, wozu jüngere unverheirathete Aerzte in zweijährigem Turnus angestellt wurden.**)

Hinsichtlich des Rochushospitals***) ist zu bemerken, daß dem unwürdigen Zustande desselben dadurch ein Ende gemacht wurde, daß 1843 vor dem Affenthor in Sachsenhausen ein neues Gebäude für Syphilitische und Krätzige mit einem abgesonderten Blatternhaus erbaut und 1844 ein Pflegamt eingesetzt wurde. Das Gesetz vom 31. October 1844 erklärte die Anstalt für eine

*) Stricker, Heilkunde S. 355.

**) Lorey, Jahresberichte über das Frkftr. Dr. Senck. Bürgerhospital, 1846—52, Göttingen 1854. — Jahresbericht über das Medicinalwesen &c. von Frankfurt, I. für 1857 Frkft. 1859, S. 81.

***) Bdr. 1834, S. 159—218, Gesetzsammlung VIII. 54. — Stricker, Heilkunde, S. 145—148.

öffentliche milde Stiftung und stellte sie unter die Bestimmungen der allgemeinen Stiftungsordnung.

Eine Vermehrung der Reihe der hiesigen Heilanstalten fand in diesem Zeitraum statt durch die Gründung der Armenklinik, des Kinderkrankenhauses und der Augenheilanstalt.

Im Jahre 1834 gründeten die DDr. W. Fabricius († 1872) H. Hoffmann, M. Ponfick († 1868), Ed. Schilling, Ad. Schmidt und G. Varrentrapp die Armenklinik*), einerseits zur Linderung des durch Krankheit und Mangel an ärztlicher und arzneilicher Hülfe bei dem Landvolk unserer Gegend herrschenden und durch Pfuscherei noch vermehrten Elends, andrerseits zur Förderung des eigenen ärztlichen Wissens und der allseitigen praktischen Ausbildung durch gegenseitige Berathung der Aerzte und gemeinschaftliche Anschauung vieler und wichtiger Fälle, die in der Praxis, besonders angehender Aerzte, höchst selten vorkommen, mit vorzüglicher Rücksicht auf Chirurgie.

Die Thätigkeit der Armenklinik zerfällt in eine ambulatorische Klinik und in eine stationäre Klinik. Das Hospital der Anstalt befand sich in dem 1875 abgebrochenen Hause: Meisengaße 30. (E. 148); es zählte 10 Betten, die erste Aufnahme von Kranken fand am 17. Juli 1834 statt. Unter den Aerzten der Anstalt trat in dem hier betrachteten Zeitraum, nur Eine Personalveränderung ein, indem Dr. H. Hoffmann Anfang 1846 austrat,**) dessen Stelle ich dann einnahm. Nach mehrjähriger Beschäftigung in der Anstalt schrieb ich einen auch in den „Freistädter"***) übergegangenen Artikel in die „Deutsche Zeitung" welcher leider noch heute der Anwendung nicht entbehrt und dessen Hauptstellen darum hier Platz finden mögen. „In der Umgegend von Frankfurt, wo Schreiber Dieses die Verhältnisse aus mehrjähriger praktischer Erfahrung genau kennt, haben die kleinern Staaten diesen wichtigen Gegenstand auf eine empörende Weise vernachläßigt†) und auf die Anstalten von Frankfurt hin gesündigt. Die Armenklinik zu Frankfurt hat binnen 14 Jahren aus den benachbarten Hessischen Län-

*) Stricker, Heilkunde, S. 160.

**) Er übernahm die Lehrerstelle der Anatomie.

***) Freistädter, Fortsetzung der On. Chr. 21. Novbr. 1848, S. 154.

†) Daß es in Preußen nicht besser war, geht aus einem a. a. O. (Freistädter S. 155) mitgetheilten Bericht des Ober-Medicinal-Raths Dr. Joseph Schmidt hervor.

dern und aus Nassau über 13000 Kranke behandelt, davon etwa 900 in ihrem Krankenhaus, welche größtentheils durchaus keine Zuflucht in der Heimath fanden, ohne daß eine dieser Regierungen sich auch nur verpflichtet erachtet hätte, etwas zu dem Fortbestehen dieser fast ausschließlich durch Frankfurter Geld unterhaltenen Anstalt beizutragen. Es ist hier nicht der Ort weiter in die Einzelheiten der Verletzungen einzugehen, welche, wie Knochen- und Unterleibsbrüche, wie die in der Erndte so häufigen Augenverletzungen, bei Vernachläßigung das Leben in Gefahr setzen oder den Kranken doch arbeitsunfähig machen, während, wenn ihm eine oft nur kurze und wohlfeile ärztliche Behandlung oder nur eine ordentliche Unterkunft, eine warme Stube, statt des luftigen Dachbodens gewährt würde, die Gemeinde nicht genöthigt wäre, einen oft noch jungen dauernd arbeitsunfähigen Menschen zu unterstützen In der Umgegend von Frankfurt treten, durch die Zerrissenheit der Gebiete, neue, in größeren Staaten weniger häufige Uebelstände hinzu. Ein Darmstädter von Geburt, welcher z. B. in dem kurhessischen Bockenheim arbeitet, hat keinen Anspruch auf Verpflegung im Landkrankenhause zu Hanau, und wo er Anspruch hätte, im Darmstädtischen, gibt es für ihn keine Hülfe, oder sie ist zu entfernt. Die Kurhessischen Landkrankenhäuser sind übrigens gänzlich unzureichend (etwa 50 Betten für eine Provinz) und höchst dürftig ausgestattet; wegen des übergroßen Zudrangs müssen langwierige Kranke halbgeheilt entlassen, leichtere können gar nicht aufgenommen werden."

Das **Kinderkrankenhaus***) wurde von dem hiesigen Arzte Dr. **Theobald Christ** († 1841) gestiftet. In dieses können (nach §. 8. des Testaments vom 30. März 1835) nur Kinder aufgenommen werden, welche arm und krank sind, zwischen dem angetretenen fünften und dem noch nicht zurückgelegten zwölften Lebensjahre stehen und dahier im Bürgerverband oder sonstigen Heimathsrecht sind. Der Grundstein zu dem neuen Gebäude vor dem Allerheiligenthor zwischen der Hanauerlandstraße und der Pfingstweide in einer jetzt zu Dr. Christ's Andenken „Theobaldstraße" genannten Straße wurde am 14. August 1843 gelegt. Es hat Raum für 50 Betten und schon bis zum 14. **Januar** 1845,

---

*) Stricker, Heilkunde S. 156.

›o es eröffnet wurde, waren soviel freiwillige Beiträge eingegan- en, daß Kinder unter vier und über zwölf Jahren aufgenommen ›erden konnten. Eine ambulatorische Klinik und eine Impfstation, eides unentgeltlich, wurde mit dem Krankenhaus verbunden.

Die Augenheilanstalt*), wurde errichtet von den DDr. ppia (jetzt Arzt in Genf**), Gust. Passavant und mir. Sie ützte sich, gleich der Armenklinik, auf freiwillige Geschenke und Jahresbeiträge und war besonders für die hülflosen Augenkranken er fremdherrlichen Umgegend von Frankfurt bestimmt. Die am- ulatorische Klinik wurde am 16. Juli 1845 in einem Zimmer er Blindenanstalt am Goetheplatz, die stehende Klinik von fünf Betten am 25. October 1845 im Straßburger Hof auf der Aller- eiligengasse eröffnet. In dem von mir verfaßten ersten Jahres- ericht (im Auszug Gn. Chr. VI. 146) sind alle bis dahin be- tehenden Augenheilanstalten aufgeführt.

Auch das Gefängnißwesen hat in dem hier betrach- eten Zeitraum die Behörden vielfach beschäftigt. Schon am 24. August und 15. October 1835 hatte die ständige Bürgerreprä- entation und am 28. Mai 1836 die gesetzgebende Versammlung gerügt, daß die Gefängnisse in der Stadt vertheilt, daß sie theils wenig fest seien, theils den Forderungen der Humanität nicht genügten.***)

Die erste Anregung einer Reform der Gefängnisse im Sinne einer Trennung der Correctionäre von den eigentlichen Züchtlingen fällt ins Jahr 1838.†)

In 1840 kam der Bau eines allgemeinen Gefängnißgebäudes u Frage. Am 30. März 1840 erstattete die Gefängnißcommis- ion (v. Günderrode, Mack, Referent: Dr. jur. Harnier) einen Bericht, welcher dem Druck übergeben wurde und in Frankfurt wie auswärts mehrere Beurtheilungen hervorrief.††)

Der Antrag des Senats ging auf Erbauung eines allge- neinen Gefängnißgebäudes auf dem Klapperfeld, welches in drei,

*) Stricker, Heilkunde, S. 163.
**) Mi. IV. 161.
***) F. Jb. VII, 176.
†) „ XII, 36.
††) Dr. Stiebel, Ansichten über Pönitentiarsysteme 1841. G. Barren- trapp, über Pönitentiarsysteme 1841. Mittermaier im Archiv des Crimi- nalrechts 1840—41. Möllner in der Zeitschrift für deutsches Strafverfahren, Band II.

von einander, im Uebrigen durchaus gesonderten, jedoch durch ein die Gerichts- und Aufsichtslokalitäten enthaltendes Mittelgebäude verbundenen Flügeln aufzunehmen bestimmt wäre: in einem Flügel die Untersuchungsgefangenen, in einem zweiten die Polizeistrafgefangenen, in einem dritten die Criminalstrafgefangenen. Die Gefangenen sollten nach dem pensylvanischen System Tags und Nachts von einander abgesondert sein.

Am 30. October 1841 vertagte die gesetzgebende Versammlung diesen Gegenstand und ließ die Vorlagen an den Senat zurückgehen, mit dem Ersuchen, den Gegenstand nochmals prüfen zu lassen, und weitere Erfahrungen aus andern deutschen Ländern zur Unterstützung des Antrags mitzutheilen. Am 31. Januar 1843 wiederholte der Senat auf Grund weiteren Berichts der Gefängnißcommission vom 29. November 1842 seinen Antrag*) und verlangte außer dem bereits vorhandenen Arbeitshaus-Kapital von 21,518 fl. die Summe von 45,000 fl. für jedes der Jahre 1843, 44 und 45.

Die Mehrheit der Commission der gesetzgebenden Versammlung (Dr. jur. Reinganum, Senator Dr. Eder, Dr. med. Stiebel, Dr. med. Mappes, Senator Dr. Reuß) beantragte am 14. Oktober 1843 die Erbauung zweier Gefängnißgebäude in verschiedenen Stadttheilen, die nächtliche Trennung der Gefangenen in Zellen bei Vereinigung des Tags über in Arbeitssälen (Auburnsches System); die Minderheit (Schöff Dr. Harnier und Pfarrer Schrader) stimmte für den Senatsantrag. Da die gesetzgebende Versammlung der Mehrheit ihrer Commission beitrat und die Ausführung eines allgemeinen Gefängnißbaues ablehnte**), so fand die wichtige Frage in diesem Zeitraum für Frankfurt keine praktische Erledigung, aber theoretisch geklärt wurde sie in hohem Grade durch den ersten Pönitentiarcongreß, welcher am 28. September 1846, also unmittelbar nach dem Germanistencongreß, mit welchem er auch einzelne Mitglieder (Mittermaier Welcker, Wilda) gemeinsam hatte (vergl. o. S. 255) zu Frankfurt

*) Mittheilungen aus den Protokollen der gesetzg. Versammlg. (Extrabeilage zum Frankfurter Journal) 1842/43, Bd. 5., No. 7. Discussionen über Gefängnißreform in Frkfrt. in Jahrbücher der Gefängnißkunde Bd. IV. S. 120—185, von G. Varrentrapp.

**) Gn. Chr. IV., 82.

zusammentrat.*) Die dem Literatenthum verfallene Frage wurde hier von Männern der verschiedenen Stände und Nationen, von Männern, welche mit humanen Gesinnungen auch die größte Sachkenntniß und Erfahrung vereinigten, in ernster Weise erörtert; ihre Ansichten konnten nicht umhin, den tiefsten Eindruck zu machen.

Siebenzehntes Kapitel.

Wir haben oben (S. 65) erwähnt, daß während der Herrschaft der älteren Bourbonenlinie in Frankreich alle Vertheidigungsanstalten des deutschen Bundes in langsamem Tempo sich bewegten. Anders wurde es nach deren Sturze. Die Organisation der deutschen Streitmacht**) berührte kein Bundesglied härter als die Stadt Frankfurt. Ihr Contingent wurde der auf Antrag Sachsens durch Bundesbeschluß vom 26. August 1824 neu gebildeten Reserve-Infanterie-Division zugetheilt, aber während die achtzehn übrigen, die Division bildenden Bundesstaaten von der Cavallerie- und Artilleriestellung gegen eine in der Kopfzahl gleiche Infanteriestellung befreit wurden, sollte Frankfurt für jeden Cavalleristen und Artilleristen zufolge Bundesbeschluß vom 9. Dezember 1830 drei Infanteristen, d. h. 693 Mann statt 479 stellen. Frankfurt mit 47850 Bewohnern nach der Matrikel hatte sonach nur 28 Mann weniger zu stellen als Lippe mit 72062 Einwohnern und vorwaltend ländlicher Bevölkerung. Das Frankfurter Bataillon blieb zufolge Bundesbeschluß vom 3. März 1831 der Disposition des Oberfeldherrn vorbehalten, die Musterung desselben wurde der österreichischen Regierung übertragen.

Wegen der bedeutenden Kosten des erhöhten Militärstandes genehmigte am 5. März 1831 die gesetzgebende Versammlung den Antrag ihrer Commission**), den Senat zu ersuchen, daß er

*) Verhandlungen der ersten Versammlung für Gefängnißreform, zusammengetreten im September 1846 (nebst Anhang) Frkfrt. a. M., H. J. Keßler 1847. (Einleitung v. Mittermaier, Vorrede v. Dr. med. G. Varrentrapp.)

**) Guido v. Meyer, Die Grundgesetze des deutschen Bundes, Frkfrt. 1845, S. 100.

***) Bdr. 285, 286.

baldmöglichst die Einleitung zur Bestimmung der Beitragspflicht der Dorfschaften zu den Kosten freiwilliger Werbung treffe. Diese Angelegenheit wurde erledigt im Zusammenhang mit der Regelung des Staatssteuerwesens der Dorfschaften.*) Die in der Sitzung vom 12. November 1831 ernannte Commission beantragte am 30. Mai 1832, daß von allen Anforderungen an die Landgemeinden für die Vergangenheit abzusehen sei, dagegen die Stellung der erforderlichen Mannschaft nach Maaßgabe des §. 9 des bestehenden Recrutirungsgesetzes einzutreten habe. In der Sitzung vom 18. Juli 1832 beschloß die Versammlung demgemäß, mit der Erweiterung: daß im Falle von hiesiger Stadt eine Werbecasse errichtet werden sollte, die Landbewohner nach einem in Folge §. 1 des Conscriptionsgesetzes**) danach zu bestimmenden Verhältniße in Geld beizutragen hätten. —

Die am 26. December 1810 vom Großherzog von Frankfurt publicirten Kriegsartikel***) waren durch eine am 16. März 1814 publicirte Verordnung des Generalgouvernements dahin abgeändert (Art. 11), daß an Stelle der Eisenstrafe das Gassenlaufen trat.

Durch die Güte des Lehrers Herrn Karl Heinrich Weiß, welcher mir die Notiz-Kalender seines Vaters, der Gefangen-Aufseher auf der Hauptwache war, mitgetheilt hat, bin ich in den Stand gesetzt, einige Angaben über die außerordentlich häufige Anwendung des Gassenlaufens zu machen. Der technische Ausdruck dafür war: „in der Gaß sein“ oder „in die Gaß kommen.“

Ich wähle, um nicht zu viel Raum zu verschwenden, aufs Gerathewohl nur die Jahre 1832 und 1836. Sergeant Lucas Weiß hat dafür folgende Aufzeichnungen:

1832. 7. Febr. war Soldat Steiger, 1. Comp., in der Gaß. 18. Febr. Soldat Tänzer, 4. Comp. 10. März war Soldat Becker, 2. Comp., in der Gaß. 18. April waren die Soldaten Meurer und Beurmann, 1. Comp., in der Gaß. 2. Mai war Gem. Kamm, 2. Comp., in der Gaß. 7. Aug. kam Gem. Pilger, 1. Comp., in die Gaß. 13. Oct. war Gem. Weigand II. 1. Comp., in der Gaß. — 1836: 4. Mai waren Gem. Schur

*) F. Jb. I. 2, 129, 155, 191.
**) Gesetzsammlung III. 129.
***) F. Jb. III, 191.

und Henninger, 2. Comp., in der Gaß. 16. Mai war Gem. Best, 5. Comp., in der Gaß. 19. Mai war Gem. Goldbach, 2. Comp., in der Gaß. 3. Juni war Gem. Schlitzer, 3. Comp., in der Gaß. 14. Juli war Gem. Schaber, 1. Comp., in der Gaß. 1. Aug. war Schütz Salfinger in der Gaß. 24. Aug. war Soldat Itzstein, 1. Comp., in der Gaß. 7. Dec. war Gem. Lehnhardt, 1. Comp., in der Gaß. 27. Dec. war Gem. Wellhöfer, 2. Comp., in der Gaß. — Am 10. December wurden 1000 Stück Spießruthen geliefert; sie kosteten 2 fl. 30 kr.

Vom Jahr 1817 bis 1833 hatte die gesetzgebende Versammlung vergebens die Erlassung neuer Militärgesetze beantragt. Nach dem Aprilattentat kamen noch andere Desiderien hinzu. Man bedurfte einer größeren Anzahl Officiere und wollte dies durch Annahme von Cadetten und (zur Vergütung des langsamen Avancements) durch Gehaltserhöhung der Subalternofficiere mit vierjähriger Gradation erreichen.*) Durch Senatsbeschluß vom 19. August 1834 wurde jede Compagnie des Linienbataillons zur Aufnahme eines Cadetten ermächtigt. Am 22. August 1835 ertheilte auf Senatsvortrag vom 25. Juni die gesetzgebende Versammlung ihre Genehmigung, daß der Stand des Linien-Militärs auf 808 Mann, in 6 Compagnien eingetheilt, gebracht werde.**)

In der Sitzung vom 28. September 1836***) wurde der Commissionsbericht, Kriegsartikel und Militärdienstreglement betreffend, verlesen. Da das Bataillon meist aus Fremden bestand, welche, wie der Berichterstatter (Senator Dr. Usener) sich zart ausdrückte „häufig erst nach manchen Lebensereignissen den Soldatenstand ergreifen", so glaubte man die körperliche Züchtigung nicht entbehren zu können, beschränkte die Anwenduug derselben jedoch dadurch, daß sie nur auf die Klasse derer Anwendung fand, welche durch gerichtliches Urtheil degradirt worden waren. Wenn der Degradirte sich während eines halben Jahres untadelig benommen, so soll diese Versetzung in die Strafklasse wieder aufgehoben werden. Am 29. Juli wurde der Commissions-

*) F. Jb. II. 262.
**) „ VI. 43.
***) „ VIII. 91.

Entwurf mit einigen Abänderungen von der gesetzgebenden Versammlung, am 8. August von dem Senat genehmigt.

Am 17. Juli 1837 starb der Oberst und Stadtcommandant Joh. Friedr. Carl (von) Schiller*), geb. dahier 1773, welcher nach einander dem oberrheinischen Reichskreise, dem Fürsten Primas (in Preußen 1806—1808, in Spanien 1809—13), dem Generalgouvernement (1814) und der Stadt Frankfurt (1815, Treffen bei Selz) gedient hatte, seit 1815 Oberst und 1828 vom Kaiser von Oesterreich geadelt wurde. Unter den zahlreichen Orden, welche seine Brust zierten, befand sich auch die französische Ehrenlegion, wie denn 1838 noch unter den activen und pensionirten Officieren des Frankfurter Linienbataillons sechs Ritter der Ehrenlegion und nur ein Ritter des eisernen Kreuzes war.

Die bei Frankfurt zusammengezogenen Bundestruppen (vergl. o. S. 193) wurden im Laufe der Zeit allmählich von 2200 Mann auf etwa 800 vermindert. Ihre Verpflegung und Besoldung ward von Anfang an aus den Mitteln der allgemeinen Bundeskasse bestritten, während zum Behuf ihrer Kasernirung das Deutsch-Ordenshaus in Sachsenhausen, eine österreichische Domäne, eingerichtet war. Der Wachtdienst wurde von ihnen lediglich an der Mainbrücke und gemeinschaftlich mit dem frankfurter Militär vor dem Thurn- und Taxis'schen (Bundes-) Palast versehen. Für den Fall des gemeinschaftlichen Wirkens war ein Verhältniß der Unterordnug der frankfurter Militärmacht unter die österreichische Generalcommandantur vorgesehen.

Am 11. Dezember 1838 wurde das Jubelfest der Freiwilligen begangen.**) Wir entnehmen der unten angeführten Schrift (S. 17. 39. 63.) die Notiz, daß der oben S. 49 erwähnte „Unterbefehlshaber" der Major Graf v. Ingelheim war. Der sechstägige Gewaltmarsch (ohne Rasttag!) war folgendermaßen eingetheilt: 1814. 16. Juni: von Rennes nach Forêt de Fontaine; 17. Juni: nach Beaume les Dames; 18 Juni: nach l'Isle sur Doubs; 19. Juni: nach la Grange; 20. Juni: nach

*) F. Jb. X. 39.

**) Das Jubelfest der Freiwilligen zu Frankfurt a. M. am 11. Decbr. 1838. Der Ertrag ist zu einem milden Zweck bestimmt. Frkfrt. a. M. 1839. XIV. u. 63 S. gr. 8° mit den Standlisten und Marschrouten 1814 und 1815 und einer Darstellung des decorirten Weidenbuschsaals, in welchem das Fest stattfand.

Altkirch; 21 Juni: Rheinübergang bei Rheinweiler, Marsch nach **Neuburg**.

Das Fest begann um 9 Uhr mit einem Appell im **Kaisersaal**, wobei sich ergab, daß von 624 Freiwilligen 236 gestorben waren; dann folgte um 11 Uhr der Gottesdienst in der St. Katharinenkirche, welcher in Verhinderung des Feldpredigers der Freiwilligen, Kirchenrath Mieg in Heidelberg, von Pfarrer Friederich abgehalten wurde; um 4 Uhr war das von etwa 300 Freiwilligen und Ehrengästen besuchte Festmahl. Unter den Gästen waren auch die drei Lützower: August Bercht (der spätere Redacteur des „Rheinischen Beobachters"), der Lehrer H. W. Ackermann und Dr. S. F. Stiebel. Am 12. war ein von etwa 1600 Personen besuchter Ball.

Am 12. Dezember 1843 feierte das Frankfurter Scharfschützen-Corps das fünfzigjährige Jubelfest seines Bestehens. Der bombastische Aufruf vom 9. Dezember 1793, welcher sie ins Leben rief, ist von Malß im Anhang zum „Bürgercapitän" abgedruckt und so der Nachwelt erhalten worden. Von den ursprünglichen Mitgliedern lebten 1843 noch sechs, doch hatte das Corps durch freiwilligen Beitritt sich als Abtheilung der Bürgerwehr erhalten und nahm bei Paraden den Ehrenplatz ein. Zu der Jubelfeier hatte der Senat 700 fl. bewilligt.

Am 1. Dezember 1844 starb der Oberst und Commandant der Stadt- und Landwehr von Frankfurt, Friedrich Wilhelm von Ellrodt, welcher am 16. Januar 1773 geboren war. Als preußischer Hauptmann a. D. kam er 1813 hierher und wurde 1814 bereits zu der oben angegebenen Würde erhoben. Am 15. März 1839 beging er sein Jubiläum**). Aus Beiträgen der Stadtwehr wurde ihm ein Denkmal errichtet, welches am 20. Mai 1846***) enthüllt wurde.

Am 18. Oktober 1847 feierte die Frankfurter Stadtwehr zum letzten Male ihren großen Tag, denn dem 18. Oktober 1848 war ein 18. September vorhergegangen. — Uniformspielerei ist kein Privileg der Fürsten, und auch in einer Republik ist Raum für aristokratische Abstufung der einzelnen Corps. Am vor-

*) Gn. Chr. III., 73, 212.
**) Didascalia 1839, No. 75—77.
***) Gn. Chr. VI., 121.

nehmsten war die Cavallerie, dann kamen die „Weißbüsche" *c.* andere Bataillone wurden mit übel klingenden Namen bezeichnet. Die Artillerie entging auch in Frankfurt nicht dem allgemeinen Loose dieser Waffengattung, radikaler Gesinnungen verdächtig zu sein. Die Infanterie trug den russischen Tschako, dessen vertiefter Boden bei Regenwetter sich mit Wasser füllte, mit dem hohen Federbusch, welcher kaum gegen den Wind zu marschieren gestattete. Nicht nur die einzelnen Corps waren durch Aufschläge verschiedener Farbe (pfirsichblüth, roth, hellgrün, schwarz) auf der grünen Uniform unterschieden, sondern nach französischer Weise waren auch noch die Jäger- und Grenadiercompagnieen durch grüne und rothe Fangschnüre von den Compagnies du centre ausgezeichnet, welche weiße trugen. Französisch waren auch die aufgeputzten Tambourmajors und die bärtigen Sappeurs mit den kolossalen Bärenmützen, dem riesigen Schurzfell, den blanken Aexten und den schweren Stulphandschuhen; französisch auch die dunkelblau, reichlich mit der rothen Feuerfarbe aufgeputzte freiwillige Artillerie, deren Batterie durch Postpferde, welche von in französische Uniform gesteckten Postillonen gelenkt wurden, mobil gemacht wurde. Die Cavallerie vertauschte später den Tschako mit dem Kammhelm.

War schon die jährliche, am Schluß der Exerzierzeit abgehaltene Revue auf dem Uebungsplatz am Grindbrunnen*) vor den Bürgermeistern, denen ein weiß und rothes Zelt aufgeschlagen wurde, ein stolzes Fest, so zeigte sich doch die Stadtwehr in ihrem ganzen Glanze beim Verfassungsfest am 18. Oktober. Am Abende vorher lustwandelte die Stadt am Mainufer, sämmtliche Glocken läuteten eine Stunde und eben so lang blitzte Schuß auf Schuß von der Mündung der am Schaumainthor aufgestellten,

*) Mit dem Grindbrunnen sind komische Mißverständnisse vorgegangen. Lersner (Chronik I. 8) sagt. „Das Wasser siehet nicht anders, als wäre es mit Grindschuppen überzogen, ist sehr gut wider den Grind". Also der leichte, oben auf schwimmende Schwefel erinnert das Volk an eine grindige Haut und daraus entsteht die signatura naturae; wegen dieser Aehnlichkeit ist das Wasser gut gegen den Grind. Von dem nicht weit entfernten Grindbrunnen im Nieder Wald ist eine solche Wirkung nicht bekannt. Der Grindbrunnen bei Wasselnheim im Elsaß (Bacquol-Ristelhuber, dictionnaire de l'Alsace. Strasbourg, 1865. s. v. Wasselonne) bringt zur Abwechselung Grind hervor. Obgleich eine Wirkung des Frankfurter Grindbrunnens gegen Hautkrankheiten nicht im mindesten erwiesen ist, hat man ihn doch sogar mit der nahen Leprosorio: Gutleuthof in Verbindung gebracht

von der Sachsenhäuser Jugend umlagerten Kanonen durch die Dämmerung. In der Morgenstunde von 7 bis 8 Uhr des Festtages selbst abermals Glockenläuten und Kanonendonner, dann feierlicher Gottesdienst und hierauf große Parade auf dem Roßmarkt. Die Bürgermeister und „Zeugherren" schwarz gekleidet, mit Federhut, Schnallenschuhen und Galanteriedegen, gingen die Reihen ab und der Zug setzte sich in Bewegung; durch die engen Gäßchen stürzte die Zuschauerschaft in athemlosem Lauf nach dem Römerberg, um auch dort einen guten Platz zu erobern. Von der neuen Kräme kamen die Truppen herabdefilirt, die Corps, welche im Feld gewesen waren, mit ihren zerschossenen Fahnen, zuletzt das Linienbataillon in der Uniform des französischen Kaiserreichs; sie zogen an der mit rothem Tuch bekleideten Tribüne vor dem Römer vorbei, auf welcher Bürgermeister und Rath sich aufgestellt hatten, bis zum Mainquai, von wo jedes Corps sich auf seinen Sammelplatz begab.

Am Abend noch eine Stunde Schießen und Läuten und dann zahlreiche gesellige Vereinigungen. Der achtzehnte Oktober machte den Anfang des Winters; jetzt durfte man mit gutem Gewissen anfangen zu heizen.

Achtzehntes Kapitel.

Am 14. August 1832 wurde das revidirte Gesetz über das directe Steuerwesen auf den frankfurtischen Ortschaften publicirt.*) Vor dem Jahre 1826 bestanden auf diesen Ortschaften zweierlei Abgaben als Staatssteuern. Die erste Abtheilung derselben war mit dem großen Mangel behaftet, daß die Personalabgabe (der Heerdschilling) für alle Steuerpflichtige gleich war, nämlich jährlich für jeden Mann 1 fl. 27½ kr., für jede Wittwe 1 fl. 13¾ kr., so daß mithin der ärmste Taglöhner dem im besten Erwerb stehenden Gewerbtreibenden gleich besteuert war. Die zweite Abtheilung begriff ohne Ausnahme ständige Summen, welche nach einem Maaßstab aus dem 17. Jahrhundert jährlich als Pauschsumme an das städtische Aerar

*) F. Jb. III, 195. Gesetzsammlung V. 57.

abgeliefert wurden. Sie richtete sich nach den Ortsgemarkungen; da aber diese zwar unverändert geblieben waren, die Bevölkerung und der Wohlstand sich aber in sehr verschiedenem Maaße vermehrt hatten, so zahlte Bornheim mit 2000 Einwohnern weniger als Nieder-Erlenbach mit 550 Einwohnern. Auch die Erhebungsweise war auf den einzelnen Ortschaften verschieden. Ein solcher Zustand war unhaltbar. Schon das Gesetz vom 25. November 1825*), eingeführt am 1. Januar 1826, brachte eine Verbesserung, indem es diese Abgaben aufhob und eine Grundsteuer, Grundgefällesteuer, Gebäudesteuer und Gewerbsteuer nach einheitlichen Normen einführte. Das neue Gesetz führte, indem es die Principien der Steuergesetzgebung von 1825 festhielt, Verbesserungen ein, welche die Erfahrung seitdem als wünschenswerth gezeigt hatte.

Am 14. Mai 1842 bekam die gesetzgebende Versammlung vom Senat die Mittheilung, daß der Vertrag über den Ankauf der deutschen Ordensgüter in hiesigem Gebiet am 13. ratificirt worden sei. In Folge dieses Vertrages traten zwei Abgeordnete für Niederrad (vergl. oben S. 133) in die gesetzgebende Versammlung ein. —

Außer der oben (S. 280) erwähnten St. George'schen Stiftung für die Verpflegung von Angehörigen der Landgemeinden im Hospital zum Heil. Geist, machten Herr Senator Sebastian de Neufville und dessen Gattin am 15. Oktober 1841 eine Stiftung von 8000 fl. zur Vertheilung an arme Bewohner der Frankfurter Ortschaften, in der Art, daß auf Bornheim 1600 fl., auf Oberrad und Niederrad je 1200 fl., auf Bonames, Dortelweil, Hausen, Nieder-Erlenbach und Nieder-Ursel je 800 fl. kamen.**)

Die auswärtigen Beziehungen von Frankfurt lassen sich in diesem Zeitraum nicht im Zusammenhang behandeln. Die zum Zollverein und zu Eisenbahn-Verträgen führenden Verhandlungen sind, wie die aus dem April-Attentate sich entwickelnden Eingriffe des Bundes, oben an ihrem Orte behandelt worden. Ueber Intima ist Naglers Briefwechsel (vergl. oben 153, 198) lehrreich.

---

*) Gesetzsammlung IV. 37.

**) Das Nähere bei Meidinger, gemeinnütz. Anst. S. 187.

Neunzehntes Kapitel.

In diesem Schlußkapitel wollen wir in gewohnter Weise die Daten culturgeschichtlichen Inhalts zusammenstellen, welche in früheren Abschnitten zwanglos nicht unterzubringen waren. Zwei großartige Naturerscheinungen, welche Frankfurt berührten, gaben Gelegenheit zu einer reichhaltigen Literatur. Die eine war die Ueberfluthung von 1845*). Der Winter von 1844—45 wird in der Zahl der strengen einen Platz finden müssen; hat derselbe auch nicht die hohen Kältegrade von 1829—30 ereicht, wo wir den 2. Februar —22,3° R. hatten, so ist, wenn auch mit kurzen Unterbrechungen, seine lange Dauer bei dem herrschenden Nord- und Nordostwind, der unerhörte Schneefall in ganz Deutschland und besonders die große Kälte im März ausgezeichnet. Mit dem 1. Dezember begann die Kälte; den 12. betrug sie —9° R., am 18. +4° und 31. +3° R. Der Wärmemesser stand vom 6. bis 16. und vom 21. bis 30. Dezember unter dem Gefrierpunct.

Im Januar 1845 fror es vom 10. bis 25. Nachts ununterbrochen, obgleich am Tage der Wärmemesser öfter über Null zeigte. Vom 29. Januar bis 23. März blieb das Quecksilber Nachts beständig unter dem Gefrierpunkt, doch nicht tiefer als 3°. Wie 1830 war auch 1845 der Februar der kälteste Monat; die höchste Kälte war am 19. Morgens —16,7°. Die höchste Wärme in diesem Monat war +2° am 5. und 16. Mittags.

Am 12. Februar erreichte der Main den niedrigsten Stand des Jahrhunderts, 4 Zoll tiefer als im August 1800. Von da an fielen bedeutende Schneemassen, besonders mainaufwärts.

Der März stellte sich am 1. mit —10° R. ein, die höchste Kälte betrug —13°. Die letzte Hälfte dieses Monats hatten wir bei Tage bis +6°, vom 27. sank auch des Nachts das Quecksilber nicht unter den Gefrierpunkt. Den 28. war die höchste Wärme bei Tag +6°, bei Nacht +4° und diese Tage brachten das langersehnte Thauwetter. Der Main, welcher oberhalb der Stadt an der Gerbermühle und unterhalb derselben am Gut-

*) Gn. Chr. V., 69.

leuthof am 11. Februar zugefroren war, ging am 25. März Morgens 8 Uhr auf; die Dicke des Eises betrug 11 bis 12 Zoll. Die Wasserhöhe des Mains, die noch am 24. März nur $1^1/_4$ Fuß über dem Nullpunkt betrug, stieg bei dem einfallenden Thauwetter bis zum 31. rasch anhaltend fort, bis sie $20^1/_3$ Fuß, 5 Zoll weniger als 1784, erreichte. Das Fallen des Wassers geschah langsamer, als das Steigen; am 1. April war die Wasserhöhe 16, am 7. April 6 Fuß. (Vergl. o. S. 246.)

Von den Thürmen und den benachbarten Höhen (Mühlberg, Röderberg) gewährte es einen großartigen und zugleich belehrenden Anblick, diese Wasserfluth zu sehen. Alle alten Mainarme waren wieder gefüllt; Sachsenhausen eine Insel, die nur durch die Darmstädter Landstraße mit dem Festland zusammenhing; am Rand der Bergerhöhe waren die Torfstiche von Enkheim, wie vor Jahrtausenden, von einem Strom durchflossen.

Die Landstraßen nach Hanau und Offenbach waren überfluthet; durch die Brücke stürzten Wasserfälle, deren Brausen bei stiller Nacht 20 Minuten weit gehört werden konnte. Die Vorlage des vierten Bogens, Frankfurter Seits, wurde von der Gewalt des Wassers unterwühlt; nachdem dieselbe sich am 30. März einige Zoll weit von der Brücke losgelöst, stürzte sie am 3. April Abends 6 Uhr plötzlich zusammen.

Der Schaden, welchen das Wasser in den niedrigen Theilen von Frankfurt und besonders von Sachsenhausen anrichtete, war außerordentlich groß; zu seiner Linderung bildete sich sogleich ein Comité. Er würde noch bedeutender gewesen sein, zumal da die Ostern sehr früh, auf den 23. März fielen, wenn man nicht die Vorsicht gehabt hätte, die Meßbuden statt am Mainufer, auf dem Roßmarkt aufzuschlagen. Der geographische Verein*) veranlaßte den Lithographen Jacob Seib, ein Daguerrotyp der Ueberschwemmung aufzunehmen und zu lithographiren, sowie auch zum Vergleich eine Ansicht der Ueberschwemmung von 1784 zu vervielfältigen.**)

Auch um die Kenntniß des Erdbebens, welches am 29. Juli 1846, 35 Minuten nach 9 Uhr Abends, die Stadt betraf,

---

*) Gn. Chr. V., 64, 67.

**) Beide Abbildungen mit Text von Dr. med. J. Bögner erschienen bei H. J. Keßler zum Besten der Wasserbeschädigten.

hat Dr. Bögner sich Verdienste erworben. Die Schwingungen, welche in ungefähr 5—6 Sekunden drei Mal sich wiederholten, schaukelten nicht nur hängende Gegenstände, sondern bewegten auch feststehende hin und her, schreckten Schlafende aus den Betten 2c. Auf den Thürmen der Stadt wurde das Erdbeben natürlich am stärksten empfunden, hier stießen die Küchengeräthschaften klirrend aneinander. Ueber dem Astrolabium im Dom zerriß ein Gewölbe und zeigte eine etwa fingerbreite Oeffnung.*)

Einen merkwürdigen Blitzschlag, welcher am 20. Juni 1846 das Gebäude der Taubstummenanstalt traf, habe ich genau beobachtet und beschrieben.**)

Ein schreckliches Verbrechen, an die That des Moog erinnernd (vergl. oben S. 172) wurde in ähnlicher Weise wie jenes gesühnt.***) Am 21. Juni 1836 wurde folgendes Urtheil des Appellationsgerichts als Criminalgericht vom 18. Juni öffentlich bekannt gemacht: In Untersuchungssachen, die in der Wohnung des hiesigen Bürgers und Schneidermeisters Johann Joachim Christian Lichtwerk aus Vietschow in Mecklenburg-Schwerin gebürtig, vorgefallene Ermordung seiner Frau und zweier Kinder und des Schneidermeisters Lichtwerk selbst betreffend, ist hiermit zu Recht erkannt: Da der alsbaldige amtliche Sachbefund, die Berichte löbl. Physicats, die Aussagen unverdächtiger Zeugen, und die von nahen Anverwandten recognoscirten hinterlassenen schriftlichen Aufsätze und an sie gerichteten Briefe keinen Zweifel lassen, daß der Schneidermeister Lichtwerk, wiewohl im Einverständniß mit seiner Ehefrau, (vorher verehelichten Kreininger) welche er aber jedenfalls eines Besseren hätte belehren sollen, diese und seine zwei mit ihr erzeugten unmündigen Kinder weiblichen Geschlechts von drei und von anderthalb Jahren, und hierauf sich selbst vermittelst eines Rasirmessers mit Vorbedacht ermordet, anbei durch diese Tödung seiner schwangeren Ehefrau muthmaßlich auch den Tod ihrer fast ausgetragenen Leibesfrucht, welche, un-

*) Gn. Chr. VI. 137. Boegner, das Erdbeben und seine Erscheinungen, mit einer Karte vom Verbreitungsbezirk des Erdbebens vom 29. Juli 1846. Frkfrt. H. L. Brönner 1847.

**) Gn. Chr. VI., 144. Polytechn. Journal. Bd. 103. Poggendorff, Annalen 1846, Bd. 145. S. 554. W. Stricker, der Blitz und seine Wirkungen, Berlin 1872, S. 6.

***) F. Jb. VII., 235.

geachtet der angewandten ärztlichen Bemühung nicht mehr zu retten gewesen, verursacht habe, und daß er zu dieser gottlosen und schauderhaften That zwar, seiner Angabe nach, durch Nahrungsmangel, hauptsächlich' aber durch seine schlechte Gesinnung verleitet worden, in deren Folge ihm auch die Verkündigung eines bereits gefällten polizeigerichtlichen Straferkenntnisses wegen verübter Betrügereien bevorgestanden:

„So wird Schneidermeister Lichtwerk, in Betracht des erwiesenermaaßen von ihm begangenen mehrfachen Mords und Selbstmords und nachdem die Leichen seiner Frau und Kinder bereits in Folge Decrets vom 17. d. M. auf dem Friedhof in der Stille beerdigt worden, eines ehrlichen Begräbnißes für unwürdig erklärt; es ist vielmehr dessen Leichnam durch die Knechte des Scharfrichters auf einem Karren nach dem Schindanger zu führen und daselbst durch deren Hände zu begraben."

Die Cholera bedrohte Frankfurt 1831, aber sie berührte nicht die Stadt. Die DDr. Lorey und Reuß wurden von Staatswegen zu ihrer Beobachtung entsendet, der Bunsen'sche Garten (vergl. o. S. 103) zum Choleraspital eingerichtet, eine Belehrung vom Physicat erlassen. Dabei blieb es. Dagegen überzog 1847 eine moralische Epidemie die Stadt, es war die Hippophagomania, welche bei Manchen sich zum Fanatismus steigerte. Der Verein zum Schutze der Thiere (gegründet 1842) veranstaltete am 6. October 1847 im Gasthaus „zum Adler" in Bornheim ein Pferdefleischessen, „ein", wie der Vorsitzende bei dieser Gelegenheit sagte, „nicht der Gaumenlust, sondern einer recht humanen Bestrebung geltendes Mahl". Die Anwesenden wurden gepriesen, daß sie kühn und in wahrhaft großartiger Hingebung an ein wohlgemeintes Schaffen die Bedenklichkeiten überwunden, welche sie hätten von der Theilnahme abhalten können. Zugleich wurde ihnen die Versicherung gegeben, daß sie, laut Protokoll über die Schlachtung des heute zu verkostenden Pferdes, nur Gerichte von völlig gesundem Fleische erhalten sollten.*) Der Fortschritt, die Pferdeessenden deutschen Altvordern, der Schutz alter Pferde gegen Mißhandlung und die billige Fleischkost für Arme wurden von den zahlreichen Rednern nach-

*) Gn. Chr. VII., 163—166.

einander ins Feld geführt, um „ein eingewurzeltes, lächerliches Vorurtheil muthig zu besiegen.“

Aus Goethe's „Dichtung und Wahrheit“ (IV. Buch) ist die Familie Reineck allgemein bekannt*), ihr Ausgang mag daher allgemeines Interesse erregen. In der Sitzung der gesetzgebenden Versammlung vom 24. Februar 1838 kam ein Senatsvortrag vom 9. Januar zur Verhandlung, des Inhalts: „Familienzerwürfnisse veranlaßten den längst verstorbenen Hofrath F. K. von Reineck dahier, über sein bedeutendes Vermögen testamentarisch zu verfügen, und solches, mit Ausschluß seiner übrigen Kinder, größtentheils seinem nunmehr gleichfalls verstorbenen Sohn Adelbert von Reineck († 19. Juni 1822) zuzuwenden. Dieser, nachdem ein großer Theil dieser Erbschaft in ungeregeltem Haushalt aufgegangen war, vermachte den Rest testamentarisch seinem außerehelichen Sohn, dem 1829 gleichfalls verstorbenen Karl (Sauer) Reineck. Es ist bekannt, daß dessen Verlassenschaft als bonum vacans der hiesigen Stadt zugesprochen wurde.**) Genau ist deren Betrag nicht anzugeben, da solche nur in dem mit einem Insatz von 16,000 fl. beschwerten Haus in der Hasengasse besteht und nach dessen Abzug nun 40,000 fl. betragen mag.***) Eine Enkelin obgedachten Hofraths von Reineck, die Bürgerstochter Fräulein Mariane Luise Juliane von Reineck, das letzte hier wohnende Glied einer ehemals begüterten Familie, lebt in bereits vorgerücktem Alter in beschränkten Vermögensverhältnissen von einer Pension als gewesene Hofdame der verstorbenen Frau Herzogin von Nassau. Die obengedachte großväterliche Verfügung entzog ihrem Vater, und somit auch ihr, das voreIterlich herrührende Vermögen, und das Testament ihres Oheims brachte sie, die nächste Verwandte, um jede Hoffnung, im Wege der Erbschaft jenes Unrecht ausgeglichen zu sehen. Dieselbe hat sich nun an den Senat gewendet, und um eine Rente, aus

---

*) Vergl. W. Stricker, Goethe's Beziehungen zu seiner Vaterstadt. Frkfrt. Auffarth 1862, S. 42—47. Im neuen Reich, 1872, I. S. 376—381. Kriegk, Die Brüder Senckenberg, S. 369—377. — Goethe's Werke, herausgegeben von G. v. Löper, Berlin Hempel, XX. 344.

**) Weil seine Mutter schon vor ihm gestorben war und die Großmutter gesetzlich von ihm nicht erben konnte.

***) F. Jb. IV. 163—165, 180, 207—209, 216, 217, 225, 231—233, XI. 101.

dem, dem hiesigen Fiscus anheimgefallenen v. Reineck'schen Vermögen gebeten. Im Einverständniß mit löblicher ständiger Bürgerrepräsentation glaubt der Senat eine solche von 100 fl.*) jährlich auf Lebenszeit aus dem Aerar, vom Anfang des Jahres 1838 anfangend, verabreichen zu sollen." Ohne Umfrage trat die gesetzgebende Versammlung dem Antrage des Senats genehmigend bei.

Wenn wir nun schließlich bemerken, daß nach einer langen Agitation endlich am 18. August 1847 die erste öffentliche Sitzung der gesetzgebenden Versammlung stattfand**), so haben wir damit den Uebergang zu dem nächsten Abschnitt gefunden, wo die Frage der Oeffentlichkeit überhaupt eine so große politische Rolle spielen sollte.

*) „Vierspännig gefahren" kann man das wohl kaum nennen, vergl. oben S. 219.

**) Gn. Chr. VII., 131.

Fortgesetztes Verzeichniß der abgekürzten Büchertitel.

Gegenwart. Die Gegenwart, eine encyklopädische Darstellung der neuesten Zeitgeschichte für alle Stände. Leipzig, F. A. Brockhaus, 1848—56, 12 Bände.

Gn. Chr. Frankfurter gemeinnützige Chronik, Jahrgang 1—8. Druck von Heller & Rohm 1841—48, 4°. (Von Jahrgang VIII. [1848] erschienen nur 5 Nummern, die übrigen unter dem Titel: „Der Freistädter.)“.

Ilse. Geschichte der politischen Untersuchungen, welche durch die Centraluntersuchungs-Commission zu Mainz 1819—27 und durch die Bundescentralbehörde zu Frankfurt 1833—42 geführt worden sind. Von Dr. L. F. Ilse. Frankfurt, Meidinger Sohn & Co. 1860.

Berichtigungen:

Seite 90 Zeile 9 von oben lies Bundes-Versammlung statt Bürger-Versammlung.

„ 128 „ 15 von oben lies Ostermesse statt Herbstmesse.

„ 149 „ 4 „ „ „ Anspruch statt Ausspruch.

Von demselben Verfasser sind früher erschienen:

1. Die Feuerzeuge. 1874.

2. Die Amazonen in Sage und Geschichte. 2. Aufl. 1873.

3. Der Blitz und seine Wirkungen. 1872.
(No. 1.—3. sind No. 199, 61 und 164 der „Sammlung gemeinverständlicher Vorträge", herausg. von R. Virchow und F. v. Holtzendorff, Berlin, C. G. Lüderitz.)

4. Die deutsch-französischen Grenzbezirke in historischer und nationaler Beziehung. Frankfurt, F. B. Auffarth, 1871.

5. Beiträge zur ärztlichen Culturgeschichte. Fremdes und Eigenes. Frankfurt, F. B. Auffarth, 1865.
(Dr. Johann Christian Ehrmann, sein Leben und seine humoristischen Schriften. — Physicatsgutachten, Impotenz betreffend. — Pockenpoesie. — Die Aerzte in Goethe's Jugendgeschichte. — Zur Culturgeschichte der deutschen Bäder [Schwalbach, Pyrmont, Baden im Aargau, Spa] — Der Ritter Taylor. — Chinesische Medicin 2c.)

6. Studien über Menschenblattern, Vaccination und Revaccination. Eine von der Société médicale zu Genf gekrönte Preisschrift. Frankfurt a. M., F. B. Auffarth, 1861.

Neuere Geschichte

von

Frankfurt am Main.

Von

Dr. Wilhelm Stricker.

Viertes Buch.

Geschichte von Frankfurt

von dem Ausbruch der französischen Februarrevolution
bis zum Einzug der preußischen Truppen in Frankfurt
1848 - 1866.

Frankfurt a. M.
Verlag von Franz Benjamin Auffarth

1881.

Neuere Geschichte

von

Frankfurt am Main.

Von

Dr. Wilhelm Stricker.

Viertes Buch.

Geschichte von Frankfurt

von dem Ausbruch der französischen Februarrevolution bis zum Einzug der preußischen Truppen in Frankfurt

1848—1866.

Frankfurt a. M.

Verlag von Franz Benjamin Auffarth.

1881.

Neuere Geschichte

von

Frankfurt am Main.

1806—1866.

Von

Dr. Wilhelm Stricker.

Frankfurt a. M.
Verlag von Franz Benjamin Auffarth.

1881.

Erstes (einleitendes) Kapitel.

Der Zeitraum von 1848 — 1866 läßt sich weder in sich zertrennen, noch läßt sich in demselben der Verlauf der Deutschen und Frankfurter Geschichte theilen. Begriff in erster Beziehung der genannte Zeitraum den Anfang und die Vollendung der Einigung Deutschlands unter Preußens Führung und die Elimination Oesterreichs in sich, so war in zweiter Hinsicht Frankfurt der bevorzugte Schauplatz dieses historischen Proceßes. Die Discussion der Cardinalfrage in der Paulskirche, die Logik der Thatsachen, welche die deutsche Nationalversammlung von ganz andern Prämissen aus zur Annahme der Reichsverfassung mit dem preußisch-deutschen Erbkaiser geführt hatte*), konnte aus dem Gedächtniß der Nation nicht schwinden, wenn auch der Weg nach Königingrätz**) über Olmütz führte. In Frankfurt als dem Sitz der Nationalversammlung und Centralgewalt, des Interim, des wiederhergestellten Bundestags, des Nationalvereins, des ersten Schützenfestes, des Fürstentages, der Abgeordnetentage und der großdeutschen Vereinsversammlungen fanden alle politischen Bestrebungen der Zeit ihren Brennpunkt.

Wenn wir daher in früheren Abschnitten unserer Geschichtsdarstellung, welche politisch ruhige Zeiten betrafen, die chronologische Folge theilweise verlassen und einzelne Zweige der Wissenschaft und Kunst, das Schulwesen, die kirchlichen Angelegenheiten ꝛc. in gesonderten Abschnitten schildern konnten, so überwiegt in dem hier zu beschreibenden Zeitraum die politische Gliederung, welcher alle anderen Rücksichten sich unterzuordnen haben.

Natürlich wird in diesem vierten Buch der Charakter persönlicher Denkwürdigkeiten noch weniger zu vermeiden sein, als in dem dritten. Liegt auch die Zeit noch zu nahe und leben

*) Vergl. H. v. Treitschke, historische und politische Aufsätze. 2. Aufl. Lpzg. 1865 S. 422.

**) Die jetzt übliche Form Königgrätz ist unrichtig. Königingrätz ist die Burg, wie das benachbarte Königinhof der Hof, welcher zum Witthum der Königin von Böhmen gehörte.

noch zu viele der betheiligten Personen, um die volle Wahrheit jetzt schon sagen zu können, so wird der Verfasser doch nirgends seine Grundstimmung den Ereignissen gegenüber verleugnen.

Jahr.	Getraute Paare	Geborene	Gestorbene	Jahr.	Getraute Paare	Geborene	Gestorbene
1848	268	1261	1262	1858	344	1396	1395
1849	354	1224	1162	1859	409	1483	1287
1850	379	1209	1148	1860	434	1415	1243
1851	358	1350	1137	1861	384	1489	1404
1852	337	1363	1161	1862	407	1564	1502
1853	343	1361	1166	1863	509	1670	1462
1854	357	1278	1189	1864	489	1762	1526
1855	339	1285	1262	1865	479	1991	1666
1856	307	1272	1207	1866	402	2043	1702
1857	405	1301	1342				

Jahr.	Aelterer Bürgermeister.	Jüngerer Bürgermeister.
1848	Karl Heinrich Georg v. Heyden.	Dr. Karl Franz v. Schweitzer
1849	Dr. Samuel Gottlieb Müller.	Ludw. Karl Emil Coester.
1850	K. H. G. v. Heyden.	Dr. Georg Wilhelm Heßenberg.
1851	F. K. H. Freih. v. Günderrode.	Georg Chr. Friedr. Siebert.
1852	Dr. Johann Georg Neuburg.	Dr. Gustav Edmund Nestle.
1853	K. H. G. v. Heyden.	Dr. Joh. Jak. Konrad Kloß.
1854	Dr. Johann Georg Neuburg.	Dr. Georg Wilhelm Heßenberg.
1855	Dr. Eduard Ludwig Harnier.	Dr. Gustav Edmund Nestle.
1856	Dr. Johann Georg Neuburg.	Dr. J. J. K. Kloß.
1857	Dr. Eduard Ludwig Harnier.	K. C. V. Fellner.
1858	Dr. Johann Georg Neuburg.	Dr. A. H. E. v. Oven.
1859	Dr. Eduard Ludwig Harnier.	Georg Chr. Friedr. Siebert.
1860	Dr. Samuel Gottlieb Müller.	Dr. Joh. Aug. Speltz.
1861	F. K. H. Freih. v. Günderrode.	Georg Chr. Friedr. Siebert.
1862	Dr. Johann Georg Neuburg.	K. C. V. Fellner.
1863	Dr. Samuel Gottlieb Müller.	Joseph Ant. Wolfg. Forsboom.
1864	Dr. A. H. E. v. Oven.	K. C. V. Fellner.
1865	Dr. Phil. Friedr. Gwinner.	Dr. Joh. Aug. Speltz.
1866	K. C. V. Fellner.	Joseph Ant. Wolfg. Forsboom.

Die Zollvereinszählungen ergaben für die Stadt folgende Einwohnerzahlen.

1849 :	59316.	1861 :	71564.
1852 :	62561.	1864 :	78221.
1855 :	64316.	1867 :	75918.
1858 :	68049		

Zweites Kapitel.

Als der Abgeordnete Bassermann am 12. Februar 1848 seine berühmte Motion über die Vertretung der deutschen Ständekammern am Bundestage in der badischen Kammer vertheidigte, schloß er seine Rede mit folgenden Worten: „Der Weltfriede steht auf zwei Augen; an der Seine wie an der Donau neigen sich die Tage.“ So fest stand noch wenige Tage vor der Flucht Ludwig Philipps und dem Sturze Metternichs die allgemeine Ueberzeugung von der aus jeder Gefahr schlüpfenden Klugheit des ersteren, und der allen Angriffen trotzenden Macht des letzteren. Die Sicherheit der politischen Empfindung war freilich längst verschwunden. Seit dem Sonderbundskriege gingen die Pulse schneller und flog und stockte der Athem, je nachdem die Ereignisse Hoffnung oder Sorge weckten. Mit Schrecken wurde der Wachsthum der Corruption in Frankreich und der rasche Verbrauch aller politischen Persönlichkeiten durch die Julidynastie, ohne daß diese neue Kräfte geschaffen hätte, bemerkt. Es gehörte keine besondere politische Gabe dazu, ein schlechtes Ende der Dinge hier vorherzusagen. Mit der größten Spannung verfolgte Jedermann die italienischen Wirren, wo der gerühmte Liberalismus des Papstes und die behauptete Reife der Neapolitaner den Glauben der Gebildeten auf harte Proben stellte. Man begriff die Leidenschaft des Jahrhunderte lang mißhandelten Volkes, freute sich über seinen plötzlichen Aufschwung, blickte aber durchaus unklar in seine Zukunft. Der unerwartete Tod König Christians VIII. von Dänemark warf das Schicksal der Herzogthümer Schleswig-Holsteins in ein ungewisses Dunkel zurück und ließ anfangs Hoffnungen und Befürchtungen beinahe gleichen Raum. Ueberall zeigte sich die politische Luft umwölkt; daß ein schwerer Sturm heranziehe -- davon war alle Welt überzeugt. Aber Niemand ahnte, daß er schon in den nächsten Wochen ausbrechen werde, Niemand wußte in welchem Maaße Deutschland von ihm werde berührt werden. Die Vereinigten ständigen Ausschüße in Berlin erörterten ruhig am 28. Januar den Begriff der gemeinen und der höheren bürgerlichen Ehre und die Mehrheit fand es am 8. Februar mit 66 gegen 28

Stimmen zeitgemäß, jedes Unternehmen zum Zwecke der Auflösung oder Veränderung des deutschen Bundes als Hochverrath mit dem Tode zu bestrafen. Da brach die Pariser Februarrevolution aus.*)

Die Nachricht von der Pariser Februarrevolution langte am Sonntag den 25. Abends in Frankfurt an. Die nächsten Tage waren getheilt zwischen dem Interesse, welches der Fortgang der Dinge selbst in Frankreich hervorrief, und dem, mit welchem man der Nachwirkung der Erschütterung in Deutschland folgte. Die Gleichheit der nationalliberalen Forderungen, wie sie nach einander in Karlsruhe, Darmstadt, Wiesbaden, Hanau ꝛc. gestellt wurden, zeigte einerseits, daß ganz anders als 1830 Deutschland vorbereitet war, trotz aller Verschiedenheit localer Beschwerden, die Bewegung in das Geleise der eigenen Bedürfnisse überzuführen, andererseits, daß die Befürchtung eines propagandistischen Krieges von Seiten Frankreichs allgemein getheilt wurde.

In Frankfurt selbst steigerte die Gährung sich allmählich. Am 3. März hielt man es für zweckmäßig, die Constablerwache von der Bürger-Wehr beziehen zu lassen. Am Nachmittag des 3. fand in der Reitbahn unter dem Vorsitz der DDr. med. G. Varrentrapp und Mappes und der DDr. jur. M. Reinganum, Kugler und Jucho eine Volksversammlung statt, worin eine Petition an den Senat angenommen wurde.**) Nachdem dieselbe am 4. März Vormittags noch von einer großen Zahl Bürger unterzeichnet worden, wurde sie um 4 Uhr von einer Deputation den beiden Bürgermeistern im Römer überreicht. Bei der Uebergabe hielt Dr. Mappes eine kurze Anrede, worauf ihm der ältere Bürgermeister, Schöff von Heyden, die Versicherung gab, daß der Senat sobald als möglich alle 8 Punkte der Petition ihrer gesetzmäßigen Erledigung entgegen führen werde. Schon jetzt könne die Versicherung gegeben werden, daß im Verlauf einer Stunde Preßfreiheit nach Maßgabe der Badischen Bewilligungen verkündigt werden würde. — Während dieß geschah, war die Menschenmenge auf dem Römerberg außerordentlich angeschwollen und kaum hatte der Sprecher der Deputation Dr. Map-

---

*) A. Springer, F. C. Dahlmann, Lpzg. 1872. II. 203.
**) Fst. N. 1. Gegenwart V, 382.

pes, die Antwort des Bürgermeisters verkündigt, als auch schon ein wilder Haufe (unter Führung eines Dr. Haas aus Alzey) mit Ungestüm die Bewilligung aller Punkte der Petition verlangte und die Kaisertreppe hinaufstürmte. Zum erstenmal gelang es, dem Ungestüm durch begütigende Worte Einhalt zu thun, aber als eine aus der Mitte der Tumultuanten an den Senat geschickte Deputation unverichteter Dinge zurückkehrte, begann gegen 6 Uhr unter furchtbarem Gebrüll der Sturm auf die Kaisertreppe von Neuem. Als sie die Thüre des Vorsaals zum Rathszimmer zu sprengen versuchten, erschien die rasch durch Generalmarsch zusammenberufene Bürgerwehr, welche erst die Römerhalle, hierauf den Platz vor dem Römer von den Eingedrungenen säuberte, dann den Eingang zum Römer absperrte. Auf dem Paulsplatz stand zur Reserve das Linienbataillon aufmarschirt, dessen Hülfe jedoch nicht nöthig wurde. Eine Rotte machte gleichzeitig den Versuch, in den Pfarrthurm einzudringen und die Sturmglocke zu läuten, doch wurden sie von den Metzgern daran verhindert. Auf dem Römerberg wüthete indeß der Tumult, auch nachdem um 8 Uhr die Preßfreiheit bewilligt worden. Die ganze Nacht bis um 4 Uhr Morgens dauerte der Lärm auf dem Römerberg und in den benachbarten Straßen fort; mehrfache Verhaftungen theilweise Bewaffneter fanden statt; die Verhafteten waren Fremde oder gehörten den untersten Volksschichten von Frankfurt an. — Der 4. März war auch in Wiesbaden sehr stürmisch gewesen, der Herzog Adolf war abwesend; auf der Heimreise war er um 3 Uhr Nachmittags auf dem Frankfurter Bahnhof angekommen und gerade noch zur rechten Zeit in Wiesbaden eingetroffen, um durch Zugeständnisse die aufs Höchste aufgeregte Volksmenge zu besänftigen.*)

Am 5. März, einem Sonntag, wurde ein andrer Punkt der Petition, die allgemeine Amnestie, gewährt, was auch den Nachts zuvor Verhafteten die Freiheit wieder gab. Die Bürger aller Altersklassen wurden unter die Waffen gerufen und die Stadtthore geschlossen. Auf der Lesegesellschaft bildete sich eine freiwillige Wehr, welche in der buntscheckigsten Bewaffnung die Umgebung der Stadt Nachts abpatrouillirte. Da die Stadtwehr auf die Dauer dem schweren Dienste nicht genügen

*) Das Nähere in der Gegenwart V. 280.

konnte, so wurden zu ihrer Unterstützung die gesetzlich nicht dienstpflichtigen Elemente der Bürger- und Einwohnerschaft nothdürftig bewaffnet, organisirt und eingeübt; sie erhielten den Namen Schutzwache.

Am 8. März erklärte die Bundesversammlung, daß eine Revision der Bundesverfaßung auf zeitgemäßer und nationaler Grundlage nothwendig sei. Am 9. erklärte sie die revolutionären Farben Schwarzrothgold als Farben des ehemaligen Deutschen Reichspaniers für Farben des Deutschen Bundes; am 10. lud sie die Regierungen ein, Männer des allgemeinen Vertrauens zur Bundesreform nach Frankfurt zu senden.*)

Ein dritter Punkt der Frankfurter Petition: Aufhebung des Gesetzes vom 2. Juli 1832, das politische Vereinigungsrecht betreffend wurde in den nächsten Tagen gewährt. In der Sitzung der gesetzgebenden Versammlung**) vom 13. März wurde ein vom Senat vorgelegter Gesetzentwurf, die Beschaffung von Zahlungsmitteln für hiesigen Platz betreffend, angenommen. Gegen den Versatz gerichtlicher erster Hypotheken in hiesiger Stadt-Gemarkung bis zur Hälfte von deren Betrag und gegen Verpfändung von Frankfurter Stadtobligationen der verschiedenen Anlehen zu einem von dem Recheneiamt zu bestimmenden Curs, welcher jedoch die Hälfte des Nennwerthes nicht übersteigen darf, und gegen 4% Zinsen, sollen bis zum 15. September d. J. Recheneischeine ausgegeben werden. Am 22. März wurde von der gesetzgebenden Versammlung eine Gehaltszulage der Volksschullehrer genehmigt und am 29. auf Antrag des Senats, betreffs Abänderung der Frankfurter Verfassung, von der Versammlung eine begutachtende Commission von neun Mitgliedern gewählt. Bis dahin war keine Spaltung der liberalen Partei eingetreten; erst die Ereignisse in der Paulskirche während des „Vorparlaments" übten auch in den städtischen Verhältnissen ihren zersetzenden Einfluß. Es schied sich eine, um den heutigen Ausdruck zu gebrauchen, nationalliberale Partei aus dem schillernden Parteigetriebe ab. In dem Parlament ging derselbe Proceß vor sich, nur, den größeren Verhältnissen gegenüber, mit größerer Schwierigkeit. Die Wichtigkeit des Gegenstandes, welcher den

*) Gegenwart II. 395. 697.

**) Fst. No. 8.

hier in Behandlung stehenden Zeitraum beherrscht und wenn auch durch die Gewalt der Thatsachen erledigt, noch oft das Ziel unmuthiger Wünsche ist, mag es rechtfertigen, wenn wir hier für die Generation, welche nicht selbst die Logik der Geschichte in den Verhandlungen der Paulskirche miterlebt hat, die Nothwendigkeit des sogenannten kleindeutschen Staatsgedankens im Zusammenhang erörtern. Wir können das nicht besser thun, als mit den Worten Anton Springer's in seinem Leben Dahlmann's (Leipzig 1872. II. 305):

„Es war schlechterdings unmöglich, mit Oesterreich zusammen in das neue Reich zu treten, es erschien ebenso unthunlich, Oesterreich von demselben auszuschließen. Der Kaiserstaat stand politisch zu Deutschland immer noch ebenso, wie die Monarchie Karls V. zum alten Reich gestanden hatte; er benutzte seinen Einfluß auf die deutschen Regierungen als Machtmittel in den äußeren staatlichen Beziehungen, er hatte sich aber innerlich dem deutschen Volke seit der Reformation vollkommen entfremdet. Die politische Ohnmacht, zu welcher Deutschland seit drei Jahrhunderten verurtheilt war, konnte diese Thatsache einigermaßen verhüllen, und den Glauben erwecken: weil deutsche Diplomaten die Befehle des Wiener Cabinets gehorsam ausführten, und Oesterreich seine Kriege auf deutschen Schlachtfeldern ausfocht, so bilde Oesterreich ein Glied des deutschen Organismus. Selbst seit dem März 1848 zeigte der Verlauf der Revolution hier und dort, daß Oesterreich seine eigenen Wege wandle. Der Zug nach Einheit bildete den Kern der deutschen Volksbewegung, eine centrifugale Kraft trieb in Oesterreich zum Aufruhr; in Deutschland besaß die Revolution ausschließlich einen politischen Charakter, in Oesterreich war sie wesentlich social. — Diese Wahrheiten traten momentan zurück hinter dem Eindruck der Wiener Märzrevolution. Jetzt sprachen alle Sympathien für Oesterreich und erschien Alles in so rosigem Lichte, daß nur Spott erntete, wer von Schwierigkeiten oder gar Unmöglichkeiten sprach. Selbstverständlich konnte die deutsche Nation jetzt ihr Schicksal nicht von dem der österreichischen Brüder trennen, welche zur selben Stunde sich erhoben und den alten Druck abgeschüttelt hatten. Sie waren ohnedies mit Deutschland geeinigt durch Sprache und Bildung, sollten sie nicht auch politisch verbunden werden; sollte nicht, gerade wie der Deutsche Bund alle Regierungen umschloß, auch das Deutsche Reich alle Stämme umfangen? Im Taumel der Begeisterung vergaß man, daß ein auf Verfassung gegründeter Staat viel strengere Forderungen an seine Angehörigen stellt, als ein bloßer Regierungsverein, und daß er eine Vielfältigkeit der Ziele, eine beliebige Richtung des Wollens bei seinen Angehörigen nicht duldet. Im Rathe des deutschen Fürstenbundes konnten die Abgesandten des Königs der Niederlande und Dänemarks mitsitzen, im deutschen Parlamente war aber kein Platz für Männer, die sich als Niederländer oder Dänen fühlten, ebenso ging es mit Oesterreich.

An der Spitze des deutschen Bundes konnte der Kaiser von Oesterreich stehen, denn die alten Bundesverhältnisse berührten den Kern des deutschen Lebens nicht; wenn aber Oesterreicher am deutschen Reichstage Theil nehmen wollten, so durften sie durch kein anderes Staatsinteresse in ihrem Wollen beschränkt werden. Nun aber saßen sie mit Jubel begrüßt, im Parlament und österreichische Staatsmänner lenkten die Entschließungen des Reichsministeriums; ein österreichischer Erzherzog war zum Reichsverweser erkoren worden; so hatte man Thatsachen geschaffen, welche nur mit der größten Mühe rückgängig gemacht werden konnten. Erst während der Ausarbeitung der Verfassung stieß man auf die unüberwindlichen Schwierigkeiten, die aus der unmittelbaren Gemeinschaft mit Oesterreich hervorgehen mußten. Um jenen zu begegnen hatte der Verfassungsausschuß in dem berühmten § 2 der Reichsverfassung folgende Bestimmung getroffen. „„Kein Theil des Deutschen Reichs darf mit nichtdeutschen Ländern zu einem Staat vereinigt sein."" Darin lag keine Lösung der österreichischen Frage, da der Paragraph von den wirklichen Zuständen absah und ein vorläufig rein ersonnenes Oesterreich in zwei selbständigen Hälften getheilt, an die Stelle des Kaiserstaates setzte, er stellte also eigentlich nur ein Problem auf, dessen Lösung späteren Zeiten überlassen werden sollte."

Im Gegensatz zu den „Sympathien für Oesterreich" schreibt Springer an anderer Stelle (Dahlmann II, 117) und auf frühere Zeit (1842) bezüglich: „Die innere Verworrenheit und Unklarheit der preußischen Staatskunst trug schon in kurzer Zeit bittere Früchte. Dieses ewige Schwanken und Schaukeln —

Wilhelm Grimm verglich es mit dem Hin- und Hertreiben einer Wolke bei wechselnder Witterung, — diese sittliche Entrüstung, wenn das Volk der Regierung nicht die edelsten Ziele und besten Vorsätze zutraute, und dieses Poltern, wenn es sie bei ihren angeblichen guten Vorsätzen faßte; diese prickelnde Lust nach Thätigkeit und diese Scheu vor wirklichen Thaten vermehrten und erbitterten die Feinde, entfremdeten und entmuthigten die Freunde. Mit großer Sorge blickten die letzteren in die Zukunft. Sie sahen den größten deutschen Staat einem immer steigenden Hasse ausgesetzt, dessen Führer verspottet, die öffentliche Meinung, die ohne Leitung blieb, täglich mehr verwildert." — Dieser Haß mußte sich noch steigern nach der ungnädigen Entlassung des „Vereinigten Landtags," dieser versäumten Gelegenheit, die preußische politische Bewegung mühelos zur deutschen zu gestalten, — noch mehr nach dem Kampf des 18. und der Usurpation des 19. März, und diese unselige Verkettung der Umstände mußte in der nächsten Zeit von dem verwirrendsten Einfluß auf den Gang der Ereignisse in Frankfurt sein.

Nach diesen allgemeinen Betrachtungen kehren wir zur Schilderung der Ereignisse in Frankfurt und der Umgebung zurück.

Da der Kurfürst von Hessen mit Zugeständnissen zögerte, so erhob sich die Grafschaft Hanau. In Bockenheim, welches gleichsam eine Vorstadt von Frankfurt bildet, musterte ein Garde du Corps in Uniform 56 freiwillige Pikenmänner. Auf Sonntag den 12. März war die Entscheidung angesetzt; alle Ortschaften um Hanau, alle Zugänge der Stadt waren verbarricadirt, alle Streitkräfte, in deren Ausrüstung nichts fehlte zwischen Doppelbüchse und Heugabel, waren hier zusammengezogen, gegen 10000 Mann, unter denen die Sensenmänner noch aus polnischer Zeit einen gewißen Nimbus trugen. Im Augenblick der größten Spannung traf die Gewährung aller Forderungen ein, nun große Heerschau auf dem Markte, Illumination, allgemeine Verbrüderung.*)

Am 19. März wurden in Offenbach die „Märzerrungenschaften" mit Reden (von Lorenz Diefenbach,) Illuminationen und entsprechenden Transparenten gefeiert.

Höchst malerisch war am 26. März eine Volksversammlung

*) Das Nähere Gegenwart VI. 537.

im Heidelberger Schloßhof, wo vor dem Otto-Heinrichsbau die Oberländer und Odenwälder mit ihren bunten Trachten, Cocarden an den Pelzmützen, unter ihren großen schwarzrothgoldenen Fahnen, deren Stangen mitunter eine Sense war, amphitheatralisch aufgestellt waren. Winter Vater, Hofrath Welcker und Buchhändler Hoff aus Mannheim traten als Redner auf. Frankfurt aber blieb immer der Mittelpunkt der Bewegung und die Aufregung steigerte sich, je näher der Zusammentritt der Notabeln rückte, welcher später den Namen des „Vorparlaments“ erhielt. Am 20. März fanden Unruhen vor der Wohnung des Präsidenten der Militärcommission, des österr. Generals Grafen Nobili und vor dem Rothschildschen Hause statt, weil das Gerücht sich verbreitet hatte, Fürst Metternich sei auf seiner Flucht nach England da oder dort abgestiegen.

Um solche Scenen vor dem Bundespalais zu vermeiden, wurden am folgenden Abende, als der österr. Geschäftsträger von Menßhengen zu Ehren des neu ernannten Bundestagsgesandten Grafen Colloredo eine Gesellschaft gab, zwei Führer der liberalen Partei in Frankfurt, die DDr. jur. Jucho und Binding I. eingeladen, denen man zu Gehör sprach, „mit welcher Freude man den Umschwung der Dinge in Oesterreich begrüßt habe.“

Am 10. März hatte der Bundestag, auf Blittersdorff's Antrag, die deutschen Regierungen aufgefordert, unverweilt Männer des öffentlichen Vertrauens nach Frankfurt zu senden, für jede der siebzehn Stimmen des engeren Bundesraths einen. Sie sollten eine Revision der deutschen Bundesverfassung berathen und die Reibung zwischen Bundesversammlung und Vorparlament vermindern.*)

In das Vorparlament**), welches zufolge des Beschlusses der Heidelberger Versammlung vom 5. März sich aus allen gegenwärtigen oder gewesenen Mitgliedern der Ständekammern und gesetzgebenden Versammlungen in allen deutschen Landen, Ost- und Westpreußen und Schleswig mit inbegriffen, zusammensetzte, wählte die Frankfurter gesetzgebende Versammlung 10 ihrer Mitglieder, darunter 3 Senatoren. Am 28. März langte Sylvester Jordan an. Sechsspännig, blasende Postillone voran,

*) Springer Dahlmann II. 215.
**) Gegenwart II. 682.

von einer berittenen Ehrenwache umgeben und von vielen Wagen gefolgt, fuhr der Gefangene von Marburg über die Zeil. Uhland, der an demselben Abend angekommen und bei seinem Gastfreund Dr. Mappes (Bleichstraße 52, vergl. oben S. 256) abgestiegen war, erhielt von den Bewohnern der Altgasse, welche Tannen vor sein Haus pflanzten, einen Fackelzug und später einen größeren von seinen Landsleuten. „Man muß damals in Frankfurt gewesen sein, um sich das Walten des frischen Geistes, der, wie der Frühling selbst, unter allen Stürmen mild und belebend hervordrang, recht anschaulich machen zu können. Alle Geister waren rege, alle Gefühle in einen Brennpunkt vereinigt; man lebte auch in neuer Hoffnung, und die Besorgnisse, die man empfand, steigerten den Muth, die Kraft und die Hingebung für das Vaterland."

„Das Bild, das Frankfurt in jenen Tagen bot, ist ebenso wenig in Worten wieder zugeben, als in der Erinnerung derjenigen auszulöschen, die es geschaut. Ueberall die rege Vorbereitung zum Festschmuck; Freiheitsbäume vor den Häusern, in welchen Abgeordnete erwartet wurden; die Fenster mit Laubgewinden bekleidet. Auf riesigen Fahnen wehten die jüngst noch verpönten Farben in die Lüfte; Gerüste und Ehrenpforten erhoben sich, beladene Wagen brachten von Nah und Fern das Immergrün der Tannenwaldungen. Auf den Straßen ausgelassener Jubel, Freudenschüsse ohne Anlaß und ohne Ende. Die Frankfurter entwickelten die liebenswürdigste Freundlichkeit für alle ihre Gäste. Wer die Germanistenversammlung vom Herbst 1846 mitgemacht hatte, dem erneuerte sich der Eindruck, daß Gastfreundschaft nicht schöner geübt werden kann, als von den Bürgern dieser freien Stadt."—*)

Mitten in dieser Frühlingszeit (27. März) starb der alte Lützower, der Lehrer Heinrich Ackermann, am 30. Morgens 7 Uhr wurde er begraben, wobei sein Waffengefährte Dr. Stiebel an dem Grabe sprach. Es war der Tag vor dem Zusammentritt des Vorparlaments; am Abend wurde im Theater Schillers „Wilhelm Tell" mit Prolog und allegorischen Tableaux gegeben.

Es war Zeit, daß das Vorparlament eröffnet und damit eine Art Centralpunkt in Deutschland gebildet wurde, denn die

*) Gegenwart V. 384. II. 688.

Aufregung und Verwirrung durch die beständigen Volksversammlungen und Wirthshausreden, die Spannung zwischen Republicanern und Monarchisten war aufs Höchste gediehen.

Am Morgen des 31. März fand die Eröffnung des Vorparlaments statt. Die Erhaltung der Ordnung war der Bürgerwehr anvertraut, welche sich dieser Aufgabe ganz widmete. Sie hielt auch unter dem Vortritt der mit ihren Schärpen bekleideten, aber unbewaffneten Ordner, die verschiedenen Zugänge zur Paulskirche besetzt. An den Kirchthüren selbst waren zu ihrer Unterstützung junge Turner aufgestellt. Die Vorsitzenden und Schriftführer der Versammlung waren in vorbereitender Sitzung (im Kaisersaal) ernannt worden und um 10 Uhr zogen die Abgeordneten unter Glockengeläute in die Paulskirche ein, wo die Zuhörer hinter den Säulen und auf der weiten Emporbühne dicht gedrängt der Dinge warteten, die da kommen sollten. Unten berührten sich fast Abgeordnete und Publikum, von oben stürmte es in die Debatten hinein. Draußen wogte es stürmisch hin und her. Mittermaier als Präsident war durch Alter und mildes Wesen solcher Aufregung kaum gewachsen.

Als um halb ein Uhr eine Straßenschlägerei zwischen Republicanern (unter Führung von Germain Metternich aus Mainz) und solchen, welche die Festsetzung der künftigen Regierungsform Deutschlands dem Parlament überlassen wollten, sich auf den Paulsplatz fortpflanzte, schloß er die Sitzung, weil bewaffnete Haufen sich der Kirche näherten.*) Die Bürgerwehr schaffte indeß bald Ordnung; um halbzwei konnte die Sitzung wieder aufgenommen und bis 3 Uhr fortgesetzt werden. In der Versammlung trat der eben auf der Straße abgespielte Gegensatz dadurch zu Tage, daß Gustav Struve im Namen seiner Partei einen aus 15 Punkten bestehenden Antrag stellte. Der letzte Punkt lautete: Aufhebung der erblichen Monarchie, Ersetzung derselben durch föderative Bundesverfassung nach dem Muster der nordamerikanischen Freistaaten. Am Abend brachte die Bürgerschaft dem Präsidenten, der im „Englischen Hofe" wohnte, einen Fackelzug, wobei Mittermaier, Itzstein, Bassermann, S. Jordan und Dahlmann sprachen; gleichzeitig war eine Versammlung im „Wolfseck", wo Raveaux und Struve das Wort führten und Jahn gegen sie auftrat.

---

*) Gegenwart II. 693.

Am zweiten Tag des Vorparlaments, Samstag den 1. April, dauerte die Sitzung von 8 bis 1 und und von 3 bis 5 Uhr. In der Vormittagssitzung wurde der Wahlmodus zum Parlament berathen, in der Nachmittagssitzung wurde die wichtigste Principfrage: ob Permanenz der Versammlung selbst, welche zu einer Conventregierung führen konnte oder sollte, oder Vertretung durch einen Ausschuß, durch Heinrich von Gagerns Einfluß gegen Hecker und Struve, in dem Sinne entschieden, daß ein Ausschuß von 50 Mitgliedern gewählt wurde, in welchem möglichst gleichmäßige Vertretung der verschiedenen Länder stattfinde. Neben diesem Ausschuß sollte der epurirte Bundestag fortbestehen. Dieser Antrag wurde mit 368 Stimmen angenommen. (Preußen 88, Bayern 19, Sachsen 2, Württemberg 40, Baden 44, Hessen-Darmstadt 53, Kurhessen 15, Nassau 20.) Für die Permanenz stimmten 143 (Preußen 30, Bayern 19, Sachsen 22, Württemberg 6, Baden 22, Hessen-Darmstadt 21, Kurhessen 7, Nassau 2.*)

Abends war eine vollständige, glänzende Erleuchtung der Stadt durch den allgemeinen Enthusiasmus in's Werk gesetzt. Feenhaft war der Anblick der Wasserseite der Stadt mit den erleuchteten Schiffen; an der Fronte des Städelischen Kunstinstituts strahlte eine Germania von Prof. Jakob Becker. Das Goethe-Denkmal war auf vier Seiten mit erleuchteten Denksprüchen von Goethe umgeben:

I. Zu neuen Ufern lockt ein neuer Tag (Faust).

II. Himmlische Luft, Freiheit. (Götz.)

III. Schreitet durch, braves Volk! (Egmont.)

IV. Dieß ist unser, so laßt uns sprechen und so es behaupten. (Hermann und Dorothea.)

Auch bei dieser Illumination konnten nicht Transparente fehlen, welche der Mißstimmung gegen den König von Preußen wegen der Ereignisse vom 18. und 19. März den schärfsten Ausdruck gaben. Selbst an diesem Abend fand eine Versammlung im Wolfseck statt, wobei Karl Blind und August Becker sprachen.

Am 2. April erfolgte dann jener Austritt der äußersten Linken, etwa 40 Mitglieder unter Führung von Hecker und Struve, aus der Versammlung. Den Vorwand bot fol-

---

*) Gegenwart II. 695.

gendes. Rob. Blum und Genossen hatten den Antrag gestellt: Die Versammlung solle erklären: Bevor die Bundesversammlung die Begründung einer constituirenden Versammlung in die Hand nehmen kann, muß sich dieselbe von den verfassungswidrigen Ausnahmebeschlüssen lossagen, und die Männer aus ihrem Schooß entfernen, die zur Ausführung derselben mitgewirkt haben. Bassermann hatte, um keine Verzögerung der Hauptaufgabe herbeizuführen, beantragt, an die Stelle von bevor zu setzen indem, und dieser Antrag war angenommen worden. Was die Absicht von Hecker und Struve bei dieser versuchten Sprengung der Versammlung war, haben kurz nachher ihre Thaten erwiesen, auch sagten sie es offen in einem Protest, in welchem sie die Mehrzahl der Männer des Vorparlaments Fürstenknechte nannten.*) Ihr Schritt, welcher Abends in allen in Sprechsäle verwandelten Wirthshäusern besprochen wurde, fand aber so wenig Beifall in der Stadt, daß sie für gerathen hielten, am folgenden Tag wieder einzutreten, zumal da der Bundestag inzwischen der Versammlung ihren Willen gethan hatte.**)

Am 3. April fand von 10 – 1 und von 3 — 5 Uhr die letzte Sitzung des Vorparlaments statt; am 4. die Wahl zum „Fünfziger-Ausschuß", wozu von den Frankfurter Abgeordneten Dr. Mappes gewählt wurde.

Diesem Ausschuß wurde zur Aufgabe:***)

1) Die Bundesversammlung einzuladen, mit ihm bis zum Zusammentritt der constituirenden Versammlung in Vernehmen zu treten; 2) die Bundesversammlung bei Wahrung der Interessen der Nation und bei der Verwaltung der Bundesangelegenheiten bis zum Zusammentritt der constituirenden Versammlung selbständig zu berathen und die nöthigen Anträge an die Bundesversammlung zu bringen; 3) bei eintretender Gefahr des Vaterlandes die gegenwärtige Versammlung sofort wieder einzuberufen; 4) bei den Regierungen dahin zu wirken, daß die allgemeine Volksbewaffnung in allen deutschen Ländern ins Leben gerufen werde.

*) Gegenwart II. 700.

**) Alle die hier gemeinten Gesandten erbaten von ihren Regierungen ihre Abberufung nur einer nicht: Der Bürgermeister Smidt von Bremen, welcher erklärte: „Die Kerls haben mir nichts zu sagen." (Duckwitz Denkwürdigkeiten Seite 241.)

***) Gegenwart IV. 419.

Diese Aufträge waren höchst elastisch, ihre Begrenzung offenbar von den Umständen abhängig und bei ihrer Ausführung mußte es, da der Ausschuß ebensowenig, wie die Versammlung die ihn geschaffen, eine Vollmacht von der Nation aufzeigen konnte, vorzüglich auf die Gewalt der Thatsachen und auf die kräftige Haltung des Volkes ankommen. Der Ausschuß vermochte alles, sobald das Volk hinter ihm stand. Sein Recht lag in seiner Macht, konnte er retten in der allgemeinen Verwirrung, so hatte er den Beruf dazu. Duckwitz sagt in seinen Denkwürdigkeiten (Seite 77): „Dieser Fünfziger-Ausschuß bestand in seiner überwiegenden Mehrheit aus respectabeln und besonnenen Männern, wie sich später herausstellte. Sie wurden jedoch zum größeren Theil von den augenblicklichen Eindrücken hingerissen und ahnten die Parteiumtriebe der Republicaner nicht, mit denen sie umstrickt wurden. Der Ausschuß würde auch sicher in den Schranken geblieben sein, welche das Vorparlament ihm gestellt hatte, wenn nicht die deutschen Regierungen, und zwar die größeren am meisten, dem Ausschuße eine auffallende Unterwürfigkeit bezeugt hätten, welche Niemand mehr in Verwunderung setzte als den Ausschuß selbst. Es hagelte gleichsam von Eingaben von Regierungen, Städten, Vereinen, Gesellschaften und Privaten, mit Aufforderungen alles Erdenkliche und Unmögliche für das Vaterland zu thun, dergestalt, daß der Ausschuß von Außen in eine Stellung gedrängt wurde, die einer provisorischen Regierung von Deutschland sehr nahe kam." (Vergl. auch S. 228, 231.)

Aus diesen Verhältnissen entwickelte sich dann der wunderlichste Zustand. Man konnte (Anfangs im Saal der gesetzgebenden Versammlung, dann wegen des größeren Raumes im Kaisersaal) zusehen, wie Deutschland öffentlich regiert wurde. Da hörte man am 10. April die Verhandlung über Rücknahme des Bundesbeschlusses hinsichtlich der Wahlen; am 11. wurden nach aufregenden Verhandlungen drei Bevollmächtigte nach Cassel gesandt (Wippermann, Blachière und Heckscher) mit Aufträgen, welche sogar die eventuelle Absetzung des Kurfürsten in sich schlossen*); am 19. erstattete Venedey mit dem ihm eigenen lyrischen Pathos den Bericht über seine und Spatz' Sendung zu Herwegh und seinen Schaaren nach Straßburg, Basel, Constanz,

*) Vergl. Duckwitz Denkw. S. 240.

Donaueschingen, Engen ꝛc. Es kann nicht unsere Absicht sein, hier eine vollständige Geschichte der Verhandlungen des 50r Ausschußes zu geben, nur einzelne persönliche Erinnerungen und charakteristische Episoden können hier Raum finden.

Am 4. April war der Fünfziger-Ausschuß zusammengetreten, hatte Soiron († 6. Mai 1855) zu seinem Vorsitzenden, R. Blum und Abegg zu dessen Stellvertreter, Heinrich Simon († 16. August 1860) Venedey († 8. Februar 1871) und Briegleb aus Coburg († 28. April 1872) zu Schriftführern gewählt. Wir haben oben gesehen (S. 313), daß im Ausschuße möglichst alle Staaten vertreten sein sollten.

Nun war aber Oesterreich, in seinem politischen Bewußtsein längst vom übrigen Deutschland abgelöst, im Vorparlament nur durch einen Grafen Bissingen, der außer in andern Ländern zufällig auch in Oesterreich begütert war, und durch einen flüchtigen Literaten Adolf Wiesner aus Wien, damals in Heidelberg wohnend, vertreten. Da diese Vertretung zu schwach und die Competenz beider bei so geringen Beziehungen zum Kaiserstaat anzuzweifeln war, so beschloß der Ausschuß, noch sechs Männer darunter Palazky und Alex. Bach*) in seinen Schooß einzuladen und sich sonach auf 56 zu verstärken. Die Mehrzahl der solchergestalt Bezeichneten fand sich niemals bei dem Ausschuß ein. Dafür kam am 9. April eine Deputation aus Wien, bei welcher sich Schuselka, v. Andrian und Kuranda befanden. Sie erschienen, obgleich Kurandas Gestalt nichts weniger als ritterlich war, bewaffnet mit Schleppsäbeln und begleitet von sechs Wiener Studenten mit deutschen Fahnen und Schärpen, ein aus der Wiener Aula übertragener Mummenschanz, dessen Absichtlichkeit und Fremdartigkeit im Gegensatz zu dem einfachen anspruchslosen Eintreten aller andern deutschen Abgeordneten, nach beiden Seiten hin zeigte, wie die Wiener Revolution künstlich die Brücke geschlagen für die Oesterreicher zur Theilnahme an einer ihnen ganz fremdartigen politischen Entwickelung. Aus demselben Gefühl ging auch die Forderung hervor, daß in einer besonderen Sitzung die österr. Mitglieder feierlich in den Ausschuß aufgenommen werden sollten. Dies geschah am 11. April in der deutsch-reformirten Kirche mit Schuselka, Kuranda, Endlicher, Hornbostl, Mühl-

*) Gegenwart IV. 422.

feld und Dr. Schilling. Kuranda und Schilling wurden mit G. von Wächter, Kanzler von Tübingen, am 25. April nach Prag geschickt, um eine Betheiligung der Tschechen am deutschen Parlament zu bewirken; am 3. Mai erstatteten sie dem Fünfziger-Ausschuß Bericht über ihre erfolglose Sendung.*)

Inzwischen trat in Frankfurt die Abgeordneten-Wahl zum Parlament in den Vordergrund. Am Ostermontag den 24. April entwickelten unter dem Präsidium von Nikolaus Hadermann in der Katharinenkirche die Candidaten ihr Programm. Zuerst sprach Dr. Schlemmer; dann ein Dr. jur. Kilp, welcher in echter Demagogenweise ein unglaubliches Eldorado von Steuererleichterungen und Ausgabenvermehrung des Staates entwickelte; Kilp verschwand bald nachher vom politischen Schauplatz und aus dem Leben.

Es folgten die Reden von Dr. M. Reinganum, Dr. Jucho, Dr. Binding und F. Funk. Die Versammlung dauerte von 3 — 8 Uhr. Zur Unterstützung von Dr. Jucho's Wahl fand am folgenden Tag unter dem Präsidium des Dr. med. Mappes eine Volksversammlung statt. Jucho wurde am 28. April mit 6650 Stimmen erwählt, Reinganum erhielt 1404 Stimmen. So kam der Mai heran, in welchem das erste deutsche Parlament eröffnet werden sollte. Die Aufregung, die sich im Laufe dieses Monats in Paris und Wien in so furchtbaren Stößen entlud, und in der Nähe Frankfurts: im Nassauischen, in Mainz, in Hanau ꝛc. in hohem Grade vorhanden war, konnte natürlich die zum Sitze der deutschen Nationalversammlung erkorene Freistadt nicht unberührt lassen.**) Von allen Seiten strömten neben den ausgezeichnetsten und bedeutendsten Männern auch nicht wenige verdächtige Gesellen herbei. Die Turner wurden bearbeitet, die Arbeiter: Bäckergesellen und Andre, wurden aufgereizt, ihren Meistern den Gehorsam zu verweigern, und zum Theil „auszuwandern," das heißt sich jenseits der Frankfurter Warthürme zu begeben und dort sogenannte „Volksversammlungen" abzuhalten. Das bekannte Lepel'sche Promemoria***) und der Kaiserplan der Vertrauensmänner goß Oel in die Flammen.

---

*) Gegenwart IV. 429.

**) Vergl. auch Duckwitz Denkwürdigkeiten S. 77.

***) Gegenwart IV, 438.

Man stritt heftig in den Volksversammlungen und Volksvereinen; die Arbeiterversammlungen wurden drohend. Katzenmusiken bildeten fast die einzige Musik, welche die Leute noch hören wollten, so daß das Theater leer stand und das Personal sich bedeutende Abzüge gefallen lassen mußte. Besonders großartige Demonstrationen fanden vor dem Hause des Frankfurter Gesandten zum Bundestage, des Schöffen Dr. Harnier, in der Nacht vom 13. Mai statt, welcher das bekannte, von H. von Gagern und Hergenhahn desavouirte Protocoll mitunterzeichnet hatte*). Derselbe erklärte diese Unterschrift zwar in öffentlichen Blättern dahin: Er habe damit nur eine gar nicht zu verweigernde Canzleiförmlichkeit erfüllt, dies beschwichtigte aber keineswegs die aufgeregten Gemüther. Mehrmals, zumal am 14. und 15. Mai, wurde in der Nacht Allarm geschlagen, weil man revolutionäre Ausbrüche befürchtete**). Wenn es nun auch durchaus nicht dazu kam, wie der Hannöversche Minister Stüve am 18. Mai in offener Kammersitzung erklärte, daß der Fünfziger-Ausschuß nahe daran gewesen sei, sich als provisorische Regierung zu erklären; auch von Seiten des Senats der weiteren Angabe dieses Ministers widersprochen ward, als hätte die Regierungsbehörde erklärt, sie könne für die Ruhe der Stadt nicht mehr haften: so standen die Dinge doch bedenklich genug. Der Senat und die große Mehrzahl der Bürgerschaft ergriffen indessen geeignete Maaßregeln. Jener sagte sich nach dem Vorgang Hessen-Darmstadt's und Nassau's von dem verhaßten Bundesbeschlusse vom 4. Mai los, und wählte den Schöffen Souchay zum Vertreter der Stadt beim Bundestage; diese eröffnete in Beziehung auf städtische Verhältnisse die Aussicht auf gesetzmäßige Reformen und drang in zahlreichen Volksversammlungen, welche in der Katharinenkirche abgehalten wurden, darauf, daß die nothwendigen Verfassungsänderungen der Freistadt einem aus der Mitte der Gesammtbürgerschaft frei gewählten Verfassungsrathe übertragen würden. Der Senat fügte sich diesem Begehren und erließ in Hinsicht auf die allgemeinen vaterländischen Angelegenheiten am 16. Mai, zwei Tage vor Eröffnung des Deutschen Parlaments, einen Aufruf an die Bürger und Einwohner von Stadt und

*) Gegenwart IV. 440.

**) Gegenwart V. 387.

Land, welcher Jeden, „für den die Ehre der Stadt einen Werth hat, Jeden, der die fernere einheitliche Entwickelung unseres gemeinsamen Vaterlandes aus den eigenen freien Entschließungen der Vertreter desselben erwartet, Jeden, der Liebe für Deutschland im Herzen trägt," dringend aufforderte: „Die Ehre der Stadt und die Pflicht gegen das Vaterland durch Aufrechthaltung der Ruhe und Ordnung, durch kräftigen Widerstand gegen jedes undeutsche Bestreben zu retten und zu erfüllen." Die Bürgerschaft trat enger zusammen gegen die Ruhestörer, aber aus den Arbeiterversammlungen, welche von einigen Demagogen aufgereizt wurden, wollte sich der Geist der Unruhe nicht bannen lassen. Er gab sich in den aufreizendsten Maueranschlägen und gefährlichsten Wühlereien kund. Schriftlich aufgefordert von etwa 100 Bürgern, die sich zu diesem Zwecke versammelt hatten, entschloß sich der Senat am 24. Mai, drei dieser Demagogen: Löwenstein, Esselen*) und Ed. Pelz,**) auf polizeilichem Wege aus der Stadt schaffen zu lassen. In der Versammlung des Parlaments am 24. sollte diese Ausweisung von Seiten der Herren Schlöffel und Wilhelm Jordan zum Gegenstand einer Interpellation gemacht werden, was aber die Mehrheit nicht zuließ.***)

Drittes Kapitel.

Um die getreue Vollziehung seines Auftrags: als Bewahrer und Hüter der Volksrechte, bis zum letzten Augenblick zu erweisen, beschloß der Fünfziger-Ausschuß, erst unmittelbar vor der Constituirung des Parlaments sich förmlich aufzulösen. Dies geschah in seiner 37. Sitzung am 18. Mai, Nachmittags 3 Uhr. Zu derselben Stunde traten in demselben Saale, wo der Ausschuß sich versammelt hatte, die Mitglieder des Parlaments zur Ernennung eines einstweiligen Vorstandes zusammen†). Nachdem, dies geschehen war, setzten sich die deutschen Nationalvertreter

*) Christian Esselen, † 34 Jahre alt im Irrenhaus zu New-York am 15. Mai 1859.

**) Als Schriftsteller „Treumund Welp," † 14. Mai 1876 in Gotha.

***) Stenographischer Bericht über die Verhandlungen der deutschen constituirenden Nationalversammlung. I. 77. 83.

†) Stenographischer Bericht I. 1.

in Bewegung, um in feierlichem Zuge mit entblößtem Haupte sich in die Paulskirche zu begeben. Der Austritt aus dem Römer erfolgte aus dem östlichen Portale punkt 4 Uhr, und der Zug bewegte sich unter dem Geläute aller Glocken der Stadt und dem Donner der Kanonen über den Römerberg, durch die Neue Kräme, an der Börse vorbei nach dem westlichen Eingang der Paulskirche. Den Zug eröffneten Mitglieder des Frankfurter Festcomité, unter Vortragung von zwei deutschen Fahnen, ihnen folgten die beiden Alterspräsidenten mit den Alterssecretären, denen sich die übrigen Abgeordneten zu Vieren anschlossen. Von der Treppe des Römers bildete die Frankfurter Stadtwehr Spalier bis zur Kirche*) und empfing den Zug mit den üblichen militärischen Ehrenbezeugungen. Der laute Vivatruf des Volkes mischte sich mit dem der Stadtwehr, aus den Fenstern wurden Tücher geschwenkt, und große schwarzrothgoldne Fahnen wehten zur Feier des Tages aus den meisten Häusern der Stadt.**).

In der zweiten Sitzung am 19. Mai, wurde Heinrich von Gagern mit 305 von 397 Stimmen zum provisorischen Präsidenten gewählt***). Von den Verhandlungen der Nationalversammlung kann an dieser Stelle natürlich nur andeutungsweise die Rede sein und in soweit sie auf die Stimmung in der Stadt zurückwirkten. Besonders aufregend waren die Nationalitätsfragen. Am 25. Mai kam der Protest der Mitglieder des polnischen Nationalcomité gegen die Wahl zur deutschen Nationalversammlung, sowie die Bitte, dieselbe möge sich für Freigebung der polnischen Theile Oesterreichs und Preußens verwenden, und die Beglaubi-

*) Der Schmuck der Kirche bei der Eröffnung ist oft beschrieben worden (z. B. Duckwitz S. 228). Hier seien als für die Zeit charakteristisch nur die zwei Inschriften erwähnt, welche hinter der Rednerbühne zu beiden Seiten des Reichsadlers angebracht waren.

I. Des Vaterlands Größe,
Des Vaterlands Glück,
O schafft sie, o bringt sie
Dem Volke zurück.

II. O walle hin, du Opferbrand,
Weit über Land und Meer,
Und schling' ein einig Liebesband
Um alle Völker her.

**) Ueber die hauptsächlichen Persönlichkeiten, welche die deutsche Nationalversammlung bildeten, und den Gang der Verhandlungen der Versammlung orientirt am besten: Karl Biedermann, Erinnerungen aus der Paulskirche. Leipzig, Gustav Mayer. 1849.

***) Springer Dahlmann II. 256.

gung der ungarischen Gesandten zur Vorlage. Am 26. Mai rief die Debatte über die Mainzer Angelegenheit die leidenschaftlichste Aufregung in der Kirche und außer ihr hervor, und am 27. Mai raubte der Antrag von Titus Mareck († 1850 in Amerika) auf Garantirung der slawischen Nationalität in Oesterreich, über welchen nur österreichische Mitglieder das Wort ergriffen, der durchaus nicht orientirten Versammlung ein paar Stunden, um schließlich im Verfassungsausschuß begraben zu werden. Es wurde daher als eine Wohlthat begrüßt, als am 31. Mai abermals Heinrich von Gagern mit 494 von 513 Stimmen zum Präsidenten gewählt wurde. Vom ersten Auftreten Gagern's war seine vorzugsweise Begabung zu dieser schwierigsten Stelle allgemein gefühlt worden und diese Ueberzeugung sprach sich in der Stimmenzahl aus*). Gagern wohnte in dem Hermann Mumm'schen Gartenhaus (Bockenheimer Anlage 2)'; dort wurde am Abend ihm ein feierlicher großer Fackelzug dargebracht. Dennoch tauchten die Nationalitätsfragen, welche außer der niederländisch-limburgisch-luxemburgischen in den österreichischen Verhältnissen wurzelten (böhmische, italienische) auch später wieder auf und erregten zwecklos die Versammlung, denn außer diametral entgegengesetzten Ansichten hemmte auch der Mangel an Kenntniß bei der großen Mehrzahl der Mitglieder jede Verständigung. (vergl. Sitzungen vom 5., 7. Juni u. s. w.)

Es wurde daher allgemein das am 11. Juni eintretende Pfingstfest als eine willkommene Erholungspause in dem aufreibenden Leben begrüßt, aber anders war es im Rath der demokratischen Vereine beschlossen. Es heißt darüber in der schon mehrmals angeführten Darstellung**): „Das Montagskränzchen, das sich um diese Zeit zu einem Centralclub für Deutschland auszubilden bemühte, fing schon damals an, in einen starken Gegensatz zu dem neu entstandenen Bürgerverein zu treten, der ersten großen geselligen Verbindung in Frankfurt, die alle Stände und Confessionen in sich vereinigte. Der Bürgerverein nahm zwar schnell an Zahl zu und blieb nicht ohne Einfluß, doch trat der Gegensatz desselben zum Montagskränzchen Anfangs nicht so schroff hervor. Im Montagskränzchen selbst entwickelte

*) Ueber die intimeren Vorgänge vergl. Springer Dahlmann II. 254 ff.
**) Gegenwart IV. 388.

sich im Laufe des Monats Juni ein Kampf zwischen den radicalen und den liberalconservativen Elementen, in dem die letzteren für einige Zeit den Sieg davontrugen. Es waren nämlich schon damals Aufstände gegen die Nationalversammlung im Werk, wie wir sie in den Septembertagen erleben mußten. Den politischen Vereinen lag die Frage nahe, ob die provisorische Centralgewalt, deren Einsetzung bei den überall hervorbrechenden Unruhen und der wachsenden Ohnmacht aller deutschen Regierungen allgemein als eine Nothwendigkeit erkannt wurde, auf dem republikanischen Boden stehen, oder durch ihre Attributionen und die damit zu betrauende Persönlichkeit als die Spitze eines constitutionell-monarchischen Staatsorganismus erscheinen solle. Somit war die Frage: ob Republik oder Monarchie? welche die Stürme während des Vorparlaments erzeugt, in etwas veränderter Form wieder auf die Tagesordnung gesetzt, und zwar, nachdem sich die Parteien besser orientirt hatten. Es traf diese Frage in die Zeit, wo der Vulcan in Paris mit neuen, furchtbaren Ausbrüchen drohte, die nicht lange auf sich warten ließen; als in Prag der blutige Kampf zwischen Tschechen und Deutschen zum Ausbruch kam; wo Berlin und Wien fieberhaft aufgeregt waren; als in der Nähe von Frankfurt, in Mainz, Wiesbaden, Weinheim die bürgerliche Ordnung tief erschüttert war und auch die Parlamentsstadt sich in der lebhaftesten Bewegung befand. Diesen Zeitpunkt wählte der Demokratische Verein zu Marburg (Dr. Bayrhoffer) um auf Pfingsten einen Congreß sämmtlicher Demokratischen Vereine in Frankfurt auszuschreiben. — Man fragte sich, was dieser Gegencongreß, angesichts der wirklichen Vertretung des deutschen Volkes, hier bedeuten oder bewirken solle? Man erinnerte, daß in Nordamerika ein solches Tagen neben dem Nationalcongreß streng verboten sei. — Unruhen und Unordnungen in der Umgegend: in Offenbach, in Bergen und an andern Orten, wohin die aus Frankfurt verwiesenen Leiter der so vielfach mißbrauchten Arbeiter dieselben zu sogenannten Volksversammlungen beschieden hatten, waren nicht geeignet, die Besorgnisse zu mindern. In der Nationalversammlung wurde ebenfalls ernstlich darüber verhandelt (8. Juni)*), ob und welche Vorsichtsmaaßregeln von ihr selbst angeordnet oder durch die städtischen Behörden veranlaßt

*) Stenographischer Bericht I. 253. 257.

werden sollten. Die Versammlung lehnte zwar die Anordnung von besonderen Maaßregeln ab, aber man erinnerte von Seite der Frankfurter Abgeordneten in der Oberpostamtszeitung (vom 10. Juni), daß der Senat ohnehin das Recht habe, den Beistand der bewaffneten Macht in den Nachbarstaaten anzurufen, wenn es nothwendig werden sollte. Unter diesen Umständen lehnte das Montagskränzchen es ab, sich bei dem Congresse zu betheiligen, aber als der größte Theil der Anwesenden sich entfernt hatte, faßte eine Minderheit den entgegengesetzten Beschluß. Das erzeugte allgemeine Entrüstung; viele Mitglieder, worunter ein großer Theil des damaligen Vorstandes drohten auszutreten; der Verein war seiner Auflösung nahe. So wurde denn jener usurpirte Beschluß in einer Generalversammlung zurückgenommen und fast einstimmig beschlossen, mit dem demokratischen Congresse in keine Verbindung zu treten. Derselbe machte sich dann das Vergnügen, zu decretiren, daß außer der demokratischen Republik keine Staatsform in Deutschland möglich sei.

Neben diesen in der allgemeinen Lage Deutschlands begründeten Gährungselementen lagen auch noch rein locale Momente der Aufregung vor. In der Nacht vom 6. bis 7. Juli wurde in Sachsenhausen dem Bäcker Jost eine Katzenmusik gebracht und sonstiger Unfug verübt. Am Abend des 7. wurden einige als Theilnehmer der Unordnungen bezeichnete Bewohner Sachsenhausens verhaftet, aber einer davon von den theilweise bewaffneten Bewohnern der „Unterhäuser" (Quartier O) befreit. Die Truppen mußten sich in das „Deutsche Haus" flüchten, wurden mit Schüssen angegriffen und erwiderten sie aus den Fenstern. Ein Soldat fiel todt und einige Civilisten schwer verwundet nieder. (Einer der letzteren, Namens Leber, welcher durchs Ellenbogengelenk geschossen war, wurde am folgenden Tag im Hospital z. h. Geist amputirt.) Die Soldaten räumten auch das Deutsche Haus, hinter ihnen wurde die Brücke und die Zugänge, welche von der Landseite nach Sachsenhausen führen, mit kunstgerecht erbauten Barricaden gesperrt, welche mit Bewaffneten besetzt wurden. Da man von Seiten der Behörden Bedenken trug, äußerste Maaßregeln anzuwenden, so blieb der Aufstand über 24 Stunden im ungestörten Besitz von Sachsenhausen. Das Jost'sche Haus wurde in dieser Zeit vollständig zerstört. Inzwischen kamen die verführten

Sachsenhäuser zur Besinnung, lieferten einige Unruhstifter der Polizei aus und am Morgen des neunten Juli war alles wieder in Ordnung. Auch bewies der geschickte, allen Regeln der „Kunst" entsprechende Bau der Barricaden, sowie die zweckmäßige Vertheilung derselben hinlänglich, daß die thätigsten Förderer des Aufstandes nicht Sachsenhausen angehörten. Bürger Esselen, Leiter des Arbeitervereins, einer von den Dreien, die früher aus Frankfurt verwiesen worden, ward als stark compromittirt zur Haft gebracht.

Es war Zeit, daß der Anarchie in Deutschland ein Ende gemacht wurde. Nach langen Kämpfen war am 28. Juni das Gesetz über die Bildung einer Centralgewalt mit 450 gegen 100 Stimmen angenommen worden, am folgenden Tag wurde Erzherzog Johann von Oesterreich mit 436 Stimmen zum Reichsverweser gewählt*) und durch eine Deputation ihm die Wahl mitgetheilt. Am 11. Juli Abends sechs Uhr kam der Reichsverweser in dem festlich geschmückten Frankfurt an, wo er von einer unendlichen Volksmenge seit 9 Uhr Morgens erwartet wurde.

Am 12. Juli, nachdem Heckscher jenen berühmt gewordenen Bericht über die Sendung nach Wien erstattet hatte, welcher in beispielloser Tactlosigkeit kaum von anderm, als unendlichen Festen, Umarmungen und Mahlzeiten erzählte, erschien der Reichsverweser in der Nationalversammlung, geleitet von fünfzig Abgeordneten, unter welchen sich durch den Zufall des Looses Robert Blum, Vincke, Bassermann, Arndt, Merck und Grävell zusammen fanden. Biedermann, als Schriftführer der Versammlung, verlas das Gesetz über die Einführung der provisorischen Centralgewalt; der Erzherzog erklärte, er werde es halten und halten lassen. Er erklärte ferner, sich seinem Amte in Frankfurt ungetheilt widmen und seine Stellung in Wien, wo er als Vertreter des nach Innsbruck geflüchteten Kaisers fungirte, aufgeben zu wollen. Seinem Hause glaubte Erzherzog Johann wohl in Frankfurt mehr nützen zu können, als in Wien und das Frühjahr 1849 hat diese Voraussicht bestätigt. Sowie der Reichsverweser

*) Gegenwart V, 203 wird folgende Episode erzählt: „Von der Linken war unter den Aufgerufenen zufällig W. Jordan der erste Er nannte den Namen: „Johann" — hier eine lange, auf Theaterwirkung berechnete Pause — „Adam von Itzstein".

in der Nationalversammlung die Annahme der neuen Würde erklärt hatte, begab er sich in den fürstlich Thurn- und Taxis'schen Palast, den Sitz des Bundestages. Bereits am 29. Juni hatte die Bundesversammlung in einer Zuschrift dem Erzherzog Johann, die Versicherung ausgedrückt, sie sei schon vor dem Schlusse der parlamentarischen Berathungen über die Centralgewalt von den Regierungen ermächtigt gewesen, sich für seine Wahl zu so hohem Berufe auszusprechen. Jetzt erklärte sie ihm durch den Mund des Präsidialgesandten von Schmerling, daß sie die Ausübung ihrer verfassungsmäßigen Befugnisse und Verpflichtungen in die Hände der provisorischen Centralgewalt lege, verhieß ihm die Mitwirkung aller deutschen Regierungen, und verkündigte, daß sie ihre bisherige Thätigkeit als beendigt ansehe. Eine glänzende Beleuchtung der Stadt feierte am Abend die Auflösung des verhaßten Bundestags und doch war im Wesen so gar nichts verändert. Die österreichische Suprematie dauerte fort, nur Schmerling hieß nicht mehr Präsidialgesandter, aber er war das einflußreichste Mitglied des Ministeriums der Centralgewalt.

Der Reichsverweser bezog, nachdem er seine Stellung in Wien niedergelegt hatte und am 3. August nach Frankfurt zurückgekehrt war, das Haus „Zum Fischborn" (D. 158, große Eschenheimergasse 74), über dessen wechselnde Schicksale K. Th. Reiffenstein*) berichtet hat. Die älteste Urkunde, welche von diesem Haus handelt, gehört dem Jahr 1394 an. Nachdem diese, durch den Ankauf benachbarten Territoriums erweiterte Besitzung seit 1597 in dem Besitz der Familien Kaib und von Günderrode gewesen war, kaufte sie 1802 der Bankier Heinrich Mülhens um 52000 fl. und ließ in den folgenden Jahren durch den Architekten Salin den Prachtbau aufführen, wie er wenig verändert noch jetzt zu sehen ist. Das Mülhens'sche Haus war von den preußischen Bundestagsgesandten von Nagler und von Schöler bewohnt. 1844 ging es durch Erbschaft an die Familie von Leonhardi über und wurde 1845 von Herrn Matthias Borgnis für 120,000 fl. erkauft. Für den Reichsverweser wurde das Haus entsprechend decorirt, die Thüren mit schwarzrothgoldnen Verzierungen eingefaßt, an dem Haupteingang zum ersten Stock das Gallionbild der Corvette Frankfurt von der

*) A. VI. 179.

deutschen Flotte, modellirt von Prof. Zwerger, in Gips aufgestellt. Das halbrunde Säulenzimmer war das Empfangszimmer der Gemahlin des Reichsverwesers, der Gräfin von Meran, welche mit ihrem Gemahl und ihrem Sohn am 3. August ihren feierlichen Einzug gehalten hatte. 1852 erstand der Bürgerverein das Mülhens'sche Haus von Herrn Borgnis für 130,000 fl. Die Sitzungen des Reichsministeriums fanden im Thurn- und Taxis'schen Palaste statt.

Ueber die Wahl des Reichsverwesers sagt H. von Treitschke*): „Deutschlands Oberhaupt war ein ohnmächtiger Privatmann, der ebenso in der Luft stand, wie das Parlament selber — und welch ein Mann! In solchen Tagen des Fiebers werden alle dunkeln Kräfte rege, die in der Seele des Volkes schlummern, auch die Kräfte der Mythenbildung. Die Welt erzählte sich von einem Trinkspruch des Erzherzogs Johann, der, war er wirklich gehalten, der politischen Fähigkeit seines Urhebers ein Armuthszeugniß ausstellte und zum Ueberfluß zur Hälfte erdichtet war. Um dieses Trinkspruchs wegen ward an Deutschlands Spitze gestellt ein schwacher, bequemer alter Mann, klug genug, um das Volk mit jener lothringischen Gemüthlichkeit anzubiedern, welche unserer Gutmüthigkeit so hochgefährlich ist, ausgestattet mit allen Attributen eines Monarchen, nur nicht mit der Macht, und sehr geneigt, seine unverantwortliche Gewalt zur rechten Stunde auch unverantwortlich zu gebrauchen, sie auszubeuten zum Besten des Hauses Lothringen." **)

Wir müssen zurückgreifen zur Darstellung der Frankfurter Verfassungsangelegenheit. Der Senat hatte beantragt, die nicht länger zu umgehende Revision der Initiative einer Commission zu überlassen, die aus 21 Mitgliedern bestehen möge. Davon sollte der Senat und die ständige Bürgerrepräsentation je 5 aus ihrer Mitte, die von der Bürgerschaft gewählten Mitglieder des gesetzgebenden Körpers aber die übrigen elf ernennen. Die gesetzgebende Versammlung dagegen schlug vor (am 1. August), einen von den christlichen Bürgern in Stadt und Land (mit

*) Historische und politische Aufsätze 2. Aufl. Lpzg. 1865. S. 429

**) Ueber das Festmahl, welches am 26. Juli die Frankfurter Aerzte ihren Collegen aus dem Parlament auf der Mainlust gaben, vergl. oben S. 272. Es ist da der Lapsus Falstaff statt Prinz Heinrich zu berichtigen (K. Henry IV, Act II, Scene 4).

Ausschluß der Beisassen, der israelitischen Bürger und der selbstständigen Bürgersöhne) zu erwählenden Verfassungsrath von 30 Mitgliedern zu bilden, auf welches Project der Senat am 14. August einging. Es war das ein Compromiß zwischen den Bestimmungen der Constitutionsergänzungsacte, welche (Art. 50) den Landbewohnern bei Verfassungsänderungen keine Stimme zugestand, und den Forderungen des Zeitgeistes. Gegen diesen Compromiß trat zuerst der neugegründete „Deutsche Verein“ auf. Er forderte seine Mitbürger auf, nur solche Männer in den beabsichtigten Verfassungsrath zu wählen, welche sich und ihn für incompetent erklären und auf die Berufung einer von allen Staatsangehörigen ohne Unterschied zu wählenden constituirenden Versammlung dringen würden. Dieser Ansicht schloß sich nicht nur das Montagskränzchen, sondern auch dessen Antagonist, der Bürgerverein an. Es wurde eine gemeinsame Liste aufgestellt von solchen Candidaten, welche sich im Voraus in diesem Sinn ausgesprochen hatten und bei der allgemeinen Abstimmung der christlichen Bürgerschaft, wobei sich über 3000 Wähler betheiligten, siegte jene liberale Liste über die ihr entgegengesetzte mit großer Mehrheit. Der neue Verfassungsrath hatte kaum seine öffentlichen Sitzungen im Kaisersaal begonnen, als Dr. Kugler am 2. September den Antrag stellte, eine von allen Staatsangehörigen in Stadt und Land freigewählte verfassungsgebende Versammlung von 120 Mitgliedern mit der Abfassung der neuen Constitution für den kleinen Freistaat zu betrauen. Am 11. September wurde der Antrag mit 26 gegen 3 Stimmen angenommen.

Viertes Kapitel.

Inzwischen hatte der Verlauf des Krieges in Schleswig-Holstein die größte Aufregung in ganz Deutschland hervorgerufen, welche am heftigsten in der Parlamentsstadt und ihrer Umgegend sich äußerte und von Agitatoren zu andern Zwecken geschürt wurde.*) Aber neben denen, welche die schleswig-holsteinische Angelegenheit nur der Gradmesser der revolutionären Wärme

*) Ueber den Gang der diplomatischen Verhandlungen seit dem Juni vergl. Gegenwart V. 316. ff.

oder der Vorwand zur Steigerung der politischen Aufregung war, stand zur Seite die würdige Gestalt Dahlmann's. „Dem Manne," sagt Treitschke*), „der die besten Kräfte seiner Jugend, die Treue eines Menschenalters der Sache Schleswig-Holsteins gewidmet, schlug das Herz höher, als im Frühjahr ein ehrlicher Krieg die alten Leiden seines Heimatlandes zu beenden schien. Er hoffte, dort im Norden werde sich die Sache der deutschen Einheit entscheiden, doch der Vertrag von Malmö zerstörte seine theuersten Hoffnungen. Das Papier zitterte in seiner Hand und seine Stimme bebte, als er am 5. September seine Interpellation an die Reichsminister richtete, welche fragte, ob all' diese Schande wahr sei. „„Am 9. Junius,"" — so schloß er — „„vor noch nicht drei Monaten, wurde hier in der Paulskirche beschlossen, daß in der schleswig-holsteinischen Angelegenheit die Ehre Deutschlands gewahrt werden solle, die Ehre Deutschlands!"" Diese Mahnung an das Heiligste, was Deutsche kennen, aus einem Munde, der nie ein Schlagwort sprach, fiel erschütternd in alle Herzen. Mit Mühe gelang es die Berathungen um 24 Stunden zu verschieben.

Die eine Nacht änderte nichts an dem Sinne des Mannes. Er beantragte jetzt die vorläufige Sistirung des Waffenstillstandes und nie trat schöner an den Tag, welche Gluth patriotischer Leidenschaft unter der starren Hülle seines ruhigen Wesens brannte. „„Unsere eigenen Landsleute dem Untergang zu überliefern, das ist es, wozu ich nicht den Muth besitze und eben darum bin ich so muthig."" Und ein Blick in eine finstere Zukunft that sich auf, da er rief: „„Unterwerfen wir uns bei der ersten Prüfung, die uns naht, den Mächten des Auslandes gegenüber, kleinmüthig bei dem Anfange, dem ersten Anblick der Gefahr, dann, meine Herren, werden Sie Ihr stolzes Haupt nie wieder erheben! Denken sie an diese meine Worte: nie!"" Er stand allein in seiner Partei; durch die Stimmen der Linken und des linken Centrums ward der Beschluß, die Ausführung des Waffenstillstandes zu sistiren, angenommen". (238 gegen 221 Stimmen)**) Eine längere realpolitische Auseinandersetzung schließt Treitschke

*) Aufsätze S. 430.

**) Ein sehr lichtvoller Bericht über die Verhandlungen des 5. Septbr. Gegenwart VII. 308.

mit den Worten: „Dahlmanns Rede war, im englischen Parlament gesprochen, die That eines Staatsmannes, in einer Nationalversammlung ohne Macht das verlorene Wort eines edlen Patrioten, der das Unmögliche verlangte". — „Die Strafe folgte dem Fehler auf dem Fuße. Das Reichsministerium trat ab, Dahlmann ward beauftragt, ein neues Cabinet zu bilden. Langsam, ohne Ehrgeiz, ohne eine Ader jener rücksichtslosen Kühnheit, welche in den Personen nur Mittel zum Zwecke sieht, wußte er wohl, daß er der Mann nicht war, einen großen (?) Staat zu leiten; er bot jetzt einen gar traurigen Anblick. Seine Freunde standen auf der Seite der Gegner. Eine Verständigung mit der Linken versprach keinen Erfolg, da die Meinungen über die Mittel zur Ausführung des Sistirungsbeschlusses zu weit auseinander gingen, und der Mann der strengen Ueberzeugung konnte sich nicht zu einem Compromiß entschließen. Nach einigen Tagen gab er verzweifelt seinen Auftrag zurück.*) Unterdessen waren die deutschen Truppen, trotz des Sistirungsbeschlusses, aus den Herzogthümern abmarschirt, der Waffenstillstand bestand thatsächlich, nur daß mehrere der für Deutschland härtesten Bedingungeu nicht ausgeführt wurden.

Am 14. September, da die Berathung über die endgültige Verwerfung des Waffenstillstandes begann, war die Stimmung in der Paulskirche bereits verwandelt. Aber es war doch ein tragischer Augenblick und die Ahnung einer großen Katastrophe flog durch die Halle, als in der Dämmerung des 16. September verkündet ward, der Waffenstillstand sei (mit 257 gegen 236 Stimmen) im Wesentlichen gutgeheißen worden, und ein dumpfes, mißlautendes Getöse der Galerien dies Ergebniß begrüßte. An jenem Abend zerriß der Schleier, der das Auge der Deutschen Monate lang umnachtet; sie hatten geträumt, eine wirkliche Reichsgewalt und ein mächtiges Parlament zu besitzen; jetzt mußten die beiden Gewalten gestehen, daß Preußen über das Schicksal Deutschlands zu entscheiden hatte. Wohl war es nothwendig, daß die Nationalversammlung ihre Ohnmacht bekannte, aber um so bitteres

*) Anziehend und theilweise humoristisch berichtet Duckwitz über die Versuche zur Bildung eines Ministeriums vom 5.—16. Septbr. (Duckwitz S. 87) und über den Eindruck des Sistirungsbeschlusses auf die fremden Cabinette. Cavaignac sagte in dieser Hinsicht: Si ces foux de Francfort veulent la guerre, ils l'auront.

Müssen versteht der große Haufe nicht: er sah in der Mehrheit der Paulskirche einfach Verräther. Die Nationalversammlung billigte den Waffenstillstand, um nicht das Werk, wozu sie berufen war, das Verfassungswerk, zu gefährden; doch in demselben Augenblick brach ihre einzige Macht, ihr moralisches Ansehen zusammen. Es war der Anfang des Endes. Nun regten sich alle unsauberen Elemente, welche die Demokratie umfaßte, und hetzten durch das Geschrei: „„Verrath an Schleswig-Holstein!"" den Pöbel zu Mord und sinnlosem Aufruhre." —

Nach 8 Uhr hatte der Präsident der Versammlung das Resultat der Abstimmung verkündet. Die Paulskirche war aufgerast in herz- und ohrzerreißendem Toben, in der Versammlung, in den unteren Räumen, auf der Gallerie. Unter dem Lärm forderten unheimliche Gestalten nach dem Goetheplatz zu einer Volksberathung auf; die das Haus verlassenden Abgeordneten der Mehrheit, in der Verwirrung auch die der Minderheit, wurden verhöhnt, beschimpft, in die Flucht getrieben. Die „Westendhalle" an den Bahnhöfen, der Versammlungsort der gemäßigten Linken, wurde vandalisch verheert; man suchte dort den alten Turnvater Jahn, der sich nur mit Lebensgefahr den Nachstellungen entzog.*)

Aehnliche Verwüstungen wurden am Englischen Hof begangen, wo auf Heckscher gefahndet wurde, der am 18. September in Höchst dem Tode wie durch ein Wunder entging.**) Das Halloh des wilden Jägers ging durch die Stadt, Gesetz und Obrigkeit waren ohnmächtig. Einzelne Vorsteher der Frankfurter Clubs (mit Ausnahme des „Deutschen Vereins") improvisirten eine gemeinschaftliche Zusammenkunft und beschlossen, auf den folgenden Tag (einen Sonntag) zu einer Volksversammlung einzuladen. Der Aufruf ward noch in der Nacht gedruckt, und war am 17. September am frühen Morgen schon in allen Dörfern der Umgegend angeschlagen. Die Volksversammlung fand um 4 Uhr auf der „Pfingstweide" statt, welche jetzt der „Zoologische Garten" einnimmt, einem weiten, damals von einzelnen Baumgruppen besetzten Anger an der Endstation der Hanauer Eisen-

*) Das Nähere in: „Schwanenrede von Friedrich Ludwig Jahn." Frankfurt am Main, August Osterrieth. 1848. 14 S. 8.

**) Das Nähere in der Allg. deutschen Biographie, s. v. Heckscher

bahn, welche ominöse Zuzüge brachte. Es mochten 10 — 12000 Menschen versammelt sein, darunter viele Neugierige, doch auch zahlreiche Männer mit Knütteln, Pistolen und der rothen Feder am Hut. Ein Vorsteher des Montagskränzchens sprach zuerst. Er rieth, der Nationalversammlung eine Adresse gegen den eben gefaßten Beschluß zu überreichen. Solches ward jedoch von den nachfolgenden Rednern ziemlich höhnisch abgewiesen und nun kamen die Anträge: Fracturschrift zu schreiben, der Mehrheit der Nationalversammlung vor die Häuser und Leiber zu rücken, um sie zum Austritt zu bewegen. Auch das erschien den Wüthenden zu gelind. Die Koryphäen sprachen endlich das Wort des Räthsels aus: „Macht Barricaden mit eueren Leibern; jagt die Volksverräther, die Nationalversammlung, auseinander; fort mit den Geldsäcken, der Bourgeoisie! Auch die Linke muß fort, welche mit ihren Halbheiten alles verdirbt! Nur die äußerste Linke kann, soll und muß die Bewegung zum Ziele führen! So wurde dann endlich durch Aufhebung einiger hundert Hände und einiger tausend Stöcke der Beschluß gefaßt, die Majorität der deutschen Nationalversammlung für „Verräther des deutschen Volkes, der deutschen Freiheit und der deutschen Ehre" zu erklären, die deutsche Nation in diesem Sinne zu belehren, vor Allem aber diesen Beschluß durch eine Deputation der Nationalversammlung selbst zu eröffnen*).

Die fremden Theilnehmer der Volksversammlung wurden ausdrücklich aufgefordert, am nächsten Tage in der Stadt zu bleiben, um dem Beschlusse Nachdruck zu geben. Ein Theil der wilden Schaar zog darauf in den „Deutschen Hof" (große Bockenheimergasse No. 9) den Versammlungsort der Linken, sie zum Austritt in Masse aufzufordern. Dieser Antrag war eben daselbst gestellt, aber gegen eine Minderzahl von 19 Stimmen verworfen worden. Vogt wies die Anstürmenden zurück; Venedey stellte ihnen das Verbrecherische ihres Beginnens vor. Beide wurden verhöhnt. Das Rad der Revolution rollte schnell, wie es zu thun

*) Die Mitglieder dieser Deputation waren: Fr. Schütz, Diepenbrock, k. preuß. Officier a. D., Karl Krug, Prof. Friedrich Kapp, ehemal. Abg., Andreas Großmann, Arnold Reinach, P. J. Schöppler, Germain Metternich, Karl Bruche aus Holstein, G. Hörsel († 1877 in Paris als Correspondent deutscher Zeitungen) und ein unleserlicher Dr. M . . . und Neufeld. (Stenographischer Bericht III. 2184). Das Schreiben Kapps vom 28. Juni, worin er seinen Austritt erklärte: St. B. I. 643.

pflegt. Nach wenigen Stunden waren die, welche auf dem Gipfel der Volksgunst gestanden, nun auch den Verräthern beigesellt!

Auch in Sachsenhausen sammelten sich gegen 4 Uhr starke bewaffnete Schaaren an dem Affenthor; sie pflanzten dort eine Fahne auf und machten Anstalt, Barricaden zu errichten. Der Abgeordnete Major Teichert aus Berlin († April 1853 zu Berlin an der Cholera,) welcher in der Nähe an der Wallstraße in Sachsenhausen wohnte, stand während dieses Vorgehens mit den Bürgern Strohecker, Rumbler, Abt und Dietzel vor seiner Thür und sprach zu ihnen: „Ihr Sachsenhäuser werdet doch nicht dulden, daß hier Fremde Euch sagen: es müssen Barricaden gebaut werden." Sogleich gingen diese Männer in den dichtgedrängten Haufen von mehreren Hunderten hinein, sprengten denselben und zwangen diejenigen, welche die Barricaden bauten, sie selbst wieder wegzuräumen; sie nahmen die Fahne weg und hielten eine musterhafte Ordnung den ganzen Nachmittag und die Nacht hindurch in Sachsenhausen. Die Thorwache war nur von 4 Hessen besetzt, die nicht abgelöst worden waren; die Sachsenhäuser sorgten für ihre Nahrung und unterstützten sie in ihrem Dienst, keine Bewaffnete hereinzulassen (Stenogr. Berichte III. 2190.)

Mittlerweile*) hatte aber der Senat, aufgefordert durch mehrere achtbare Bürger, die Centralgewalt ersucht, die Nationalversammlung und die Stadt zu schützen, da er es für den Augenblick nicht vermöchte. Duckwitz berichtet: „Ein Ministerium existirte nicht. Dennoch rief Schmerling die in Frankfurt anwesenden Mitglieder des vormaligen Ministeriums zusammen, um zu berathen, welche Maaßregeln zu ergreifen seien. Schmerling und Peucker schlugen vor, Militär von Mainz und Darmstadt zu requiriren, um mit Gewalt die Ordnung herzustellen. Als einige Herren Bedenken trugen, gebrauchte Schmerling das Argument: „„Erwägen Sie, meine Herren, entweder hängen die Aufständischen uns, oder wir hängen sie; wählen Sie."" Man wurde daher bald über die militärischen Maaßregeln einig und beschloß, obgleich alle Legitimation dazu fehlte, von Mainz

*) Von hier an eine Hauptquelle die amtliche Frankfurter Oberpostamtszeitung vom 19., 20., 25. und 26. September, ferner die „Flugblätter aus der deutschen Nationalversammlung" vom 27. September, endlich Denkwürdigkeiten von A. Duckwitz 1841—66. Bremen 1877. S. 88.

vier Bataillons Infanterie und eine Batterie zu beordern, auch die Regierung in Darmstadt zu ersuchen, alles verfügbare Militär nach Frankfurt zu senden. Sowohl in Mainz, als in Darmstadt wurde dieser Aufforderung Folge geleistet, es kamen jedoch von Mainz nur zwei Bataillons am Morgen des 18. in der Frühe (3 Uhr) an, die beiden anderen erst Nachmittags, weil inzwischen die Eisenbahn aufgebrochen worden war"*).

Die näheren Umstände der Berufung der Truppen hat ein Mitglied der Stadtwehr, welches in der Nacht vom 17. bis 18. September in der Börse auf Wache war, folgendermaßen mitgetheilt: Herr v. Schmerling kam mit dem Frankfurter Linien-Oberst Hoffmann und dem Bürgermeister Dr. Müller um 11 Uhr Abends in die Börse und fragte den Frankfurter Stadtwehrmajor Rauch, wie viele Mitglieder der Stadtwehr anwesend seien und auf wie viele für den nächsten Tag zu rechnen sei. Major Rauch zählte etwa 150 Mann, auf seine Anfrage wegen des nächsten Tages erklärte sich aber wohl nicht die Hälfte bereit, wieder die Wache zu beziehen. Darauf begab sich Schmerling in Begleitung von Bürgermeister Müller und andrer Herren etwa um $11^1/_2$ Uhr in den Römer. Beim Weggehen aus der Börse sagte er zur anwesenden Mannschaft: „Nun, wenn es so ist, da wollen wir bald Rath schaffen; warten Sie noch einige Stunden, meine Herren, und dann sollen Sie abgelöst werden." — Auf dem Römer wurde in kurzer Berathung die Machtlosigkeit der localen Behörden gegenüber den etwa kommenden Ereignissen constatirt und nach Mainz telegraphirt, wo Truppen bereit standen. In der Frühe des 18. September trafen mit der Taunusbahn ein Bataillon Oesterreicher und ein Bataillon Preußen ein; jene wurden auf der Zeil, diese auf dem Roßmarkt aufgestellt.

Am 18. September Morgens war die Nationalversammlung in Berathung begriffen; da alle Plätze besetzt waren, wurden die Thüren der Paulskirche geschlossen Vor der Thür, die nach dem nordwestlichen Treppenhaus führt, trieb sich eine Menschen-

*) Eins vom österr. Inf. Reg Erzherzog Rainer, eins vom preußischen Regiment Nr 38. (Schlesier). Danach ist Gegenwart V, 393 zu berichtigen. Daß alle Legitimation gefehlt habe, ist einer der zahlreichen Gedächtnißfehler von Duckwitz, indem schon am 17. das Ministerium Schmerling sich bereit erklärt hatte, die Geschäfte mit voller Verantwortlichkeit bis zur Bildung eines neuen Ministerium weiter zu führen. (Oberpostamtszeitung 20. September, Amtlicher Theil.)

menge herum, welche ein Schuster aus Rödelheim mit Späßen belustigte. Bald war dieselbe auf etwa 50 Personen angewachsen. Um diese Zeit kam ein kleiner Trupp heran, welcher sich nach der westlichen Kirchenthür drängte. Hier hing ein Placat: „Eingang nur für Abgeordnete.“ Unter dem Ruf: „die Abgeordneten sind für das Volk, für uns, also haben auch wir hier Eingang!“ und unter Hohngeschrei wurde das Placat abgerissen. Durch den Erfolg ermuthigt, versuchte der Führer die Thür zu öffnen; dieselbe gab nach, und unter Halloh stürmte er mit seinen Begleitern in die Kirche. Natürlich wurde die kleine Schaar sogleich von den Bediensteten des Hauses zurückgedrängt, aber der Vorsitzende der Versammlung erklärte die Berathung für beeinflußt und sandte zu den inzwischen auf den großen Kornmarkt gezogenen preußischen und den auf dem Roßmarkt lagernden österreichischen Truppen um Schutz. Sofort wurden die Eingangsthüren sämmtlich von den Truppen besetzt und das Publikum abgehalten. An der Nordseite der Paulskirche standen an der Ecke der Kirchgasse, wo an der Schmidt'schen Brauerei der Durchgang sehr eng ist, die österreichischen Truppen in zwei Gliedern, Gewehr bei Fuß. Neugierige drängten sich hinter ihnen herum, unter ihnen war ein älterer Mann in Hemdärmeln, der, in einer nahen Fabrik beschäftigt, Frühstück geholt hatte. Mit seinem Kästchen voll Lebensmittel auf dem Arm stand er ruhig und sah nach den Soldaten. Plötzlich erhielt er von seinem Hintermann einen Stoß und fiel mit der Schulter in das Bajonnett des vor ihm stehenden, gerade rückwärts geneigten Soldaten. Blut floß auf das weiße Hemd; in der Menge erhub sich ein Geschrei: Blut ist geflossen! sie stob aus einander. Der Officier, der abgewendet gestanden und von dem ganzen Vorfall nichts bemerkt hatte, zieht jetzt rasch den Säbel, commandirt: Achtung, Gewehr auf! und läßt die Trommel rühren. Dies wiederholt sich an jeder Thür der Kirche und jetzt verbreitet sich mit der größten Schnelligkeit in der Stadt das Gerücht, das Militär sei mit dem gefällten Bajonnett auf das Volk eingedrungen, und habe mehrere Personen niedergestoßen; jetzt begann der Ruf: „Fort mit dem fremden Militär!“ und der Bau der Barricaden nach Germain Metternichs am Abend zuvor entworfenem Plan. Metternich selbst fuhr um 2 Uhr nach Mainz, um jeden Verdacht von sich abzulenken.

Die östlich der Paulskirche mit der Front gegen die Neue Kräme aufgestellten preußischen Truppen wurden beschimpft und konnten nur mit Mühe von ihren Officieren zurückgehalten werden. Erschwert war die Action der Truppen durch die in der Umgegend der Paulskirche aufgeschlagenen Meßbuden. In der Stadt wurden die Läden bald geschlossen. Auf den Straßen, zumal in der Nähe der Paulskirche, wogte eine, beständig durch bewaffneten Zuzug von außen verstärkte Menge, welche den Deputirten der Mehrheit heftige Drohungen zurief. Die Nationalversammlung und die dicht gefüllten Zuhörerräume waren wild aufgeregt. Um halb elf Uhr waren eben die unsinnigen Anträge von 30 Mitgliedern der äußersten Linken beseitigt worden: „Die Truppen wegzuziehen und überall Neuwahlen zur Nationalversammlung anzuordnen"*) und auf der Tagesordnung stand der Artikel der Grundrechte: „Die Wissenschaft und ihre Lehre ist frei."**) Da dröhnen die Angeln der Thüren an der Nordseite. Der Abgeordnete Rießer tritt hastig ein und bemüht sich, die innere Pforte zu verriegeln. Ihm dringen einige Wüthende nach, die mit Mühe und Anstrengung zurückgestoßen worden. Hoch und Halloh draußen, Drängen, Klopfen und Stoßen gegen die innere Thür, die sich schon in der Mitte spaltet***). Der Präsident Heinrich von Gagern erhält innen, fest, ernst und würdevoll die Ordnung. Draußen rücken Preußen mit gefälltem Bajonnett vor, und verjagen die Aufrührer, deren Wuthgeschrei durch die Kirche tönt und die benachbarten Straßen füllt. Ein 15. Mai nach Pariser Muster ist der deutschen Nationalversammlung erspart; ein bloßes Abbild des französischen 24. Juni bereitet sich vor, vorerst noch still und fast gemüthlich.

Ueberall erheben sich, theils festgebaute, theils schwache, doch strategisch im Netze um die Altstadt errichtete Barricaden. Sie wurden zum Theil von wenigen jungen Leuten und Kindern ganz harmlos wie zum Spiel erbaut. Die Truppe ungenügend

*) Weder Karl Vogt noch Robert Blum waren unter den Antragstellern. Den Antrag, die Truppen nach Mainz zurückzuschicken, unterzeichneten Rühl aus Hanau, von Trützschler, Martiny, Dr. Berger (später österreichischer Minister!), Gritzner, Titus aus Bamberg, Schlöffel aus Schlesien, Mohr, Peter aus Achern, Reinhard, Grubert, Günther &c. (Stenogr. Berichte. III 2164.)

**) Stenogr. Bericht III 2208, 2209.

***) Diese der „Gegenwart" V, 393 entnommenen Worte zeigen, im Gegensatz zu unserer obigen Darstellung, wie sich in der Kirche, unter der aufgeregten Versammlung, die Dinge ausnahmen.

und vor allen Dingen zum Schutz der Nationalversammlung aufgeboten, schreitet nicht ein, um sich nicht zu zerstreuen.*)

Die Frankfurter Bürgerwehr, so thätig und energisch zur Zeit des Vorparlamentes, findet sich, da endlich Allarm geschlagen wird, höchst spärlich ein, zum Theil in Folge ihrer Zersplitterung in allerlei Corps ohne Rücksicht auf die Stadtquartiere. Es ist schwer für den einzelnen Mann, durch die wilden Haufen den Sammelplatz seines Corps zu erreichen; Apathie und Verführung tragen das Ihrige dazu bei. „Das Eigenthum ist heilig — Tod!" schreiben die Rädelsführer an die Thüren der Reichen, und begnügen sich, einzelne Waffenvorräthe aufzuheben und solche Häuser und Fenster zu besetzen, von welchen leicht auf die Truppen geschossen werden kann. Endlich gegen 2 Uhr, nachdem die Nationalversammluug geschlossen ist und frische Truppen (1 österr., 1 preuß. Bataillon aus Mainz, 1 Darmst. Bataillon aus Darmstadt, 2 österr., 2 preuß. Geschütze) angelangt sind, bricht der Kampf los. Auf dem Liebfrauenberge, der Schnur- und Töngesgasse greifen die Oesterreicher, in der Mitte der Zeil, wo die Hasengasse einmündet, nach der Constablerwache zu, die Preußen die Barricaden an. An der Ecke der letzteren Straße, nach der Töngesgasse zu, steht eine hohe, kräftig vertheidigte Barricade, welche um diese Zeit von den Oesterreichern vergebens bestürmt wird. Gegen 4 Uhr ist der größte Theil der westlichen Stadttheile befreit; man kämpft mit großer Anstrengung auf beiden Seiten in den östlichen, in der Allerheiligengasse und Fahrgasse nach dem Main zu. Sachsenhausen, das sich am Abend vorher der Aufständischen er-

*) Allerdings sah ich unter den Augen einer an der Constablerwache aufgestellten kurhessischen Compagnie spielend den Bau der Barricade, welche die Fahrgasse sperrte, beginnen und ruhig vollenden, aber ein Inserat des Intelligenzblattes jener Tage fragte doch auch mit Recht: „Wenn Kinder Barricaden bauen, dazu schwere Frachtwägen herbeischleppen und umstürzen, mit altem Eisen gefüllte Fässer mehrere Centner schwer, heranrollen und aufstellen und dergleichen leichte Beschäftiguugen mehr verrichten; welche Herkulesthaten mögen erst von Erwachsenen zu erwarten sein?" — Es erschien damals eine Karte der Barricaden (bei C. Kern). Die westlichsten waren an der Paulskirche, die nördlichsten am Pfefferkornschen Hause(No. 31.) auf der Bleichstraße, die östlichsten am Allerheiligenthor und der Turnanstalt (Seilerstraße 2), die südlichsten auf der Mainbrücke. Am festesten angelegt waren die in der Töngesgasse und an der Löwenapotheke Am dichtesten gedrängt lagen sie in dem Raum zwischen Neue Kräme, Töngesgasse, Markt, Domplatz und Fahrgasse. Die Behauptung, „Kinder hätten die Barricaden gebaut," wagte der sächsische Abgeordnete Joseph am 20. September. (Stenogr. Bericht III. 2208.

wehrte, ist jetzt im Besitze derselben. Auch auf der Bleichstraße wird heftig gekämpft. Diesen Kampf habe ich aus meinem Hause Bleichstraße 54 mitangesehen und will einige Einzelheiten darüber berichten.

Zunächst sei bemerkt, daß die topographische Beschaffenheit dieser Gegend damals eine ganz andre war als jetzt. Die Brönnerstraße war damals noch nicht durchgebrochen; zwischen große Eschenheimer-Gasse und Altgasse gab es keine Seitenstraße der Bleichstraße, als das Radgäßchen, welches dicht an der Seite des alten Bürgerspitals durch das jetzige Senckenbergische Areal führte und seinen Eingang von der noch jetzt bestehenden Treppe hatte. Von dieser Treppe kam man gleichzeitig mit einer Wendung in den Zwinger, welcher vertieft, theilweise als Seilerbahn benutzt, zwischen dem Damm der Bleichstraße einerseits, den Mauern der Bleichgärten und des Peterskirchhofs andrerseits herführte. Dieser Zwinger ist jetzt von der Treppe (gegenüber No. 62) bis zur Brönnerstraße zum Senckenbergischen Areal, von da bis zum Pfefferkorn'schen Hause (No. 31) zur Straße gezogen. An diesem Hause war eine Barricade errichtet, jedoch war das Trottoir frei und der Wächter mit rother Feder auf dem Hut und der Büchse, ließ jedermann passieren. Auch vor meinem Haus untersuchte ein Barricadenbauer das Terrain und stach mit einem Brecheisen zwischen die Pflastersteine, stand aber von weiteren Unternehmungen ab. Es war die Ruhe vor dem Sturm.

Radowitz, welcher Bleichstraße 23 wohnte, kam von dem Eschenheimer Thor her; als er den Weg zu seiner Wohnung durch die Barricade gesperrt sah, setzte er sich zum Ausruhen auf die Planke an der Treppe und kehrte dann um. Endlich um 3 Uhr schallte der regelmäßige Marschschritt einer geordneten Truppe vom Eschenheimer Thor her. Eine preußische Compagnie nahm die volle Breite der Straße ein und rückte ohne die Deckung, welche der früher geschilderte Zwinger bot, zu benutzen, auf die Barricade los. Es scheint nicht, daß die Barricade selbst besetzt war; die Schützen, welche sie vertheidigten, lagen wohl in den Fenstern der hintenstehenden Häuser und entkamen nachher durch die Gärten nach der Promenade. Plötzlich, etwa auf der Höhe des Hauses No. 44, dessen Erdgeschoß damals der Dr.

med. Fr. Wilh. Fabricius (†1872) bewohnte, erhielten die Preußen eine wohlgezielte Salve, mehrere fielen verwundet. Aber ohne zu zaudern rücken die Unverletzten weiter vor. Zuerst sucht Hauptmann Julius Hübner die Barricade zu erklettern, aber er fällt todt, von einer Kugel getroffen. Lieutenant Wilhelm von Hillesheim übernimmt das Commando und stürzt auf die Barricade mit dem Ruf: Vorwärts Kameraden, folgt mir! Auch ihn streckt eine Kugel nieder. Sofort tritt der Dritte Officier, Lieutenant Aust vor und ruft den Leuten zu: Kameraden, es gilt die Ehre des preußischen Namens, Vorwärts! Da stürzt auch er; erst dem vierten Offizier, Lieutenant von Pannewitz, gelingt es die Barricade zu nehmen. Aust war nicht verwundet, nur betäubt, die Kugel hatte die Epaulettes getroffen, welche er als hinderlich vorher abgenommen und in die Brusttasche des Mantels gesteckt hatte.*) Sobald die Barricade genommen war, eilte ich in die Wohnung des Dr. Fabricius, um den Verwundeten die erste Hülfe mit zu leisten. In meiner Eigenschaft als Arzt gelangte ich auch später in die Hauptwache, wo ich Zeuge interessanter Scenen war, insbesondere auch der Verhandlung Schmerlings mit den Abgeordneten der Linken, welche Einstellung der Feindseligkeiten verlangten. Als ihr Wortführer fungirte ein radicaler Schulmeister Rößler von Oels, der sogenannte „Reichscanarienvogel," weil er immer in einem gelben Nanking-Anzug erschien.

Das Reichsministerium bewilligte um 4¾ Uhr einen Waffenstillstand von einer Stunde, da in diesem Fall von der erwähnten Deputation die Räumung der Barricaden in Aussicht gestellt war. Dieß traf nicht ein, vielmehr fiel in diese Zeit die Ermordung von Auerswald und Lichnowsky. Auch hier müssen wir zum Verständniß der Leser eine topographische Schilderung vorausschicken. Die jetzt mit Häusern bedeckte „Bornheimer Haide" war damals eine dürftige Weide, nur am östlichen und südlichen Rand von vereinzelten Häusern und Gärten umgeben, von Pappelalleen in verschiedenen Richtungen durchschnitten. Ein sumpfiger, im Sommer ausgetrockenter, ungeregelter Bach, der Abfluß des Wassers von der gegen Nordosten ansteigenden Anhöhe,

*) Deutsche Zeitung No. 264, 265, Vossische Zeitung Nr 227, Flugblätter No. 30, 32.

welcher in den Bethmann'schen Weiher, das ehemalige „Pestilenzloch" sich ergoß, durchzog die Haide, und war da, wo er die längste, vom Frankfurter Haideweg (heute Gaußstraße) bis zur Bornheimer Gelnhäuserstraße (heute Bergerstraße) ziehende Baumreihe, den nächsten Weg zwischen Bornheim und Frankfurt, durchschnitt, von einem Brückchen überwölbt, in dessen Nähe eine Ruhebank stand. An der Südseite lag am Rand der Haide nächst der Ausmündung des Haidewegs der (jetzt parcellirte) Garten des durch seine Rosenzucht bekannten Gärtners Schmidt, in der Mitte desselben das Wohnhaus mit angebautem Treibhause.*)

Die beiden genannten Abgeordneten hatten sich, Auerswald nur auf Lichnowsky's Bitten, zwischen 4 und 5 Uhr in bürgerlicher Kleidung und zu Pferde, dem Friedberger Thor hinausbegeben, um sich über den Stand der Dinge zu unterrichten. Sie wurden jedoch bald von einem Haufen mit Flinten und Sensen bewaffneter, zum Theil betrunkener Zuzügler erkannt, verfolgt, und schlugen, der Wege unkundig oder in Bestürzung, einen Seitenweg ein, der sie gerade in die Gewalt ihrer Feinde lieferte. In äußerster Gefahr, mit Schüssen und Steinwürfen angegriffen, fanden sie Schutz in dem Grundstück des Gärtners Schmidt, der die Flüchtigen in seinem Hause verbarg und mit eigner Lebensgefahr verleugnete. Die Meüterer, sicher gemacht durch die nach dem Garten führenden Spuren der Pferde, untersuchten indeß das Haus und fanden Auerswald in einer Bodenkammer versteckt. Wiederholt fiel während des Suchens die Beschuldigung, die Reiter, welche doch ohne jedes Schießgewehr waren, hätten auf sie, die Verfolger, geschossen! Man führte den General unter Mißhandlungen aus dem Garten nach dem Wege nach Bornheim. Als Auerswald aus dem Hause gebracht wurde, trat ein Weib mit wuthentbranntem Gesicht ihm entgegen, schimpfte und schlug mit einem Regenschirm ihm auf das blutende Haupt. Er bat um sein Leben, er habe ja nie etwas gegen das Volk gethan! er habe fünf Kinder, welche erst vor Kurzem ihre Mutter verloren; Alles fruchtlos — er wurde erschossen! Zuerst bekam er einen Schuß ins Bein; er wollte über den Graben springen, der an der Gartenmauer herzog, fiel aber hinein; da erhielt er einen

*) Eine ausführliche, historisch-topographische Beschreibung der Bornheimer Haide von dem ehemaligen Pfarrer Gollhard in Bornheim. Mi. III. 118.

zweiten Schuß durch den Kopf, an dem er starb. Nachträglich ergab sich, daß die Mörder Auerswald für Schmerling gehalten hatten!

Nach Auerswald's Ermordung wurde die Nachforschung nach dem Fürsten mit erneuertem Eifer fortgesetzt. Man fand ihn endlich im Keller und schleppte ihn unter Drohungen und Mißhandlungen, an seines Gefährten Leiche vorüber, in die über die Bornheimer Haide führende Pappelallee*). Noch im Hause selbst hatte sich dem Fürsten ein edler Beschützer zur Seite gestellt, Dr. Martin Hodes.**) Dieser beredete unter Lebensgefahr die Meuterer dahin, daß sie den Gefangenen nach Bornheim transportiren möchten. Schon war die Hälfte des Weges bis an jenes oben erwähnte Brückchen zurückgelegt, als einige aus dem Haufen, den Rock Lichnowskys in Stücke rissen, um, wie sie sagten, ein Andenken von ihm zu gewinnen. Lichnowsky hielt sich hierdurch für ernstlich bedroht und griff dem Einen nach dem Gewehr, das man ihm unter Wüthen und Toben wieder entwand. Zugleich erhielt er einen Kolbenschlag auf den Kopf. Ein andrer legte auf den Gefangenen an, der nun von der Seite seines Beschützers weg nach den Bäumen zulief. Da fiel der Schuß; Lichnowsky stürzte, von hinten in den Unterleib getroffen, mit lautem Schrei zur Erde. Noch wurden auf den Liegenden mehrere Schüsse abgefeuert, auch mißhandelte man das Opfer und schreckte die, welche Beistand leisten wollten, durch Drohungen zurück. Als aber mehr Menschen herbeikamen, entfernten sich die Thäter. Man hob den tödlich Verwundeten auf und brachte ihn unter dem Schutz der Bornheimer Bürgerwehr, von der die Herren Löw und Helffrich rühmlich genannt werden, nach dem Schmidt'schen Haus, wo Dr. Hodes dem Fürsten den ersten Beistand leistete. Lichnowsky verfügte über seine Hinterlassenschaft und wurde dann nach der Bethmann'schen Villa gebracht. Herr Pillot,

*) Auerswalds Leiche wurde zunächst nach dem Treibhause des Herrn Schmidt gebracht und um Mitternacht unter Militärbedeckung in die Stadt transportirt. Die Pferde beider Abgeordneten wurden zum Verkauf nach Offenbach gebracht.

**) M. Hodes aus Kurhessen, Lehrer an der G. Bunsen'schen Erziehungsanstalt (vergl. S. 103), 1826 von der Immediatcommission zu Cassel wegen Hochverrath zu sechsjähriger Festungsstrafe verurtheilt, studirt Medicin in der Schweiz, Prosector an der Hochschule in Zürich 1841, Prof. der Anatomie 1845, lebte damals als Pensionär in Bornheim.

einer der Mitbewohner des Schmidt'schen Hauses, war dorthin geeilt mit der Nachricht von dem Geschehenen; er traf den Fürsten Felix von Hohenlohe, welcher mit einer Abtheilung Darmstädter Dragoner, die er aus der Stadt geholt, den Verwundeten abholte. In der Bethmann'schen Villa wurde Lichnowsky von Dr. Wolff behandelt, dann nach dem Krankenhaus zum heil. Geist gebracht, wo er Morgens 1 Uhr am 19. September verschied*).

Wir wenden uns zum Kampfe in der Stadt zurück. Um 6 Uhr, nachdem der Waffenstillstand abgelaufen war, begann der Kampf von Neuem. Um 7 Uhr kamen vier Darmstädter Geschütze unter Bedeckung von Dragonern über die Mainneckarbrücke, jagten die Zeil hinauf und begannen, am Römischen Kaiser aufgefahren, die Barricade an der Löwenapotheke zu beschießen, welche letztere noch lange Zeit die Kugelspuren zeigte. Diese Barricade wurde um 1 Uhr Morgens den 19., die Barricade am Trier'schen Plätzchen wurde erst Morgens 8 Uhr genommen. Abends um 11 Uhr kam württembergische Artillerie mit 16 Kanonen, aus Schleswig-Holstein zurückkehrend, im Eilmarsch von Gießen an. Die Stadt bot ein lebhaftes militärisches Bild. Die Zahl der Truppen war im Lauf des Tages auf 12000 Mann angewachsen. An der Paulskirche lagen tschechische Böhmen am Beiwachtfeuer und ließen ihre schwermüthigen Volkslieder ertönen. Die ganze Zeil war mit Stroh bestreut, auf dem neben ihren Pferden die müde Mannschaft

*) Die Quellen sind: Bericht von Dr. Hodes in der Allg. Zeitung; die Acten des theils in Hanau, theils in Frankfurt geführten Prozesses gegen die des Mordes von A. u. L. Angeklagten und folgendes kleine Schriftchen: Die Schicksale des Grafen (sic) v. A. und des Fürsten L. im S'schen Garten und auf der Bornheimer Haide an dem Nachmittag des 18. Septembers 1848 dargestellt von F. M. Schnepf. Preis 9 Kreuzer, Frankfurt a M., Streng und Schneider. 16 S. 8°. Der Verfasser, ein Lehrer, Mitbewohner des Schmidt'schen Hauses, macht den Eindruck der größten Wahrheitsliebe, scheint aber den Dingen dieser Welt sehr fern gestanden zu haben. S. 15 heißt es: Der Fürst sprach: „Ich habe eine Verwandte in Oberschlesien, die soll meine Erbin sein." Helfrich rief: Geben sie den Namen an, es ist besser. — L. erwiederte: Denen Sie das sagen, die wissen es schon; das Verhältniß ist ja weltbekannt." Er wurde wiederholt aufgefordert, Namen anzugeben. Da sprach er: „Meine Enkelin, Dorothea von Sagan in Sagan soll meine Erbin sein." Offenbar hat L. in seinem Dialekt gesagt: „Mein Enkel" (statt Engel) und der harmlose Hr. Schnepf hat aus dem Enkel eine Enkelin gemacht, da eine Herzogin doch kein Enkel sein kann, zumal wenn sie selbst 1793, der angebliche Großvater 1814 geboren ist.

Die Scene in der Bethmann'schen Villa ist durch ein Bild verewigt. Der Bericht darüber ist in der Voss'schen Zeitung vom 22. September.

lagerte. Ein italienischer Himmel spannte sich darüber hin und eine wahre Sommernacht sank hernieder auf die geängstigte Stadt. Im Ministerrath war der Beschluß gefaßt worden, den Belagerungszustand über Frankfurt zu verhängen.*) Der Minister des Innern war mit der Ausführung beauftragt. Dieser entwarf das Decret und schickte es, unterzeichnet: „Schmerling", in die Druckerei. Eines der ersten gedruckten Blätter kam um Mitternacht in die Hände von Droysen. Dieser brachte es Georg Beseler, mit welchem zusammen er im Englischen Hof wohnte. Bei der Durchlesung bemerkten sie, daß vergessen war, darunter zu drucken: „Der Reichsverweser, Erzherzog Johann." Droysen geht also zu Schmerling, der sich bereits zur Ruhe begeben hatte und macht ihn darauf aufmerksam, worauf dieser die Lücke ausfüllt, und so ohne Weiteres wieder das Blatt in die Druckerei schickt zum zweiten Abdruck. Auf diese Weise erschienen zwei Arten von Belagerungszustand, mit und ohne Reichsverweser, und dieser erfuhr die ganze Sache erst, als ihm am andern Morgen die Blätter gebracht wurden. Es war Niemanden im ganzen Reichsministerium der Gedanke gekommen, daß man den Reichsverweser erst hätte fragen sollen.

„Der Reichsverweser," fährt Duckwitz fort, „war an jenem Tage sehr geneigt „„Blutvergießen zu verhüten,"" und war von den demokratischen Oesterreichern stark angegangen worden, die Truppen zurückzuziehen; der Platzcommandant Nobili scheint daher auch Weisungen, nicht eigentliche Befehle, erhalten zu haben, mit möglichster Milde zu verfahren, ohne daß das Ministerium davon Kunde hatte. Ohne Peucker's durchgreifende Energie hätte damals die Sache schlimm genug werden können." —

Am 19. September galt mein erster Besuch dem Hospital zum heiligen Geist, in dessen Todtenkammer 30 Leichen aufgeschichtet lagen. Da war Lichnowsky, die Arme scheußlich zerfetzt mit Sensenhieben, das Fleisch von den Knochen gelöst; da lag die Leiche eines 55jährigen Bürgerwehrmanns Zahn aus Homburg vor der Höhe, der auf den Barricaden gefallen war; ein Tapezierer Rosenkranz, der in der kleinen Eschenheimer Gasse wohnte und, als er beim Beginn des Schießens, um zu sehen,

*) Duckwitz Denkwürdigk. S. 285. Die Documente im Amtlichen Theil der O. P. A. Zeitung vom 19. September.

was es gäbe, in die Stiftstraße sich vorwagte, von den in dem Wohack'schen Hause (an der Ecke von Zeil und Hasengasse, Zeil No. 27) im Anschlag liegenden Oesterreichern erschossen worden war. Nicht minder unschuldig war ein Dienstmädchen gefallen, welche in der Schnurgasse, über die Straße laufend, von einer der dort errichteten Barricade zugedachten Kugel getroffen worden war.

Von den 30 Todten waren 3 im Hospital gestorben, 2 noch nicht erkannt. Im Hospital lagen 39 Verwundete, davon waren 8 Leichtverwundete vorläufig im Gefängniß untergebracht. Unter den Verwundeten befand sich eine Frau, 2 österreichische und 7 preußische Soldaten. Im Bürgerspital, um dies sogleich beizufügen, wurden 32 Soldaten aufgenommen, wovon 19 Oesterreicher, 11 Preußen, 2 Hessen; 3 Soldaten starben. Ferner waren daselbst 7 Civilisten aufgenommen, wovon einer starb. Ins Militärspital waren wegen dessen entfernter Lage nur zwei Hessen-Darmstädter gebracht worden, wovon einer starb. (Adam Knaus, I. Reg. † 24. September.) Im Ganzen waren vom Militär 7 sogleich gefallen: 4 Preußen, worunter die oben (S. 338) genannten beiden Officiere, 2 Oesterreicher, und ein Darmstädter Officier (Oberlieutenant im I. Reg. Hermann Zimmermann.) Von den Opfern gehörten nur 9 durch ihre Geburt Frankfurt an.

In dem Intelligenzblatt vom 3. October ist der Stand der gleich oder bis Ende des Monats verstorbenen Opfer verzeichnet. Sogleich todt oder am 18. September noch verstorben, waren 33; am 19., 20. und 24. September starben noch im Bürgerspital 3 preußische Soldaten.*)

Man zählte 63 unverwundete Gefangene, wovon 40 am 19. nach Mainz gebracht wurden.

Im Lauf des 19. Septembers kamen noch Bayern von Aschaffenburg. in den folgenden Tagen noch württembergische und bayrische Reiter. Erst am 22. wurden wieder Truppen weggesandt Obgleich ein Theil einquartiert war, so glich die Stadt doch einem Kriegslager. Im bunten Gemisch sah man alle Waffengattungen der österreichischen, preußischen, bayrischen, württemberg-

*) Die Beilage zur Frkft. O. P. A. Z. vom 25. September enthält eine amtliche Angabe über die 8 gefallenen oder bis dahin an ihren Wunden verstorbenen und die 36 verwundeten Reichstruppen.

ischen, kurhessischen und hessen-darmstädtischen Streitkräfte. Der Goetheplatz war in einen ungeheuren Stall verwandelt. Die württembergische reitende Artillerie, bayrische Jäger und das großh. hessische Leibregiment campirten auf dem Roßmarkt; auf dem Theaterplatz befand sich die württembergische Feldschmiede und Feldapotheke; an der Hauptwache stand österreichische Artillerie; auf der Zeil campirte das erste Bataillon des 35. preuß. Regiments. Der Graben (wo am 19. im Gräberschen Lokale Waffenvorräthe aufgefunden wurden), Punkte, wo sich Barricaden erhoben hatten, viele strategisch wichtige Oertlichkeiten und die Stadtthore waren besetzt. Die Mainbrücke wurde von preußischen Infanterie und Artillerie bewacht; in den Brückenmühlen und im Deutschen Hause lagen Oesterreicher. Auf dem großen Rundplatz vor dem Affenthor lagern bayrische Jäger und darmstädtische Infanterie. Kurhessen haben die Hauptwache und Constablerwache besetzt, darmstädtische und württembergische Reiter durchstreifen die Umgegend. Auf diese Weise bleibt nicht nur die Ruhe in der Stadt ungestört, trotz der gleichzeitigen Erhebung in Baden (21. September), welche in Verbindung mit dem Frankfurter Aufstand geplant war*), sondern auch der Handel und Verkehr leben wieder auf.

Am 21. September fand vom Roßmarkt aus von zahlreichen Abgeordneten begleitet das großartige Begräbniß der militärischen Opfer des 18. September statt. Auf dem Kirchhof sprachen die Abgeordneten, Pfarrer von Ketteler (später Bischof von Mainz), Pfarrer Zittel, Heinrich von Gagern**) und W. Jordan***) Mit Ausnahme des Obl. Zimmermann, dessen Leiche nach Darmstadt abgeführt worden und des Musketiers Adolf Boehl, welcher erst am 24. gestorben, wurden sämmtliche verstorbene Militärs am 21. bestattet: Auerswald, Lichnowsky, Hübner, v. Hillesheim, Kuhn, Sperlich, Volumann (38. preuß. Reg.), Nechwatal (österr. Reg. Rainer).

---

*) Brief Siegels an Struve, d. d. Emmishofen 16. September in der Postzeitung vom 3 Oktober. Auch zu Köln beschloß der „Sicherheitsausschuß der demokratischen Arbeitervereine“ am 20. September: 1. „Die Mitglieder der Nationalversammlung, mit Ausnahme derer, welche sich zum Austritt bereit erklärt haben, sind Volksverräther. 2. Die Barricadenkämpfer in Frankfurt a. M. haben sich um das Vaterland wohl verdient gemacht.“

**) Frankfurter Conversationsblatt 30. September.

***) Frankfurter Conversationsblatt 29. September.

Die Ereignisse in Frankfurt und Umgebung konnten nicht verfehlen, in der Nationalversammlung den lautesten Wiederhall zu finden. Mußte doch der Antrag der äußersten Linken auf Zurückziehung der Truppen, wenn er angenommen wurde, ihren Collegen nur die Wahl lassen, feig zu fliehen oder sich den schmählichsten Mißhandlungen, ja, dem Morde auszusetzen! Waren doch durch Struves weggenommene Canzlei mehrere derselben aufs Aergste compromittirt (Schlöffel, Zitz.)

Aber auch die Linke beging jetzt die Unklugheit, Partei für den Aufstand zu nehmen und die offenkundigsten Thatsachen abschwächen zu wollen. Die Verhaftung von Abgeordneten der äußersten Linken*), deren Genehmigung das Appellationsgericht der freien Stadt Frankfurt als Criminalgericht sich von der Versammlung erbat, führte bis in den October zu erbitterten Parteikämpfen. Wir wollen daraus nur eine Anekdote herausheben, welche wir Duckwitz**) verdanken, weil sie für Schmerling charakteristisch ist. Am 16. October sagte Schlöffel: Es hat am 5. October dem Reichsminister von Schmerling gefallen, in dem Augenblick, als der Abgeordnete Schmidt (von Löwenberg***) auf die Tribüne trat, seinem Nachbarn zu sagen: „Das ist auch einer von den Canaillen, die wir herausbringen müssen." Der Präsident fragte darauf Herrn von Schmerling, ob er diese Worte wirklich gesagt habe und als dieser es verneinte, erklärte er die Sache für erledigt†). Abends, erzählt Duckwitz, fragten wir Schmerling, ob er jene Worte gesagt habe. Er meinte, gesagt habe er sie nicht, wohl aber gedacht und vielleicht etwas zu laut gedacht.

Ein Gesetz zum Schutz der Nationalversammlung wurde eingebracht und dann der Belagerungszustand aufgehoben. Am 1. October siedelte die „Deutsche Zeitung" von Heidelberg nach Frankfurt über.

Im September und October 1848 trat die Entscheidung

---

*) Zitz, Schlöffel, Simon von Trier.

**) Denkwürdigkeiten S. 89, Note.

***) Duckwitz nennt irrthümlich Simon von Trier. Stenographische Berichte IV. 2662. 2665.

†) Auch das ist irrthümlich (Stenographische Berichte IV. 2673. 74.) Das Präsidium hielt es nicht für angemessen, die Mittheilung Schlöffels, auf seine Reclamation hin, in das amtliche Protokoll aufzunehmen, und die Versammlung stimmte bei.

der städtischen Angelegenheiten von Frankfurt ein. Der Senat ging auf die Anträge des Verfassungsausschusses ein. Er erklärte am 26. September, daß er zur Ueberzeugung gelangt sei, die Verfassung der Stadt bedürfe einer Erneuerung in Uebereinstimmung mit den Grundsätzen der Neuzeit und diese Verfassungsrevision finde am Besten durch eine constituirende Versammlung statt. Was deren Wahl betrifft, so stimmte er dem Vorschlag bei, nach welchem die Stadt 100 und die Landgemeinden 20 Abgeordnete in allgemeiner directer Wahl aller volljähriger Staatsangehörigen ernennen sollten. Der Vorschlag des Senats, nach § 50 der Constitutions-Ergänzungsacte, die Verfassungsänderung vom Senat, vom Gesetzgebenden Körper und von der christlichen Bürgerschaft gesetzmäßig sanctioniren, und nach der Entwerfung der neuen Verfassung von sämmtlichen Staatsangehörigen darüber abstimmen zu lassen, wurde von der Gesetzgebenden Versammlung und dem Verfassungsrath angenommen. Von dem Senat wurde hierauf die Verfassungsänderung, wie sie in dem erwähnten Wahlgesetz, den Uebergangsbestimmungen und der Berufung einer Constituante vorlag, mit der gesetzmäßigen Mehrzahl von zwei Dritteln, von der Gesetzgebenden Versammlung mit 78 gegen 1, von der christlichen Bürgerschaft mit ungefähr 2300 gegen 500 Stimmen angenommen. Der Senat verkündigte dieses Resultat am 19. und 21. October. Nun stellte man von Seiten des Montagskränzchens, des Bürgervereins, der Quartiervorstände ꝛc. Candidatenlisten auf. Die des Montagskränzchens siegte vollständig, doch war eine Minorität dabei, welche auch vom Bürgerverein aufgestellt war und die später sich geltend machte.

In den Monaten October und November versetzten die Ereignisse zu Wien und Berlin auch die deutsche Parlamentsstadt aufs Neue in lebhafte Aufregung, zumal die Hinrichtung von Robert Blum in Wien (9. November). Robert Blum war in Frankfurt sehr populär durch seine schlichte, freundliche Weise, in welcher er mit Jedermann verkehrte. Während die Nationalversammlung ihren Protest erhob und durch die Abgeordneten Paur und Pözl nach Wien überbringen ließ*), beschloß die

*) Ueber die ganze Angelegenheit Stenogr. Berichte Bd. V, S. 3176—3626. VI. 4138—4478. VIII. 6356. IX. 6385.

Frankfurter Constituante am 22. November, den Senat zu ersuchen, „bei der Centralgewalt auf energische Durchführung des Beschlusses der Nationalversammlung wegen Ermittelung und Bestrafung der Urheber der widerrechtlichen Tödung Blums hinzuwirken.“ Selbst das Haupt der Frankfurter Liberalen, Dr. Souchay, stimmte dafür, weil er in der Tödung Blums das traurige Vorzeichen eines Risses sehe, der Deutsch-Oesterreich von dem übrigen Deutschland trenne. Das Montagskränzchen legte seinen Mitgliedern auf, Trauer über den Todten zu tragen. Am 9. November 1849 und in einer Reihe der folgenden Jahre wurde in der vorhergehenden Nacht auf einem Baume des Goetheplatzes, oder der Anlagen eine schwarze Fahne befestigt, welche die Polizei jedesmal mit großer Beschwerde abnahm, ohne daß es ihr gelungen wäre, die Urheber dieser Demonstration zu entdecken. Die Reichstagszeitung vom 24. November bürdete jedem einzelnen Mitglied der Mehrheit der Nationalversammlung die moralische Verantwortlichkeit für die Tödung Blum's auf, als hätten diese ihn nach Wien gesandt! —

Die Vorgänge in Preußen: Die Einsetzung des Ministeriums Brandenburg-Manteuffel (8. November), die Verlegung der Vereinbarungsversammlung nach Brandenburg (9. November), die von dem Reste derselbe ausgesprochene Verweigerung der Steuern (11. November) ꝛc. brachten die deutsche Nationalversammlung in dasselbe traurige Dilemma, wie es die Wiener Ereignisse gethan. Die Nationalversammlung erklärte jene Steuerverweigerung für nichtig, sprach sich aber gegen das neue preußische Ministerium aus. Die Frankfurter Constituante genehmigte mit 78 gegen 35 Stimmen eine Zustimmungsadresse an die preußische Versammlung. Die Minderheit gab zu Protocoll: Sie sähe in diesem Beschlusse einen Widerspruch gegen die Nationalversammlung, deren Entscheidungen aufrecht erhalten werden müßten, wenn Einheit und Freiheit im Vaterland gesichert sein sollten. Die Frankfurter Einwohnerschaft nahm Partei für und wider. Der Bürgerverein setzte als Eingabe an die Nationalversammlung eine Zustimmungsadresse zu dem Protest der Minderheit, das Montagskränzchen eine zu dem Beschlusse der Mehrheit in Umlauf; beide wurden zahlreich unterzeichnet.

Wichtiger als diese waren die Wirkungen der österreichisch-preußischen Verhältnisse — dießmal im Gegensatz gedacht — als am 15. December, in Folge des Programms von Kremsier vom 27. November, Schmerling zurücktrat und H. von Gagern das Präsidium des Reichsministeriums erhielt. Damit war der Kern der Frage, welche die Nationalversammlung zu lösen hatte, die Oberhaupts- oder Machtfrage, wieder in den Vordergrund gerückt. Ein übles Zeichen war, daß bei der Präsidentenwahl an Stelle Gagerns Simson, der sein seltnes Talent zur Leitung der Debatten schon als Vicepräsident häufig erprobt hatte, nur 233 Stimmen, also 10 mehr als G. Kirchgeßner (223) erhielt, weil er als Candidat der Kaiserpartei galt.*) In Frankfurt waren die demokratischen Vereine für das Directorium, der Bürgerverein sprach sich in einer zahlreich besuchten Generalversammlung am 5. Januar 1849 für das Erbkaiserthum aus, die Conservativen hielten zu den Großdeutschen.

Der letzte Monat des verhängnißvollen Jahres brachte dem deutschen Volk eine Weihnachtsgabe von der Nationalversammlung: Die Grundrechte des deutschen Volkes. In Frankfurt wurden sie am 18. Januar 1849 eingeführt. Das Montagskränzchen gab bei dieser Gelegenheit den Abgeordneten der Linken ein Fest, der Bürgerverein übergab der Nationalversammlung eine zahlreich unterzeichnete Dankadresse.

Am 11. Januar 1849 begannen in der Paulskirche die Debatten in der österreichischen Frage.**) Es war ein unvergeßlicher Moment, als Heinrich v. Gagern in dem erleuchteten Hause vor einer gedrängten, aber ruhig lauschenden Versammlung sein Programm entwickelte. Seine ächt staatsmännische Rede schloß mit den Worten: „Wohl möchte ich das ganze Vaterland zusammengefaßt unter einer Verfassung, unter einer einheitlichen Bundesregierung, aber die Möglichkeit sehe ich jetzt nicht vor mir. Darum glaube ich nicht minder mein Vaterland zu lieben, wenn ich Ihnen vorschlage, wenn ich Sie bitte, ins Auge zu fassen, was zum Heil des Vaterlandes zu erreichen möglich ist.“ Und diesen Mann mußte man 1862 in derselben Stadt unter den Großdeutschen sitzen sehen, welche das entgegengesetzte Programm verfochten!

*) Stenogr. Berichte VI. 4223. 4233.

**) Stenogr. Berichte VI. 4563.

Die damalige Debatte ist noch jetzt höchst interessant durch die Menge nicht eingetroffener Prophezeiungen, wie z. B. Venedey (S. 4542) sagte, daß ohne Oesterreich, ohne Böhmen und Tirol auch Baiern nicht bei Deutschland würde bleiben können, Sepp (S. 4608): ohne Oesterreich würde Deutschland den Franzosen nicht den Beweis liefern können, daß „die natürliche Grenze" die Wasserscheide der Vogesen sei, oder von Würth (S. 4612): „Wer schützt die Grenze am Rhein bei Straßburg, wenn es nicht österreichische Truppen sind?"

Am 13. Januar wurde mit 261 gegen 224 Stimmen der Antrag angenommen, das Ministerium zu ermächtigen, mit der österreichischen Regierung Verhandlungen einzuleiten über die künftige Stellung Oesterreichs zu Deutschland.

In Frankfurt selbst suchte man indessen die Grundrechte zur Wahrheit zu machen. Die Constituante brachte Gesetzentwürfe: Die bürgerliche und staatsbürgerliche Gleichheit aller Staatsangehörigen, das öffentliche und mündliche Verfahren, den Schutz der persönlichen Sicherheit betreffend, an den Senat, die derselbe annahm, veröffentlichte und ins Leben führte (20. Februar). Nur die Geschworenengerichte wurden einstweilen nicht verwirklicht. Die demokratischen Vereine bereiteten als Sammelpunkt entgegen dem „Bürgerverein" die Bildung eines „Neuen Bürgervereins" vor, der jedoch erst im Juni ins Leben trat. Dem lange bestehenden Organ der demokratischen Partei dem „Volksblatt", setzte der Bürgerverein den „Volksboten", redigirt von A. von Rochau (vergl. oben S. 197) entgegen, dessen erste Nummer am 4. April erschien. Am 28. März verkündete Glockenläuten die Wahl des Königs von Preußen zum Kaiser der Deutschen. Es war trotz alle dem, was vorhergegangen, doch ein großer Moment; die schlimmste Gefahr, daß die Nationalversammlung that- und rathlos auseinander ginge, war beseitigt; man hoffte, daß etwas von der hiesigen Stimmung auch in Berlin empfunden werden könnte, zumal die auswärtigen politischen Verhältnisse so überaus günstig lagen.

Am 30. März, drei Tage nach Annahme der Reichsverfassung, drei Tage vor Ankunft der Deputation in Berlin, welche dem König von Preußen die deutsche Kaiserkrone anzubieten hatte*), gab der Bürgerverein zur Erinnerung an den vor einem Jahre erfolgten Zusammentritt des Vorparlaments ein Fest für Heinrich von Gagern und seine Freunde**). Man sprach viel von einer glücklichen Zukunft des Vaterlandes. Ernst und ahnungsvoll wies Gagern die sanguinischen Hoffnungen in Schranken. Die Stimmung des Abends sprach sich in den Versen Dr. Heinrich Hoffmanns aus:

Tritt zu dem Volk, es tritt das Volk zu dir!
Es reicht dir Banner dar und Krone.
Dein Wahlspruch sei: Allweg gut Deutschland hier!
Die Freiheit steht als Schutz an deinem Throne.
Dann wird das Reich erstehen, stark und wahr,
Das Reich des heilig einigen Verbandes,
Und jener Tag des freien Wählens war
Der Siegestag des freien Vaterlandes.

Der Dichter ließ dann am 3. April, nachdem die Ablehnung Friedrich Wilhelms IV. bekannt geworden, folgende Verse folgen:

Du, König, hasts verschmäht! du wagst es nicht!
Du willst nicht her zum freien Volke!
Wohlan, so zaud're, bis das Wetter bricht
Verderblich aus der finst'ren Wolke!
Wenn dann du rufst: Heran, mein Volk zu mir!
Dann wird das Volk sich auch bedenken.
Wir sind getrennt. Du dort, wir stehen hier!
Wir haben keine Krone zu verschenken.

Der Dichter sprach damit die allgemeine bittere Stimmung aus***), welche in diesem Herzen Deutschlands, in der Hauptstadt der Gauen herrschte, in welchen, im Gegensatz zum Osten und Norden, der Einheitsgedanke die tiefsten Wurzeln getrieben hatte. Der Stempel der Münze: „Friedrich Wilhelm IV. König von Preußen, erwählt zum Kaiser der Deutschen 28.

*) Zur Orientirung über die der Annahme der Reichsverfassung vorhergegangenen Verhandlungen empfiehlt sich die meisterhafte Darstellung: Gegenwart IX, 187.

**) Volksbote No. 4 vom 11. April.

***) „In Berlin galt als Weisheit, den unhaltbaren Zustand des Zweifels ziellos zu verlängern und haltlos hierhin und dorthin zu schwanken." Treitschke Aufsätze S. 439.

März 1849" wurde nach der Ablehnung gleich wieder zerstört*).

Diese Stimmung sollte bald noch andern Ausdruck finden. In der Frankfurter Constituante stellten am 13. April zwei Mitglieder den Antrag, die am 28. März verkündete Verfassung des Deutschen Reiches für rechtskräftig und endgültig zu erklären, und den Senat zu ersuchen, in diesem Sinn die Rechte und Freiheiten des Volkes zu wahren. Eines der Häupter der Minorität Dr. jur. Binding I. fand jede Berathung hierüber unnöthig; Alle seien damit einverstanden. Der Bürgermeister Cöster zeigte hierauf an, der Senat habe bereits eine Erklärung, ganz in diesem Sinn gehalten, an den preußischen Bevollmächtigten gelangen lassen. Sogar die Vorstände des Bürgervereins und des Montagskränzchens vereinigten sich mit Zuziehung vieler angesehener Bürger dahin, auf Donnerstag den 12. April eine große Volksversammlung in die Katharinenkirche einzuberufen. Diese Versammlung fand unter großer Theilnahme des Frankfurter Publikums und der zahlreich anwesenden Meßfremden und anderer Fremden statt. Die weiten Räume der Kirche waren rasch überfüllt. Mittermaier und Ludwig Simon, Dr. Mappes und Dr. Reinganum sprachen in demselben Sinn: Die Reichsverfassung, die ganze Reichsverfassung, nichts als die Reichsverfassung. Eine Erklärung in dem angedeuteten Sinn wurde verlesen, angenommen und zahlreich unterschrieben**).

Man hoffte damals noch auf eine günstige Wendung in Berlin, wo auch die zweite Kammer am 21. April sich für unbedingte Anerkennung der Reichsverfassung aussprach.

Natürlich konnte die Einigkeit nicht lange dauern; nachdem am 28. April die Ablehnung des Königs definitiv geworden war, mußten die Wege derer sich trennen, welche hauptsächlichen Werth auf die nun gegenstandslos gewordene Oberhauptsfrage gelegt, und derer, welchen mehr die Grundrechte am Herzen lagen. Der Dreißiger-Ausschuß der Nationalversammlung kam zu principiell entgegenstehenden Beschlüssen***) und in der Frankfurter Constituante trat das Zerwürfniß ein über den Verfassungsentwurf †). Derselbe war keine Verbesserung der bisherigen Verfassung, sondern

*) A. VIII, 39.
**) Volksbote 13. April.
***) Gegenwart IX, 197.
†) Volksbote 15. April.

ihre völlige Umkehrung. Die Regierungsbehörde sollte nicht mehr Abgeordnete des Volkes ernennen, wohl aber sollten diese (unter dem Namen „Volksrath") das Recht haben, Bevollmächtigte zu fast allen Regierungsbehörden zu ernennen, ohne deren Gegenzeichnung keine Zahlung geleistet werden durfte. Auf den Volksrath ging auch das Begnadigungsrecht des Senats über. Der Volksrath sollte die Richter ernennen, zwar nach Listen der Regierungsbehörde, welche er aber so lange verwerfen konnte, bis seine Candidaten gebracht wurden. Das Veto der Regierungsbehörde hatte (nach dem ersten Entwurf) nur zum Resultat, daß derselbe Volksrath über denselben Gegenstand binnen drei Monaten noch einmal berieth und mit derselben Mehrzahl entschied. Dieser aus 96 Mitgliedern bestehende, so übermächtige Volksrath sollte jedes Jahr vollständig erneuert werden und zwar die 80 Abgeordneten der Stadt in einem Wahlbezirk von allen Staatsangehörigen, die nicht unter 21 Jahren zählen, ebenso die 16 Deputirten der verschiedenen Landgemeinden. Der Regierungsrath (7 Personen) sollte auf dieselbe Weise in directer allgemeiner Wahl je auf fünf Jahre ernannt werden, jedoch sollten dessen Mitglieder wieder wählbar sein. Die Grundrechte des deutschen Volkes wurden nicht nur in die Verfassung aufgenommen, sondern auch mit manchen sogenannten Verbesserungsanträgen bereichert, welche die Nationalversammlung verworfen hatte. So sollte z. B. zur Eingehung der Ehe weder der Nachweis eines Vermögens, noch ein selbständiger Beruf, noch eine Sicherheitsleistung, noch die Bewilligung einer Verwaltungsbehörde oder Gemeinde erforderlich sein. An die Stelle der confessionellen Schulen sollten solche treten, in welchen „reine Sittenlehre gelehrt werde" (Art 153).

Inzwischen wurden die Verhandlungen der Nationalversammlung um so stürmischer und unfruchtbarer, je mehr dieselbe ihre moralische Macht eingebüßt hatte. Jetzt waren die Verhandlungen zwischen den wieder zur Macht gelangten Regierungen das Entscheidende, welchen die Aufstände in Dresden, der Pfalz und Baden trefflich in die Hände arbeiteten. Es kam das Ministerium Grävell und Detmold, „das eines Witzlings selbstvergnügte Ironie zusammengewürfelt hatte"*) (16. Mai), der massenhafte Austritt der gemäßigten Elemente, (24. Mai) und

*) Gegenwart IX, 202.

endlich (am 30. Mai) die Verlegung des Parlaments nach Stutt**gart.** Der jetzt folgende Zeitraum, in welchem Frankfurt zum **ersten** Mal seit einem Menschenalter nicht der Sitz einer irgendwie **gestalteten** deutschen Centralbehörde war, soll in einem besondern **Abschnitt** dargestellt werden.

Fünftes Kapitel.

Frankfurt hatte um diese Zeit ein trübes, unerfreuliches Ansehen. Die Gasthäuser waren leer, die Fremden durch die Nähe der Unruhen verscheucht oder nach dem Schauplatz derselben hingezogen. Nichts blühte außer der Placatenliteratur, welche gleich dem Volksblatt viel von den Siegen der Badener zu berichten wußte*). Geschäft und Verkehr stockten; die Bevölkerung befand sich in Angst und Aufregung.

Am 18. Juni wäre es beinahe zu einem Ausbruch gekommen. In Folge der Ereignisse auf dem nahen Kriegsschauplatz befanden sich in den ersten Nachmittagsstunden dieses Tages sehr unerwarteterweise die meisten Thore ohne Wache. Bald verbreitete sich das Gerücht, die Badener seien bereits in Darmstadt eingerückt und auf dem Marsch nach Frankfurt. Die Menge wird unruhig, man befürchtet einen Krawall. Der Stadtcommandant, der preußische Major Deetz († 17. Juni 1859) läßt den Posten an der Hauptwache, angesichts zahlreicher Gruppen, scharf laden. Gleichzeitig werden an der alten Mainbrücke zwei Kanonen aufgepflanzt, brennende Lunten daneben. In Sachsenhausen ritten fünfzig Oesterreicher mit blanker Waffe und gespanntem Hahn umher. So verlief sich denn endlich die Menge, die gegen 10 Uhr Abends in den Straßen bei der Brücke in großer Bewegung hin und her wogte, aber keinen ernsten Versuch zu Thätlichkeiten machte. Im Innern der Stadt blieb alles ruhig.

Am 19. Juni Morgens 1 Uhr kamen 8 Compagnien Oesterreicher von Mainz und Beruhigung trat wieder ein. In der Frankfurter Constituante aber wurden die Anträge angenommen, daß der Senat den Befehl über die Stadtwehr wieder an sich nehme und sich um Zurückberufung des Frankfurter Linienbataillon

*) Proben daraus „Volksbote“ 26. Juni.

aus Baden bemühe*). Jene Entblößung der Stadt von Militär war durch die Truppenmärsche nach Baden hervorgerufen. Am 6. Juni hielt am Grindbrunnen der Reichsverweser in Gegenwart seines Kriegsministers, des Fürsten von Witgenstein und des preußischen Generals von Peucker Heerschau über 2 Bataillon Oesterreicher, 2 Bataillon Preußen, 1 Bataillon Kurhessen, 1 Bataillon Frankfurter, 1 Regiment mecklenburgischer Dragoner und zehn Geschütze, welche sämmtlich mit Ausnahme der Oesterreicher in den nächsten Tagen nach Baden (Neckarcorps unter Peucker) abgingen. Am 11. Juni zog das preußische 8. Cuirassierregiment durch Frankfurt und eine preußische Brigade combinirt aus dem 31. Linien- und Landwehrregiment, am 13. die 31. Landwehr-Füsiliere, mit Zündnadelgewehren bewaffnet, am 15. Pionniere, am 16. das achte Landwehrregiment. —

Die erste Lesung des Verfassungsentwurfs für den Freistaat Frankfurt rückte indessen rasch vor. Von den Bestimmungen desselben ward nur eine gemildert. Auf den Antrag des Senators Dr. Hessenberg wurde von der Mehrheit zugegeben, dem Veto des Regierungsrathes eine suspensive Wirkung über die Dauer einer Legislatur hinaus beizulegen. Dagegen wurde abgelehnt, den Regierungsrath, wie der Senat wollte, ganz oder mindestens zur Hälfte mit Mitgliedern zu besetzen, die auf Lebenszeit ernannt würden. Ueber das Strafverfahren brachte ein Ausschuß sehr zweckmäßige Vorschläge. Die Geschworenen sollten durch indirecte Wahl ernannt werden und mindestens 30 Jahre alt sein müssen. Jenes ging die Versammlung ein, das Minimum des Alters stellte sie aber auf 21 Jahre!

Der Widerstand gegen den Verfassungsentwurf und andere Maaßregeln der Constituante organisirte sich durch Bildung des „Patriotischen Vereins.“ Am 7. Juli trat eine bedeutende Anzahl Bürger unter der Leitung des Dr. Souchay, der mittlerweile aus dem Senat getreten war, zusammen, um den neuen Verfassungsentwurf zu bekämpfen. Der erste Paragraph der am 20. Juli ausgegebenen Satzungen lautete: „Der patriotische Verein will den conservativ-liberalen Elementen unseres Freistaates zum Sammel- und Stützpunkt dienen. Er will, daß die demnächstige Umgestaltung unserer Verfassung eine gründliche,

*) Volksbote 22. Juni.

zugleich aber auch eine heilsame sei. Alles, was die bisherige Erfahrung als unnöthig, veraltet oder dem Gemeinwohl hinderlich hat erkennen lassen, soll beseitigt, Alles dagegen erworben werden, worauf die fortgeschrittene Zeit mit Recht einen Anspruch macht; das bestehende Gute soll bleiben und die neuen Schöpfungen an das Alte naturgemäß sich anschließen. Der p. V. will ferner, daß bei völliger Gleichberechtigung aller Staatsangehörigen, sowohl christlichen wie israelitischen Glaubens, der alten Bürger wie der ehemaligen Beisassen, der Bewohner der Stadt wie derjenigen des Landes, die zu erstrebende Verfassung sich auf Grundsätze stütze, welche einer fortwährenden Veränderlichkeit und Beweglichkeit vorzubeugen geeignet sind. Da nun der Verfassungsentwurf, wie er aus erster Lesung der verfassunggebenden Versammlung hervorgegangen ist, diesen Forderungen nicht entspricht, vielmehr ernste Besorgnisse hinsichtlich der Zukunft unsrer bisher so blühenden Vaterstadt erregt, so sieht der Verein es als eine heilige Pflicht an, mit allen Kräften und durch alle gesetzlichen Mittel dahin zu wirken, daß die Bürgerschaft von dem ihr zustehenden Rechte Gebrauch mache, und denselben, falls er in zweiter Lesung in seinen Grundzügen nicht verändert wird, bei der endlichen Abstimmung verwerfe." Der patr. Verein erreichte rasch eine große Mitgliederzahl, auch der „Künstler- und Gewerbeverein" nahm gegen die Constituante Partei. Dies Auftreten blieb nicht ohne Wirkung auf die Mehrheit und am Ende des Juli trat eine „Vereinbarungscommission" aus mehreren ausgezeichneten Mitgliedern der linken und der rechten Seite zusammen. Sie bestand zwar ohne eigentliches Mandat, aber doch nicht ohne stillschweigende Billigung beider Parteien. Die Linke in der Commission war zu mehreren Concessionen bereit. Sie hätte wohl den Einen städtischen Wahlbezirk für die 80 Abgeordneten in vier theilen, den Regierungsrath mächtiger constituiren lassen, die Grundrechte in der Gestalt angenommen, wie sie aus der ersten Lesung der Nationalversammlung hervorgegangen waren und die radicalen Auswüchse abgeschnitten. Die Rechte ihrerseits war der Errichtung confessionsloser Schulen nicht entgegen, wenn man nur den bestehenden Gemeindeschulen ihre Einrichtungen und ihre Dotationen lassen und den Religionsunterricht nirgends ausschließen wollte. Den eigentlichen Stein des Anstoßes bildete die Amtsdauer des Regierungsrathes. Die Senatspartei wollte von der Lebenslänglichkeit nicht, auf jeden Fall nicht für alle Senatsmitglieder abgehen, weil in einer reichen Stadt wie Frankfurt sich nicht leicht würden tüchtige Männer finden lassen, welche einen sicheren, einträglichen Beruf für eine vorübergehende, nicht angenehme Stellung aufgeben würden. Daran scheiterte die Vereinbarungscommission; sie löste sich in der Mitte des August auf. Die Linke war noch radicaler als ihre Commission; bei der zweiten Lesung kam der Verfassungsentwurf größtentheils ohne jene vereinbarten Verbesserungen vor.

Preußen hatte durch Note vom 20. Juni erklärt, das rechtliche Fortbestehen der Centralgewalt nicht mehr anzuerkennen. Am 26. Mai war das Dreikönigsbündniß abgeschlossen, am 26. Juni fand die Versammlung zu Gotha statt. Deutschland war in zwei Theile gespalten. Auf der einen Seite stand Preußen mit Sachsen, Hannover und den meisten kleinen Staaten; auf der andern Oesterreich mit Baiern, Württemberg und Lichtenstein. Frankfurt war als Sitz des, wenn gleich fast machtlosen, Reichsverwesers und durch seine Lage, besonders im Hinblick auf Baden, zu wichtig, als daß Preußen es in feindlichen Händen hätte lassen können, wenn gleich kein rechtlicher Grund zur Besetzung vorlag. So wurde denn in der Stadt ein preußisches Corps unter General von Schack einquartiert. Vergebens waren die Vorstellungen des Senats, die Beschwerden in der Constituante, die Klagen der Bürger. Die preußische Besatzung gab der Gegenpartei Veranlassung, ihre Truppen, zunächst durch Baiern, zu verstärken. Bei dem Verhältniß der Regierungen zu einander konnte es nicht fehlen, daß es zu Schlägereien zwischen ihren Truppen kam. Dem zu steuern wurde am 9. August ein Verbrüderungsfest der Officiere gehalten.

Am 14. August traf der Prinz von Preußen ein und stieg im Russischen Hof ab. Er musterte am folgenden Tage die preußischen Truppen. Er war zugänglich für Jedermann und versprach baldige Erleichterung der Einquartierungslast. Am letzten Tage des Monats kehrte das Frankfurter Linienbataillon

*) Gegenwart IX, 208.

aus Baden zurück und wurde ehrenvoll empfangen*).

Welches hohe Fest würde in ruhigen Zeiten die Säcularfeier von Goethes Geburt gewesen sein? Es konnte nicht fehlen, daß die Feier unter dem Ernst und der Noth der Zeit Schaden litt. Statt der vom Senat geforderten 3000 fl. wurden von der ständigen Bürgerrepräsentation nur 600 fl. bewilligt.

Am 27. wurde zur Festvorstellung Gutzkow's Königslieutenant gewählt. Nachher, um 10 Uhr, fand Nachtmusik, dargebracht von dem Sängerpersonal der hiesigen Oper, vor dem Geburtshaus Goethes statt, welche aber durch Ausschreitungen des Pöbels, der das Heckerlied sang, sehr gestört wurde.

Am 28. August früh sieben Uhr eröffnete ein Choral von Blasinstrumenten auf dem Thurm der Katharinenkirche die Feierlichkeiten des Säculartags. Die Gedächtnißfeier im Kaisersaal begann um 8 Uhr. Der Eröffnungsgesang war Goethe's: Edel sei der Mensch, hülfreich und gut 2c., componirt von Franz Messer, dann folgten einleitende Strophen, gedichtet und gesprochen von Prof. Hessemer, drei Vorträge: die Festrede von Prof. Schwenck, gesprochen von Dr. med. V. Müller, Goethe als Befreier von Dr. Th. Creizenach und Goethe's Naturbetrachtung von Dr. med. A. Clemens. Den Schluß machte ein Gesang aus Goethe's Gedicht: zur Logenfeier, componirt von Wilhelm Speyer: „Einmal nur in unserm Leben" 2c. Nach Beendigung der Feier im Kaisersaal fand der Festzug statt, welcher unter Betheiligung österreichischer, preußischer und bairischer Militär-Musiken von der Schönen Aussicht sich nach dem Denkmal bewegte. Die Feierlichkeit auf dem Goetheplatz eröffnete eine Cantate, componirt von Gustav Schmidt, mit Instrumentalbegleitung des Musikcorps des preuß. 8. Cuirassierregiments vorgetragen von den Männergesangvereinen. Während der Festrede des Dr. med. Mappes wurden zwei bildliche Darstellungen zur Seite von Schwanthalers Goethe-Statue enthüllt, welche am Abend beleuchtet wurden. Ein Gesang machte den Schluß dieser Feier, welcher während Goethe's Geburtsstunde, von 12 bis 1 Uhr stattfand; es läuteten alle Glocken und wurden

*) Volksbote 2. September, vergl. auch: Geschichtliches vom Frankfurter Bundescontingent-Bataillon während den Feldzügen nach Schleswig-Holstein und Baden in den Jahren 1848 und 1849 von J. W. Busch, Obrist a. D. Frankfurt, Krebs-Schmitt 1858.

die am Schaumainthor aufgestellten Kanonen der Frankfurter freiwilligen Artillerie abgefeuert. Von 3 bis 5 Uhr spielten die Militärmusikcorps auf dem Roßmarkt, vor der Löwenapotheke, in der Promenade am Taunusthor und auf dem Kastanienplatz zwischen dem Eschenheimer- und Friedberger Thor. Um 6 Uhr war Festvorstellung im Theater, wo Iphigenia aufgeführt wurde, eingeleitet durch die Ouverture von Gluck zu der Oper gleichen Namens. Um 9 Uhr festliche Beleuchtung des Goetheplatzes und Aufstellung von Transparenten in der Weißadlergasse*), hinter der Schlimmen Mauer, am Goldnen Brunnen und am Fahrthor als solchen Oertlichkeiten, die durch Beziehungen zu Goethe historisch geworden sind.

Um 9½ Uhr fand das Festmahl im Wolfseck statt. Ein Goethe-Album**), wozu „alle deutsche Männer der Gegenwart, welche hervorragen in der Geschichte unserer Staats- und Volksentwickelung, im Gebiete der schönen und ernsten Wissenschaften, der Künste und der Literatur" Beiträge liefern sollten, kam nicht zu Stande.

Bei der Feier des Goethefestes hatten sich die um das Denkmal errichteten provisorischen Pferdeställe als unwürdig und störend erwiesen. Auf ihre Beseitigung war nun das Bestreben der städtischen Behörden gerichtet, ohne daß dies zunächst zum Ziel geführt hätte.

Wie sehr die Zeit eine andere geworden, das stellte der Monat September 1849 den Frankfurtern anschaulich dar. Es waren nicht mehr das Parlament und die Ultrademokraten, welche in den Mauern der Stadt einander gegenüberstanden. Diese Aufgabe war dem Reichsverweser und dem Prinzen von Preußen zugefallen, die sich hier theils trafen, theils mieden und bei aller Höflichkeit selbst in städtischen Angelegenheiten kreuzten. Der Reichsverweser wurde bei seiner Rückkehr am 3. September, wo die Prinzen sich im ersten Augenblick verfehlten, von dem Publikum, das seine Gutmüthigkeit liebte und achtete, mit Herzlich-

*) Der damaligen, noch durch keine Kritik erhellten Goetheforschung galt das „Bobbeschänkelche" (Puppenschränkchen) in der Weißadlergasse für das Haus, wo Goethe Gretchen kennen lernte. Das dortige Transparent trug die Inschrift:

Zum Goethefeste lad' ich ein,
Hier trank auch Goethe Aepfelwein.

**) Volksbote 20. August.

keit aufgenommen. Er ließ durch den älteren Bürgermeister einen Dank an die Bürgerschaft gelangen, worin er seine Befriedigung aussprach, daß seine Abwesenheit in der Anhänglichkeit der Frankfurter an ihn und das Princip der Einheit, welches er vertrete, nichts zu ändern vermocht habe. Der Senat, zwischen den hohen Repräsentanten Oesterreichs und Preußens in der Klemme, ließ in Berlin über den Zutritt Frankfurts zum Dreikönigsbunde unterhandeln, wählte aber zum Unterhändler den Schöffen Dr. Harnier, dessen großdeutsche Sympathien hinlängliche Gewähr gaben, daß er sich nicht übereilen werde. Frankfurt wollte gesichert sein, daß das neue Parlament in seinen Mauern tagen werde. Man konnte das im Voraus nicht bestimmt versprechen, gab jedoch die Versicherung, daß außer Hannover sämmtliche Verbündete dafür seien. Der Bevollmächtigte kam unverrichteter Dinge zurück. Während beide Prinzen sich gegen die Frankfurter Bürger aufs Freundlichste benahmen, der Prinz von Preußen freimaurerische und andere Versammlungen mit aufrichtiger und ansprechender Theilnahme frequentirte, der Reichsverweser der Preisvertheilung der Polytechnischen Gesellschaft beiwohnte, selbst eine freundliche und liebevolle Anrede an die Zöglinge richtete und mit Dank ein Diplom als Ehrenmitglied der Gesellschaft annahm, zeigte sich in der Haltung der Truppen gegen einander wenig freundliches Einverständniß. Am 30. September kam es zu sehr ernstlichen Kämpfen zwischen Preußen und Baiern und nur mit großer Mühe gelang es endlich den Oberofficieren von beiden Seiten, die Erbitterten auseinander zu halten.

Mit großem Schrecken erfüllte die Frankfurter ein Heeresbefehl des Prinzen von Preußen vom 25. September, worin derselbe von der „Occupation" Badens, Hohenzollern's und Frankfurts durch die preußischen Truppen sprach. Am 1. October interpellirte Dr. Braunfels deßhalb in der Constituante. Senator Cöster antwortete darauf, daß der Senat nie unterlassen habe, Vorstellungen gegen die Einquartierungslast zu machen und daß die Zusicherung schon gegeben sei, daß für den Winter nicht mehr Militär hier bleibe, als die Casernen zu fassen vermögen. Gegenwärtig betrage die Zahl der preußischen Truppen 1200 Mann, zur Hälfte casernirt, zur Hälfte einquartiert.*)

*) Volksbote 5. October.

Am 30. September kam endlich das neue deutsche Interim zu Stande. Zu Wien unterzeichneten Fürst Schwarzenberg und der preußische Gesandte Graf Bernstorff den Vertrag, wodurch Oesterreich und Preußen die Ausübung der Centralgewalt für den deutschen Bund bis zum 1. Mai 1850 im Namen sämmtlicher Regierungen übernahmen. Als Zweck des Interims ward die Erhaltung des Deutschen Bundes bezeichnet. Während des Interims sollte, nach §. 3. des Vertrags, die deutsche Verfassungsangelegenheit der freien Vereinbarung der einzelnen Staaten überlassen bleiben. Sollte sie bei Ablauf des Interim noch nicht zum Abschluß gediehen sein, so war eine Vereinbarung über das Fortbestehen dieser Uebereinkunft in Aussicht genommen. Die seither von der Centralgewalt geleiteten Angelegenheiten, insoweit sie zur Befugniß des engeren Rathes der Bundesversammlung gehört hatten, sollten einer „Bundescommission" übertragen werden, zu der Oesterreich und Preußen je zwei Mitglieder ernannten. Im Falle die Bundescommission sich zu einem Beschlusse nicht einigen könnte, sollten drei Bundesregierungen Schiedsrichter sein. Endlich sollte, sobald die Regierungen diesem Vertrage zugestimmt hätten, der Reichsverweser die ihm übertragenen Rechte und Pflichten des Bundes in die Hände des Kaisers von Oesterreich und des Königs von Preußen niederlegen.

Mit diesem Vertrage war zwar der Gefahr eines Bürgerkriegs in Deutschland vorläufig vorgebeugt, aber es war gleichzeitig ein Organ entstanden für Ausführung des Artikels 46 der Wiener Schlußacte: „Die Streitigkeiten, welche sich, sei es über die Einführung, sei es über die Erhaltung der Frankfurter Verfassung erheben mögen, gehören zur Competenz der Bundesversammlung und können nur von ihr entschieden werden."*) — Ohne Rücksicht auf das von dieser Behörde, falls ihre Entscheidung angerufen würde, sicher vorauszusehende Urtheil, legte der Verfassungsausschuß zu der am 8. October beginnenden zweiten Lesung den alten Entwurf zwar mit einigen nicht unwesentlichen Aenderungen vor, behielt aber den Einen städtischen Wahlbezirk

*) S. oben S. 153. 154.

und die directe Wahl des Regierungsrathes bei*). Der Gegenentwurf der Minderheit, welchen Dr. jur. Goldschmidt verfaßt hatte und den 32 Mitglieder der Constituante unterzeichneten, wurde verworfen. Dagegen wurde das Gemeindegesetz und das Einführungsgesetz, welches bestimmte, (Art. 10, 2) daß die städtischen Gemeindegüter, bis zur Ausscheidung derselben aus dem bis jetzt ungetrennten Staats- und Stadtvermögen, unter Vorbehalt der Berechnung der Einnahmen und Ausgaben von den Staatsbehörden verwaltet werden sollten, und am 3. December die ganze Verfassung mit den Anneren mit 63 gegen 29 Stimmen angenommen. Hierauf ward weiter beschlossen, die Verfassungsurkunde mit den Anneren (Gemeinde- und Einführungsgesetz) dem Senate mit dem Gesuche zu überreichen, nunmehr die gesetzmäßige, und zwar geheime, Abstimmung aller Staatsbürger darüber zu veranlassen.

Am 16. November**) hatten 26 Mitglieder der Versammlung erklärt, daß sie sich von der Abstimmung über das zweite Alinea des Artikel 10 des Einführungsgesetzes nur deßhalb nicht ausgeschlossen haben, um durch ihr Nein wo möglich einen Beschluß abzuwenden, den sie für rechtswidrig und verderblich halten. Sie sind übrigens entschieden der Ansicht, daß die Versammlung zu der beschlossenen Uebertragung der Verwaltung des Stadtvermögens an die Staatsregierung nicht einmal competent ist. Auch die ständige Bürgerrepräsentation protestirte gegen diesen Beschluß und nebenbei gegen den ganzen Verfassungsentwurf; der Vorstand des Gewerbeausschusses machte Ausstellungen wegen verschiedener Punkte der Verfassung, zumal der absoluten Freigebung der Ehe***), es erfolgten Proteste der lutherischen, reformirten und katholischen Kirchengemeinden, des Pflegamts des Almosenkastens und anderer wohlthätiger Anstalten, endlich stellte der Patriotische Verein in einer mit gegen 2000 Unterschriften unterstützten Eingabe an den Senat den Antrag, die Verfassung nicht zur Abstimmung zu bringen†). Was sollte der Senat thun?

*) Die Einzelheiten der nun folgenden Berathungen sind jetzt nach 30 Jahren von zu geringem Interesse, um ihnen zu folgen; wir geben daher nur die Hauptpuncte an und verweisen im Uebrigen auf Gegenwart V, 409 und auf den Volksboten.

) *) Volksbote 18. November.

†) Abdruck der beim Hohen Senat der fr. St. F. in der Verfassungsangelegenheit eingereichten Verwahrungen. F. 1850. Druck von Krebs-Schmitt. 59 S. 4.

Formell hatte er nach dem Gesetz vom 19. October 1848 keine Mitwirkung bei den Berathungen und Beschlüssen der constituirenden Versammlung in der Verfassungsfrage zu üben. Aber wenn er auch die schwerwiegenden Proteste ignoriren wollte, so war damit die neue Verfassung, welche unzweifelhaft bei der Volksabstimmung angenommen worden wäre, noch nicht gerettet, dann scheiterte sie an einer höheren Macht. Mitte December waren die Mitglieder der Bundescommission in Frankfurt eingetroffen: Von Seiten Oesterreichs Freiherr von Kübeck und FML. von Schönhals; von Seiten Preußens: GL. von Radowitz und Oberpräsident von Bötticher. In deren Hände legte Erzherzog Johann am 20. December die Würde des Reichsverwesers nieder.*) Es war nun kein Zweifel, daß diese Behörde die Proteste gegen die neue Verfassung nach Art. 46 der Wiener Schlußacte annehmen und gegen die Einführung der Verfassung ein Inhibitorium erlassen werde. Wohin diese Einmischung weiter führen konnte, war nicht vorauszusehen. Solche Einmischung zu vermeiden, beschloß der Senat am letzten Tage des Jahres, die Verfassung nicht zur Abstimmung zu bringen und die Versammlung aufzulösen.

Die am 31. December 1849 gefaßten Beschlüsse wurden am 3. Januar 1850 publicirt. Nach einer Kritik der Verfassung, aus deren Beschaffenheit für den Senat die Unmöglichkeit hervorging, dieselbe zur Abstimmung zu bringen, wurde die gesetzgebende Versammlung auf den 21. Januar zusammenberufen. Ihre Wahl sollte am 10. und 11. Januar stattfinden unter Berücksichtigung des Gesetzes vom 20. Februar 1849, wonach die nach Art. 5 der Constitutions-Ergänzungsacte den christlichen Bürgern zustehenden staatsbürgerlichen Rechte nunmehr den Bürgern in Stadt und Land ohne Unterschied des Religionsbekenntnisses zustehen. Als Beilagen waren diesem Actenstück die „Verfassung des Freistaates Frankfurt“ und das Einführungsgesetz mit den Uebergangsbestimmungen beigegeben.

Ungefähr 80 Mitglieder der Mehrheit wollten sich nach dem Sitzungssaal der Constituante begeben, um gegen das Verfahren des Senats zu protestiren. Sie fanden jedoch die Saalthür mit Eisenstäben verwahrt.

---

*) Einige Verehrer des Erzherzogs ließen durch den Maler Bennert ein Bildniß desselben anfertigen, welches zuerst im Kaisersaal des Römers aufgestellt wurde und sich jetzt in der Vorhalle des historischen Archivs befindet.

Die Uebergabe der Schlüssel und des Archivs hatte der Vorsitzende, Nikolaus Habermann, verweigert. Am Abend versammelte sich die Majorität im Stillen in einem Local vor der Stadt und entwarf dort eine Protestation und von der Theilnahme an den Wahlen zu der gesetzgebenden Versammlung abmahnende Ansprache an die Mitbürger in Stadt und Land, welche von 33 Namen unterzeichnet war. Am 5. folgte ein nicht unterzeichneter Protest der verfassunggebenden Versammlung des Freistaats Frankfurt. Dennoch fanden die Wahlen zur gesetzgebenden Versammlung mit der ungewöhnlichen Betheiligung von 2800 Personen statt. Die Wahlen ergaben den vollständigen Sieg der Conservativen und Nationalliberalen. Bereits bei ihrem Zusammentritt erhielt die Versammlung vom Senat den Antrag vom 17. Januar zugestellt, daß sie mit dem Senat und der ständigen Bürgerrepräsentation mitwirken möge zur Wahl einer Begutachtungscommission von 21 Mitgliedern, welche eine Verfassungsrevision vornehmen und das Resultat dem Senat mittheilen sollte.

Am 17. September 1850 veröffentlichte die Stadtkanzlei in einem Heft von 66 Seiten den Vortrag des Senats an die gesetzgebende Versammlung vom 16. September, die Verfassungsrevision betreffend nebst Anlagen: a) die Erklärung der ständigen Bürgerrepräsentation vom 14. September; b) den abgeänderten Entwurf einer Verfassung der freien Stadt Frankfurt (also nicht mehr Freistaat!) c) den abgeänderten Entwurf der Uebergangsbestimmungen. Die Verfassung sollte am 1. Januar 1851 ins Leben treten, da dies aber nicht geschah, so mögen wenige Grundzüge zu ihrer Charakteristik genügen. Sie reducirte den Senat auf 21 Mitglieder, wovon wenigstens 4 dem Gelehrten-, 4 dem Handels- und 4 dem Gewerbestand angehören sollten. Diese drei Stände waren auch den Wahlen zur gesetzgebenden Versammlung zu Grunde gelegt. Neu war ein „Großer Rath," gebildet aus dem Senat, der ständigen Bürgerrepräsentation (Bürgerausschuß) und der gesetzgebenden Versammlung. Justiz und Verwaltung waren getrennt, die Grundrechte des deutschen Volkes bildeten einen Theil der Verfassung. Die Bürgermeister sollten ihr Amt zwei Jahre führen; die Senatoren sollten gewählt werden durch ein Collegium von 11 Männern, wozu der Senat und der Bürgerausschuß je 3, die gesetzgebenden Versammlung 5 Mitglieder entsendete.

Indem wir wegen der schmerzlichen Wendung des deutschen Einigungswerkes im Jahr 1850 auf die lichtvollen Darstellungen der Gegenwart*) verweisen, geben wir zur Orientirung in den verwirrten Bestrebungen nur einzelne Daten: 26. April Aufforderung Oesterreichs, eine Bundesplenar-Versammlung zu bilden. 29. April: Letzte Sitzung des preuß. Unions-Parlaments zu Erfurt. 1. Mai: Ablauf des Interim. 8. Mai: Unions-Fürstentag in Berlin. 10. Mai: Zusammentritt der Bundesplenar-Versammlung in Frankfurt. 7. August: Reactivirung des Bundestags. 2. September: Zusammentritt des engeren Rathes der Bundesversammlung, bestehend aus Oesterreich, Baiern, Sachsen, Hannover, Württemberg, drei Hessen, Dänemark für Holstein, Luxemburg, Mecklenburg-Strelitz, Lippe-Schaumburg und Lichtenstein. 15. September: Ankunft des Kurfürsten von Hessen in Frankfurt. 17. Sept.: Verlegung seiner Residenz nach Wilhelmsbad. 11. Oct.: Zusammenkunft des Kaisers von Oesterreich, der Könige von Baiern und Württenberg in Bregenz. 8. Nov.: Zusammenstoß bei Bronzell. 16. Nov.: Der Engere Rath beschließt Execution in Kurhessen. 25. Nov.: Oesterreich richtet an Preußen ein Ultimatum wegen Räumung von Kurhessen. 29. Nov.: Punktationen von Olmütz. 18. Dez.: Letzte Sitzung des Fürsten-Collegiums der Union. 12. Mai 1851: Wiedereröffnung des Bundestags. —

Zur Charakteristik der Zeit und der Anschauung der Demokratie von dem Kampf zwischen Oesterreich und Preußen um die Hegemonie in Deutschland diene folgender Passus aus: „Neue deutsche Zeitung, Organ der Demokratie," (verantwortliche Redaction: Dr. Otto Lüning, J. Georg Günther, J. Weydemeyer, Druck von K. Adelmann, Frankfurt 26. October 1850), wo es heißt: „Mag Oesterreich immerhin, wenn es die Kraft in sich fühlt, allein, ohne auswärtige Hülfe, Preußen zu demüthigen, ihm die bereits als sichere Beute betrachteten norddeutschen Lande zu entreißen und dessen Träume von der „Mainlinie" zu zerstören, mag es immerhin thun, was Karl V. einst unter ähnli-

*) VI, 597; VII, 514; XI, 467.

chen günstigen Umständen versäumt hat, und das deutsche Reich, indem es dessen große Vasallen zu Paaren treibt, einstweilen auf seine Weise herstellen. Die Demokratie hat nichts dagegen und wird nicht Hand noch Finger rühren, um die Dynastie Hohenzollern, (welche das wackere Volk Deutsch-Oesterreichs aus Deutschland hinauswerfen wollte, um es der slavischen Civilisation zu überliefern) vor dem Schicksal zu retten, wieder in die Stellung eines reichsunterthänigen Geschlechts zurückkehren zu müssen." Wahrlich, eine kühle Anschauung von dem drohenden Bürgerkrieg, der bei auswärtiger Einmischung zum Finis Germaniae führen konnte!

Die Uebersiedelung des Kurfürsten nach Wilhelmsbad bereicherte die Frankfurter Presse auch mit einem Blatt. Wilhelm Obermüller (s. oben S. 197) gründete ein Organ Hassenpflugs, die Frankfurter Zeitung, welche mit der Kurfürstlichen Regierung nach Kassel zog und zur „Kasseler Zeitung" wurde.

Dagegen hörte mit Ende 1850 die „Deutsche Zeitung" zu erscheinen auf. Der Ausschuß (Jacob de Bary, Dr. Souchay, Dr. Schlemmer) hatte schon durch Rundschreiben vom 20. Juni 1850 neue Geldmittel verlangt, um dieselbe zu erhalten. Da jedoch nur 4620 fl. eingingen, so blieb ein Deficit von mehr als 5000 fl. Aber nicht nur die financiellen Verhältnisse, sondern mehr noch die Wendung der deutschen Geschicke machten es räthlich, das angesehenste Organ der deutschen Einheitsbewegung aufhören zu lassen.

Die Paulskirche wurde Ende August 1850 zur Abhaltung des „Congresses der Friedensfreunde" benutzt. Die „Bibliothek der Reichsversammlung," welche unter der Obhut des Dr. Plath gestanden, wurde in dem Fürstlich Thurn- und Taxis'schen Palast und nach 1866 in der Frankfurter Stadtbibliothek aufgestellt. Sie war größtentheils aus den Geschenken deutscher Buchhändler entstanden. Endlich am 24. October 1852, nachdem alle Hoffnung geschwunden war, daß die Paulskirche wieder als Parlamentshaus dienen könnte, wurde sie dem Gottesdienst wieder übergeben.*)

Vom 22.-26. September 1854 wurde hier die Versammlung des

*) Die Baugeschichte der Paulskirche von Dr. Wilhelm Stricker. Mit 1 Lithographie und 10 Holzschnitten. Frankfurt am Main. 1870. 4°

siebenten deutschen evangelischen Kirchentags gehalten, bemerkenswerth durch die auf Antrag des Prälaten Kapff aus Stuttgart verfaßte Petition an die deutschen Regierungen wegen Abschaffung der Spielbanken, Lotterien und des Lotto.

Sechstes Kapitel.

Am 16. September 1850 hob der Senat die Bedenken hervor, welche überhaupt der Begründung einer ganz neuen Verfassung für das hiesige Gemeinwesen in den dermaligen Zeitverhältnissen entgegenstehen dürften, und bemerkte, daß das durch seinen Antrag vom 17. Januar 1850 zunächst verfolgte Ziel wohl auch auf dem Wege einer Abänderung der bestehenden Verfassung erreicht werden könnte. Diese Bedenken wiederholte der Senat am 5. November in einem Vortrag an die gesetzgebende Versammlung, worauf diese am 8. November beschloß, eine Commission zu wählen, welche eine Verfassungs-Revision vorzunehmen hätte. Diese wurde am 22. Juli 1851 publicirt und hat folgende Grundzüge:

Die gesetzgebende Versammlung besteht aus 68 Abgeordneten, wovon 57 von der Stadtgemeinde und 11 von den Landgemeinden gewählt werden. Die Wahl findet in der Stadt in indirecter Weise statt und nach den altgewohnten 3 Abtheilungen, in den Landgemeinden direct und gemeindeweise.

Der Senat besteht aus 21 auf Lebenszeit gewählten Mitgliedern. Von diesen müssen wenigstens 6 dem Gelehrten-, 6 dem Handels- und 6 dem Gewerbstand angehören. Die Bürgermeister sind zwei Jahre im Amt. Der Bürgerausschuß besteht aus 48 Mitgliedern, welche auf 8 Jahre gewählt werden und wovon jährlich 6 ausscheiden. Sie werden gewählt durch 12 Wahlmänner, welche zur Hälfte von der gesetzgebenden Versammlung, zur Hälfte von dem Bürgerausschuß entsendet werden. Die drei genannten Körperschaften bilden den Großen Rath, welcher Differenzen zwischen zweien derselben zu schlichten, Begnadigungen zu üben, Rechte außer Kraft zu setzen hat.

Am 8. März 1852 wird der gesetzgebenden Versammlung

vom Senat der neue Verfassungsentwurf vorgelegt, der auch mit einigen Modificationen am 28. April die Genehmigung derselben erhielt.

Am 12. August beschloß die Bundesversammlung, daß die durch Gesetze vom 19. October 1848 und 20. Februar 1849 beschlossene politische Gleichstellung aller Staatsangehörigen: der Juden, Landbewohner und Beisassen, mit den eigentlich Frankfurter Bürgern und die dadurch herbeigeführte Veränderung der Verfassung von 1816 in Betreff der Wahlen zum gesetzgebenden Körper nicht als auf legalem Weg herbeigeführt zu erachten seien; die Bundesversammlung spricht die Erwartung aus, daß etwa nothwendige Veränderungen jener von ihr (der Bundesversammlung) noch als zu Recht bestehend erachteten Verfassung nur auf dem in der Constitutions-Ergänzungsacte vom 19. Juli 1816 vorgeschriebenen Wege bewirkt werden möchten. In Folge davon zog der Senat die neue Verfassung zurück. Am folgenden Tag (13. August) verschwand die schwarzrothgoldene Fahne, angeblich wegen einer Reparatur, von dem Portal des Bundespalais; sie war schon lange ein Anachronismus gewesen. Nachdem die deutschen Farben schon bei den Truppen der meisten Staaten abgeschafft worden*), geschah dies zuletzt bei Baden (10. November 1851), Weimar (April 1852), Oldenburg (1. Mai 1853), Hamburg und Sachsen-Coburg-Gotha (1. Juli 1853).

Am 23. Aug. beschloß die Bundesversammlung die Aufhebung der Grundrechte des deutschen Volkes.

Waren aber auch die Frankfurter Behörden an der Fortbildung der Verfassung behindert, so ruhte deßwegen doch die Gesetzgebung in freiheitlichem Sinn keineswegs. 1850 ward die Gleichstellung der Ehefrauen im Güterrecht und die Civilehe eingeführt. In Folge des Gesetzes über Standesbuchführung vom 14. November 1849 und Civilehe vom 19. November 1850 veröffentlichte der Standesbuchführer Dr. jur. Gustav Kirchner 1852 das erste Heft (über 1851) der seitdem regelmäßig erschienenen Publicationen über die Bewegung der Bevölkerung. Am 5. October 1852 publicirte der Senat die Bundesbeschlüsse vom 12. August und erklärte in Folge deren die beanstandeten Gesetze von 1848 und 1849 für aufgehoben. (Amtsblatt 14. October.)

*) Volksbote 1851. N. 50.

Dagegen wurde die Wiederherstellung der Verfassung von 1816 verkündigt, wobei aber die kurz vorher erfolgte Aufnahme der zahlreichen, sämmtlich den christlichen Gemeinden angehörigen Beisassen in das städtische Bürgerrecht aufrecht erhalten wurde. Der Sisyphusstein der Frankfurter Verfassungsfrage war abermals hinabgerollt, er mußte wieder auf den Gipfel gewälzt werden!

Zunächst wurde ein Theil derselben erledigt. Am 20. Mai 1853 legte der Senat der gesetzgebenden Versammlung einen Gesetzentwurf vor, wodurch die Israeliten und Landbewohner zum Theil in ihre politischen Rechte eingesetzt wurden, insofern erstere wahlberechtigt, doch nur zu je vier in die gesetzgebende Versammlung wählbar sein sollten. Es sollte ihnen auch der Zugang zu Staatsämtern mit Ausnahme des Senats, der ständigen Bürgerrepräsentation, der Richterstellen, der Kirchenämter und der Schulbehörden offen stehen, den aus den Landgemeinden in die gesetzgebende Versammlung gewählten Mitgliedern aber in der Regel die Theilnahme an allen Berathungen und Beschlüssen zustehen. Am 20. Juni nahm die gesetzgebende Versammlung diesen Gesetzentwurf an, am 13. September stimmte die Bürgerschaft über denselben ab und nahm ihn ebenfalls an*).

Siebentes Kapitel.

Die Verhältnisse der „Besatzungstruppen der freien Stadt Frankfurt“ (später „Bundes-Garnison in Frankfurt“ genannt) waren durchaus auf dem Fuß der Gleichheit zwischen Oesterreich und Preußen geordnet. Baiern, welches durchaus „Trias“ spielen und an der Besatzung Theil nehmen wollte, mußte seine Truppen dem österreichischen Antheil zurechnen. Auf diese Weise ergab sich bei der Zollvereinszählung von 1861: Oesterreichisches Militär 1116, baierisches 666, zusammen 1882, Preußisches 1884; bei der Zählung von 1864: österreichisches 1064, baierisches 1163 = 2227, preußisches 1864.

Das „Obercommando“ wechselte in dreijährigem Turnus

*) Die Beschwerde von 12 Bürgern an den Bund gegen die Legalität dieser Verfassungsänderung veröffentlichte die Postzeitung vom 9. November 1853

zwischen Oesterreich und Preußen; der das Obercommando nicht inhabende Staat hatte die „Stadtcommandantur" zu besetzen. Die Adjutanten waren aus den vier verschiedenen, Besatzung gebenden Staaten: Oesterreich, Preußen, Baiern und Frankfurt entnommen. Die Soldatenschlägereien machten es mitunter nöthig, die einzelnen Landsmannschaften auf die Wirthschaften eines Bezirks zu beschränken; auch wurden aus demselben Grund die „gemischten Patrouillen" eingeführt, welche durch den Griffel von Ernst Schalck verewigt worden sind. Die Frankfurter Stadtwehr war in „ruhender Activität." Da man sich nicht zu ihrer Auflösung entschließen konnte und mit Ausnahme des Löschbataillons keine Ergänzung stattfand, so machte ihr Status im Staatshandbuch zuletzt einen kläglichen Eindruck. In dem 1865 ausgegebenen Staatshandbuch für 1866 hieß es: Freiwillige Artillerie: Chef vacat, Oberlieutenant vacat. Freiwillige Scharfschützen: Commandant vacat, Adjutant vacat, Hauptleute vacant, Oberlieutenants vacant; jene hatte einen, diese zwei Unterlieutenants. Bei den zwei Bataillons der Landwehr, die Ortschaften begreifend, waren gar sämmtliche Chargen unbesetzt!

Nachdem die Stadt Frankfurt vom 18. September 1848 bis 20. Januar 1850 alle Kosten für Verpflegung und Casernirung der einquartierten Truppen allein getragen, wurde am 7. Februar 1850 von der Bundes-Centralcommission die Besatzung auf 3000 Mann Infanterie, $1\frac{1}{2}$ Schwadronen und $1\frac{1}{2}$ Batterien ohne das Frankfurter Bataillon normirt. Vom 20. Januar ab übernahmen die Bundestruppen selbst ihre Verpflegung, wogegen die Stadt Unterkommen für die Mannschaft einschließlich Heizung, Beleuchtung und Stallung für die Pferde gegen Vergütung, und die Wach- und Sicherheitsbedürfnisse unentgeldlich herzugeben hatte. Im März 1850 wurden über die Höhe der Vergütung Verträge zwischen der Stadt und den einzelnen Contingents-Herren abgeschlossen. Die Differenzen blieben nicht aus, doch hat ihre Mittheilung gegenwärtig keine Interesse mehr. Während die Truppenführer über die schlechte Beschaffenheit der Unterkunftsräume für Leute und Pferde klagten, beschwerten die städtischen Behörden sich über zu geringe Vergütung; sie berechneten am 11. November 1861 den in 11 Jahren erwachsenen Mehraufwand auf 328,304 fl. — Aber nicht nur nach innen, zur Aufrechterhaltung der Ruhe, war eine militärische Thätigkeit des Bundes erforderlich, sondern die Wiederherstellung des französischen Kaiserreiches erforderte eine wesentliche Umgestaltung der kriegerischen Verfassung nach außen.

Die Kriegsverfassung des deutschen Bundes war nie vollendet worden. Es waren immer äußere Anstöße: 1830, 1840, 1848, 1851, Ereignisse in Frankreich, welche wenigstens ruckweise die Sache weiter brachten. Die Präsidialmacht ohne Grenzen gegen Frankreich hatte keine Veranlassung, die particularistischen Interessen zu kränken, auch war die Souveränität der Einzelstaaten so widerspruchsvoll in der Bundesacte definirt, daß das Einschreiten der Bundesbehörde in enge Grenzen sich eingeschränkt sah. Es bleibt eines der schönsten Blätter der Regierung Friedrich Wilhelms IV., daß er nach dem drohenden Zwist mit Frankreich 1840 die Befestigung des südwestlichen Deutschlands durch Radowitz anregte und die gegenseitigen Musterungen einführte. Aber selbst die schreiendsten Mißstände, wie sie sich bei den kleinen Contingenten gelegentlich dieser Musterungen ergaben, führten nur zu dem Ersuchen an die betreffende Regierung, dieselben abzustellen, nicht direct zur Abhülfe.

So wies die Musterung von 1852 folgende Uebelstände bei der Reserve-Infanterie-Division nach: 1) daß die verfassungsmäßige Anzahl von Officieren nicht vorhanden war. Bei einem Contingente waren z. B. auf einen Bedarf von 12 activen Officieren deren nur 7 und außerdem 3 Reserveofficiere vorhanden, von diesen 10 Officieren waren aber 7 anerkannt invalide. 2) Daß der sechsmonatlichen ersten und der 18monatlichen Gesammtpräsenz nicht genügend entsprochen wurde, daß sogar eine nur 6—8 wöchentliche erste und eine 2½ monatliche Gesammt-Präsenz vorkam. 3) Daß die jährlichen vierwöchentlichen Uebungen nicht das ganze einprocentige Contingent der Infanterie umfaßten, und einige Contingente seit einer Reihe von Jahren gar keine Uebung gehabt hatten. 4) Daß die Reservemannschaft bei einer großen Anzahl der kleineren Contingente noch nie zu einer Uebung einberufen worden war. 5) Daß eine zweite Garnitur percussionirter Gewehre noch nicht bei allen Contingenten vorhanden war. Wir wollen es an diesen allgemeinen Ausstellungen genügen lassen und nicht im Einzelnen anführen, bei welchem Contingente der Musterungsbericht die schwächlichen Leute, den mangelhaften Zustand der Bekleidung und Bewaffnung rügte; bei welchem von 785 Mann, die in den Listen geführt wurden, nur 83 Gemeine präsent waren, freilich noch achtzig mehr als Lichtenstein am 13. Juni 1852 präsent hatte, nämlich drei!

Diese Mängel beeinträchtigten am Ende nur die Kriegstüchtigkeit von 10,000 Mann. Weit wichtiger war im großen Ganzen das Mißverhältniß der Kräfte zwischen dem deutschen Bunde und dem wiederhergestellten französischen Kaiserreiche. Man hatte bisher die Consequenzen aus der Errichtung der süddeutschen Festungen nicht gezogen, d. h. für ihre Kriegsbesatzungen gesorgt; aber auch abgesehen davon, war man einig, daß dem neuen Empire gegenüber, welches allgemein als eine Drohung für Deutschland aufgefaßt wurde, die Sicherheit Deutschlands ungenügend gewahrt sei. Die Bundesmilitärcommission erstattete über die beiderseitigen Stärke-Verhältnisse einen Bericht, über welchen am 12. August 1852 die Bundesversammlung berieth. Danach war nach der Matrikel der Normalzustand des deutschen Bundesheeres: Contingent 300,000, Ersatz 50,000, Reserve 100,000, zusammen 450,000 Mann. Ein Siebentel der Gesammtstärke Reiterei; auf 1000 Mann zwei Feldgeschütze und ein Reservegeschütz. Formation: 7 ungemischte, 3 combinirte Armeecorps und eine Reserveinfanteriedivision, die letztere zur Bildung von Theilen der Kriegsbesatzungen von Mainz, Luxemburg und Landau. Für die übrige Kriegsbesatzung jener Bundesfestungen war nur insofern gesorgt, als von Oesterreich, Preußen und Baiern erwartet wurde, daß sie dieselbe über ihr Contingent stellten. Von Ulm und Rastatt mit einer Kriegsbesatzung von 26—30,000 Mann war in der Kriegsverfassung noch gar nicht die Rede!

Nach der Bundeskriegsverfassung sollte vier Wochen nach erklärtem Bundeskriege das Hauptcontingent mit 300,000 Mann und sechs Wochen nach dem Ausmarsch des Contingents 25,000 Mann aufgestellt sein; mit Aufstellung des Ersatzes sollte in zweimonatlichen Raten von 25,000 Mann fortgefahren werden, bis die Hälfte des Hauptcontingents erreicht sei; die Reserve mit 100,000 Mann sollte 10 Wochen nach einem deßhalb gefaßten

Bundesbeschluß bereit sein*). Alles, wie gesagt, war einig, daß diese Macht Frankreich gegenüber nicht genüge, aber über das Maß der Erhöhung stellten sich verschiedene Ansichten heraus. Preußen, Oesterreich und das neunte Armeecorps (Sachsen, Kurhessen, Nassau) beantragten Erhöhung der Leistung um 150,000 Mann, nämlich Contingent 400,000, Ersatz 66,667, Reserve 133,333, zusammen 600,000 Mann. Dieser Antrag war motivirt: 1) durch den Bedarf der neuen Bundesfestungen: 2) durch Rücksicht auf die Streitmacht Frankreichs.

Man ließ sich dabei von folgenden Erwägungen leiten: Von den 525,000 Mann, welche Frankreich Ende 1851 nach officiellen Angaben hielt, kann dasselbe 400,000 Mann sogleich gegen den deutschen Bund verwenden. Sardinien und das revolutionirte Italien sind als freiwillige, Belgien ist als unfreiwilliger Bundesgenosse Frankreichs zu betrachten, dadurch erhöht sich seine Streitmacht auf 550,000 Mann. Zwar stellt Oesterreich 300,000, Preußen 200,000 Mann über seine Bundespflicht, aber Oesterreich muß für Italien 200,000, Preußen für Besetzung seiner Festungen 80,000 Mann zurücklassen, also kämen auf 430,000 Mann Feldtruppen, welche der Bund verfügbar hätte (Oesterreich 100,000, Preußen 120,000, Bund 210,000 M.) 550,000 Mann Franzosen und ihre Verbündete. Nun kann aber Frankreich allein, wenn es zwei Procent seiner Bevölkerung aufstellt, sein Heer auf 700,000 Mann bringen. Rechnet man dafür an Besatzungen 200,000 M. ab (Algier 40,000, Paris und Lyon 25,000, übrige Festungen 135,000 M.), so bleibt ein Operationsheer von 500,000 Mann. Wenn Frankreich davon 60,000 Mann nach Italien schickt, um die Erhebung des Volkes zu unterstützen und 200,000 Oesterreicher daselbst festzuhalten, so kann es 140,000 Mann mit 167 Locomotiven auf der Paris-Straßburger Bahn (40 Locomotiven transportiren eine Division von 10,000 M.) nach Straßburg werfen, wo 1000 Kanonen, mit allem Material vollkommen ausgerüstet, und ein Belagerungs-Park bereit stehen. Geht dieses Heer bei Straßburg über den Rhein, so kann ihm keine Macht entgegengestellt werden, da hier keine Großmacht liegt und das süddeutsche Eisenbahnsystem nicht

*) G. von Meyer, die Grundgesetze des deutschen Bundes, Frankfurt 1845. S. 97.

in strategischer Hinsicht angelegt ist. Man kann daher jetzt Frankreich gegenüber die Macht nicht mehr für genügend halten, welche es 1818 war, wo Frankreich etwas mehr als $\frac{1}{3}\%$ (0,39%) seiner Gesammtbevölkerung unter den Waffen hatte.

Es wurde daher von dieser Seite der Antrag formulirt auf Annahme einer definitiven Bundesmatrikel nach der Zählung von 1846 und Erhöhung der Contingente auf $1\frac{1}{2}$ Procent der so gefundenen Bevölkerungszahl.

Diesem Antrag stand der der stimmführenden Bevollmächtigten des siebenten, achten und zehnten Armeecorps entgegen, welche eine Erhöhung des Bundesheeres nur um 50,000 Mann als die Differenz zwischen Kriegs- und Friedensbesatzung der fünf Bundesfestungen wollten, wobei Mainz auf 21, Luxemburg auf 7, Landau auf $6_{,3}$, Ulm auf 18—20 und Rastatt auf 8—10 Tausend Mann veranschlagt war. Abgesehen von diesen Besatzungstruppen seien die Feldtruppen des Bundes dem französischen Heere gewachsen, dessen für Operationen verfügbarer Theil nicht höher als 300,000 M. anzuschlagen sei. Diese Ansicht wurde begründet durch die ganz willkürliche Annahme, daß Frankreich im Kriege 75,000 Mann statt der 40,000 Mann Friedensstärke in Algier zu halten genöthigt sei, während doch bloß ein Krieg mit England Algier bedroht haben würde. Ebenso willkürlich war die Annahme, daß auch in einem auswärtigen Kriege Paris und Lyon 100,000 Mann und die übrigen französischen Festungen 150,000 Mann Besatzung bedürften. Freilich hatte Paixhans diese Zahlen angegeben, aber doch nur zu dem Zweck, von der Kammer ein hohes Militärbudget zu erlangen. Auf diese Weise berechnete man 390,000 Mann Deutsche gegen 300,000 Franzosen. Der wahre Grund aber, warum diese Bevollmächtigten sich zu dem Antrag vereinigten, die alte Matrikel von 1818 (revidirt 1842) beizubehalten und die Erhöhung auf 50,000 Mann ($=\frac{1}{6}\%$) zu beschränken, war die Befürchtung, daß für die kleineren Staaten die durchgreifende Erhöhung als ständige Ausgabe unerschwinglich und ihre Ablehnung als Lebensfrage zu betrachten sei.

Diese Anträge wurden in einer Reihe von Bundesbeschlüssen erledigt. Durch BB. vom 10. März 1853 und die revidirte Kriegsverfassung (BB. vom 4. Januar 1855) wurde das Hauptcontingent um $\frac{1}{6}\%$ erhöht, während die Reiterei auf $\frac{1}{8}$ der

Gesammtstärke und auf 1000 Mann $2\frac{1}{2}$ Geschütze festgesetzt wurden. Durch BB. vom 27. April 1861 jedoch wurde (in Folge der Erfahrungen von 1859!) die Ersatzmannschaft von $\frac{1}{6}$ auf $\frac{1}{3}$ erhöht, und durch den gleichen BB. bestimmt, daß das bisherige Haupt- und Reserve-Contingent nun mit $1\frac{1}{2}$% (der Bevölkerung nach der Matrikel von 1818) das Hauptcontingent zu bilden habe.

Der Abstand von diesem demüthigenden Geständniß der Schwäche und von der Ohnmacht, einem so unwürdigen Zustand durch männlichen Entschluß rasch ein Ende zu machen, zu der Gegenwart ist so erfreulicher und auffälliger Art, daß wir nur wenige Worte hinzuzufügen haben. Wie interessant ist Oesterreichs, freilich 1859 vergessenes Geständniß, daß ein so bedeutender Theil seiner Macht durch Sardinien und das revolutionirte Italien als Bundesgenossen Frankreichs festgelegt sei, — 1859, als es den deutschen Bund in einen Krieg mit Frankreich hetzen wollte, ohne mehr an den Rhein senden zu können, als die in Italien unverwendbare schwere Reiterei! Jetzt liegt Südwestdeutschland nicht mehr schutzlos unter den Kanonen von Straßburg und mehr als eine Million Deutscher (alle die Staaten der sogen. Reserve-Infanterie-Division) sind des Hohnes enthoben, mit allen ihren Opfern doch nur eine Art „Reichsarmee“ aufzustellen, welche schon durch die Buntheit ihrer Organisation für den Felddienst nicht verwendbar war.*)

In dem ersten Heft der „Beiträge zur Statistik der freien Stadt Frankfurt“ 1858, S. 67—89 veröffentlichte Dr. med. G. Varrentrapp unter dem Titel: „Die Bestimmung des von Frankfurt zu liefernden Bundescontingents geschichtlich und kritisch dargestellt“ eine sehr sorgfältige Arbeit, um nachzuweisen, daß trotz aller financiellen Opfer Frankfurt bei der großen Zahl fremder, hier nicht dienstpflichtiger Bevölkerungselemente außer Stand sei, den Bestimmungen des Bundesbeschlusses vom 4. Jan. 1855 nachzukommen. Die Tabelle S. 71 ist von der Redaction des Gothaischen genealog. Almanachs in denselben aufgenommen worden. (Vergl. Jahrgang 1862, S. 443.)

*) Vergl. auch Karl Fischer, die Nation und der Bundestag. Lpzg. 1880 S. 201.

Achtes Kapitel.

Wir müssen nun von den, theilweise freilich auch durch die allgemeine Reaction bedingten, Verfassungskämpfen in Frankfurt den Blick zurückwenden auf die allgemeinen Verhältnisse Deutschlands und Europas. In dem 1848 ausgebrochenen Kampfe zwischen Oesterreich und Preußen um die deutsche Hegemonie war es von der Note vom 18. Januar 1849 bis zum Fürstentag 1863 die beständige Politik Oesterreichs, die deutschen Mittelstaaten territorial zu vergrößern, und dieselben in ihrer Souveränität politisch freier zu stellen, um dadurch selbst um den Preis von unbedeutender Gebietsvergrößerung für Preußen, diese Macht auf den Rang eines Mittelstaates herab zu drücken. Bei den Dresdener Conferenzen war dies Bestreben, welches seinen Abschluß durch den Eintritt von Gesammtösterreich in den Bund erlangt hätte, vereitelt worden durch den Einspruch der Kleinstaaten, besonders von Frankfurt. Am 2 Januar 1851*) hatte Oesterreich ein Directorium von 7 Staaten mit 9 Stimmen vorgeschlagen: Oesterreich 2, Preußen 2, jedes der andern 4 Königreiche 1, beide Hessen 1 Stimme.

Die Kleinstaaten kamen Ende Januar mit dem Gegenproject von 11 Stimmen, wovon 3 Curialstimmen der Kleinstaaten sein sollten. Die Souveränität der Einzelstaaten sollte dadurch gestärkt werden, daß es noch schwieriger als in der alten Bundesverfassung gemacht wurde, sich zu gemeinnützigen Maaßregeln zu vereinigen. So sollte nach einem Vorschlag vom 3. April drei Viertel der Stimmen, nach einem andern Stimmeneinhelligkeit dazu gehören, eine Bundesflotte und Kriegshäfen zu errichten! Mit dem Vorschlag von 11 Stimmen war der österreichische Plan soweit vereitelt, daß man vorzog, zu den 17 Stimmen des alten Bundes zurückzukehren. Der Vertreter von Frankfurt hatte an diesem Resultat großen Antheil. Der Eintritt Gesammtösterreichs wurde zum Theil durch die Einsprache der europäischen Großmächte abgelehnt**) und Preußen machte auch den Eintritt der Provinzen Ost- und Westpreußen und Posen rückgängig.

*) Gegenwart XI. 508.
**) R. Pauli, Geschichte Englands, Leipzig 1875. III. 457.

Auf dem nationalökonomischen Gebiet war der Kampf von Oesterreich eingeleitet durch die Denkschrift vom 30. December 1849, welche der österr. Handelsminister Bruck wegen Anbahnung einer Zolleinigung an die deutschen Regierungen richtete.*) Am 30. Mai 1850 folgte eine zweite. Auf der Conferenz der Zollvereinsstaaten zu Wiesbaden am 1. Mai 1851 erklärten sich die meisten Regierungen für Unterhandlungen mit Oesterreich. Als Gegenzug schloß Preußen am 8. September 1851 den geheimen Vertrag mit Hannover, welcher ihm vom 1. Januar 1854 an die Verbindung seiner östlichen und westlichen Landestheile und die Herrschaft über die Handelsstraßen aus dem südlichen und Mittel-Deutschland zum Weltmeer sicherte.

Am 18. November 1851 kündigte Preußen die Zollvereinsverträge, am 6. April 1852 schlossen Baiern, Sachsen, Württemberg, Baden, beide Hessen und Nassau zu Darmstadt die Uebereinkunft, noch welcher von diesen Staaten ein neuer Zollvertrag nicht abgeschlossen werden sollte, ehe nicht die preußische Regierung mit der österreichischen Verhandlungen über die Ausführung der Wiener Entwürfe gepflogen hätte. Die Vertreter der Darmstädter Regierungen traten am 20. September 1852 aus der Berliner Zollconferenz aus, am 19. Februar 1853 wurde ein Handelsvertrag zwischen Oesterreich und Preußen auf 12 Jahre abgeschlossen und am 4. April 1853 wurden die Zollvereinsverträge auf 12 Jahre erneuert. Von Anfang an hatte in dieser Krisis Frankfurt auf Seite Preußens gestanden.

Gleichzeitig mit Lösung dieser Frage trat die orientalische Krisis in ihrer Wirksamkeit an den Bund heran.**) Am 10. November 1853 gaben Oesterreich und Preußen ihre friedlich lautenden Erklärungen am Bunde ab. Am 20. April 1854 wurde der Allianzvertrag zwischen Oesterreich und Preußen zu Berlin unterzeichnet und allen deutschen Staaten der Beitritt offen gelassen. Bald aber schlug die deutsche Politik zwei, dann drei verschiedene Wege ein. Am 25. Mai traten die Abgeordneten der Mittelstaaten in Bamberg zusammen; sie einigten sich nicht nur gegen Preußen, sondern auch gegen Oesterreich in russenfreundlichem Sinn, verlangten eigene Vertretung des deut-

*) Gegenwart XI. 130.
**) Gegenwart XI, 521.

schen Bundes bei ferneren Verhandlungen, und — ein specifisch baierisches Interesse! — Beschützung des griechischen Königreichs. Den Bambergern gegenüber einigte sich Oesterreich und Preußen am 8. Juni und am 24. Juli trat der Bund dem österreichisch-preußischen Bündniß bei. Bald aber trennten sich wieder die Wege der deutschen Großmächte.

Am 14. Juni war Oesterreich in ein Bündniß mit der Pforte getreten; Preußen hatte zwar die österreichische Sommation unterstützt, welche die Räumung der Donaufürstenthümer durch die russischen Truppen verlangte, wollte aber seine vermittelnde Politik noch fortsetzen. Erst am 26. November fand eine neue Einigung zwischen den beiden deutschen Großmächten statt, welche der deutsche Bund am 9. December annahm. Am 2. December schloß Oesterreich seine Allianz mit den Westmächten; am 22. Januar 1855 beantragte Oesterreich am Bunde die Mobilmachung der halben Contingente, während der Bundestag am 8. Februar 1855 der Ansicht Preußens entsprechend, statt der Mobilmachung die Kriegsbereitschaft in der Weise aussprach, daß bei erfolgtem Beschluß über die Mobilmachung das Bundesheer in 14 Tagen marsch- und schlagfertig sei. Der Frankfurter Senat verlangte zu diesem Zweck 95,000 fl, welche am 21. März von der gesetzgebenden Versammlung bewilligt wurden.

Wir wenden uns zur Frankfurter Verfassungsangelegenheit zurück. Der Bundestag hatte ein Vereinsgesetz und ein Preßgesetz entworfen. Das auf Grund dieser Normen vom Senat ausgearbeitete Preßgesetz lehnte die gesetzgebende Versammlung am 14. October 1854 ab bis nach Erledigung der Justizreform, das Vereinsgesetz nahm sie am 17. Januar 1855 an. Am 16. Januar 1855 machte der Senat der Bürgerschaft folgende Mittheilung: Da die Trennung der Justiz von der Verwaltung von vielen Seiten als wesentliche Verbesserung der Verfassung geltend gemacht worden sei, so habe er die dafür erforderliche Verfassungsänderung in einem organischen Gesetz zusammen gestellt. Nachdem dies von den Staatsbehörden verfassungsgemäß (Art. 50 der Constitutions-Ergänzungsacte) angenommen worden sei*), so werde es am 5. und 6. Februar zur Abstimmung der

*) Am 22. December 1851 hatte es die gesetzgebende Versammlung mit 82 gegen 3 Stimmen angenommen; dagegen stimmten 2 Senatsmitglieder und ein Mitglied des Bürgerausschußes, bei der Abstimmung der Bürgerschaft

Bürgerschaft gebracht werden. Trotz dem Proteste des „Handwerker-Ausschusses“ (Intell.-Blatt 24. Januar 1855) wurde das Gesetz von der Bürgerschaft angenommen*), aber erst am 16. September 1856 publicirt (Amtsblatt v. 20. September 1856), gleichzeitig mit dem „Gesetz zum Vollzug des Bundesbeschlusses vom 6. Juli 1854 zur Verhinderung des Mißbrauchs der Preßfreiheit.“

Der Inhalt jenes wichtigen organischen Gesetzes ist wesentlich folgender: Der Senat besteht mit Einschluß von 4 Syndiken aus 21 auf Lebenszeit gewählten Mitgliedern. Die Eintheilung des Senats in 3 Ordnungen oder „Bänke“ hört auf. In dem Senat müssen wenigstens 4 Mitglieder dem Handwerkerstand angehören und mehrere Mitglieder von einer jeden der 3 christlichen Confessionen wirklich sein. Die Senatoren werden erwählt durch je 6 Wahlmänner von Seiten des Senats und der gesetzgebenden Versammlung. Die Bürgermeister führen wie von jeher ihr Amt ein Jahr und werden vom Senat erwählt. Von den beiden jährlich gewählten Bürgermeistern versieht der dem Dienstalter nach älteste auch das ältere Bürgermeisteramt.

Die Bestimmungen der Constitutions-Ergänzungs-Acte, daß der Senat aus sich ein Appellations- und ein Stadtgericht zu bilden hat, sind aufgehoben. Vielmehr werden die Richter durch je 6 Wahlmänner aus dem Senat und der gesetzgebenden Versammlung erwählt. Die Präsidenten der beiden Gerichte ernennt der Senat aus deren Mitgliedern auf drei Jahre. Die Richter sind auf Lebenszeit gewählt, können nur durch Urtheil abgesetzt und nur unter Zustimmung des zuständigen Gerichts suspendirt werden. Die ständ. Bürgerrepräsentation (Bürgerausschuß) bleibt fortbestehen. Die gesetzgebende Versammlung enthält keine Mitglieder aus dem Senat, sondern besteht fortan aus 57 von der Bürgerschaft der Stadt und 11 von den Landgemeinden und 20 von dem Bürgerausschuß aus sich gewählten Mitgliedern.

---

aber stimmten die beiden ersten Abtheilungen dafür, die dritte mit großer Mehrheit dagegen, so daß nur 1210 Bürger für und 1807 gegen die Annahme der neuen Verfassung sich erklärten.

*) Das Nähere darüber in Dr. Ludwig von Leonhardi Frankfurt im Jahre 1855. (F. Boselli 1856), einem verdienstvollen Schriftchen, wobei nur zu bedauern ist, daß diese chronikartigen Aufzeichnungen keine Fortsetzung gefunden haben. Nur für 1857 hat Dr. jur. Friedrich Lucä († 1859) unter dem Titel: „Frankfurter Chronik“ (F. 1858) etwas ähnliches geliefert.

Die Verwaltung ist von der Justiz getrennt, das Gerichtsverfahren ist öffentlich und mündlich, in Strafsachen gilt der Anklageproceß, in schweren Strafsachen urtheilen Schwurgerichte. Das Gesetz trat am 1. Januar 1857 in Kraft. Die erste Schwurgerichtssitzung fand am 29. Juni 1857 im Leinwandhaus statt.

Eine weitere Verfassungsänderung war nöthig durch das Bestreben, der bisher als Staatskirche behandelten evangelisch-lutherischen Gemeinde eine selbständigere Stellung zu geben. Es mußte zu diesem Zweck Art. 36 der Constitutions-Ergänzungsacte aufgehoben und an dessen Stelle das evang.-luth. Consistorium neu gebildet werden. Es wurde gebildet aus 2 von dem Senat deputirten Senatoren, deren Amtsältester das Directorium führte; aus einem von dem Consistorium nach einem Ternovorschlag der Pfarrer gewählten ständigen geistlichen Consistorialrath, 2 von den Pfarrern auf 3 Jahre gewählten geistlichen Consistorialräthen, einem von dem Consistorium aus einem Ternovorschlag des Kirchenvorstandes gewählten rechtsgelehrten Consistorialrath und 2 auf 3 Jahre von dem Kirchenvorstand gewählten weltlichen Assessoren. Ebenso sollte Art. 42*) der Constitutions-Ergänzungsacte aufgehoben werden. Am 2. und 3. Februar 1857 wurde dieses Gesetz von der Bürgerschaft angenommen. Gleichzeitig mit diesem Gesetz wurde auch das am 6. Januar 1857 von der gesetzgebenden Versammlung genehmigte „Gesetz über die Zusammensetzung des evang.-luth. Gemeindevorstandes" publicirt. Danach besteht der evang.-luth. Gemeindevorstand aus sämmtlichen Pfarrern der Gemeinde, mit Ausnahme derjenigen, welche Mitglieder des Consistoriums sind und aus 30 Gemeindegliedern nicht geistlichen Standes. Von diesen 36 Mitgliedern sind 18 Aelteste und 18 Diaconen. Zum Gemeindevorstand können Mitglieder des Senats und des Consistoriums nicht erwählt werden. Die Gemeinde theilt sich nach den Kirchen in 6 Sprengel ohne Pfarrzwang. Für jede Kirche werden 3 Aelteste und 3 Diaconen zur besonderen Fürsorge und Aufsicht bestimmt. Wenn ein Pfarramt erledigt ist, so wird zunächst das Consistorium mit seiner An-

*) Zu Pfarrern in der Stadt und auf dem Land sollen keine Candidaten der Theologie befördert werden, welche nicht eingeborene Bürger sind oder doch seit 10 Jahren im Bürgerrecht stehen.

sicht über die Befähigung der Bewerber gehört, sodann schlägt der Gemeindevorstand 3 Bewerber vor, aus welchen die Mitglieder des Sprengels einen Pfarrer erwählen.

Neuntes Kapitel.

Mit den Worten, welche am Neujahrstage 1859 Napoleon III. an den österreichischen Botschafter Hübner richtete: „Ich bedauere, daß unsere Beziehungen zu Ihrer Regierung nicht mehr so gut sind, als bisher" begann eine neue Phase des Kampfes zwischen Oesterreich und Preußen um die Hegemonie in Deutschland, eine Phase, deren Geschichte noch nicht, am wenigsten an dieser Stelle, geschrieben werden kann*). Die nächste Folge des drohenden Conflictes mit Frankreich war der Bundesbeschluß vom 17. März, welcher eine Erhöhung der Streitkräfte des Bundes anordnete. In Folge dieses Beschlusses sollte das Contingent von Frankfurt welches am 1. Januar 550 Mann betragen hatte, bis zum 1. Mai auf 746, bis zum 1. November auf 895 Streitbare erhöht werden. Frankfurt war in Militärangelegenheiten immer besonders hart vom Bunde behandelt worden. Nicht nur, daß es allein von allen Staaten der Reserve-Infanterie-Division nicht das einfache, sondern das dreifache an Infanterie statt der erlassenen Specialwaffen stellen mußte, — es wurde auch keine Rücksicht darauf genommen, daß ein großer Theil der Bevölkerung aus fremden, hier nicht dienstpflichtigen Personen bestand. Da diese fremde Bevölkerung 1858: 47,40% der Gesammtzahl betrug, so bedeutete dies eine Ueberlastung fast um das doppelte! Es wurde von Frankfurter Seite nachgewiesen, daß in Kriegszeiten, wo die sonst zur Anwerbung geneigten Elemente aus andern deutschen Staaten von ihren Regierungen selbst in Anspruch genommen wurden, obgleich man bereit war, die Bedingungen der Anwerbung sehr zu verbessern, und daß in Ermangelung von geworbenen Truppen selbst die Heranziehung des ganzen dienstfähigen Antheils der einheimischen

---

*) Von hier an eine Hauptquelle, auch für die deutschen Stimmungen und Beziehungen. H. Reuchlin, Geschichte Italiens. Lpzg. 1870 III. 305 und folg., besonders 310, 311.

Dienstpflichtigen nicht zur Completirung genügen würde. Die kurze Dauer des Krieges ließ die Frage in der Schwebe, welche dann 1864 bei abermaliger Kriegsbereitschaft wieder auftauchte.

Die deutsche Bewegung war wieder in das Bett zurückgekehrt, in welchem sie vor 1848 fluthete. Da die politische Maschine des Bundes versagt hatte, so nahm man wieder seine Zuflucht zu den idealen Gütern der Nation, zu den Heroen der Literatur. Abermals trat das Vereinswesen, traten die Turn- Schützen- und Sängerfeste in den Vordergrund (Turnfest Coburg 1860, Schützenfest Gotha 1861, Sängerfest Nürnberg 1861), und wurden die Gedenktage des Aufschwungs von 1813, als 1863 sein fünfzigjähriges Erinnerungsfest wiederkehrte, gefeiert. Unter diesen Umständen wurde die hundertjährige Geburtsfeier Schillers zu einem hohen Feste, nicht nur in Deutschland selbst, sondern auch an allen auswärtigen Orten, wo gebildete Deutsche in größerer Anzahl zusammenlebten. In einer kleinen, natürlich höchst unvollständigen Sammlung, die ich mir damals angelegt, finde ich vertreten: Berlin: J. Grimm, Rede auf Schiller, Berlin 1859. Halberstadt: Rede von Masius, Glogau 1859. Hamburg: Rede von G. Rießer, Neue Frkftr. Ztg. 29. November. Stuttgart, Ludwigsburg, Marbach, beschrieben von Dr. O. Elben, Stuttgart 1859. Zürich: Rede von F. Vischer, Z., Orell, Füßli u. Co. 1860. Prolog von G. Herwegh, Z., Kiesling 1859. Genf: Text der Gesänge und Declamationen, G. 1859, gedruckt bei Pfeffer und Puky. Paris: Festrede von L. Kalisch; Prolog von L. Pfau; Don Carlos III. Act, gelesen von Bog. Dawison 2c. 2c.

Der Schillertag wurde auch in Frankfurt feierlich begangen. Das Gymnasium veranstaltete am 9. um 3 Uhr im Saale der Loge Sokrates eine Festfeier mit Reden der Lehrer, Declamationen der Schüler und Gesang.

Der 10. November brach in einer Schönheit an, welche in dieser Weise fast einzig war in der vorgerückten Jahreszeit und den ganzen kurzen Tag über wich die Sonne nicht von dem stahlblauen Himmel. Die Stadt prangte in dem reichen Festgewand von grünen Gewinden, Fahnen, Teppichen und Triumphpforten; auf dem Paradeplatz hinter der Hauptwache, welcher seitdem Schillerplatz genannt wird, waren Transparente nach den Entwürfen hiesiger Künstler, besonders des genialen, zu früh verstorbenen Victor Müller, aufgestellt. Im Kaisersaal fand eine akademische Feier statt, bei welcher Oberlehrer Dr. Stern und Gymnasial-Director Dr. J. Classen die Reden hielten. Dann setzte der imposante Festzug sich in Bewegung; er endete vor dem Modell des Schillerdenkmals, bei dessen Enthüllung Dr. Reinganum sprach. Nach Beendigung des Festzugs wurde die junge Schillereiche, (Quercus pedunculata var. pyramidalis), welche die Gärtner während der Feier mit sich geführt hatten, unter Begleitung von Musikern und Sängern nach der Friedberger Anlage in die Nähe des Hessendenkmals gebracht und dort eingepflanzt; der Baum ist wohl gediehen.

Den Schluß des Festes machte ein Fackelzug, der sich von der Schönen Aussicht durch mehrere Hauptstraßen auf den Römerberg vor das Standbild Schiller's bewegte, wo die Fackeln auf einen Haufen geworfen und das Bild schließlich mit bengalischem Feuer beleuchtet wurde. Außerdem erstrahlten noch öffentliche und Privatgebäude, die verschiedenen Monumente und die Transparente auf dem Theaterplatz in glänzender Beleuchtung. Gegen 40000 Fremde hatten die Eisenbahnen in Extrazügen nach Frankfurt gebracht; das Fest verlief in schönster Ordnung. Festmahle fanden im zoologischen Garten und im Wolfseck statt. Das erwähnte Denkmal von J. Dielmann fand solchen Beifall, daß allgemein der Wunsch rege wurde, dasselbe erhalten zu sehen. Für den Erzguß des Modells wurden im zoologischen Garten sogleich 3000 fl. gezeichnet; 1864 konnte das Denkmal auf dem „Schillerplatz" enthüllt werden. Der Senat sprach dem Comité seinen Dank aus und ließ eine Münze zum Andenken schlagen*).

Das erste deutsche Schützenfest vom 13. bis 22. Juli 1862 in Frankfurt hatte außer seiner rein technischen Seite, auf welche wir hier nur ganz kurz eingehen können, auch noch eine ästhetische und eine politische Seite der Betrachtung. Gehoben war das ganze Fest dadurch, daß es gewissermaaßen trotz der Wuth der Elemente stattfand. Wer nicht selbst, wie der Verfasser, in der Schützenhalle während des „Schützensturms" anwesend war, der hat keinen Begriff davon, wie in wenigen

*) A. N. IV., 194.

Secunden der Gewitterwind von gewöhnlicher Stärke sich zum tropischen Sturm steigerte, die Tafeln abräumte, die gemalten Fenster in die Halle schleuderte, den gemauerten Schornstein der Küche umwarf, der zwei Menschen tödete, und endlich die Hütte so schief stellte, daß sie geräumt werden mußte; wie gleichzeitig ein Wolkenbruch im Nu den trockenen, den Festplatz durchziehenden Graben füllte und den Boden tief durchweichte; wie dann die Heimkehrenden den Weg durch gestürzte Bäume gesperrt und die Straßen mit Schiefern und den Trümmern von Schornsteinen bedeckt fanden*). Und dennoch wurde das Fest gehalten und nicht um eine Minute verschoben, so groß war die Energie, womit die Schäden ausgebessert wurden! Der imposante Festplatz, der malerische Zug, vom schönsten Wetter begünstigt, das Festspiel von Dr. Heinrich Weismann mit Fanny Janauschek als Germania, das Alles war vollendet schön. Soweit von der ästhetischen Seite! Was die technische betrifft, so war die Zahl der Einlagen, welche die Schützen auf die Festscheiben machten: Schweiz 1279, Oesterreich 796 (davon Tirol und Vorarlberg 675), Baiern 726, Baden 359, Württemberg 300, Großherzogthum Hessen 59, dagegen Preußen nur 580 (davon Rheinprovinz 264), Königreich Sachsen 97, Hannover 95 ꝛc. Waren viele Deutsche keine Schützen, so geht aus diesen Zahlen hervor, daß viele Schützen keine Deutsche waren und daß auch unter den Deutschen die Zahl der gewerbsmäßigen Becherschützen sehr groß war. Dennoch wurden die Schweizer und Oesterreicher am meisten gefeiert, wie denn der ganze politische Charakter des Festes ein demokratisch-großdeutscher war**). Was nun die politische Seite betrifft, so ist es im Jahr 1880 ebenso unmöglich, sich in die Stimmung der nebligen Politik von 1862 zu versetzen, als wir jetzt die deutschen Jungfrauen in der Krinoline schön finden, welche damals gerade in der „Maienblüthe ihrer Sünden stand." Wer es über sich gewinnt, noch einmal durch den breiten Redestrom zu schwimmen, der wird auch ohne

---

*) Eine wissenschaftliche Schilderung des Schützensturms von Dr. Joseph Berger im Conversationsblatt vom 20. und 21. August.

**) „Das Fest war das Siegesfest des wahren großdeutschen Gedankens; von den Frankfurter Julitagen aus hat diese großdeutsche Richtung einen ganz neuen und außerordentlichen Aufschwung genommen" Deutsche Vierteljahrschrift 1862. IV. Heft. 2. Abtheilung S. 234

unsre Anleitung genug der nicht eingetroffenen Prophezeiungen und unmöglichen Zumuthungen finden. Schätzte man im Süden vielleicht die Bedeutung des Festes zu hoch, so that man das Gegentheil in Berlin. Freilich steckte man dort mitten im Conflict! Mit Mühe wurde erreicht, daß eine Deputation mit Preisen (Franz Duncker, Dr. Lüning [S. oben S. 364], Freiherr von Hoverbeck, Dr. G. von Bunsen) vor Thorschluß am 20. noch anlangte.

Man hatte bei den politischen Reden des Festes mit Glück, nach dem Vorbild der Schweizer, die optimistische Phrase cultivirt.*) Dagegen verstieß Metz aus Darmstadt, welcher von den drei Schmerzenskindern Deutschlands: den Kurhessen, Schleswig-Holsteinern und Oesterreichern sprach. Gegen diese Zusammenstellung protestirte Prof. Wildauer aus Innsbruck, unter andern mit den orakelmäßigen Worten: „Wir haben einen Kaiser, der bei Villafranca es vorgezogen hat, sein Reich zu verkleinern, um keinen Fußbreit deutschen Landes am Rhein hinwegzugeben."**) Zur Sühne sprach zunächst ein Schweizer, Oberst Kurz von Bern, welcher versicherte, daß die Tausend hier anwesenden Schweizer ebensoviel Propagandisten für Deutschland in der Schweiz sein werden; dann Fedor Streit aus Coburg, welcher behauptete, daß die Hydra der Zwietracht keine Macht mehr habe, sondern zu unseren Füßen läge. Beide fanden somit den optimistischen Ton, welcher sich bei solchen Gelegenheiten ziemt —***).

Der Senat ließ 20,000 Stück Vereinsthaler auf das Fest prägen, auch mehrere Privatmünzen wurden ausgegeben†).

Vom 8. Juli bis 10. Aug. fanden in Wien Conferenzen statt

*) „Ohne Parlament, wie wir sind, können wir die großen vaterländischen Feste nicht entbehren. Nur im herzlichen persönlichen Verkehr mit den vielgescholtenen Nachbarstämmen lernt die Menge, daß wir zu einander gehören, daß wir ein großes Volk sind. Und, doch wer mag sich über die zweischneidige Wirkung täuschen? Ist es heilsam, daß die arge Lust an großen Worten genährt wird durch jene Festreden, die zumeist, um keinen zu verletzen, sich in hohlen Allgemeinheiten verlaufen?" ꝛc. ꝛc. (H. v. Treitschke Aufsätze 1865. S. 488):

**) Wie es in der That war s. bei H. Reuchlin Geschichte Italiens III. 355

***) Illustrirte Festblätter zu dem 1. allg. dtsch. Bundesschießen zu F. in den Julitagen 1862 herausgeg. v. A. Hammeran 1862, F. a. M. Jäger'sche Bchhdlg. 4° S. 20. Am Schluß dieser Schrift, (auch Mi. II. 180. 264) ist die übrige Literatur über das Fest angeführt. Der Text des Festspiels von Dr. H. Weismann in: Der Frankfurter Liederkranz. F. 1878 S. 169.

†) A N. IV., 194 ff. Tafel 2. Fig. 10. 11. 12.

der Bevollmächtigten von Oesterreich, Bayern, Sachsen, Würtemberg, Hannover, beiden Hessen und Nassau. Am 14. August legten die genannten acht Staaten, unter Protest Preußens, dem Bundestag den Antrag vor auf Bildung einer Delegirtenversammlung zur Unterstützung der Bundeskommissionen und auf ein Bundesgericht.

Am 28. und 29. September fand zu Weimar eine Zusammenkunft deutscher Volksvertreter statt. Es wurde die „ständige Commission eines Abgeordnetentags" gegründet.

Am 6. October fand die dritte Generalversammlung des Nationalvereins in Coburg statt. Dieselbe erklärte die Reichsverfassung vom 28. März 1849 als zu Recht bestehend.

Zur Unterstützung des Delegirtenprojects fand am 28. und 29. October zu Frankfurt im Saalbau die Generalversammlung der deutschen Reformvereine (d. h. Großdeutschen) mit etwa 600 Theilnehmern statt. Präsident war Ministerialrath Dr. Weiß aus München, Vicepräsidenten Witte aus Hannover und von Varnbüler aus Stuttgart*), Referent: von Lerchenfeld aus Baiern. Die Mitgliederliste ist noch heute lehrreich wegen der politischen Stellung, welche manche derselben seitdem eingenommen haben. Die österreichischen Liberalen waren gegen die Versammlung und blieben ihr fern. Dagegen suchte Herr Wildauer, stolz auf seinen Sieg beim Schützenfest, eine Rolle zu spielen. In einer längeren Rede sagte er: „Man hat den Gedanken des großen gemeinsamen Vaterlandes aus dem Herzen des deutschen Volkes hinausgeredet, ja hinausgelogen und hinausgeschwindelt. Man hat an die Stelle des Riesenleibes einen kleinen Theil desselben mit einem künstlichen Kopf gesetzt."

Da erhob sich Heinrich von Gagern und es war im Blick noch eine Spur des alten Löwen und seine Stimme zitterte aus Unmuth über die Anmaaßung des leichtherzigen Neulings, der keinen Begriff hatte von all den Kämpfen, die vorhergegangen waren. Der Ton, womit Gagern sprach, war bedeutender als der Inhalt seiner Rede in solcher Umgebung sein konnte;

*) Ueber ein damals vielbesprochenes geflügeltes Wort, welches ihm in diesen Tagen entfuhr, vergl. Frankfurter Journal 14. Juni 1866. I. Beilage unter Darmstadt, (Metz). 15. Juni unter Frankfurt (Bernus) auch N. Frkft. Zeitung N. 162, Frankfurter Journal 15. Juni 1. Beilage (Metz) und 17. Juni Beilage (Dr. Varrentrapp).

er mußte ja doch, um sein Erscheinen an dieser Stätte zu rechtfertigen, einen Glauben an die radicale Aenderung der österreichischen Politik kundgeben. Er sagte: „Wenn man Wildauer gehört, müßte man es unbegreiflich finden, wie denn jemals der kleindeutsche Gedanke aufkommen konnte. Die ihn ins Leben gerufen, hatten nicht etwa die Neigung zum Kleinen, vielmehr dasselbe Gefühl für die Größe des Vaterlandes wie wir. Aber Oesterreich hatte damals eine andre Stellung. Die entschiedene Gesinnung der Deutschen Oesterreichs, mit Deutschland zu gehen, war noch nicht so ausgesprochen wie heute. Nicht einmal einen idealen Unterschied zwischen den deutschen- und nichtdeutschen Krohländern wollte man dulden. Diese Scheidungslinie ist die Bedingung des Zusammengehens mit uns und sie muß erfüllt werden. In neuer Zeit ist sie durch öffentliche Erklärung erfüllt worden, indem Graf Rechberg in der Antwort auf die Beust'schen Reformvorschläge erklärte, daß Oesterreich die Betheiligung am Bunde jetzt nur für seine deutschen Provinzen in Anspruch nehme. Er glaube von dieser Erklärung Act nehmen zu müssen, auch zur Rechtfertigung seines eigenen früheren Verhaltens."

Am 29. October wurde der Reformverein mit etwa 400 Mitgliedern gebildet. Sein Programm bezweckte das direkte Gegentheil der Reichsverfassung von 1849, zumal Artikel II. welcher besagte, daß die von dem Verein angestrebte Reform „allen deutschen Staaten das Verbleiben in der vollen Gemeinsamkeit möglich erhalten solle." Als die allein mögliche Form einer Bundesexecutivgewalt stellte Art. IV. eine „concentrirte collegiale Executive mit richtiger Abmessung des Stimmenverhältnisses" hin. Art. VIII. nahm das Bundesgericht als eine nützliche Einrichtung theoretisch an, beseitigte es aber in der vorgeschlagenen Form. Die Delegirtenversammlung wurde angenommen als erster Schritt zur Schaffung einer nationalen Vertretung und in der Voraussetzung, daß die Regierungen jene Versammlung zu einer periodisch wiederkehrenden Vertretung am Bunde mit erweiterter Competenz gestalten würden; daß die Zahl der Mitglieder vermehrt und die Wählbarkeit nicht auf die Mitglieder der einzelnen Landesvertretungen beschränkt werden würde.

Am 22. Januar 1863 fand in der Bundesversammlung die Abstimmung über das Delegirtenprojekt statt. Es wurde mit 9 gegen 7 Stimmen abgelehnt. Am 24. richtete Herr von Bismarck (seit 9. Octb. 1862 Ministerpräsident und Minister des Aeußern), an die bei den deutschen Bundesstaaten beglaubigten preußischen Gesandten eine Cirkularnote, betr. die Bundesreformfrage.

Der Fürstentag, welcher für die dem österreichisch-mittelstaatlichen Reformprojekt nicht zustimmenden Bundesglieder sehr unerwartet*) auf den 16. August 1863 einberufen wurde und bis zum 1. September dauerte, war bestimmt, den Schlußstein zu bilden zu der österreichischen Hegemonie über Deutschland. Sowohl im fünfköpfigen Direktorium, als in dem siebzehnstimmigen Bundesrath und der Versammlung der Delegirten von 300 Personen hatte es die sichere Mehrheit**). Die beabsichtigte Auflösung der Reserveinfanteriedivision und ihre Vertheilung unter die Mittelstaaten sollte diese noch mehr stärken. Man hoffte, dem durch den Conflict geschwächten Preußen diese Verfassung aufnöthigen zu können, doch erwiederte König Wilhelm aus Gastein am 4. August auf die vom 31. Juli datirte Einladung des Kaisers ablehnend, weil Vorarbeiten und Conferenzen der Minister der Zusammenkunft der Souveräne vorhergehen müßten. Eine Depesche des Grafen Bismarck an den preuß. Gesandten in Wien, Herrn v. Werther, d. d. Gastein 14. August (N. Frkftr. Zeitung 25. August), erläuterte diese Ablehnung dahin, daß Preußen nur in einer nach dem Verhältniß der Volkszahl der einzelnen Staaten aus directen Wahlen hervorgehenden Vertretung des deutschen Volkes, mit Befugniß zu beschließender Mitwirkung in Bundesangelegenheiten die Grundlage von solchen Bundesinstitutionen erkenne, zu deren Gunsten die preußische Regierung ihrer Selbständigkeit in irgend welchem erheblichen Umfang entsagen könnte, ohne die Interessen der eigenen Unterthanen und die politische Stellung des preuß. Staates wesentlich zu benachtheiligen. —

Den in Frankfurt erschienenen Fürsten gegenüber war es auf eine Ueberraschung abgesehen. Gelang es der persönlichen Liebenswürdigkeit des Kaisers von den der parlamentarischen Formen ungewohnten und durch Festlichkeiten zerstreuten Fürsten

*) „Wie ein Blitz aus blauer Luft erging Anfangs August an Bremen die Einladung zum Fürstentag." Duckwitz Denkw. S. 149.

**) Das Reformproject: N. Frkftr. Zeitung 19., 20. August.

bindende Zusagen zu erlangen, so waren spätere Einwürfe der geschäftskundigen Minister erfolglos*). Was nun die einzelnen Fürsten betrifft, so suchte der König Johann von Sachsen in würdigster Weise zwischen Oesterreich und Preußen zu vermitteln. Am 19. August reiste er nach Baden-Baden ab zum König von Preußen, mit einem selbstverfaßten, von sämmtlichen Fürsten und Bürgermeistern unterzeichneten Schreiben (N. Frkftr. Ztg. 22. August) und kehrte am 21. unverrichteter Dinge zurück. Die Antwort des Königs Wilhelm (N. Frkftr. Ztg. 26. August) war erläutert durch eine Note des Hrn. von Bismarck an den preuß. Bundestagsgesandten R. von Sydow, d. d. Baden-Baden 21. August, worin gesagt war, die Vorschläge entsprächen weder der berechtigten Stellung der preuß. Monarchie noch den berechtigten Ansprüchen des deutschen Volkes. Der König von Hannover war ein entschiedener Parteigänger des Kaisers; die Großherzoge von Baden, von Sachsen-Weimar und Mecklenburg-Schwerin, der Herzog von Sachsen-Altenburg und der Fürst von Waldeck hielten fest zu Preußen. Der Standpunkt des Großherzogs von Baden ist bezeichnet in der Depesche, welche Herr von Roggenbach am 22. August an den österreichischen Minister Graf Rechberg richtete (N. Frkftr. Ztg. 9. September), ferner in der Schlußerklärung, welche der Großherzog am 1. September abgab und in welcher er seine Pflicht als constitutioneller Fürst besonders betonte. (N. Frkftr. Ztg. 10 Sept.) Die größte Zahl der Fürsten war schwankend; nachdem sie dem Großherzog von Baden gegenüber sich verpflichtet hatten, die Reformacte zur Begutachtung ihren Ministern vorzulegen, bekannten sie nicht Farbe, als sie vor dem Kaiser erschienen und gingen in die Discussion der Acte ein. Die Bürgermeister nahmen alles ad referendum. (Duckwitz Denkwürdigkeiten 154. 158. 159.) Die Veränderungen, welche die Reformacte bei dieser Berathung erfuhr, waren unbedeutend. Die Zahl der Mitglieder des Directoriums wurde auf sechs erhöht: I. Oesterreich, II. Preußen, III. Baiern, IV. ge-

*) Duckwitz (Denkw. S. 151) sprach dem Kaiser sein Bedauern aus, daß S. M. seinen (D's) alten Freund Schmerling nicht mitgebracht hätte. Der Kaiser erwiederte, daß Schmerling nicht habe abkommen können. J. Renwirth (Deutsche Vierteljahrschrift 1864, II. Heft. 1. Abth. S. 11) berichtet von dem Conflict zwischen Schmerling, welcher an der Reformacte thätigen Antheil genommen, und Rechberg, weil dieser vom Kaiser zu seiner Begleitung nach Frankfurt erwählt wurde.

wählt von den drei andern Königreichen, V. gewählt von den übrigen Mittelstaaten, VI. gewählt von den Kleinstaaten. Bei Stimmengleichheit sollte die größere Bevölkerungszahl der vertretenen Stimme den Ausschlag geben. Durch diese Bestimmung blieb die österreichische Majorität gesichert, da III. und IV. mehr Bevölkerung zählten als V. und VI. Die ganz willkürlich gewählte runde Summe der Delegirten wurde von 300 auf 302 erhöht, indem Hamburg, das mit einem Abgeordneten dem Fürstenthum Lichtenstein (233000=7000) gleichgestellt gewesen war, nun zwei erhielt und Homburg auch eine Stimme zu Theil wurde. Im Uebrigen blieb die beschränkte Competenz der Delegationen, welche nur alle drei Jahre einberufen werden sollten. (N. Frkftr. Ztg. 4. Sept.) Der Fürstentag schloß mit einer Ansprache des Kaisers (N. Frkftr. Ztg. 3. Sept.) und der Abfassung eines Schreibens an den König von Preußen, welches die Hoffnung auf endliche allgemeine Verständigung aussprach und von 19 Fürsten und 4 Bürgermeistern unterzeichnet wurde (N. Frkftr. Ztg. 5. September). Die Photographie, welche der Hofphotograph Albert aus München von den Fürsten aufnahm, war schließlich das einzige positive Ergebniß des Fürstencongresses.

Von allen diesen inneren Vorgängen, welche uns Duckwitz mit einer Fülle der bezeichnendsten Züge geschildert hat, verlautete wenig während der Versammlung, zum großen Unbehagen der zahlreichen Zeitungscorrespondenten, welche sich auf die Beschreibung der Festlichkeiten, des Aussehens der geschmückten Stadt, der herumfahrenden fürstlichen Equipagen 2c. beschränkt sahen. Diese Festlichkeiten waren besonders: Am 16. Gastmahl beim Kaiser im fürstlich Thurn- und Taxis'schen Palast, am 17. von der Stadt Frankfurt veranstaltet ein Gastmahl im Kaisersaal und dann ein Feuerwerk in der ehemals kurfürstlich-hessischen Villa, am 19. Theatervorstellung, am 20. Corso, am 22. Fest bei dem Freiherrn von Bethmann, außerdem kleinere Gastmähler beim Kaiser.

Hier wollen wir nur einige Worte über das Festmahl im Römer sagen. Der alte Brunnen mit der Justitia war zu einer Blumenfontaine umgewandelt. Vor dem Römer erblickte man drei Flaggen: an den Seiten zwei in den Frankfurter Farben, in der Mitte eine große schwarz-roth-goldene, mit dem Reichswappen und der Aufschrift „Deutscher Bund"*). Die Gäste waren 141, Fürsten, Diplomaten und hohe Militärs. Der Kaiser saß in der Mitte des Saals, gerade unter dem Bild des Kaisers Joseph**.) Ihm zur Rechten saßen die Könige von Bayern und Hannover und der Kurfürst von Hessen ꝛc., ihm zur Linken der König von Sachsen, der Kronprinz von Württemberg, Großherzog von Baden ꝛc. Dem Kaiser gegenüber saß der ältere Bürgermeister, auf seinen Seiten die Senatoren. Bei der Zusammensetzung des Mahles***) fehlte nicht die Anspielung auf die Kaiserkrönung. Unter dem Titel le quartier de boeuf historique wurde ein am Spieß gebratenes Ochsenviertel aufgetragen, welches an den auf dem Römerberg in der Ochsenküche gebratenen Krönungsochsen erinnerte. Der ältere Bürgermeister brachte das Wohl der Fürsten und freien Städte aus, der Kaiser trank auf das Wohl von Frankfurt.†).

Dem Fürstentag folgte der Abgeordnetentag auf dem Fuße, besonders um gegen das Delegirtenproject zu wirken. Bereits am 21. August hielt er seine erste Sitzung im Saalbau. Präsident war: R. von Bennigsen, erster Vicepräsident Barth von Kaufbeuern, zweiter von Unruh aus Berlin. Referent: Prof. Häusser aus Heidelberg. Es waren anwesend, 302 Mitglieder und zwar abgesehen von 66 Frankfurtern, welche sich zum Theil ihres Stimmrechts begaben, aus Preußen 63, Großh. Hessen 33, Kurhessen 21, Baden 20, Baiern 13, Nassau 12, Württemberg 11, S. Gotha 11, Königreich Sachsen 10, S. Weimar 8, Hannover 8 ꝛc., Oesterreich Niemand. Die vom Ausschuß vorgeschlagenen Anträge waren††): 1. der deutsche Abgeordnetentag erblickt in der Initiative des Kaisers von Oesterreich und der Aufnahme derselben das Zeugniß, daß die Bundesreform allseitig als nothwendig anerkannt sei. 2. Zwar würde er noch jetzt die einheitliche Spitze der Reichsverfassung vom 28. März 1849 vorziehen, kann jedoch, angesichts der inneren Krisen und der äußeren Bedrohung des Vaterlandes, gegenüber dem österreichischen Entwurf

*) Die Anfahrt der Fürsten vor dem geschmückten Römer auf der Denkmünze abgebildet A N. IV, Tafel 2, Fig. 13.

**) Nach Duckwitz (S. 156) saß der Kaiser auf der Stelle des Vicepräsidenten des Fünfzigerausschusses, Robert Blum.

***) Das Menu N. F. Z. 18. August.

†) N. Frkftr. Ztg. 19. August.

††) N. Frkftr. Ztg. 22. August.

einer engeren collegialen Executive sich nicht bloß verneinend verhalten. 3. Die Volksvertretung durch Delegirte der einzelnen Ständeversammlungen ist ungenügend, die Delegirten müssen durch von der Nation frei und unmittelbar gewählte Repräsentanten ersetzt werden. 4. Beide deutsche Großmächte müssen im Staatenbunde vollkommene Gleichberechtigung genießen; die Provinzen Ost- und Westpreußen und Posen müssen wieder in den Bund aufgenommen werden. 5. Keinesfalls ist von dem einseitigen Vorgehen der deutschen Regierungen eine gedeihliche Lösung der Reform zu erwarten, sondern nur unter Zustimmung einer auf Grundlage der von der Bundesversammlung sanctionirten Norm vom 30. März und 7. April 1848 gewählten Nationalversammlung. Diese Ausschußanträge wurden einstimmig angenommen, ebenso ein Zusatzantrag, wodurch die ständige Commission aufgefordert wird, eine außerordentliche Versammlung des Abgeordnetentags einzuberufen, sobald sie dies für nöthig erachte.

Es konnte nicht fehlen, daß nach Erledigung der deutschen Verfassungsfrage auch die schleswig-holsteinische Angelegenheit den Abgeordnetentag beschäftigte. Am 9. Juli hatte die Bundesversammlung Execution gegen Dänemark beschlossen. Der Ausschußantrag, begründet von Brater aus München, erklärte diesen Beschluß für ungenügend und verlangte die Wiederherstellung des alten Rechts der Herzogthümer in seinem ganzen Umfang. Auch dieser Antrag ward einstimmig angenommen. Am 15. November starb König Friedrich VII. von Dänemark; die schleswig-holsteinische nicht nur, sondern die deutsche Frage war eröffnet.

Zehntes Kapitel.

Die im Verlauf der letzten Monate des Jahres 1863 und des Anfangs von 1864 eingetretene Abwendung der österreichischen Regierung von ihrer bisherigen Politik in der schleswig-holsteinischen Angelegenheit ist auch jetzt noch nicht aufgeklärt. In Uebereinstimmung mit den Mittelstaaten, in Uebereinstimmung mit der öffentlichen Meinung, welche eben der Bildung eines neuen Mittelstaates: Schleswig-Holstein, entgegenjauchzte, hatte sie die günstigste Lage. Preußen dagegen hatte durch den Conflict über die Vermehrung des Heeres, deren Endziele Hr. von Bismarck doch nicht aussprechen durfte, alle Sympathien verloren. Der Nationalverein hatte sein ursprüngliches Programm modificirt und war zu längst abgethanen Projecten zurückgekehrt. Alles, was in der Paulskirche über den Kern der deutschen Frage geredet worden war, schien vergessen zu sein. Da auf einmal, nach dem Tode Friedrichs VII. wechselt Oesterreich die Politik, stößt die Mittelstaaten zurück, deckt durch sein Bündniß Preußen gegen die feindlichen Großmächte, welche der preußischen Macht allein sicher keine so radicale Lösung der schleswig-holsteinischen Frage zugegeben hätten. Aber nicht nur in Hinsicht auf diese Angelegenheit, sondern auch in Bezug auf die Discreditirung des deutschen Bundes arbeitete Oesterreich zu Preußens Gunsten, indem es die Bundesbeschlüsse mißachtete, die Bundestruppen auf die Seite schob, die Rechte der Bundesstaaten verletzte (Lübeck, Hamburg, Oldenburg). „Die Freunde Oesterreichs in Deutschland sehen mit tiefer Wehmuth dessen Entfernung von dem deutschen Volkswillen, sie sehen die Morgenröthe verschwunden, welche in den Augusttagen des Jahres 1863 von Frankfurt her zu dämmern schien" klagt J. Neuwirth (Deutsche Vierteljahrschrift 1864. II. Heft. 1. Abth. S. 2.) Die Mittelstaaten hatten theils sich populär zu machen gesucht, indem sie der gewaltigen Bewegung sich anschlossen, theils (Hannover) hatten sie der Bewegung keinen Widerstand zu leisten gewagt. Allmählich wurde den Regierungen aber unheimlich, als der 36er Ausschuß des Abgeordnetentags sich zu einer Nebenregierung auszuwachsen schien. Der Abgeordnetentag hatte eine bedenkliche Aehnlichkeit mit dem Vorparlament von 1848, aus dem das Parlament und die Centralgewalt hervorgegangen waren. Schon am 3. Januar 1864 gestattete die baierische Regierung den schleswig-holsteinischen Vereinen die Sammlung von Beiträgen nur unter der ausdrücklichen Bedingung, daß dieselben nicht an den 36er Ausschuß in Frankfurt abgeliefert werden dürfen. Am 10. Januar verbietet das hannoversche Ministerium die Verbindung der schleswig-holsteinischen Vereine mit dem 36er Ausschuß.

Nach dieser allgemeinen Schilderung der Lage geben wir

zunächst chronikalisch die Hauptereignisse und dann erzählen wir ausführlicher die auf Frankfurt bezüglichen Ereignisse.

Am 1. October 1863 hatte die Bundesversammlung die Bundesexecution in Schleswig-Holstein beschlossen. Am 15. November starb Friedrich VII. Sein Nachfolger, Christian IX., unterzeichnete die von seinem Vorgänger zurückgelassene, Schleswig in Dänemark incorporirende Gesammtstaatsverfassung. Von Schloß Dolzig aber erließ Herzog Friedrich von Augustenburg eine Proclamation, in welcher er in Folge Ablebens des letzten vom oldenburgischen Mannesstamme das Successionsrecht der Augustenburger, und zunächst sein eigenes, in den Herzogthümern geltend machte. Zunächst erkannte der Herzog von Sachsen-Gotha-Coburg den Prinzen als Herzog von Schleswig-Holstein an und lud ihn ein, seinen Wohnsitz in Gotha zu nehmen und sich daselbst eine Art Ministerium zu bilden; die Großherzoge von Baden und Sachsen-Weimar folgten in der Anerkennung, Baiern, Sachsen und Württemberg erklärten sich für sein Recht. Ohne Unterschied der Parteistellung bildeten Groß- und Kleindeutsche unzählige Vereine zur Unterstützung von Schleswig-Holstein und seinem Herzog. Die Bundesversammlung beschloß, ungeachtet das Beharren bei dem Executionsbeschluß vom 1. October die factische Anerkennung des dänischen Königs als Herzog von Holstein involvirte, die Execution in den zum deutschen Bunde gehörigen Herzogthümern.

Um die Mitte des December 1863 setzten sich 12000 Sachsen und Hannoveraner in Bewegung und rückten in Holstein ein und bevor das Jahr zu Ende ging, war das Herzogthum von den Dänen völlig geräumt. In Ermangelung eines deutschen Parlaments traten gegen 500 Mitglieder deutscher Ständeversammlungen am 21. December 1863 zu Frankfurt zusammen, davon aus Baiern 106, Baden 48, Württemberg 47, Preußen 47, Großherzogthum Hessen 41, Kurhessen 31, Nassau 18, K. R. Sachsen und Herzogthum Sachsen-Coburg je 10, Hannover, Bremen und Hamburg je 8 2c., Oesterreich 7, Frankfurt 70. Präsident war Dr. Siegmund Müller von Frankfurt, 1. Vicepräsident von Lerchenfeld, 2. Vicepräsident R. von Bennigsen. Gefaßt wurde die erste Resolution in Bezug auf die Herzogthümer: 1. Herzog Friedrich von Schleswig-Holstein-, Sonderburg-Augustenburg ist rechtmäßiger Thronfolger. Es soll durch den Abgeordnetentag auf seine Anerkennung durch den Bund hingewirkt, die willigen Regierungen sollen unterstützt, die, welche das Recht und die Ehre Deutschlands in dieser Sache preisgeben, bekämpft werden. 2. Die Versammlung bestellt einen Ausschuß von 36 Mitgliedern als Mittelpunkt der gesetzlichen Thätigkeit der Deutschen Nation für Durchführung der Rechte Schleswig-Holsteins und seines rechtmäßigen Herzogs. Der Ausschuß kann eine Geschäftscommission einsetzen und nach Lage der Umstände einen abermaligen Abgeordnetentag einberufen. Nach Begründung der zweiten Resolution erklärten 31 Mitglieder, darunter Lerchenfeld, daß sie diesem Antrag für bedenklich halten, an der Abstimmung darüber keinen Theil nehmen und jede Vertretung für die Folgen eines solchen Beschlusses ablehnen. Von den übrigen Mitgliedern wurde die Resolution einstimmig angenommen. Die dritte Resolution betraf die Nothwendigkeit eines deutschen Parlaments; nach ihrer Annahme wurde der 36er Ausschuß gewählt. Zum Vorsitzenden des geschäftsleitenden Comité des 36er Ausschusses wurde Dr. jur. Siegmund Müller in Frankfurt erwählt, welcher am 28. December eine Aufforderung, im Einverständniß mit der „Herzoglichen schleswig-holsteinischen Regierung“ erließ, bei ihm Gelder einzuzahlen und Freiwillige anzumelden zur Unterstützung der schleswig-holsteinischen Sache. (N. Ffftr Ztg. 29. October). Mit unterzeichnet war der Geschäftsführer Karl Brater.

Am 31. December richteten Oesterreich und Preußen eine gleichlautende, sehr dringende Circulardepesche an die deutschen Regierungen gegen den Bestand und die Wirksamkeit des 36er Ausschusses in Frankfurt (Wortlaut Schultheß Geschichtskalender 1864, S. 39.) Es heißt da: „Die Vorgänge des 21. December in Frankfurt bilden den Schlußstein einer Reihe von Bestrebungen, welche seit längerer Zeit Deutschland in Aufregung erhalten und welche um so gefährlicher erscheinen, als jetzt der Versuch gemacht worden, der Bewegung einen Mittelpunkt und eine Organisation zu geben und ihr zugleich materielle Mittel zu Gebote zu stellen. Zugleich schreitet die Herstellung von politischen Vereinen überall fort, und es werden in der Wendung, welche man den Turner- und Wehrvereinen gibt und in der Bildung von Freischaaren, welche angeblich die militärischen Kräfte des Bundes unterstützen sollen, die Einleitungen getroffen, um organisirte materielle Kräfte in Bereitschaft zu haben, welche in einem günstigen Augenblick für revolutionäre Zwecke verwendbar sind. Diese revolutionären Elemente bedrohen die bestehende gesetzliche Ordnung, wenn die Regierungen nicht bei Zeiten der weiteren Entwickelung mit Energie entgegentreten. Dazu genügen die Grundzüge, welche in dem Bundesbeschluß vom 13. Juli 1854 in Bezug auf das Vereinswesen aufgestellt worden sind, insbesondere §. 4, durch welche jede Verbindung der Vereine untereinander als unstatthaft erklärt ist." In der Sitzung der gesetzgebenden Versammlung zu Frankfurt am 18. December theilte Dr. Jucho mit, daß der Bürgerausschuß auf Antrag der Herren Dr. Schlemmer, Dr. Jucho, List und Dr. Sauerländer mit allen gegen 2 Stimmen beschlossen haben, den Senat zu ersuchen er möge sich bei der am 5. December zu Gotha vom schleswig-holsteinischen Finanzdepartement ausgeschriebenen Anleihe betheiligen. Der Antrag, den Dr. Jucho in der gesetzgebenden Versammlung stellte, daß diese Summe 100,000 Thaler betragen möge, wurde einstimmig angenommen.

Am 20. November stellte der steiermärkische Abgeordnete Dr. Rechbauer im österreichischen Reichsrath mit 26 Genossen eine Interpellation ans Ministerium, was es beim Bunde zur Geltendmachung der legitimen Successionsrechte in den Herzogthümern zu thun gedenke? Graf Rechberg ließ die Interpellanten warten. Nur officiös wurde erklärt, daß Oesterreich entschlossen sei, am Londoner Protocoll vom 8. Mai 1852 festzuhalten, daß sonach von Anerkennung des Herzogs von Augustenburg nicht die Rede sein könne. Am 1. December entwickelte Hr. von Bismarck in der preußischen Kammer seinen Standpunkt, am 4. December folgte im österreichischen Reichsrath Graf Rechberg mit dem Sinne nach gleichlautenden Erklärungen. Sie waren das Resultat der zwischen Preußen und Oesterreich wenige Tage zuvor zu Stande gekommenen Vereinbarung über die den renitenten Mittelstaaten gegenüber zu beobachtende Haltung, welche auf einer rückhaltlosen Anerkennung des Londoner Protokolls fußte.

Am 7. December hatten der Bürgermeister von Wien und seine beiden Stellvertreter eine Audienz beim Kaiser und überreichten eine Adresse, in welcher der Kaiser gebeten wurde, für die verfassungsmäßigen Rechte von Schleswig-Holstein einzutreten. Der Kaiser erwiederte, „daß er mit aller Kraft dahin wirken werde, daß die verfassungsmäßigen Rechte der Herzogthümer gewahrt werden,“ entließ übrigens die Deputirten mit ungnädigen Worten. (Deutsche Vierteljahrschrift, a. a. O., S. 7).

Die Angelegenheit der Herzogthümer trat am 28. December in eine neue Phase. In Schleswig, auf das bis dahin die Intervention des Bundes sich nicht erstreckt hatte, war auf Grund der dänischen Novemberverfassung ein neues Wahlgesetz octroyirt worden und in wenigen Tagen sollte die Verfassung selbst in Wirksamkeit treten. Oesterreich und Preußen brachten in Folge dessen am 28. December am Bunde den Antrag ein, es sei an die dänische Regierung die Aufforderung zur Aufhebung der Verfassung vom 18. November zu richten und zugleich zu erklären, daß der deutsche Bund durch militärische Besetzung von Schleswig sich ein Pfand für die Erfüllung seiner gerechten Forderungen verschaffen werde. Ehe noch der Verfassungsausschuß für Holstein-Lauenburg seinen Bericht über diesen Antrag erstattet hatte, erneuerten Oesterreich und Preußen am 14. Januar 1864 ihren Antrag in dringlicher Weise und nachdem die Bundesversammlung den Antrag mit 11 gegen 5 Stimmen abgelehnt, gaben beide Großmächte die Erklärung ab, „daß sie in der ihnen durch ihre Dazwischenkunft bei Herbeiführung der die Rechte des deutschen Bundes feststellenden Stipulationen von 1851/2 erwachsenden besonderen Stellung sowie wegen der großen Dringlichkeit der Sache sich der Pflicht nicht entziehen zu dürfen glauben, die Geltendmachung jener Rechte in ihre eigenen Hände zu nehmen.“ (Schultheß Geschichtskalender für 1864, S. 46).

Am 20. Januar setzten sich die österreichischen und preußischen Truppen in Marsch und nun wurden die oben angedeuteten feindlichen Maaßregeln gegen die Bundestruppen und der gewaltsame Einmarsch in hamburgisches, lübeckisches und oldenburgisches Gebiet in's Werk gesetzt. (Schultheß Geschichtskalender für 1864, S. 6 ff. unter dem 19., 20., 21. Januar, 3., 5., 9., 12., Februar, 21. Juli 2c).

Wir können natürlich hier nur an die einzelnen Daten des deutsch-dänischen Krieges erinnern:

1. Febr. Einmarsch der Deutschen in Schleswig. 5. Febr.

)anewerk geräumt. 7. Febr. Flensburg besetzt. 13. Febr. dä-
isches Embargo auf deutsche Schiffe und Blocade der deutschen
äfen. 19. Febr. Kolding in Jütland besetzt. 13. März Aar-
uns in Jütland besetzt. 18. April Düppeler Schanzen erstürmt.
5. April Eröffnung der Londoner Conferenzen. 12. Mai Waf-
nstillstand auf einen Monat abgeschlossen. 15. Mai Preußen sagt
ch vom Londoner Vertrag los. 9. Juni Verlängerung der
Baffenruhe um 14 Tage. 25 Juni die Londoner Conferenz
cht resultatlos auseinander, da man sich über die Grenzlinien
1 Schleswig nicht einigen kann. 29. Juni Wiedereröffnung des
rieges. Eroberung von Alsen. 16. Juli Ganz Jütland besetzt.
0.—31. Juli Waffenruhe. 26. Juli Beginn der Friedensunter-
andlungen in Wien. 1. Aug. Abschluß von Friedensprälimi-
arien und einer dreimonatlichen Waffenruhe. 30. Oct. Frieden
u Wien. Abtretung der Herzogthümer an Oesterreich und Preußen.

Der 36er Ausschuß hatte, wie der Chor in der Tragödie
en Gang der Ereignisse mit Mahnungen und Rathschlägen be-
leitet, trotz der österreichisch-preußischen Note vom 31. December.
Am Ostermontag den 28. März fanden in ganz Deutschland (ohne
Oesterreich) zahlreiche Volksversammlungen statt, auf welchen die
Resolution des Abgeordnetentages vom 21. December 1863 im
Wesentlichen angenommen wurden. Am 8. April wurde ein vom
36er Ausschuß entworfener Protest gegen das Verfahren der
eutschen Großmächte und zu Gunsten des Augustenburgers von
ämmtlichen Abgeordneten der zweiten sächsischen Kammer unter-
eichnet und dann dem Bevollmächtigten des deutschen Bundes
uf der Londoner Conferenz, Freiherrn von Beust, übersandt.
Wortlaut: Schultheß a. a. O., S. 86.) Am 8. Mai übermittelt
er 36er Ausschuß demselben dieselbe Rechtsverwahrung, unter-
eichnet von etwa 1350 Mitgliedern deutscher Landtage, davon
us Frankfurt 98; am 3. Juni erläßt die geschäftsleitende Commission des 36er Ausschusses an die schleswig-holsteinischen Vereine
inen Protest gegen eine etwaige Theilung Schleswigs, und lädt
ie ein, ihre Zustimmung öffentlich auszusprechen. Am 14. Juni
ndlich erließ die geschäftsleitende Commission des 36er Ausschusses
eine Warnung, durch Anregung der deutschen Verfassungsfrage
die bisherige Einigkeit, welche so herrliche Früchte getragen, zu
stören, ehe die einzige Aufgabe: die Befreiung der Herzogthümer,

erreicht sei. (Wortlaut: Schultheß a. a. O., S. 107.) Es heißt darin, dieser Einigkeit sei es gelungen, „die deutschen Großmächte auf den Weg zu drängen, den sie widerwillig gegangen seien." Diese Mittheilungen mögen genügen, um die Macht zu zeigen, welche die Commission sich zuschrieb; den Regierungen konnte eine solche Sprache nicht angenehm sein und die Drohnoten vom October 1865 hätten eigentlich nicht so unerwartet kommen sollen, zumal die österr. preuß. Note vom 31. December 1863 vorhergegangen war.

Die Frankfurter Behörden wurden in diesem Zeitraum besonders durch drei Dinge in Anspruch genommen: Die Vermehrung des Contingents in Folge der Rüstungen des Bundes gegen Dänemark; die Reconstruction des Zollvereins und die Verfassungsangelegenheit. Der „Ausschußbericht an die gesetzgebende Versammlung, betr. Vollzug des Recrutirungsgesetzes" (Berichterstatter Dr. Georg Varrentrapp) vom 7. Juni 1864 constatirte, daß, während die durch Bundesbeschluß vom 17. März 1859 vorläufig festgestellte Stärke des Frankfurter Contingents 895 Mann beträgt, zu Anfang des Jahres 1864: 754 Streitbare wirklich vorhanden waren. Die schon 1858 formulirten Darlegungen und Anträge wurden erneuert. (S. oben S. 374.)

Die in Folge des 1862 zwischen Preußen und Frankreich abgeschlossenen Handelsvertrags eingetretene langwierige Krisis des Zollvereins wurde dadurch ihrer Lösung näher geführt, daß am 11. Mai 1864 ein Vertrag zwischen Preußen und Sachsen wegen Erneuerung des Zollvereins auf Grundlage des Handelsvertrags mit Frankreich abgeschlossen wurde, welchem am 3. Juni Frankfurt beitrat. Am 11. Juli folgen Hannover und Oldenburg, erst 12. September Hessen-Darmstadt, 26. September Nassau ꝛc. Am 1. Mai trat in Frankfurt die Gewerbefreiheit ins Leben und am 8. Oktober wurde das vom Senat am 9. September, von der gesetzgebenden Versammlung am 16. September und von der Bürgerschaft in öffentlicher Abstimmung am 4. October angenommene Gesetz publicirt, wodurch die bisher noch bestandenen Beschränkungen der staatsbürgerlichen Rechte der Bürger israelitischer Confession und der Bürger der Landgemeinden aufgehoben wurden.

Die erste Wolke, welche den Himmel der Eintracht zwischen

Oesterreich und Preußen trübte, zeigte sich schon am 5. December 1864, wo Oesterreich Preußen vorschlug, den Herzog von Augustenburg provisorisch an die Spitze der Herzogthümer zu stellen und die übrigen Erbansprüche an ein Austrägalgericht zu weisen. Dies lehnte eine Depesche Bismarck's vom 13. December ab, welcher bei Oesterreich die Annexion der Herzogthümer an Preußen anregte. Die österreichische Antwort-Depesche vom 21. beharrte auf dem Vorschlag bezüglich der Erbfolgefrage und verlangte für Gestattung der Annexion ein Aequivalent bezüglich des deutsch-österr. Gebiets. Diese Differenzen, welche wir natürlich hier nicht im Einzelnen verfolgen können, steigerten sich, als am 24. Febr. 1865 ein königl. preuß. Kabinetsbefehl ohne Weiteres die preußische Marinestation von Danzig nach Kiel verlegte, als am 5. April die preuß. Regierung vor dem Abgeordnetenhaus ihren Entschluß erklärte, im Besitz des Hafens von Kiel zu bleiben und für dessen Befestigung einen Credit von mehr als 6 Millionen Thlr. verlangte.

Am folgenden Tage stimmte Oesterreich am Bunde bereits für den Antrag der Mittelstaaten, dem Herzog von Augustenburg Holstein in eigene Verwaltung zu geben. Am 10. remonstrirte Oesterreich in Berlin gegen einseitige Verfügung über den Hafen von Kiel. Am 12. Juni verlangte Preußen von Oesterreich die Entfernung des Herzogs von Augustenburg aus Schleswig-Holstein, welche Oesterreich am 15 ablehnte.

Durch Kriegsdrohungen erlangte Herr von Bismarck den Gasteiner Vertrag vom 14. Aug. 1865, wodurch Lauenburg gegen eine Geldentschädigung von Oesterreich an Preußen abzutreten, Schleswig der provisorischen Verwaltung Preußens, Holstein der Oesterreich's übergeben wurde. In Folge dieser Abmachung rief der am 3. Sept. zu Leipzig zusammengetretene 36er Ausschuß den Abgeordnetentag nach Frankfurt auf den 1. Oct. zusammen.

Der Abgeordnetentag*) fand am 1. October 1865 statt in Gegenwart von 280 Abgeordneten. Präsident war Dr. jur. S. Müller aus Frankfurt, 1. Vicepräsident R. v. Bennigsen aus Hannover, 2. Vicepräsident Schlör aus Bayern. Referent war Brater aus Bayern; als Redner traten u. A. auf: Metz aus

*) N. Frkftr. Zeitung 2. Oct ff. Schultheß europäischer Geschichtskalender für 1865, S 119.

Darmstadt, Braun aus Wiesbaden und Völck aus Bayern. Schon diese Namen zeigen, daß alle Schattirungen der liberalen Parteien vertreten waren, wichtiger aber war die staatliche Zusammensetzung der Versammlung. Von Oesterreich war nur ein Mitglied da, kein Oesterreicher von Geburt (Prof. Brinz); von Preußen 7, aber kein namhafter Mann; dagegen aus Bayern 79, Württemberg 28, Hessen-Darmstadt 21, Nassau 21, Schleswig-Holstein 19, Baden 18, Sachsen 10, Hannover 10, Frankfurt war als Versammlungsort mit der abnormen Zahl von 37 vertreten.

Die Mittelstaaten hatten also die Mehrheit und dieß sprach sich auch in den Resolutionen aus. 1. Die Versammlung spricht sich unter Aufrechthaltung der einstimmigen Erklärung vom 21. Decb. 1863 für das Selbstbestimmungsrecht des schleswig-holsteinischen Volkes aus, nur beschränkt durch die Zugeständnisse an Preußen vom 26. März, 19. April und 6. Sept. 1865. Der Gasteiner Vertrag ist ein Rechtsbruch und für die Herzogthümer unverbindlich. 2. Die deutschen Volksvertretungen, insbesondere das preuß. Abgeordnetenhaus, haben die Pflicht, gegenüber den Regierungen von Oesterreich und Preußen, für die verletzten Rechte der Herzogthümer einzutreten. 3. Deßhalb haben sie Anlehen oder Steuern, welche die bisherige Politik der Vergewaltigung befördern könnten, keiner Regierung zu verwilligen. 4. Die Versammlung bestellt abermals einen Ausschuß von 36 Mitgliedern, um im Sinne der am 21. Decb. 1863 und heute gefaßten Beschlüsse thätig zu sein und nach seinem Ermessen eine abermalige Versammlung zu berufen. Statt Resolution 2. hatten Trabert aus Hanau und Oesterlen aus Stuttgart den Antrag gestellt, daß eventuell die deutschen Staaten ohne Oesterreich und Preußen einen neuen Bund unter einem Directorium und mit eigenem Parlamente gründen sollten. Bei der Abstimmung wurden die Resolutionen des Ausschusses angenommen, dagegen fanden die Anträge von Trabert und Oesterlen in der Discussion so wenig Anklang, daß dieselben die Anträge selbst zurückzogen.

Am Abend des 1. Oct. constituirte sich der 36er Ausschuß unverändert von Neuem, cooptirte zwei Schleswig-Holsteiner und beließ die geschäftsleitende Commission wie früher: Dr. S. Müller, G. F. Kolb, Dr. Metz, Dr. Brater, Prof. Häusser, Lang aus Nassau, Dr. K. Barth.

Dieser Abgeordnetentag zeigte, mit dem früheren von 1863 verglichen, einen Niedergang dieser Bewegung, der nicht durch starke Worte verdeckt werden konnte. Nicht nur war der Besuch schwächer, sondern neben etwa 240 Abgeordneten aus Süd- und Mitteldeutschland waren nur 40 aus ganz Norddeutschland. Die Mitglieder des preußischen Abgeordnetenhauses enthielten sich der Abstimmung, da sie der Politik des Grafen Bismarck (Graf seit 16. Sept. 1865,) wenn sie dieselbe auch principiell nicht billigten, um ihrer Erfolge für Preußen willen nicht entgegentreten wollten. Einige andre Mitglieder des preußischen Abgeordnetenhauses, die nicht erschienen waren, sprachen dies ganz offen aus, wie z. B. Twesten, welcher der Versammlung einen völligen Absagebrief zusandte, in dem er erklärte, daß er und seine Gleichgesinnten nicht bloß das Selbstbestimmungsrecht in Deutschland, nicht bloß die Rechte des Volkes den Regierungen gegenüber, sondern auch die Machtstellung Preußens ins Auge zu fassen hätten und sich daher nie an Schritten betheiligen könnten, welche sich nicht blos gegen die augenblicklichen Machthaber, sondern gegen den preußischen Staat wendeten, welche darauf abzielten Preußen, dem einzigen Staat, der für Deutschland etwas leisten könne, eine Niederlage zu bereiten

Erst am 18. October brachte die N. Frkftr. Zeitung in einer Correspondenz aus Karlsruhe die Nachricht, daß dem Frankfurter Senat in Folge der Duldung des Abgeordneten-Tages drohende Noten von Preußen und Oesterreich zugegangen seien, deren Wortlaut wir hier folgen lassen.

I. Berlin, 6. October.

Ew. Hochwohlgeboren Berichte haben uns einen näheren Einblick in die Verhandlungen des am 1. d. M. dort abgehaltenen Abgeordnetentages gewährt. Wir hatten bis zum letzten Augenblick gehofft, daß der Senat, im Bewußtsein seiner Verpflichtungen gegen seine deutschen Verbündeten und eingedenk früherer von uns und Oesterreich gemachten Vorstellungen, diese Versammlung verhindern würde. Leider haben wir uns getäuscht. Wir haben uns von Neuem überzeugen müssen, daß der Senat nichts dagegen hat, wenn das Territorium der Stadt Frankfurt zum Ausgangspunkt für unverständige, ja gemeinschädliche politische Projecte benutzt wird. Solche Nachsicht gegen subversive

Bestrebungen können wir nicht ferner gestatten. Wir können es nicht dulden, daß vorzugsweise am Sitz des Bundestages auf die Untergrabung bestehender Autoritäten in den ersten Bundesstaaten hingearbeitet wird, daß von dort aus Preßerzeugnisse in die Welt geschickt werden, welche sich durch Rohheit vor allen übrigen hervorthun. Der Verlauf des Abgeordnetentages hat gezeigt, daß die Phrase in dem gebildeten Theil der Bevölkerung immer weniger Anklang findet. Aber die Nachsicht des Senates bleibt deßhalb nicht minder tadelnswerth. Wir begegnen uns mit der kais. österr. Regierung in der Auffassung, daß die Wiederholung eines solchen öffentlichen Aergernisses, selbst in der Gestalt resultatloser Velleitäten, nicht gestattet werden darf. Der kais. österr. Vertreter hat den Auftrag, dem dortigen Senat in diesem Sinne Vorstellungen zu machen. Ew. Hochwohlgeb. ersuche ich ergebenst, im Einvernehmen mit Ihrem österr. Collegen dem ält. Hrn. Bürgermeister darüber keinen Zweifel zu lassen, daß wir uns in dieser Beziehung in vollständigem Einverständniß mit der kaiserl. Regierung befinden. Ich gebe mich der zuversichtlichen Hoffnung hin, daß man Frankfurter Seits die beiden deutschen Großmächte nicht in die Lage bringen wird, durch eigenes Eingreifen weiteren Folgen unzulässiger Nachsicht vorzubeugen. Ew. Hochwohlgeb. ermächtige ich, den gegenwärtigen Erlaß dem älteren Herrn Bürgermeister vorzulesen, und, wenn er wünscht, Abschrift davon in seinen Händen zu lassen." Der Minister der auswärtigen Angelegenheiten

i. A. von Thile.

An den königl. Geschäftsträger Herrn von Wentzel.

(Veröffentlicht N. Fr. Zeitung 25. Oct. Schultheß Geschichtskalender 1865, S. 123.)

II. Erlaß an Freiherrn von Franckenstein in Frankfurt vom 8. Oct. 1865.

Der Verlauf des am 1. d. M. zu Frankfurt abgehaltenen sogen. Abgeordnetentages hat für jetzt nur die innere Haltlosigkeit dieses neuen Agitationsversuches und die Zerfahrenheit der politischen Parteien Deutschlands bloßgelegt. Die eingelaufenen Absagebriefe, wie die unverkennbare Gleichgültigkeit des Publicums dürften selbst den Urhebern dieser bedeutungslosen Demonstration die Verkehrtheit des Unternehmens gezeigt haben, an den Entschlüssen der beiden ersten Mächte Deutschlands ihre anmaßliche Kritik zu üben. Allein, wenn auch die gehörten Reden, sowie die Resolutionen der Versammlung in ihrer, gelinde gesagt, unpassenden Motivirung und halbrevolutionären Zuspitzung gerechter Mißachtung verfallen sind, so tilgt dieses Fehlschlagen doch nicht den verletzenden Charakter der Thatsache, daß die gegen die Regierungen von Oesterreich und Preußen gerichteten Schmähungen und Beleidigungen, welche die demokratische Presse täglich anfüllen, in Frankfurt unter den Augen des Bundestages und der eigenen Truppen der beiden Mächte auf offener Tribüne wiederholt worden sind. Es darf ferner nicht außer Acht gelassen werden, daß jener 36er Ausschuß, welcher den Abgeordnetentag einberufen hat, auch dießmal erneuert worden ist, und daß dieser Ausschuß und sein engeres geschäftsleitendes Comité, als ein in Permanenz erklärtes Organ der deutschen Revolutionspartei, nur auf günstigere Umstände wartet, um mit mehr Erfolg von Neuem auf den Schauplatz zu treten.

Die Regierungen Deutschlands werden gewiß sämmtlich mit uns darin einverstanden sein, daß schon die bloße Existenz des 36er Ausschusses, ganz abgesehen von den Wirkungen des neuesten maaßlosen Auftretens der Versammlung in Frankfurt und von dem für Oesterreich und Preußen beleidigenden Charakter ihrer Beschlüsse, eine vollkommen ungesetzliche und unconstitutionelle ist. Insbesondere wird der Senat von Frankfurt in seiner bundesgetreuen Gesinnung sich nicht verhehlen können, daß die Bundesstadt am wenigsten zum Sammelplatz dieser gesetzwidrigen Agitationen hergeliehen werden sollte. Bereits nach dem am 21. December 1863 abgehaltenen Abgeordnetentag, aus welchem die Einsetzung eines permanenten Ausschusses zur Durchführung des Volkswillens als Mittelpunkt für die Thätigkeit der Vereine, der Fortschrittspresse &c. hervorging, haben wir es gemeinschaftlich mit Preußen an ernsten Vorstellungen gegen die diesem Treiben am Sitze der Bundesversammlung gewährte Duldung nicht fehlen lassen. Die seitdem in häufiger Aufeinanderfolge dort in Scene gesetzten Kundgebungen beweisen, welche geringe Beachtung die damals von den Vertretern der beiden Höfe dem Hrn. ältern Bürgermeister in vertraulicher Weise gemachten Bemerkungen gefunden haben. In dieser Wahrnehmung sowohl, wie in ihrer

Ueberzeugung, daß eine so usurpatorische Wirksamkeit, wie die des Ausschusses und des Abgeordnetentages, nicht ohne ernste gemeinsame Gefahr noch länger stillschweigend zugelassen und dadurch gewissermaaßen zu gewohnheitsmäßigem Bestande erhoben werden dürften, müssen die Kabinette von Wien und Berlin eine unabweisliche Aufforderung erblicken, die ganze Aufmerksamkeit des hohen Senates von Neuem auf die besprochenen Vorgänge und das Verhältniß der Bundesstadt zu denselben zu lenken. Wir glauben der zuversichtlichen Erwartung Raum geben zu können, daß nicht nur so leidenschaftliche Invectiven und ein so ausgesprochener Parteikampf gegen die ersten Bundesmächte, wie er die Tagesordnung der letzten Versammlung bildete, künftig keine Stätte mehr in Frankfurt finden, sondern der Senat überhaupt das Zusammentreten neuer, von dem Comité des 36er Ausschusses einberufenen Versammlungen auf seinem Gebiet von nun an nicht mehr gestatten werde. Die Autorität des Senats, an welche wir uns hiermit in erster Linie wenden, wird uns hoffentlich der Nothwendigkeit überheben, auf anderweite Schritte Bedacht zu nehmen, um vom Sitze der Deutschen Bundesversammlung in Zukunft die bisherigen ungesetzlichen Bestrebungen fern zu halten. Ew. 2c. 2c. werden ersucht, dem Herrn regierenden Bürgermeister, sobald Ihr preußischer College zu dem gleichen Schritte ermächtigt sein wird, den gegenwärtigen Erlaß vorzulesen, und, wenn es gewünscht werden sollte, Abschrift zu vertraulichem Gebrauch in Händen zu lassen.

Empfangen Sie 2c. 2c.

(Veröffentlicht N. Frkftr. Ztg. 26. Oct. Schultheß a. a. O.)

III. Das Schreiben des älteren Bürgermeisters an den Königl. Preußischen Residenten lautet, nach einer Mittheilung aus der preußischen Note und nach Anführung der Artikel 1 und 2 der Wiener Schlußacte, folgendermaaßen: „Der Senat muß es als mit den Fundamentalgesetzen des Bundes, sonach mit dem Rechte, in Widerspruch stehend betrachten, wenn ein Bundesstaat dem andern gegenüber von „„nicht dulden““ und „„nicht gestatten““ reden und zu der Aeußerung gelangen wollte, „„durch eigenes Eingreifen weiteren Folgen unzulässiger Nachsicht vorzubeugen.““ Der Senat ist sich bewußt, in seinem Verhalten den Versammlungen gegenüber die Gesetze der freien Stadt Frankfurt eben sowenig als die Gesetze des Bundes verletzt zu haben und muß die Thatsache hervorheben, daß der 36er Ausschuß am 16. Oct. 1864 in Weimar, am 26. März 1865 in Berlin und 3. Sept. 1865 in Leipzig Sitzungen abgehalten hat, welche nicht beanstandet worden sind. Ich ergreife rc. rc."

Frankfurt a. M. 20. Oct. 1865.

Dr. Gwinner.

(Abgedr. N. Frkftr. Ztg. 5. Nov.)

Obgleich die obigen Citate, wie zu ersehen, ausschließlich der preußischen Note entnommen waren, wurde dies Schreiben gleichlautend dem österreichischen Geschäftsträger zugeschickt, und es war nicht zu verwundern, daß dieser als Antwort folgende Verbalnote vom 26. Oct. dem älteren Bürgermeister einsandte:

IV. Von Seite der k. k. Regierung kann die Note des Senats vom 20. Oct. nicht als eine Antwort auf ihre Depesche vom 8. d. M. angesehen werden, da ersteres Actenstück Behauptungen und Ausdrücke der bezogenen Depesche unterschiebt, welche in derselben gar nicht gebraucht worden sind. Die k. k. Regierung findet, daß es dem Senate frei stand, identische Antworten zu ertheilen, nicht aber ihre Depesche unrichtig zu citiren.

Frankfurt a. M., 26. Oct.

(Abgedr. N. Frkftr. Ztg. 5. Nov.)

V. Das lange Schreiben des älteren Bürgermeisters an den k. k. österreichischen Geschäftsträger vom 30. Oct. ist hier nur zu analysiren. Es beginnt mit einer Entschuldigung des begangenen Mißgriffs, wiederholt die Ueberzeugung des Senats, correct nach Frankfurter und Bundesgesetzen gehandelt zu haben, und die Exemplificirung auf die Versammlungen in Weimar, Berlin und Leipzig und schließt mit einer Darlegung der Nothwendigkeit der Bundesreform. (Abgedr. N. Frkftr Ztg. 5. Nov.) Natürlich hatte die Nachricht von der Ueberreichung der Noten, noch ehe ihr Wortlaut bekannt war, in der Stadt ungeheueres Aufsehen erregt. Schon am Tag der ersten Bekanntmachung, am 18. Oct., beschloß die gesetzgebende Versammlung, den Senat um Auskunft über diese Angelegenheit zu ersuchen. Der Antrag des Dr. jur. Friedleben: Die Ueberzeugung auszusprechen, daß der Senat die Unabhängigkeit von Frankfurt kräftigst wahren werde, wurde einstimmig angenommen; ebenso beschloß am 20. die ständige Bürgerrepräsentation. Am 21. beschloß der Senat in außerordentlicher Sitzung, die in den österreichischen und preußischen Noten gestellten Forderungen energisch zurückzuweisen. Eine directe Antwort von Seiten der Großmächte erfolgte darauf nicht, dagegen brachte die Neue Preußische Zeitung vom 10. Nov. (N. Frkftr. Ztg. 12. Nov.) einen Artikel, welcher Frankfurts staatsrechtliches Verhältniß im Deutschen Bunde einer Prüfung unterzog und an die Bundesbeschlüsse vom 22. Oct. 1816 (Vorrechte des Bundestagsgesandten,) an die selbständig von Bundeswegen in Folge des Aprilattentats verfügten Maaßregeln (siehe oben S. 193, Besetzung der Stadt, Errichtung einer permanenten Polizeidirection durch B.=B. vom 6. Nov. 1837, Entfernung der Bundesbesatzung unter Vorbehalt ihrer Wiederberufung durch B.=B. vom 11. Aug. und 1. Sept. 1842,) endlich an die in Frankfurter Verfassungsangelegenheiten gefaßten B.=B. vom 13. März 1845 und 12. Aug. 1852 (siehe oben S. 367) erinnerte. Eine Erwiederung des Senats brachte die Neue Frankfurter Zeitung vom 15. Nov. (Man vergleiche auch Kriegk's Bemerkungen in der Vorrede zu „Deutsches Bürgerthum im Mittelalter“ F. 1868, S. V—VIII.)

Noch vor dem Ende dieses ereignißvollen Monats, am 29., fand auch die Generalversammlung des National=Vereins statt. Präsident war R. von Bennigsen; es waren 400 Mitglieder anwesend, davon 156 aus Hessen=Darmstadt, 131 aus Frankfurt, 46 aus Nassau, 13 aus Preußen. Der Beschluß des Nationalvereins vom 1. Nov. 1864 wurde wiederholt: I. Daß die Entscheidung über den Träger der Centralgewalt der im Parlament vertretenen deutschen Nation zusteht. II. Das Selbstbestimmungsrecht des Schleswig=Holsteinischen Volkes wird anerkannt, soweit die Interessen Deutschlands es nicht beschränken, also in der Grenze der Berliner Vereinbarung vom 26. März 1865 (vergleiche Schultheß Geschichts=Kalender 1865 S. 56, die erste Resolution des Abgeordnetentages). Die Einberufung der Landesvertretung der Herzogthümer ist nöthig. — Auch der Einfluß des Nationalvereins war aus denselben Gründen, die wir beim Abgeordnetentag angeführt haben, vermindert; seine Mitgliederzahl war von 23000 auf 17000 herabgekommen.

Elftes Kapitel.

Wenn gleich wir oben (S. 301) bemerkt, daß der vorwaltend politische Charakter des im vierten Buche behandelten Zeitraums uns die größte Enthaltsamkeit auferlegt in Hinsicht der Behandlung nicht politischer Gegenstände, so darf doch in der Geschichte einer Handelsstadt die Betrachtung der Handelsverhältnisse nicht ganz fehlen. Wir benutzen daher die politische Pause, welche nach der Generalversammlung des Nationalvereins eintritt, um Einiges über den Handelstag zu sagen, nach Vorausschickung der nöthigsten Notizen über die Handels- und Verkehrsverhältnisse dieser Zeit im Allgemeinen.

Eröffnet wurden in diesem Zeitraum die Bahnen: Frankfurt-Hanau 10. Sept. 1848; Frankfurt-Sachsenhausen 18. Oct. 1849; Frankfurt-Friedberg 10. März 1850; Verbindungs- und Hafenbahn 31. Januar 1859; Frankfurt-Homburg 10. Sept. 1860; Frankfurt-Mainz 3. Januar 1863. Die seit 1842 bestehende Delphin-Dampfschifffahrt der Gebrüder Ohlenschlager und die 1844 gebildete Actiengesellschaft für Rhein- und Maindampfschifffahrt besorgten zu Wasser den Gütertransport. Die Schifffahrt wurde verbessert durch den am 7. Aug. 1855 genehmigten Vertrag mit Baden wegen gegenseitiger Befreiung der Schiffe von Wasserzöllen. Am 16. Mai 1861 wurde das Schlußprotocoll unterzeichnet der die Ermäßigung der Mainzölle bezweckenden Conferenz der Abgeordneten von Baiern, Baden, beiden Hessen, Nassau und Frankfurt zu München. Am 14. Juni 1854 genehmigte die gesetzgebende Versammlung den Staatsvertrag wegen telegraphischer Verbindung von Frankfurt mit Berlin und Köln Der Eröffnung der oben erwähnten Verbindungs- und Hafenbahn war von 1856—58 der Neubau des Mainufers vorhergegangen, wodurch die Maininsel verschwand. Gleichzeitig wurde auch der früher an der Maininsel befindlich gewesene Winterhafen an den Grindbrunnen verlegt. Die Fruchtbörse und Fruchthalle wurde am 1. Sept. 1855 auf der ehemaligen Mainschanze in Sachsenhausen eröffnet. Aber die wichtigste Förderung des Handels war die Errichtung der Frankfurter Bank, welche mit einem Capital von 20 Millionen Gulden durch Senatsbeschluß vom 11.

April 1854 auf 25 Jahre genehmigt wurde und am 1. Oct. 1855 mit Ausgabe ihrer Actien begann. Der Waarenhandel wurde gefördert durch die 1853 eröffnete Lederhalle im Trier'schen Hof und das 1855 in Gebrauch genommene neue Lagerhaus an der Karmeliterkirche. Ein Hauptzweig der früheren Messen, die Pferdemärkte, wurden, jedoch ohne Verbindung mit den Messen, seit Frühjahr 1862 wieder ins Leben gerufen und seitdem jährlich zweimal gehalten. Eine Gewerbekammer wurde 1855 errichtet.

Das Münzwesen zu verbessern fanden 1854 und 1855 Conferenzen zu Wien statt, wozu von Seiten der Stadt Senator Bernus deputirt wurde. Die Conferenzen führten zum Wiener Münzvertrag vom 24. Januar 1857. Das deutsche Wechselrecht wurde am 27. März 1849 in Frankfurt eingeführt (Gesetzsammlung X. 223.) Am 31. Mai 1861 beschloß die Bundesversammlung die unveränderte Annahme des Entwurfs zu einem deutschen Handelsgesetzbuch, welches in Frankfurt durch Gesetz vom 17. October 1862 eingeführt wurde und am 1. Januar 1863 in Kraft trat (Frkftr. Gesetz- und Statutensammlung XV. 113.)

Zur Vereinbarung eines gemeinsamen Obligationenrechtes fanden 1863 Conferenzen in Dresden statt, wozu Senator Dr. Gwinner deputirt wurde. Eine Zusammenstellung der in den zehn Jahren 1848—57 für öffentliche Bauten ausgegebenen Summen ergibt: für militärische Zwecke 10279 fl. 25 kr., für Kirchen 61240 fl 50 kr., für Schulen 112509 fl. 15 kr., für's Theater 183819 fl. 15 kr., für Justiz 136937 fl. 24 kr., für Wohlthätigkeit 35517 fl. 20 kr., für Verschönerung 9197 fl. 46 kr., zusammen 549,501 fl. 15 kr., dagegen für Handel und Verkehr 1,837,836 fl. 34 kr, Hauptsumme 2,387,337 fl. 49 kr.

Endlich trat 1863 eine Reform der Frankfurter Handelskammer ein. Bis dahin waren öffentliche Nachrichten über den Frankfurter Handel nur aus dem preußischen Handelsarchiv zu entnehmen. Nach der Anstellung von Heinrich Glogau als Secretär der Handelskammer begannen Veröffentlichungen derselben, zuerst über das Jahr 1863. H. Glogau (geb. 1820 zu Bergen in Norwegen, † 17. Aug. 1877 in Frkft.) war ein Mann von solcher Vielseitigkeit und Energie, daß er ebensowohl ein in wohlklingenden Versen einherschreitendes Drama verfaßte, als vor den längsten Zahlenreihen nicht zurückbebte (Nekrolog im Jahresbericht des Vereins für Geogr. und Statistik 1875—1878.)

Am 25. Sept. 1865 wurde der dritte Deutsche Handelstag zu Frankfurt eröffnet. Nach einer Mittheilung des Präsidenten betrug die Mitgliederzahl beim Handelstag in München 200, seitdem hatte sie sich jedoch vermindert. 25 Corporationen schieden aus, von denen die Mehrzahl Oesterreich angehörten, außerdem mußten noch neun Corporationen und Vereine als ausgeschieden betrachtet werden, da sie zwar alle Druckschriften empfangen, aber seit 1862 keine Beiträge gezahlt hatten; diese gehörten ebenfalls der Mehrzahl nach Oesterreich an. Beigetreten waren dagegen 13 Corporationen, so daß die Mitgliederzahl bei Eröffnung der Frankfurter Versammlung 179 betrug. Von den Beschlüssen*) derselben sind nur etwa die folgenden von allgemeinem Interesse. Theilweise Annahme gefunden haben ihre Beschlüsse hinsichtlich der Herbeiführung der deutschen Münzeinheit, insofern „der Dritteltthaler unter der Benennung Mark mit directer Theilung in hundert Pfennige als allgemeine Rechnungseinheit" im Deutschen Reich adoptirt worden ist. — Dagegen sind die Dreimark und die Viermark und die Goldmünzen im Werth von 20 Franken nicht ausgeprägt worden. Deßgleichen hat der Handelstag sich schon für das Groschenporto für den einfachen Brief (3 kr. oder 1 Sgr.) ausgesprochen.

Die Aufnahme des deutschen Handelstages in Frankfurt war eine solche, daß der Präsident des bleibenden Ausschusses desselben aus Berlin vom 5. Oct. der Kaufmannschaft zu Frankfurt seinen Dank aussprach, mit der Versicherung, „daß das Andenken an die Tage vom 15. bis 29. Sept. in allen Denjenigen welchen es vergönnt war, Mitglied des Handelstags zu sein, unauslöschlich fortleben wird." (Handelskammerbericht für 1865, S. 166.)

Zwölftes Kapitel.

Trotz seiner Verfassungswirren und Finanznöthe hielt Oesterreich an seiner Stellung in Schleswig-Holstein fest, und so war die Freundschaft mit Preußen von keinem Bestand. Am 10. Jan.

*) Vergl. Schultheß Geschichtskalender für 1865, S. 113—118.

1866 kehrte der österreichische Gesandte, Graf Karolyi nach längerer Abwesenheit mit sehr bestimmten Instructionen gegen die Wünsche Preußens hinsichtich Schleswig-Holsteins nach Berlin zurück. Der Gang der Ereignisse ist im Wesentlichen folgender: Am 23. Januar findet, trotz Abmahnung der österreichischen Landesregierung und Verbot der Polizei, eine Massenversammlung in Altona statt, welche sich einstimmig für Einberufung der holstein. Stände ausspricht. Darauf richtet am 26. Jan. Graf Bismarck eine Depesche an die österreichische Regierung, in welcher er die Politik derselben einer scharfen Kritik unterwirft und einen Bruch der bisherigen Allianz in Aussicht stellt. Am 7. Febr. antwortet die österreichische Regierung, daß sie, selbst auf die Gefahr eines Bruches mit Preußen hin, auf ihrer bisherigen Politik in Hinsicht der schleswig-holsteinischen Frage zu beharren entschlossen sei.

Am 26. Febr. beruft der österreichische Statthalter behufs Feststellung des Büdgets von Holstein, in Ermangelung der Ständeversammlung, wenigstens eine Notablenversammlung dazu ein. Darauf findet am 28. Ministerrath in Berlin statt unter Vorsitz des Königs, unter Beiziehung des Gesandten in Paris und mehrerer Generale. Die Kriegsfrage wird erwogen. Am 3. März erklärt Graf Karolyi in Berlin, daß Oesterreich sich in Schleswig-Holstein keine Aenderung des Provisoriums zu seinen Ungunsten gefallen, kein Definitivum, welches seiner Ehre, seinen Interessen und seiner Stellung in Deutschland zuwiderlaufe, abtrotzen lassen werde. Vom 7. bis 13. Febr. fanden in Wien Sitzungen des Marschallaths unter dem Vorsitz des Kaisers statt, bei welchem die Kriegsfrage erwogen wurde. Nun begannen die beiderseitigen Rüstungen, von Seiten Preußens die Verhandlungen über die Allianz mit Italien, von Seiten der Mittelstaaten einerseits Vermitelungs- und Einigungsversuche, anderseits Rüstungen.

Am 24. März richtete Preußen eine Circular-Depesche an die deutschen Regierungen, in welcher es, unter Darlegung der Sachlage und Verzicht auf eine Hülfe des Bundes als solchen, die Fragen an sie stellt, ob und in welchem Maaße es auf ihren guten Willen als Einzelstaaten zählen dürfe, indem es in Ermangelung solchen Beistandes die Nothwendigkeit einer den realen Verhältnissen Rechnung tragenden Reform des Bundes betont, und, für den Fall einer kriegerischen Niederlage Preußens,

Deutschland das Schicksal von Polen in Aussicht stellt. (Wortlaut: Schultheß Ergänzungsheft S. 24). Darauf antwortete der Frankfurter Senat, er könne die in jener Note gestellte Anfrage nur dahin beantworten, daß er die unerschütterliche Ueberzeugung hege, daß Oesterreich, gleichviel, ob und welche Bewegungen seiner Heere stattfinden werde, einen Angriffskrieg gegen Preußen nicht beabsichtigen kann und in Treue gegen die Vorschriften der Bundesacte überall auch nicht beabsichtigt. Hiernach nun, da die Note nur die Abwehr eines etwaigen Angriffs in Aussicht nimmt, ist für den Senat eine Besorgniß wegen thätlicher Störung des Bundesfriedens nicht vorhanden. Er kann, wie er seinerseits unverbrüchlich auf dem Boden der Bundesverträge steht, nur der Hoffnung und Ueberzeugung Ausdruck geben, daß dieser Standpunkt im Interesse jedes Einzelnen und der Gesammtheit jetzt und immer derjenige aller Glieder des Bundes sein werde. (Frkfrtr. Postzeitung 5. April; Actenstücke S. 14).

Am 9. April stellte Preußen am Bunde den Antrag auf Einberufung eines Parlaments aus directen Wahlen und nach allgemeinem Stimmrecht behufs Reform der Bundesverfassung, und zwar in dem Sinne, daß die Bestimmung eines festen Termins für die Berufung des Parlaments schon jetzt getroffen, die Vorlagen für dasselbe aber ebenfalls schon jetzt durch Verständigung der Regierungen unter einander festgestellt werden. (Wortlaut: Schultheß Ergänzungsheft S. 33).

Während dieser Zeit qualvoller Unsicherheit, trat der Abgeordnetentag*) am 20. Mai wieder in Frankfurt zusammen. Es nahmen Theil daran aus Baden 35, Nassau 34, Kurhessen 31, Schleswig-Holstein 29, Hessen-Darmstadt 26, Preußen 18, Baiern 13 u. s. w., aus Frankfurt 36, welche aber auf 10 Stimmen sich beschränkten, aus Oesterreich Niemand, zusammen 235. Der Ausschuß hatte sich am 19. in fünfstündiger Sitzung nicht über eine Resolution einigen können. Die Mehrzahl erklärte sich für Neutralität der nichtbetheiligten Staaten, damit diese im Fall der Einmischung des Auslandes die deutschen Grenzen decken könnten; insbesondere läge diese Pflicht der südwestdeutschen Gruppe

*) Schultheß Geschichtskalender für 1866. Ergänzungsheft S. 78. Frankfurter Journal 20. 21. Mai.

ob.*) Der Kern des Minoritätsantrags lag in der 4. und 5. Resolution, wo es heißt: „Würde sich die jetzige preußische Regierung der selbständigen Constituirung der Herzogthümer widersetzen oder, auch andern deutschen Staaten gegenüber, ihren Eigenwillen mit Gewalt durchsetzen wollen, so ist sie allein Schuld an dem drohenden Bürgerkrieg, und die gesammte deutsche Nation, das Volk in Preußen voran, muß mit den äußersten Mitteln gerechter Nothwehr gegen diese Regierung auftreten, und Recht, Treue, Glauben und Ehrenhaftigkeit wieder zur Geltung bringen. 5. Es sind daher alle Regierungen, welche sofort für das volle Recht der Herzogthümer und gegen jede Vergewaltigung einzelner deutscher Staaten durch die jetzige preußische Regierung ehrlich und thatkräftig einzutreten entschlossen sind, in jeder Weise zu unterstützen und nöthigenfalls auch die gesammte Volkskraft der bundestreuen Staaten dazu aufzubieten." Beiden Anträgen gemeinsam waren die Betonung der Integrität des deutschen Bodens, der Nothwendigkeit eines deutschen Parlamentes, die Verdammung des Krieges. Nach lebhafter Verhandlung wurde der Mehrheitsantrag angenommen; die Schleswig-Holsteiner stimmten sämmtlich dagegen. Die Verhandlungen des Abgeordnetentages begannen am 20. um 11 Uhr in dem großen Concertsaal des Saalbaus, dessen Gallerien dicht mit Zuhörern besetzt waren, während die Damen die Logen eingenommen hatten. Die Rede Völcks, welcher die Begründung der (Mehrheits-) Ausschußanträge übernommen hatte, wurde durch einen auf der Gallerie losgebrannten Kanonenschlag unterbrochen, welchem bald sechs andre folgten. Die zuerst sehr aufgeregte Versammlung beruhigte sich bald wieder.

Gleichzeitig fand am Pfingstsonntag den 20. Mai um 4 Uhr eine Volksversammlung im Circus statt.**) Die sehr zahlreiche Versammlung genehmigte folgende Resolutionen: 1. „Gegen die friedenbrecherische Politik der preußischen Regierung ist der bewaffnete Widerstand Deutschlands geboten. Neutralität ist Feigheit oder Verrath. 2. Schleswig-Holstein ist sofort auf Grund des bestehenden Rechtes als selbständiger Staat zu constituiren; ohne weiteres ist die holsteinische Stimme wieder

*) Diesen Gedanken vertrat auch eine, Ende Mai erschienene kleine Schrift: Partei oder Vaterland? Ein Wort an die norddeutschen Liberalen. Frankfurt, Mahlau und Waldschmidt. 16 S.

**) Frkftr. Journal 21. Mai; Schultheß Ergänzungsheft S. 80

in Kraft zu setzen und das holsteinische Contingent zu bilden. 3. Der Preußische Parlamentsvorschlag ist unbedingt zu verwerfen; nur eine constituirende, mit der nöthigen Macht ausgestattete Volksvertretung Gesammtdeutschlands kann über die Verfassung des Vaterlandes endgültig entscheiden. 4. Wir verlangen von den Regierungen die Herstellung der Grundrechte des deutschen Volkes und die gesetzliche Einführung der allgemeinen Volksbewaffnung. 5. Die Versammlung fordert das Volk in allen einzelnen Staaten dringend auf, Angesichts der jetzigen Noth und Gefahr überall in Stadt und Land in politische Vereine zusammenzutreten".

Nach Annahme dieser Resolution wählte die Volksversammlung einen Ausschuß von zwölf Mitgliedern, um auf Grundlage dieser Resolution ein möglichst einfaches Programm aufzustellen, wonach in allen Theilen Deutschlands Vereine zu bilden seien, welche Abgeordnete nach Frankfurt zu senden hätten, um weitere Beschlüsse zu fassen.

Der erste Juni brachte die Entscheidung über Krieg oder Frieden*). Preußen, Italien und der deutsche Bund nahmen die Einladung der neutralen Großmächte zu einem Friedenscongresse an, Oesterreich dagegen lehnte sie ab, und legte die Entscheidung der schleswig-holsteinischen Frage wieder in die Hände der Bundesversammlung.

Am 2. berief der Statthalter von Holstein die Ständeversammlung auf den 11. Juni nach Itzehoe ein. Dagegen protestirt Preußen an demselben Tage und erklärt die Gasteiner Convention für gebrochen. Eine Circularnote des Grafen Bismarck vom 4. Juni erklärt den Krieg durch Oesterreichs Schuld für unvermeidlich, an demselben Tage beginnt der Ausmarsch der Garden aus Berlin. Am 6. erklärt der General von Manteuffel, preußischer Gouverneur von Schleswig, dem österreichischen Statthalter von Holstein, daß er zur Wahrung des Condominatsrechtes am folgenden Tag mit seinen Truppen in Holstein einrücken und die nicht von österreichischen Truppen occupirten Landestheile besetzen werde. Am folgenden Tage protestirt der österr. Statthalter dagegen und concentrirt bei Altona seine Bri-

*) Von hier an eine wichtige Quelle: Actenstücke zur neuesten Geschichte von Frankfurt a. M. 2. Aufl. Stuttgart, Schweizerbart 1866.

gabe, wo er selbst seinen Sitz nimmt. In der Bundestagssitzung vom 9. Juni erklärt Oesterreich, daß Preußen durch seinen Einmarsch in Holstein den Art. 11 der Bundesacte verletzt und den Fall des Art. 19 der Wiener Schlußacte herbeigeführt habe. (Dieser letztere lautet: Wenn zwischen Bundesgliedern Thätlichkeiten zu besorgen oder wirklich ausgeübt worden sind, so ist die Bundesversammlung berufen, vorläufige Maaßregeln zu ergreifen, wodurch jeder Selbsthülfe vorgebeugt und der bereits unternommenen Einhalt gethan werde. Zu dem Ende hat sie vor allem für Aufrechthaltung des Besitzstandes Sorge zu tragen.)

Nachdem die Dinge soweit gediehen waren, lag der Bundesversammlung vor allem ob, in Betreff der Bundesgarnisonen in Frankfurt, Mainz und Rastatt Vorkehrungen zu treffen. Dieß geschah auf Antrag von Baiern in der Sitzung vom 9. Juni. Der Antrag, welchen Baiern in der Sitzung am 1. Juni gestellt hatte, ging dahin, daß, wenn auch die Hoffnung auf Erhaltung des Bundesfriedens noch nicht aufzugeben, doch nicht zu verkennen sei, daß die gegenseitigen Rüstungen eine beunruhigende Wirkung auf diejenigen Plätze ausüben, in welchen sowohl österreichische als preußische Truppen in Garnison liegen. Damit nun wenigstens nicht an diesen Plätzen Conflicte zwischen den bisherigen Waffenbrüdern zum Ausbruch kommen, seien die Regierungen von Oesterreich und Preußen zu ersuchen, ihre Truppen aus den genannten drei Plätzen zurückzuziehen. Ein Ersatz sei nur für Mainz und Rastatt, nicht für Frankfurt erforderlich. Am 9. Juni beschloß die Bundesversammlung demgemäß. Für Frankfurt ging die Vereinbarung dahin, daß neben dem Frankfurter Bataillon das auf Kriegsstärke gebrachte bairische Bataillon, welches bisher schon in der Stadt lag, die einzige Besatzung bilden sollte. Baiern sollte den Obercommandanten, Frankfurt den Stadtcommandanten stellen*).

Am 10. Juni theilte Graf Bismarck durch Circulardepesche den deutschen Regierungen die Grundzüge einer neuen Bundesverfassung mit. Art. I. lautet: das Bundesgebiet besteht aus denjenigen Staaten, welche bisher dem Bunde angehört haben, mit Ausnahme der österreichischen und niederländischen Landes-

*) Ueber die buntscheckige Besatzung, welche Mainz und Rastatt zugewiesen wurde: Actenstücke S. 5.

heile. Art. II. Die gesetzgebende Gewalt wird von der Bundesversammlung in Gemeinschaft mit der Nationalvertretung geübt. Art. IX. Die Landmacht des Bundes wird in zwei Bundesheere eingetheilt: die Nordarmee und Südarmee. Die Nordarmee steht unter dem König von Preußen, die Südarmee unter dem König von Baiern.

In der außerordentlichen Bundestagssitzung vom 11. klagt Oesterreich gegen Preußen wegen gewaltthätiger Selbsthülfe in Holstein und trägt auf Mobilmachung des gesammten Bundesheeres an, die preußischen Bundesarmeecorps allein ausgenommen. Preußen erklärt den Antrag für bundeswidrig und protestirt gegen jede geschäftliche Behandlung desselben. Die Abstimmung wird trotzdem mit Mehrheit auf den 14. angesetzt (Schultheß S. 86).

Am 12. Juni räumten die österreichischen und preußischen Truppen Frankfurt*). Das 40. preuß. Infanterie-Regiment verließ in zwei Extrazügen der Main-Weserbahn Morgens um 6 und um 8 Uhr die Stadt, um sich nach Wetzlar zu begeben; die österreichischen Truppen (Regiment Nobili) marschirten um 1 Uhr über die Zeil nach dem Hanauer Bahnhof, wo ein Extrazug sie aufnahm. Den Abend und die Nacht vorher war es in den Wirthshäusern und auf den Straßen sehr lebhaft zugegangen, denn die Garnisonsgenossen nahmen herzlichen Abschied von einander. Am 13. Juni Abends 7 Uhr und 10 Uhr traf die österreichische Brigade Kalik aus Holstein in Frankfurt ein, übernachtete in der Karmeliterkaserne und in der Rahmhofkaserne und wurde am 14. und 15. Morgens mit der Hanauer Bahn nach Pilsen dirigirt.

Der folgende Tag, der 14. Juni, ist als der eigentliche Schicksalstag zu betrachten, an dem auch die letzte schwache Hoffnung auf Erhaltung des Friedens dahin schwand. Die Bundesversammlung erhebt den Antrag Oesterreichs vom 11. Juni mit 9 gegen 6 Stimmen zum Beschluß, jedoch ohne die Motive desselben, und mit Ausnahme der Ziffer 4 (Wahl eines Bundesfeldherrn).

Der preußische Gesandte erklärt sofort den Beschluß für bundeswidrig, den Bund damit für gebrochen, legt

*) Schultheß Geschichtskalender 1866 gibt irrthümlich S. 17 als Tag dieser Räumung den 10., S. 88 den 11. Juni an.

den preußischen Bundesreform-Antrag auf den Tisch nieder und verläßt den Saal*). Die Freien Städte (siebenzehnte Curie) hatten gegen den österreichischen Antrag gestimmt. Für Frankfurt gab der Gesandte folgende Erklärung ab: „Der Senat geht, ohne sich die Motivirung des Antrags anzueignen, von der Ueberzeugung aus, daß der Bund von Gefahren bedroht ist, und muß aus diesem Grunde und da nach den Bundesgesetzen bei solcher Lage der Verhältnisse wegen der Vertheidigungs-Maaßregeln Beschluß gefaßt werden soll, dem auf Mobilisirung des 7., 8. 9. und 10. Armeecorps gerichteten Antrag zustimmen, indem er sich übrigens selbstverständlich für den Fall weiterer Beschlüsse weitere Entschließung vorbehält." Am 17. und 18. Juni verließen die Mitglieder der preußischen Bundestags-Gesandtschaft und die preußischen Bevollmächtigten zur Bundes-Militärcommission die Stadt.

Am 10. Juni waren die preußischen Truppen in Holstein eingerückt; Manteuffel hatte die von Oesterreich am 15. Sept. 1865 eingesetzte Landesregierung aufgelöst und den Freiherrn von Scheel-Plessen zum Oberpräsidenten ernannt, am 12. wurde der österr. Gesandte von Berlin abberufen, am 16. begann der Einmarsch der Preußen in Kurhessen, Hannover und Sachsen. am 17. erschien das österreichische, am 18. das preußische Kriegsmanifest. — Am 15. Juni erschien im Auftrag und mit Vollmacht der k. preuß. Regierung der Frankfurter Advocat und Notar Dr, Thomas bei dem Chef des Bankhauses M. A. von Rothschild und Söhne und notificirte demselben, daß die Bundesdepositen ohne die ausdrückliche Einwilligung Preußens nicht mehr verausgabt, beziehungsweise nicht mehr an die Bundeskasse verabfolgt werden dürften. Der Notar machte Hr. von Rothschild für die daraus entstehenden Schäden in üblicher Weise verantwortlich. In der Bundestagssitzung vom 16. erklärte der Präsidialgesandte, daß die österr. Regierung allen bundestreuen Regierungen ausdrücklich ihren Besitzstand garantire. Sachsen stellt den Antrag auf Bundeshülfe gegen die Vergewaltigung durch Preußen. Mit 10 Stimmen gegen 5 Stimmenthaltungen wurde dieser Antrag angenommen, sogleich die preußische Telegraphenstation in Frankfurt durch baierische Truppen geschlossen (worauf der preuß. Gesandte in München seine Pässe forderte und erhielt) und nach

*) Actenstücke S. 11. Schultheß Geschichtskalender S. 89.

Darmstadt der Befehl geschickt, Truppen in Frankfurt und der Umgegend zu concentriren. Da dieselben bereit standen, so trafen sie bereits im Lauf des Tages ein und wurden in den folgenden Tagen noch verstärkt. Am 17. trafen auch Württemberger zum Schutz der Bundesversammlung in Frankfurt ein. Am 18. übernahm Prinz Alexander von Hessen den Oberbefehl über das 8. Armeecorps; sein Hauptquartier war im Darmstädter Hof auf der Zeil. In der Bundestagssitzung vom 18. bitten auch Hannover und Kurhessen um Bundeshülfe, welche ihnen zugesichert wird.

Am 16. Juni hatte Graf Bismarck identische Noten an die norddeutschen Staaten geschickt, um sie zur Union mit Preußen einzuladen. In Folge davon erklärten ihren Austritt aus dem deutschen Bund: Oldenburg und Lippe-Detmold in der Sitzung vom 21. Juni, Sachsen Altenburg, Anhalt, Schwarzburg-Sondershausen und Waldeck am 25. Juni, Schwarzburg-Rudolstadt, Schaumburg-Lippe und die drei Hansastädte am 29. Juni, Sachsen-Coburg-Gotha, Reuß jüngerer Linie und Meklenburg am 2. Juli, Sachsen-Weimar am 5. Juli.

Zu allgemeiner Ueberraschung erschien am 23. Juni wieder die deutsche Fahne auf dem Bundespalast; die Truppen des 8. Armeecorps legten die schwarzrothgoldene Armbinde an. (Vergl. S. 367). Aber schon am 16. Juli Morgens war die Fahne wieder verschwunden. Am 27. Juni übertrug die Bundesversammlung den Oberbefehl über das 7., 8., 9. und 10. Bundesarmeecorps, mit Ausnahme der sächsischen Truppen, dem Prinzen Karl von Baiern, welcher am 30. Juni sein Hauptquartier nach Meiningen verlegte. Am 27. Juni erschien der Aufruf des „Ausschusses des Central-Comité zur Unterstützung verwundeter und kranker Krieger“ zur Bildung eines freiwilligen Sanitätscorps (Frkftr. Journal 28. Juni, 2. Beilage). Am 1. Juli, zeigte das Central-Comité an, daß es sich in einen Hülfsverein umgewandelt habe und forderte zu Gaben an Geld, Kleidungsstücken und Verbandgegenständen auf. (F. J. 1. Juli B. 2. Juli.) Der Aufruf hatte in beiden Richtungen den besten Erfolg und so konnte der Hülfsverein unendlich viel, in Frankfurt und der Umgegend, zur Linderung der Leiden des Krieges beitragen. (Das Nähere über die hier behandelten verwundeten- und kranken Krieger siehe in dem Bericht von Dr. Kirchheim, Jahresbericht des ärztl. Vereins f. 1866, S. 61). Am 28. Juni war die Kapitulation der Hannoveraner bei Langensalza erfolgt, am 30. trafen, im Gegensatz zu den bisherigen Siegesnachrichten, die ersten ungünstigen Depeschen von FM. Benedek ein, am 3. Juli erfolgte die Schlacht bei Königgrätz. Dennoch, und obgleich auch die Baiern aus Thüringen zurückgeworfen waren und die badischen Truppen sich von den Baiern getrennt hatten, (am 6. Juli wurde das badische Hauptquartier nach Frankfurt verlegt) beschloß die Bundesversammlung am 5. bis auf's Aeußerste, selbst durch Milizen, Landwehren und Freischaaren, den Widerstand fortzusetzen. Einstweilen wurde in Frankfurt eine kleine „Hannoversche Legion" organisirt (Frkftr. Journal 9. Juli B.) In Darmstadt wurde das zweite Aufgebot, weitere 2000 Mann, zu den Waffen gerufen und in Frankfurt beschloß der Bund am 4. Juli, Frankfurt zu befestigen. 200,000 fl. wurden zu Ausführung von Schanzen bewilligt, welche bei Fechenheim, Bornheim, an der Friedberger Warte*), am Wege nach Eschersheim, bei Ginnheim, bei Bockenheim und am Hellerhof sogleich in Angriff genommen wurde. Die Armirung sollte von Ulm bezogen werden. Die Arbeit wurde lässig gefördert, auch war sie, abgesehen von der angedeuteten Lücke auf dem rechten Ufer, schon deßhalb zwecklos, weil die linke Mainseite gegen einen bei Hanau oder Offenbach erfolgten preußischen Flußübergang ganz offen lag.

In der Sitzung vom 11. remonstrirte der Senat gegen die Befestigungen**). Er gab der Bundesversammlung zu verstehen, daß sie lieber Frankfurt verlassen möge, „da Frankfurt für sich einer Befestigung nicht bedürfe und die hohe Versammlung wohl ihre Sicherung mit großer Beschädigung, vielleicht Vernichtung der Stadt Frankfurt nicht werde erkaufen wollen." Der Frankfurter Bundestagsgesandte kam zu dem Antrag, die Befestigungen sofort einzustellen. Die Versammlung beschloß nicht nur demgemäß***), sondern gleichzeitig, ihren Sitz provisorisch nach Augsburg zu verlegen, was sie durch eine Note zur Kenntniß des älteren Bürgermeisters brachte. (Actenstücke S. 22. Schulthеß S. 134).

*) Die Eckenheimer Landstraße scheint man vergessen zu haben

**) Wortlaut: Actenstücke S. 20. Frkftr. Journal 13 Juni, 1. Beilage.

***) Am 1. August wurde das Material der unfertigen Schanzen öffentlich versteigert. Actenstücke S. 51.

Am 13. mußte das achte Armeecorps, nach dem unglücklichen Gefecht bei Laufach gegen die preuß. Mainarmee, auf Aschaffenburg zurückgehen. Prinz Alexander kündigte dem Senat an, daß er sich auf das linke Mainufer zurückziehe, um seine Vereinigung mit den Baiern zu bewerkstelligen. Am 14. nehmen die Preußen das von Hessen und Oesterreichern vertheidigte Aschaffenburg, die Bundestagsgesandten verlassen die Stadt Frankfurt.

Am 15. Juli erläßt der Senat eine Proclamation an die Bürgerschaft von Stadt und Land, worin er sagt: „Der Senat wird treu zu dem Bunde stehen, der als unauflöslicher Verein gegründet ist und die Erhaltung der Unabhängigkeit und Unverletzlichkeit der einzelnen deutschen Staaten zum Zwecke hat.“ Am 16. erfolgte eine zweite Proclamation, deren Zweck eher abzusehen war, indem darin die Besetzung der Stadt durch preußische Truppen angekündigt ward und die Einwohner aufgefordert wurden, die Truppen freundlich aufzunehmen. Am 16. Abends rückten die preußischen Truppen in Frankfurt ein.

Zusätze und Berichtigungen.

(Vergl. oben S. 54, 176, 299 und 326, Note.)

Zu der ganzen primatischen Zeit ist jetzt zu vergleichen: K. v. Beaulieu-Marconnay, Karl Freiherr von Dalberg und seine Zeit. 2 Bände. Weimar 1879.

S. 13. Ueber das Frankfurter Bataillon in Spanien vergl. Frankfurter Hausblätter 3. Sept. 1880 ff.

S. 53. Nicht die Originalurkunde der Rheinbundsacte wurde auf dem Römer aufbewahrt, sondern die Stiftungsurkunde des Großherzogthums Frankfurt. Sie befindet sich jetzt im Historischen Museum des Stadtarchives, ebenso die Hamburger Danktafel (S. 221) und die Prehn'sche Gemäldegalerie (S. 267).

S. 85 und 86. Die Mittheilungen über die Quartierschulen sind entnommen aus der Schrift von Dr. F. A. Finger: Johann Georg Büchner, im Programm der Mittelschule von 1855. Ueber denselben Gegenstand ist jetzt zu vergleichen. Dr. F. Eiselen, in der Festschrift zur Eröffnung des neuen Gebäudes der Musterschule 1880.

S. 187. Meine neue Bearbeitung der Geschichte des Aprilattentats s. in Pick's Monatsschrift für Geschichte von Westdeutschland (Trier, Lintz'sche Buchhandlung) 1879, S 62.

S. 220. Z. 3 von oben: einzuladen statt eingeladen.

S. 230. Anton Kirchner hat jetzt ein Denkmal in der Eschenheimer Anlage erhalten, enthüllt 14. Juli 1879. Bei dieser Gelegenheit erschien: Dr. G. E. Steitz, Erinnerungen an A. K. Frankfurt, Sauerländer.

S. 247. Das Gymnasium ist seit Ostern 1876 in die Junghofstraße verlegt.

S. 249. Z. 15 von oben: russischer statt französischer.

S. 269. zu Z. 4 von oben: Nach A. Springer (Dahlmann I. 413) übte Wilhelm Grimm mit besonderem Behagen die Kunst, Hampelmanniaden vorzutragen.

S. 329. letzte Z. des Textes: ein statt um.

Inhalts-Verzeichniß.